国家示范性院校重点建设专业酒店管理专业系列教材

酒店管理信息系统教程
——Opera系统应用（第二版）

HOTEL MANAGEMENT INFORMATION SYSTEM TEXTBOOK:
OPERA SYSTEM APPLICATION （2ND EDITION）

陈为新 黄崎 杨荫稚 主编

中国旅游出版社

目 录
CONTENTS

第二版序言 1
前　言 1

第一篇　运营操作篇

绪　言 2

第一章　Opera PMS 基础 5
第一节　Opera 系统简介 6
第二节　Opera PMS 界面一览 9
第三节　杂项模块（Miscelleneous）的基本功能 12
练习题 18

第二章　档案（Profiles） 19
第一节　档案简介（Profiles） 21
第二节　个人档案（Individual Profiles） 25
第三节　公司档案和旅行社档案（Company and Travel Agent Profiles） 36
练习题 44

第三章　预订（Reservation）模块 46
第一节　预订的基本步骤 47
第二节　预订模块的基本功能 49
第三节　团队（Blocks） 71
练习题 82

第四章 前台（Front Desk）模块 ·············· 84
第一节　办理入住登记的基本步骤 ·············· 85
第二节　前台模块的主要功能 ·············· 88
练习题 ·············· 105

第五章 收银（Cashiering）模块和夜审（End Of Day）模块 ·············· 107
第一节　结账的基本手续 ·············· 108
第二节　收银模块的知识点 ·············· 110
第三节　夜审管理模块的基本功能 ·············· 124
练习题 ·············· 129

第六章 客房管理（Rooms Management）模块和应收账款（AR）模块 ·············· 131
第一节　客房管理模块的基本功能 ·············· 133
第二节　客房部经常使用的快捷键及报表 ·············· 149
第三节　应收账款模块的基本功能 ·············· 151
练习题 ·············· 156

第二篇　初始化设置篇

引　言 ·············· 162

第七章 酒店预订模块设置（Hotel Reservation Configuration） ·············· 165
第一节　预订模块代码（Reservation Codes）设置 ·············· 166
第二节　客房分类（Room Classifications）设置 ·············· 175
第三节　客房床的类型（Bed Types）设置 ·············· 177
第四节　销售津贴（Sales Allowance）设置 ·············· 178
第五节　商务团队（Business Blocks）设置 ·············· 179
第六节　楼层图（Floor Plans）设置 ·············· 183
第七节　存货清单（Item Inventory）设置 ·············· 184
练习题 ·············· 185

第八章　酒店客人档案（Profiles）设置　187

第一节	客人偏好倾向（Preferences）设置	188
第二节	客人的地理区域数据库（Geographical Data）设置	190
第三节	客人称谓（Titles）设置	195
第四节	关系种类代码（Relationship Types）设置	196
第五节	会籍会员（Memberships）设置	197
练习题		208

第九章　酒店价格策略（Rate Management）模块设置　209

第一节	房价代码（Codes）设置	210
第二节	房价分级（Rate Classifications）设置	214
第三节	包价销售（Packages）设置	217
第四节	价格策略（Rate Strategy）设置	220
第五节	酒店活动日程表（Property Calendar）设置	222
第六节	促销（Promotions）设置	223
练习题		226

第十章　酒店收银（Cashiering）模块设置　227

第一节	收银交易代码（Transaction Codes）设置	228
第二节	收益管理代码（Revenue）设置	231
第三节	外币兑换（Foreign Currency）设置	234
第四节	收银员（Cashiers）设置	236
第五节	账页代码（Folio Grouping Codes）设置	237
第六节	记包账代码（Routing Codes）设置	239
第七节	调账代码（Adjustment Codes）设置	239
第八节	付费方式类型（Payment Types）设置	240
第九节	收入批处理类型（Bucket Types）设置	241
第十节	财务（阿拉伯数字）数据字符（Number To Words）设置	242
练习题		242

第十一章　酒店应收账款（Accounts Receivable）设置　243

练习题		245

第十二章	酒店佣金管理（Commission）设置	246
第十三章	酒店其他模块设置	249
第一节	外接（External）设置	250
第二节	定义输出报告的模板（Define Records）设置	251
第三节	系统初始化（Setup）设置	253
第四节	酒店业主（Property）设置	254
练习题		256

第三篇　理论篇

第十四章	酒店管理信息系统（HMIS）原理和应用	264
第一节	酒店管理信息系统原理	265
第二节	酒店管理信息系统应用	270
第三节	智慧酒店	307

第二版序言

作为酒店经营者重要的管理工具之一的酒店管理信息系统，更是现代酒店企业为之依归的经营利器。中国酒店业信息化经历了近 30 年的发展历程，其中酒店管理信息系统作为酒店经营管理最有力和前沿的系统，发挥了积极作用。本教材选取了国内外最常见的酒店管理信息系统——Opera 系统，在第一版的基础上，第二版采用了最新 5.0 版本的 Opera 系统。在第一篇的具体操作上以各模块为线索，详细讲解了各按钮及其在各相关酒店部门的运用，使教学线索更加明晰，方便教学。第二篇则以小案例的形式，详细讲解了其在后台的设置功能。在前两篇的系统操作与系统设置模块的理解上。第三篇以 Opera 系统为例，讲述了酒店管理信息系统原理与应用，把管理信息系统本质和内涵进行了论述，使学生或读者能掌握计算机系统作为工具的本质应用效能。在章节的最后介绍了迅速发展的智慧酒店，对其基本架构、原理及应用前景进行了讨论，其目的就是使学生掌握"互联网＋"技术来为旅游业发展服务。

随着"互联网＋"的迅速发展，酒店管理信息系统也在"互联网＋"技术的推动下，其系统已经从最初的前台结构化管理系统扩展到酒店的中央预订、经营、结算为一体化，并逐步成为集合大数据、云计算、"移动互联网＋"新技术为一体的新平台。酒店管理信息系统也被视为打通成员酒店之间会员体系新的集聚网络。而我们的旅游教育，更应该抓住事物的本质，使学生领会根本的应用技术规律。

该书在第一版后，得到了大家的关注和认可。但随着 Opera 系统本身的更新升级以及笔者不断总结教学经验，在该书第一版出版四年后，笔者又积极投入到第二版的修订工作。此外，上海商学院和无锡商贸旅游学校的多位教师都为本书的修订提供了参考意见。责任编辑付蓉女士和张珊珊女士亦对书稿做了文字审校工作。在此，笔者对上述单位和同志的支持和帮助表示衷心的感谢。

编 者
2015 年 12 月

前　言

　　中国酒店业随着中国旅游业的发展正以迅猛的势头快速向前推进。信息化管理已经成为酒店业不可或缺的基本管理手段，几乎每一家酒店都在使用管理信息系统。

　　本书主要针对旅游高等院校的在校学生，使其学习掌握酒店管理信息系统的操作；理解领会管理信息系统在酒店管理中的作用；利用管理信息系统来实现管理者的经营策略和管理思想。本书也可以作为酒店员工进行管理信息系统操作培训及信息化管理培训的教材。

　　本书以目前在国际国内高星级酒店广泛使用的 Opera 系统为操练学习酒店管理信息系统的标准。一方面，可以使主要面向国际国内高星级酒店就业的旅游高等院校学生学以致用；另一方面，作为国际最先进的酒店管理信息系统，可以让学生在学习操作的过程中，体验酒店管理的先进理念。

　　本书的结构分为三部分。第一部分为 Opera 系统的运营操作，主要针对将来从事酒店一线服务的学生进行系统操作的学习和操练。第二部分为 Opera 系统的初始化设置，是在第一部分学习的基础上，通过系统初始化设置的学习，理解一家酒店管理的全貌及如何利用酒店管理信息系统来实现酒店的运营和管理，以帮助将来有可能成为管理者的学生学会利用管理信息系统进行酒店管理。第三部分为管理信息系统的理论知识，是在学习了前两部分、有了对酒店管理信息系统感性认识的基础上来系统学习信息管理的理论，而信息管理是中高层管理者所必须具备的管理知识。另外，这样一种学习的安排，可以使学生联系实践来学习理论，这种学习方法更加科学高效。

　　教材三个部分适应的教学对象如下表所示：

教材各部分内容、教学对象及适应的酒店业岗位

序　号	主要内容	学校教学对象	酒店业岗位
第一部分	系统的基本操作	专科生和本科生	一线员工
第二部分	系统的初始化设置	主要是本科生	管理层
第三部分	信息管理理论	专科生和本科生	管理层

　　本书不是仅就系统学系统，而是将学习系统操作与学习酒店实务结合起来，通过系统的流程化的结构，使学生对酒店业务的全过程有较为清晰的了解。

这门课程主要帮助学生自己上机操练，并设计了学习考核方法，以督促学生自学完成操练工作。由于这是一门实践性较强的课程，且 Opera 系统是针对酒店业运行业务及管理要求设计的，这就要求教师不仅要会操作系统，还要有酒店运行业务的实践经验，只有这样教师才能在教学中结合实际讲解清楚。这门课程的学习对学生而言，不止于学会一个系统的操作，另一个很重要的方面是了解酒店的运行业务和经营理念。所以，有酒店业工作经历或者有酒店挂职实习经历，应是任课教师的必备素质。

为使学生更好地学习本书第一部分 Opera 系统的运营操作，我们编写了配套的《酒店管理信息系统教程实训手册》。这本实训手册主要帮助学生自己上机操练，并设计了学习考核方法，以督促学生自学完成操练工作。建议课上和课下至少以 1∶1 的课时比例安排学生自己上机训练。

这门课一般可以安排在二、三年级开设。课时安排：第一部分 54 学时；第二部分 18 学时；第三部分 18 学时。学生课后上机操练时间不计在内。

在本课程的开发过程中，笔者得到了北京中长石基信息股份有限公司、万豪酒店管理集团、开元酒店管理集团、宁波喜来登大酒店、上海宾馆等企业的支持和帮助。北京中长石基信息技术股份有限公司的教育部项目经理吴少勇先生及培训师安雪女士为本书做了大量的文字加工工作。开元酒店集团傅全勇先生、宁波东港喜来登酒店工程部娄永明先生、锦江国际酒店管理公司业务部营运审计组杨作昂先生为本书提供了帮助。在本书付梓之时，责任编辑付蓉和张珊珊对书稿做了大量的文字加工工作。在此，笔者对上述企业及同志的支持和帮助表示衷心的感谢。

本课程的开发和本教材的编写得到了上海旅游高等专科学校多位教师的积极投入和支持。杨荫稚副教授进行了课程开发和教材编写的总体框架设计。陈为新副教授编写了本书第一篇，并负责本书的统稿工作。黄崎副教授编写了第二篇和第三篇。卢文芳副教授、施蓓琦讲师、施旭瑛讲师参加了第一篇初稿的编写工作。施蓓琦讲师提供了第二篇编写的素材。梁峥讲师为课程开发提供了有效的系统维护工作。

本教材及配套实训手册（《酒店管理信息系统教程实训手册》，许鹏主编，中国旅游出版社出版）属新创，难免有不足的地方，希望得到学界同人和业界专家的批评指正，使酒店管理信息系统的教学能真正推动中国酒店业人才的培养和中国酒店业的发展。

杨荫稚

2015 年 11 月 17 日

于上海旅游高等专科学校/上海师范大学旅游学院

第一篇

运营操作篇

绪　言

一、什么是酒店管理信息系统

酒店管理信息系统，通俗地理解，就是酒店管理的事儿，是酒店信息的事儿，是对酒店的信息进行管理的事儿，且通过系统的方法来完成这件事儿。

酒店管理信息系统对酒店各项工作进行信息管理。图 1 是一个酒店最基本的信息管理的图示，即对入住酒店客人的服务工作流程，以及作为酒店管理基本手段的信息处理或管理。在酒店规模不大、信息技术不成熟的时候，一般采用手工处理的方法（现在在一些小旅馆还可以看到手工处理的方法），现在绝大多数酒店利用信息技术来完成这些信息的处理或管理。

从客人入住开始，预订部要记录客人预订的相关信息；客人入住时，前台要记录客人入住的相关信息；客人在酒店消费，相关营业部门要记录客人消费的相关信息；客人离店时，前台收银要记录客人结账的相关信息。此外，还要记录客人的特殊服务信息，以便提供良好的服务。

在手工处理年代，酒店从业者在每一个环节都要用笔和纸记录下每一次信息；而在当今信息技术年代，这些手工工作被电脑所代替。

二、酒店管理信息系统的作用

现在一家酒店要使用酒店管理信息系统，其费用少则几万元多则上百万元，但为什么现在绝大多数酒店会使用它呢？

第一，效率高。使用电脑，可以提高信息记录的速度，从而提高工作效率。对熟练的操作者来说，电脑输入快于手写。另外，在手工处理年代，有些信息我们会在不同的环节反复输入，如客人姓名，预订时在销售部或预订部写一遍，入住时到前台又要写一遍等。而用信息技术，一项数据一次录入系统，以后就可以在不同部门、不同工作环节共享，减少了重复的工作。

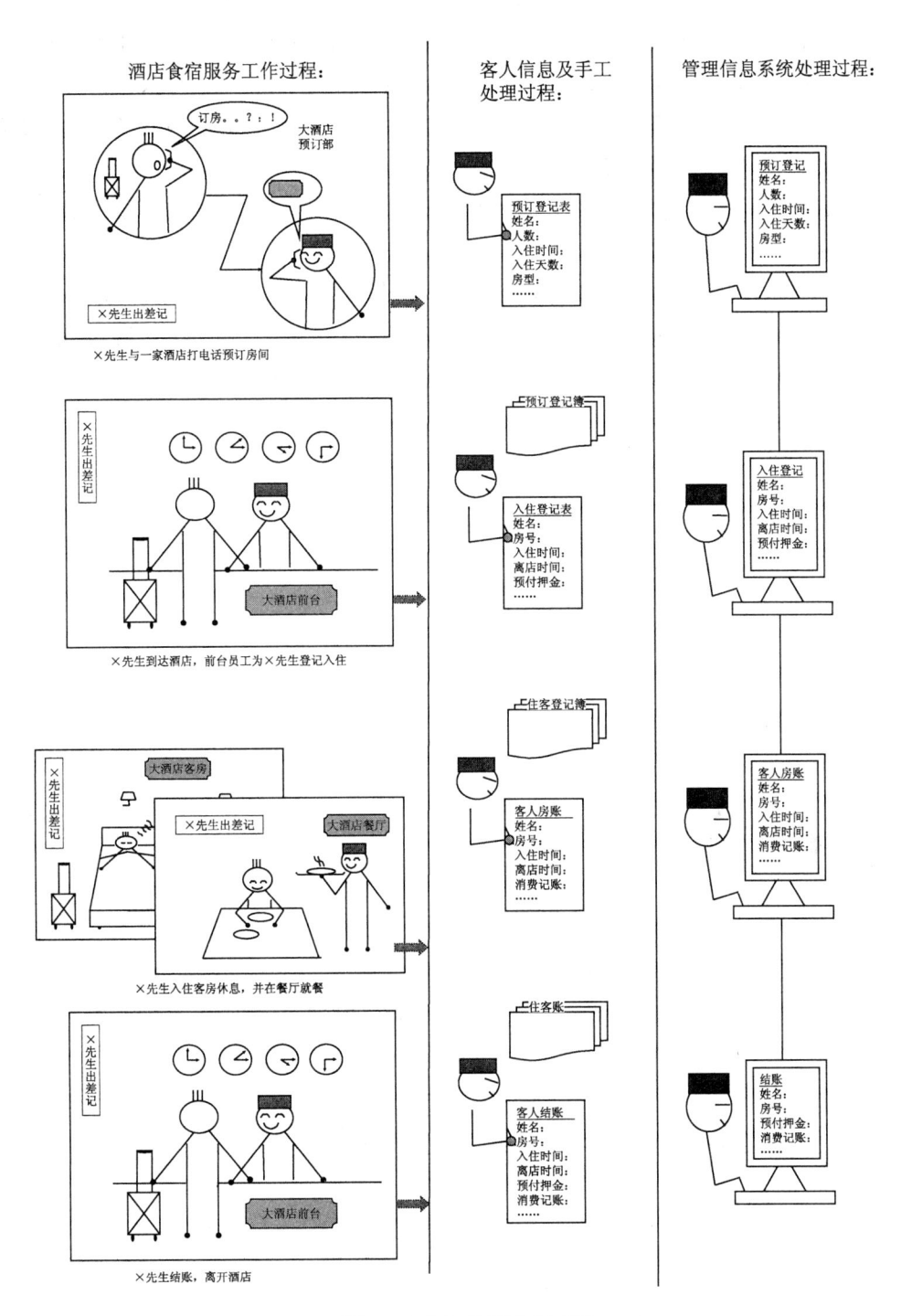

图1 客人入住酒店全过程

第二，查询快。不论是查询客人信息还是查询经营信息（例如收入、出租间数、空房数等），在手工处理年代，工作人员要去翻看各种记录本，然后还要人工汇总等。而在信息年代，这种查询可能只在几秒钟之间就能准确地完成。几秒钟时间的差异可能就决定了管理的有效性，管理者若能及时获得信息，就能及时做出正确的决策，例如能立即查询酒店是否还有空房可以出租，能在 1 分钟内（甚至更短的时间）回复电话那头想要预订房间的客人。

此外，酒店管理信息系统还有很多其他的功能是手工处理年代没法做到的，例如房价的控制，以防一般员工随便卖便宜房价等。在学完这门课程之后，再来讨论酒店管理信息系统在酒店经营管理中的作用。

Opera PMS 基础

第一章

学习意义 本章介绍了酒店管理信息系统的相关知识,并分析了 Opera 系统与酒店其他部门的有机联系,有利于理解和领悟酒店管理信息系统在整个酒店中的地位和作用,并概要性了解酒店管理信息系统基本工作内容,为后续学习打下基础。

内容概述 本章是酒店管理信息系统课程的导入部分,重点介绍了 Opera 系统的基本情况、Opera 系统在线帮助手册的内容和用途、Opera PMS 界面的功能键、Opera PMS 的快捷键、Opera PMS 报表内容等。

知识点

知识目标

1. 熟悉 Opera 系统的各个界面。
2. 理解 Opera PMS 的主要按键的功能。
3. 了解 Opera 系统的在线帮助手册。

技能目标

1. 能登录 Opera PMS 系统。
2. 熟练使用 Opera PMS 系统快捷键查询各项信息。
3. 能调用 Opera PMS 系统的各种报表。
4. 能熟练使用 Opera 系统的在线帮助手册。

第一章　Opera PMS 基础

导入案例

学习 Opera 系统的必要性

一个管理者需要掌握多少电脑知识才可以去操作一台计算机？

回答是：这大体上相当于一个驾驶员学开车需要学会的汽车知识。

驾驶员并不是非要掌握内燃机的机械原理才去开车。他要学习的只是如何操作汽车，学会如何转点火钥匙，如何踩油门、踩刹车等知识。不过，从长远来看，如果驾驶员了解汽车机械知识并掌握一些基本的汽车维护技能，他的车将运行得更好，他的驾驶也将更得心应手。

同样地，要把计算机作为一个运作信息系统的高效手段，管理者并不非得学会蚀刻在硅片上错综复杂的电路。他需要掌握的只是那些用来指示计算机完成相应功能的命令。不过，同样道理，如果管理者具有计算机系统如何运行的基本知识，就能更高效地使用计算机这一工具，去完成信息系统的管理工作。掌握计算机系统的基本知识使管理者能够为自己的业务挑选更符合信息需求的计算机系统，或是拓展现有计算机系统的数据处理功能。学会一些"计算机行话"（Computerese）在识别计算机系统需求和掌握系统功能方面是非常有用的。

因此，对于正在从事或以后想从事酒店业的人来说，了解并掌握在国际、国内高星级酒店广泛使用的 Opera 系统的基本功能是必需的。

——资料来源：Michael L. Kasavana, John J. CahiII.
饭店业计算机系统（第三版）[M]. 王宏星译. 北京：中国旅游出版社, 2002.

第一节　Opera[①] 系统简介

一、Opera 系统的主要组成部分

Opera 系统主要有 10 个子系统，分别是 Opera 物业管理系统（Opera Property Management System，Opera PMS）、Opera 销售宴会系统（Opera Sales & Catering，Opera S&C）、Opera 中央预订系统（Opera Reservation System，Opera ORS）、Opera 中央客户信息管理系统（Opera Customer Information System，Opera OCIS）、Opera 渠道管理系统（Opera Channel Management，Opera OCM）、Opera 电子分销控制套件（Opera Electronic Distribution Suite，Opera OEDS）、Opera 物业业主管理系统（Opera Vocation Ownership

---

① 本书使用的 Opera 系统是 Opera V5 版本。

System，Opera OVOS）、Opera 外接接口系统（Opera Xchange Interface，Opera OXI）、Opera 商务智能系统（Opera Business Intelligence，Opera OBI）和 Opera 收益管理系统（Opera Revenue Management System，Opera ORMS），具体如图 1-1 所示。

PMS OPERA Property Management System
S&C OPERA Sales & Catering
ORS OPERA Reservation System
OCIS OPERA Customer Information System
OCM OPERA Channel Management
OEDS OPERA Electronic Distribution Suite
OVOS OPERA Vacation Ownership System
OXI OPERA Xchange Interface
OBI OPERA Business Intelligence
ORMS OPERA Revenue Management System

图 1-1　Opera 的 10 个子系统

在这 10 个子系统中，Opera 物业管理系统是其核心部分。"Property"一词狭义指物业、建筑物，广义指所有权。物业管理的含义是私有制下的所有权管理，不是业主管理。物业管理有三大要素：物业的保值增值；在保值增值的前提下为业主创收；物业维护。酒店（Hotel）是专用物业的一种。Opera 系统已经不仅仅为酒店设计，而是扩大了适用范围到旅游招待业中多种不同的专用物业形态，故而改称物业管理系统 Property Management System，以下简称 PMS。Opera PMS 系统在设计上迎合不同规模酒店以及酒店集团的需求，为酒店管理层和员工提供了全方位的系统工具，以便其快捷高效地处理客户预订、入住退房、分配房间、房内设施管理、入住客户膳宿需求，以及账户账单管理等日常工作。Opera PMS 可以根据不同酒店之间运营的需求多样性，来合理地设置系统以贴合酒店的实际运作。除单体酒店模式外，它还提供多酒店模式，即通过一个共享的数据库，为多个酒店进行数据存取甚至相互访问。Opera PMS 和其他子系统可以实现完美结合，共同构成 Opera 企业级软件解决方案。例如，Opera 销售宴会系统、Opera 物业业主管理系统、Opera 工程管理系统，以及 Opera 中央预订系统和 Opera 中央客户信息管理系统。

Opera 渠道管理系统是渠道管理，在 PMS 与外界之间设立一个门槛，将自己的房间存量资源对直销网站与各个分销系统进行再分配管理，以便控制定价与利益分配。Opera 物业业主管理系统是将产权式度假酒店管理独立成单独的系统。Opera 商务智能系统是数据挖掘模块，用于将不同的库、表中的数据获取后进行再加工形成自己所需要的管理报表的工具。Opera 收益管理系统是在收购的 Opus Ⅱ 收益管理系统的基础上进行改造，并与 Opera PMS 有接口，实现数据共享。

二、Opera PMS 的主要功能[①]

客房预订功能。Opera PMS 房间预订模块集客户档案管理、收银、定金管理等多种功能为一体。此模块为建立、查询、更新客人预订、团队订房,以及商务团体预订等操作提供完善的功能,并提供了控制用房量、取消预订、确认订房、等候名单、分配房间、收取押金以及共享房间等功能,有助于为客人提供个性化服务。

房价管理功能。Opera PMS 中的房价管理模块,可以便捷地进行房价的设置和控制,可以对房价以及不同房间类型的销售进行管理、实时监控和策略调整,并在系统中提供收入预测以及统计分析等功能,成为行业内同类产品中最全面、最强大、最有效的房价管理系统。Opera PMS 系统可以和 Opera 收益管理系统实现无缝链接,并向其他主流收益管理应用软件提供接口。

客户资料管理功能。Opera PMS 同样提供客户资料记录功能,记录统计包括客户、商务合作伙伴、联系人、集团、旅行社以及来源等资料。客户资料包括地址、电话、会员信息、会员申请、住店历史信息与收入详情分析、客户喜好以及其他相关数据,使预订及其他操作更快捷、更精确。

前台服务功能。Opera PMS 中的前台服务功能,用于为到达的和已入住的客户提供服务。此模块不仅可以处理个人客户、集团客户以及未预约客户的入住服务,而且设有房间分配、客户留言管理、叫醒服务、电话簿信息以及部门间内部沟通跟进服务等功能。

收银功能。Opera PMS 的收银功能包括客人账单录入、账单金额调整、预付抵押金管理、费用结算、退房以及账单打印。收银功能可以支持多种支付方式,包括现金、支票、信用卡和应收挂账。在多酒店模式环境下,该系统还可以支持各营业场所跨酒店相互入账。

客房管理功能。Opera PMS 中的客房管理功能能够有效监督房态,包括:可用房、正在清洁房、维修房,以及房间设施的管理。同时,该系统可以管理客房打扫人员的区域分配、用工统计以及客房用品,并且可在房间排队的功能中,有效地协调前台和客房清洁工作,针对已分配给客人的特殊房间,通过系统通知,安排优先打扫次序。

应收账款功能。Opera PMS 系统集成了应收账款功能,包括:直接挂账、账单管理、账户账龄、支付账单、催款信、周期结算对账单以及账户查询等功能,并可以在系统切换时,将原系统中处于各账龄期的应收账款余额,按账龄手工录入到新系统中,作为新

[①] 资料来源:http://www.shijinet.com.cn/cn/ProductDetail.aspx?m=20091228104725403117&n=20091228113750217137

系统的期初余额。

佣金管理功能。Opera PMS 系统同时支持佣金管理功能，用于计算、处理、追踪旅行社及其他形式的佣金数据收集、计算以及支付管理，可以支持支票打印或电子资金转账（Electronic Funds Transfer，EFT）的方式支付佣金。

报表功能。Opera PMS 提供了超过 360 个标准报表，可以根据酒店的需求调整报表设置，并在系统中提供内置报表模块，依据客户要求，创建全新格式的报表。

设置功能。Opera PMS 可以根据酒店需求，对系统作出功能选择、参数设置以及缺省代码。严谨的用户权限设置可以对系统中的用户组甚至用户的操作权限进行限制，并且可以根据客户的要求更改系统屏幕布局。

地域支持功能。Opera PMS 系统支持多货币及多种语言功能以满足全球运营商的需求。房价和收益可以由当地货币按照酒店需求换算成任何货币。Opera PMS 系统可以依据客户的语言代码，选择、控制打印相应语言的账单、登记卡等，而且支持多国地址和多种文字的输入、保存、打印，并提供多种语言的屏幕显示和信息提示。

后台接口功能。Opera PMS 可以非常方便地按照相应的格式将收入、市场分析、每日分析、应收账等数据输出，传输至酒店后台财务系统。

系统接口功能。Opera PMS 系统与上百个第三方系统设有接口，例如收益管理、电话、房控系统、电视及音响娱乐、电子锁、酒店 POS 机、客房小酒吧和叫醒服务等系统。

第二节　Opera PMS 界面一览

一、Opera 系统登录界面

在 IE 浏览器中输入相应的网址，可以出现 Opera 系统的登录界面，如图 1-2 所示。

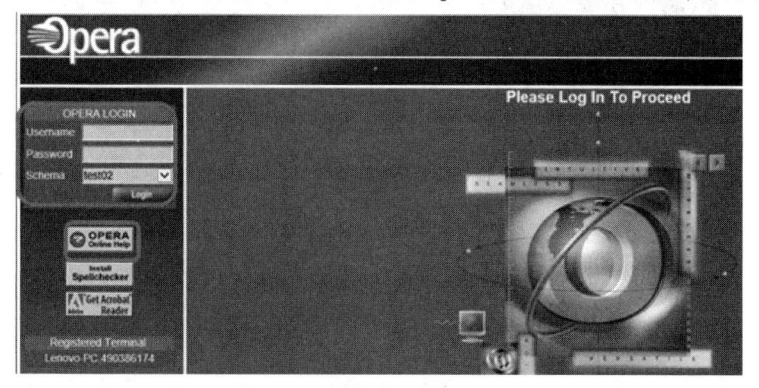

图 1-2　Opera 系统登录界面（Login）

1. Opera 系统登录框

在图 1-2 输入"用户名（Username）""密码（Password）"和"库（Schema）"，然后点击"登录（Login）"就能进入 Opera 系统了。在该界面，能看到 Opera 系统的 10 个子系统的图标，若想登录 PMS 模块，直接点击图中"PMS"图标即可（图 1-3）。

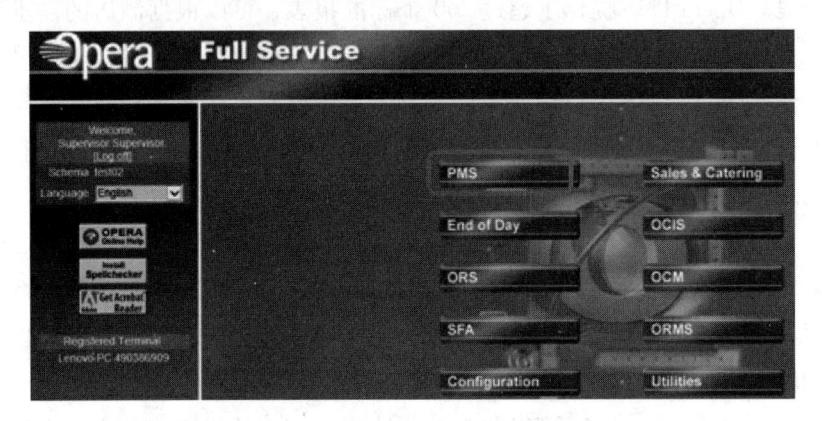

图 1-3 Opera PMS 登录界面

2. Opera 在线帮助手册

在 Opera 系统中，可以直接使用 F1 快捷键或在 Opera PMS 登录界面（图 1-2 或图 1-3）中点击"Opera 在线帮助手册（Opera Online Help）"，即打开相关界面（图 1-4）。"Opera 在线帮助手册"对 Opera 的 10 个子系统的每个部分、每个按键都有相应的详细说明，这可以帮助使用者掌握 Opera 系统操作。例如，想了解 Opera PMS 部分，就直接点击图中的"PMS"图标即可。还可以使用界面上方的"搜索（Search）"按钮，输入想查找的内容即可。

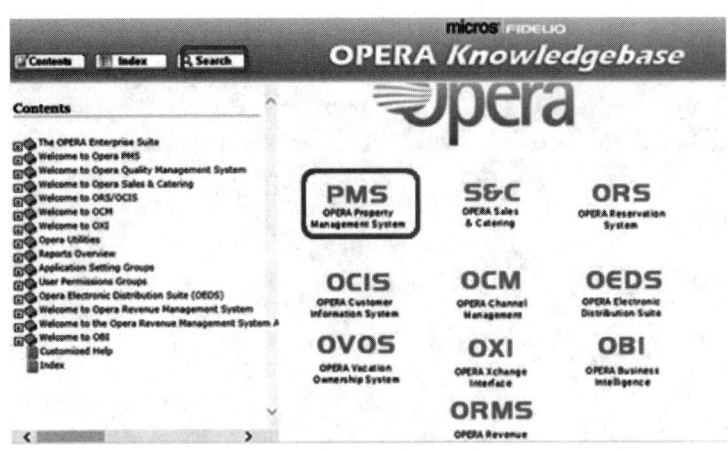

图 1-4 Opera 系统在线帮助手册（Online Help）

二、Opera PMS 界面一览

在图 1-3 界面点击"PMS"图标后，即出现 Opera PMS 界面，如图 1-5 所示。

图 1-5　Opera PMS 界面

1. 系统版本与时间显示区

Opera PMS 主界面的左上角为系统版本，如图 1-5 显示"Opera PMS［Version 5.0］"，表明了系统是 Opera V5 版本。

Opera PMS 主界面的中间为使用该系统的单位名称，如图 1-5 显示是"Opera1 - Shanghai Institute of Tourism"，表明该系统的使用单位为"上海旅游高等专科学校"。若是酒店，则显示的是酒店名称。

Opera PMS 主界面右上角部分为 Opera 系统时间显示区域。如图 1-5 显示"02-02-09"，表明这套 Opera PMS 系统时间为 2009 年 2 月 2 日，这就意味着在这套 Opera PMS 系统中，客人当日入住的时间就是系统右上角的日期，即 2009 年 2 月 2 日。在酒店一天经营结束后，酒店管理人员会在系统上进行夜审的操作。顺利通过夜审后，Opera PMS 的系统时间就会顺延到第二天。

2. 菜单显示区和功能按键区

如图 1-5，系统版本显示区下方是 Opera PMS 菜单显示区，从左至右依次是退出系统（Exit）、预订（Reservation）、前台（Front Desk）、收银（Cashiering）、客房管理（Room Management）、应收账款管理（AR）、夜审（End of Day）、杂项（Miscellaneous）、设置（Setup）、帮助（Help）。在菜单显示区的左下方显示的是当前登录的用户，如图显示"SUPERVISOR"，表明现在登录系统的用户名为"SUPERVISOR"。

Opera PMS 的菜单界面中，上方横轴是主功能按键，主功能按键和菜单显示区的按键一致。左面纵轴为子按键，其内容随上方主功能按键的点击而变化，如点击预订（Reservation）图标后，左边纵轴的图标将相应地变成预订（Reservation）模块的子图标。

3. 用户权限

酒店的每个不同员工的工作职责和权限是不同的。相应地，员工在操作酒店信息系统中的权限也有很大差异。不同权限用户功能差异明显，以预订（Reservation）功能为例。如客房部的普通员工登录，预订菜单可能仅有一项功能可用，即档案（Profiles），其他的功能按钮都是灰色的，处于不可点击的状态，但预订部员工有可能可以看到预订的所有功能。

第三节　杂项模块（Miscelleneous）的基本功能

Opera PMS 系统中的杂项模块是一个很重要的部分，包括报表（Reports）、员工更改密码（Change Password）、快捷键（Show Quick Keys）等。

一、报表

Opera PMS 提供了超过 360 个标准报表，可根据酒店的需求调整报表设置。同时在系统中提供内置报表模块，依据客户要求，创建全新格式的报表。打开报表，可点击主菜单中杂项（Miscellaneous）按钮，再点击右边的报表（Reports）按钮，如图 1-6 所示。

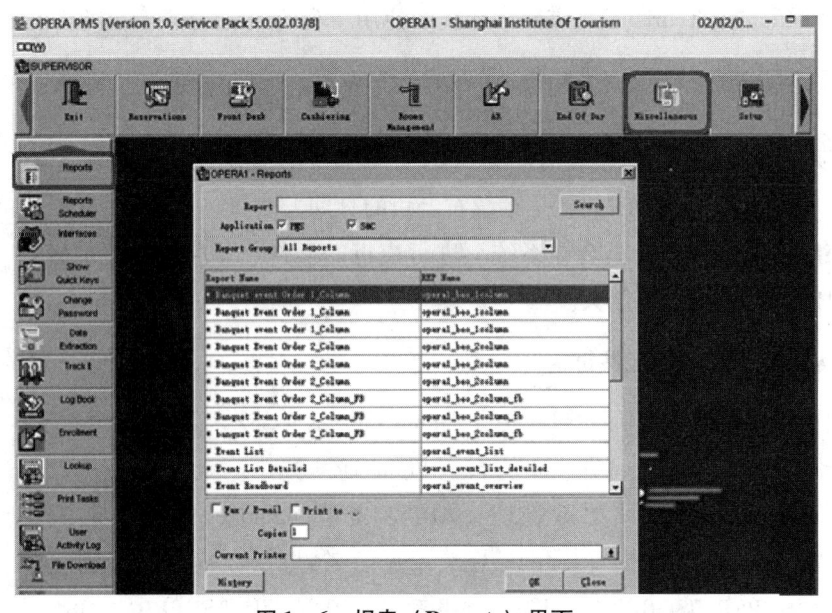

图 1-6　报表（Reports）界面

Opera PMS 系统中的报表具有如下特点：①可以通过报表名字进行搜索，并根据用户群分组；②可以根据报表结果设定所有的参数及选项；③可以通过屏幕预览、打印或下载到电脑中存档。

在酒店中前台所有生成的数据都会经过系统处理形成报表，而这些报表也是 Opera 系统中最精华的部分。每天各个部门都会根据各自的需要打印出相应的报表。管理层也可以通过这个系统搜索到自己想要的报表，从而制定相应的决策。例如，失约客人（No Show）的报表，每天每月都有预订但未能来的客人，作为管理层要了解他们的来源，如携程、艺龙网、协议单位等。几个月下来，失约客人报表的统计数据就会给管理层提供非常有用的数字，可以大约计算出的各种渠道的预订数与失约客人的比例。有了这个数据，管理层就可以适当地进行超额预订，有效地避免因失约客人而给酒店带来损失。有了这个数据还可以控制某一渠道的预订，甚至在用房紧缺时，关闭它，从而有效地降低失约客人的比例。

二、更改员工密码与退出系统

员工在接到酒店电脑房设置的用户名和密码后，应及时登录 Opera PMS 系统，更改密码。如图 1-7 所示，点击杂项（Miscellaneous）左方的更改密码（Change Password）按钮，即可更改密码。

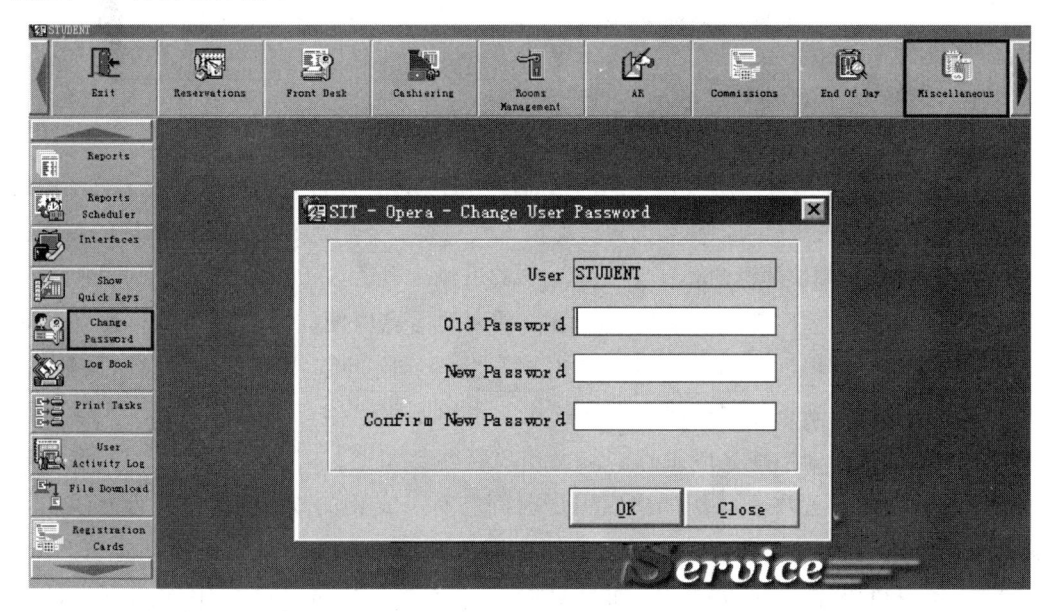

图 1-7　Opera 系统用户更改密码界面

Opera PMS 系统在使用结束后，用户要及时退出当前的登录状态。在酒店实际工作中，这一操作对防止其他员工的误操作非常重要。更改用户或退出系统可以点击左上角"退出（Exit）"按钮。

三、快捷键

在 Opera PMS 系统中，用户可以使用快捷键快速调用各种功能，例如查询酒店房价和酒店的出租率情况等。可以点击主菜单中杂项（Miscellaneous），再点击右边的快捷键（Show Quick Keys）按钮。也可以直接使用快捷键 Control + F4（Dashboard），调出快捷键菜单，如图 1-8 所示。

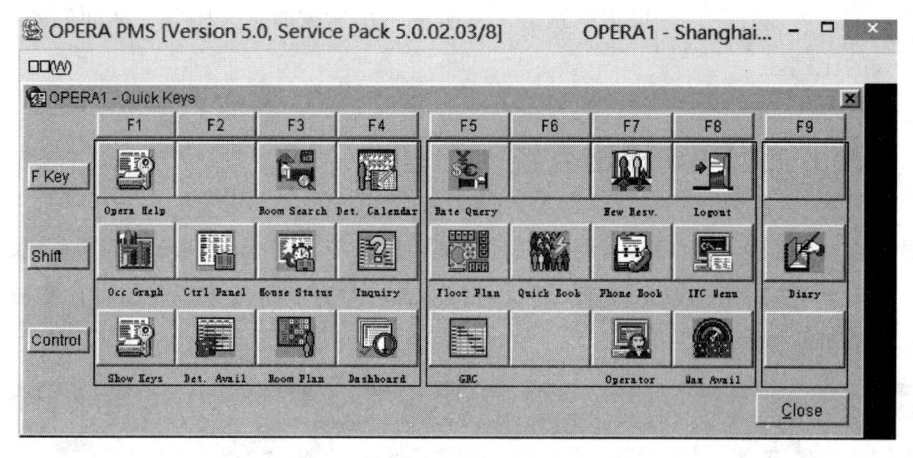

图 1-8 快捷键（Quick Keys）界面

用快捷键的好处在于不需要用户退出当前使用的功能，并且大幅度地减少了员工使用鼠标的频率，这样员工就可以将精力更多地投入到对客服务中，有助于提高酒店的对客服务质量。例如，使用快捷键 Shift + F7，就可以打开酒店电话本（Phone Book），即图 1-9。酒店员工，特别是前厅部员工必须掌握面广量大的信息以便向客人提供问询服务。客人常见的问题有值得推荐的当地餐馆、出租车公司、附近购物中心、药房和加油站、附近的宗教场所、附近的银行或自动取款机、本地剧院、体育场或售票处、大学、图书馆、博物馆或其他当地名胜景点、国家和政府办公大楼、国会大厦或法院及市政府办公楼、酒店的有关政策（例如离店退房时间、有关宠物的规定）、有关店内娱乐设施或附近娱乐设施的介绍。这些信息都可以输入到 Opera PMS 系统的电话本（Phone Book），不仅可以输入电话号码，而且可以在"备注（Remarks）"中输入景点的地址、介绍等。

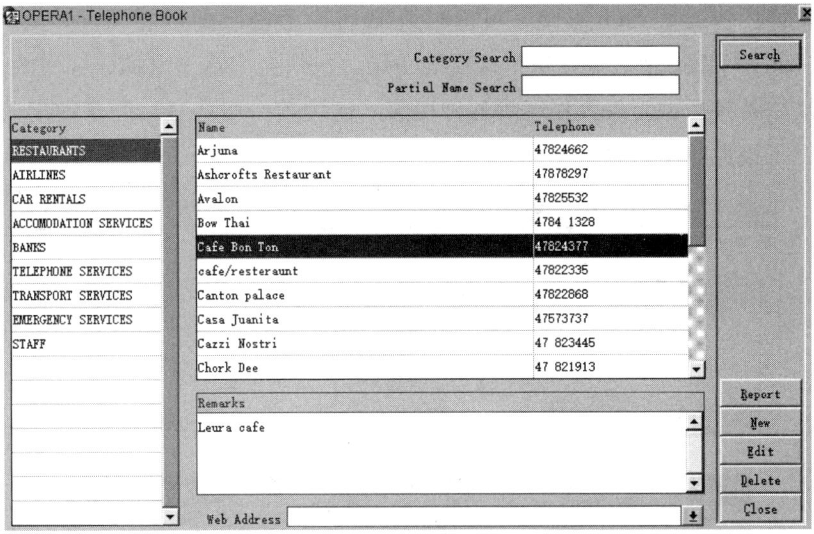

第三节 杂项模块（Miscelleneous）的基本功能

图 1-9 电话本（Phone Book）界面

例如，使用快捷键 Control + F4，就可打开快捷界面（Dashboard），即图 1-10。该界面包括搜索、预订、档案等多项功能。在这个界面上，使用者可以完成以下任务：①取消、编辑客人的预订，给客人做入住登记手续；②搜索、查看所有的预订及住店客人情况；③搜索、查看所有客人档案；④查看酒店日历、快速查询报表；⑤抛账、给客人办理结账离店手续；⑥快速进入客房管理界面等。

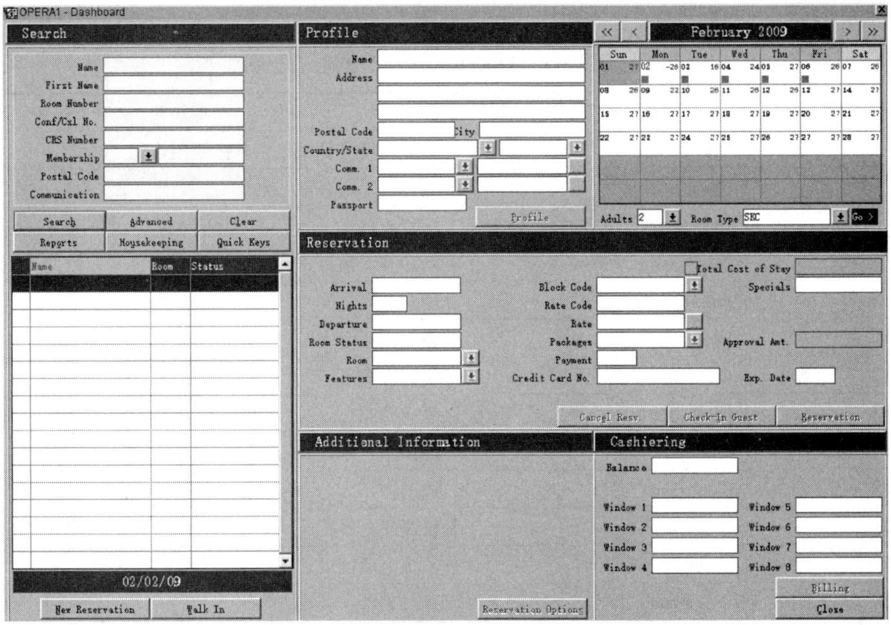

图 1-10 快捷界面（Dashboard）

15

又如，使用快捷键 Shift + F5，可以打开酒店各个楼层的楼层图（Floor Plan），即图 1-11。该图可以清楚地显示每个楼层的布局，包括会议室、电梯、客房的分布情况，以及每个楼层各种房型与是否住客等各种房态。这为前台服务员清楚了解房态、及时销售客房提供了极大的便利。

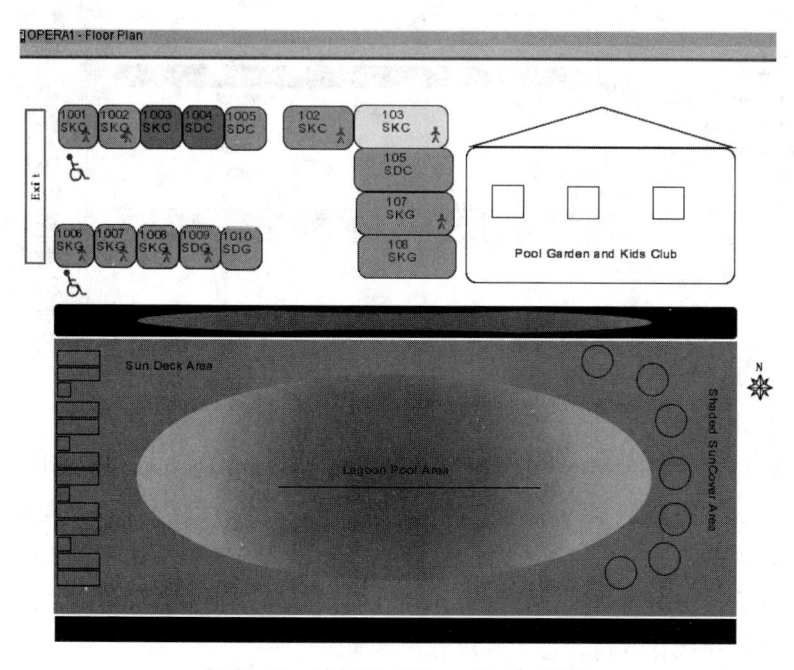

图 1-11 楼层图（Floor Plan）界面

表 1-1 Opera PMS 快捷键一览

快捷键	英文	功能说明
F1	Opera Help	在线帮助（详细说明各按钮用途）
F3	Room Search	具体可卖房查询
F5	Rate Query	房价查询
F7	New Resv.	新建客人预订
F8	Logout	用户切换
Shift + F1	Occ. Graph	酒店出租率表
Shift + F2	Ctrl. Panel	控制面板
Shift + F3	House Status	酒店状态
Shift + F4	Inquiry	查询
Shift + F5	Floor Plan	楼层图
Shift + F6	Quick Book	快速建立团队
Shift + F7	Phone Book	系统电话黄页
Shift + F8	IFC. Menu	接口菜单

续表

快捷键	英文	功能说明
Shift + F9	Diary	宴会厅使用情况表
Control + F1	Show Keys	快捷键
Control + F2	Det. Avail	显示每个房型在将来几天的可卖房情况
Control + F3	Room Plan	房间使用情况表
Control + F4	Dashboard	快捷界面（包括搜索、预订、档案等界面）
Control + F5	GRC	团队客房使用情况表
Control + F7	Operator	总机
Control + F8	Maximum Availability	最多可卖房数

小资料 搜索

酒店管理智能化

随着互联网技术和全社会信息化进程的加快，以电子信息技术为代表的现代科技逐步进入酒店业，酒店的智能化程度不断提高。酒店利用新科技加强信息管理和服务能力，现代化的管理手段可以提高管理效率。科学技术还可以提高员工的工作效率，使其适时适当地为客人服务，如服务人员只需坐在楼层的工作室外注视红外线感应，即可知道客人进出房间的情况，无须敲门、按铃或者查看有无"请速打扫"等信息牌。

酒店可将电视与电脑连为一体，实现前台和后台的多项传播，如有客人在前台办理好登记入住手续一进房间，电视上即显示"欢迎某某先生（小姐等）"字样；客人外出归来，电视屏幕能自动显示留言、到访、天气等信息。酒店设备智能化是从方便客人出发的，比如现在的门锁不是用钥匙开，而是用磁卡，甚至是指纹，用大拇指一按门就开了。还有的是感应门锁，只要把卡片拿出来，向门一指，门就开了。客房温度也是人体感应，自动调温，适合住店客人的需求。酒店开发智能卡，加强客人的安全控制；也可利用各类多功能化的IC卡，方便客人在吃、住、行、娱、购等方面的消费。日本还生产设计出一种采用集成电器控制的小冰箱，能自动记录冰箱内每一种物品的存取，一旦客人结账离房，冰箱就会自动锁上。

——资料来源：http://www.zjhotels.org/expertcolumn/ArticleInfo.aspx? ExpertArticlesID = f59a97a4 - 5d63 - 4293 - bcb5 - 79a18429c356

行业新知 搜索

酒店常用报表

一般酒店中，中高层管理人员常用的报表如下：
- 各种类型的账龄报表（Aging Summary by All Types）
- 抵达客人明细报表（Arrival Details）

17

- 离店客人明细报表（Departures）
- 财务收益报表（Financial Payments and Revenue）
- 试算平衡表（Trial Balance）
- 收银分类账（Journal by Cashier and Transaction Code）
- 经理一览表（Manager Flash）
- 团队预测报表（Block Forecast）
- 提前四周预测报表（Four Week Forecast）
- 提前三个月预测报表（Three Month Forecast）
- 年度预测报表（Yearly Forecast）
- 客房报表（Rooms）
- 客人档案信息报表（Profile Production Statistics）
- 重复档案报表（Duplicate Profile）

练习题

在 Opera 系统中，查询以下信息：

1. 今天我们预计有多少入住客人（房间、人数、重要客人等）？
2. 哪个快捷键可以打开系统中的电话本？
3. 意大利餐厅的电话是多少？
4. 找出酒店二楼所有远离电梯的已清扫的空房。
5. 哪个快捷键可以找出已清扫的空房？
6. 目前酒店中有多少客人住的未清扫的房间？用哪个快捷键可以找出这条信息？

档案（Profiles） 第二章

学习意义　Opera PMS 中的档案（Profiles）是整个 Opera 系统工作的基础，也是系统中大多数数据的来源。一份信息丰富的客史档案，是酒店对于客人个人习惯和财务资讯的记录。酒店不仅能从中了解客人的个性化信息，而且会对酒店的市场和销售发挥作用。酒店在此基础上进行"一对一"的亲情化服务，不仅能真正做到"以客人为中心"，赢得客人的"忠诚"，而且也有助于提高酒店的经济收益。本章的学习有助于理解 Opera PMS 系统中档案的概念、分类、重要性以及操作方法等。

内容概述　本章阐明了档案的概念、分类和重要性，分别介绍了个人档案、公司档案和旅行社档案的使用方法。

知识点

知识目标
1. 了解各种不同类型的档案之间的关系（个人档案、公司档案、旅行社档案）。
2. 了解档案界面中的各种信息。
3. 搜索、编辑系统中已有的档案。
4. 了解客人的喜好代码。
5. 理解客人档案的重要性。

技能目标
1. 能新建、编辑客人、公司和旅行社档案。
2. 能搜索、修改客人、公司和旅行社档案。
3. 能添加客人喜好。

第二章 档案（Profiles）

导入案例

在曼谷东方大酒店的住店经历

泰国曼谷东方大酒店有120年的历史了，该酒店的大堂很漂亮，是一个很美的酒店。我在泰国待了三年，在这个酒店住过好几次，给我的感觉就是他们非常强调服务。

去吃早饭时，进入电梯后，偶遇一个泰国小姐，穿着一身红色的纱笼，挂一个绿色的披肩："早，余先生。"叫早不稀奇，叫余先生很稀奇，她怎么知道我姓余？"余先生，昨天晚上你们睡觉的时候，我们每层楼每班的小姐要记住每个房间客人的名字！"厉害吧！她帮我按了电梯，我就下去了。

我住在十楼，到了楼下电梯一打开，有个泰国小姐已经站在外面了："早，余先生。""你也知道我姓余，你也在背客人的名字？""不是，余先生，上面有电话告知你下来了。"原来她的腰上插了一个对讲机。

她带我去吃早餐，把我带到早餐厅的时候，他们规定要人接人，她对接我的另外一个小姐说："这位先生姓余，记住了。"然后那位小姐马上说："早，余先生。"

从那一刻开始他们给我上点心、拿早餐，统统叫我"余先生"，这种细节她们做得很周到。后来我点了一个点心，奇怪，上来后，我就问中间红红的是什么。那位小姐上前来看了一眼，后退一步说那个红红的是××。那外面这一圈黑黑的又是什么？那位小姐又上前看了一眼，又后退一步说那个黑黑的是××。请问她为什么后退一步？因为她要避免说话时口水溅到我的菜。我走遍中国，也没看到一个酒店是退一步后再回答客人的问题的，厉害吧！这就是细节服务。

后来我退房了，记得当时是刷卡，服务员把收据折好，还给我的时候和我讲了这么一句话："谢谢您，余先生，真希望第七次看到您。""真希望第七次看到您"，原来她的电脑记录上面显示我是第六次住店。电脑发展到今天这个地步，要知道一个客人是第几次来，难不难呢？

这么厉害，还记得我第几次来，我下次偷偷地来，看她知不知道，结果他们还是知道了，这么搞了十几次，每次都知道了。其实一点都不困难，没那个心就是没有用心做事。

我离开这个酒店以后三年，收到一封信，是这个酒店寄来的："亲爱的余先生：自从三年前的4月16日您离开以后，我们就没有再看到您，公司全体上下都想念得很，下次经过泰国一定要来看看我们，祝您生日快乐！"厉害吧！后面那句"祝您生日快乐"，原来是故意挑我生日那天发出来的信。

我看了这封信有什么感觉，当然是冲到卧室去哭了一场。我发誓下次去泰国一定去看看他们，其实这个酒店很贵的，为了让他们看一眼，我宁愿再去一次泰国。各位，那封信的信封才贴了6块钱的邮票，却"骗"了我一颗心，真是用心啊！这就是用心做事，所以不愧是五颗星的酒店。

——资料来源：余世维. 职业经理人常犯的11种错误（VCD）[M].
北京：北京大学出版社，2009.

案例思考

通过上面的案例，我们进一步认识到，有了一个全面丰富的档案，酒店就能从中了解客人的个性化信息，并在此基础上进行"一对一"的亲情化服务，即针对不同的客人建立不同的联系，并根据其特点和需求提供不同的服务，从而真正做到"以客人为中心"，赢得客人的"忠诚"。

案例中提到，不同的服务员都能知道客人的姓名、送别客人时能知道客人是第几次在酒店住宿、在客人生日时能给客人寄上生日祝福等，这些看似复杂的功能都可以在酒店的管理信息系统上完成。那让我们看看 Opera PMS 是如何完成这些功能的吧。

第一节 档案简介（Profiles）

对系统使用者来说，了解档案的概念很重要。Opera PMS 中的档案资料（Profiles）是 Opera 系统中大多数数据的来源，是整个 Opera 工作的基础。Opera PMS 提供客户资料记录功能，全面记录统计包括客户、商务合作伙伴、联系人、集团、旅行社，以及来源、财务资讯等资料。客户资料包括客人的地址、电话、会员信息、会员申请、住店历史信息及收入详情分析、客户喜好以及其他相关数据。当客人再次住店时，酒店就能根据客史档案在线预订或入住登记。酒店的客房管理系统按既定程序根据入住登记资料自动为每位客人安排一种类型的客房和价格。这样可以使预订及其他操作的完成更快捷、更精确。

在 Opera PMS 系统中，每个预订必须有一个客史：一个预订会形成一个档案下的一条客史记录，一个预订可能对应多个档案。例如，按照关系，吴勇是石基信息的员工，CWT 是石基信息的差旅服务公司，那么吴勇的一个预订，可能对应着三类档案（Profiles），即吴勇的个人（Individual）档案、石基信息的公司（Company）档案和 CWT 的预订源（Source）档案。因此，理解档案，对于掌握 Opera 系统至关重要。

一、档案的概念及分类

档案是描述某类客户对象所有特征的数据集，包含基本的不变信息和动态收集的可变信息。不变信息主要是一段时期内或永久性相对固定的基本资料，如性别、国籍、居住地、兴趣、合约价格、护照或人像照片等。可变信息主要是客史（History）和未来住店（Future）资料。

按照酒店业技术集成标准划分，总共有八大类档案（Profiles），即个人（Individual）、公司（Company）、预订源（Source）、团体（Group）和旅行社、旅游代理商（Agent）、联系人（Contact）、旅游零售商（Vendor）和旅游批发商（Wholesaler）档案。Opera V5 版本①支持除旅游批发商（Wholesaler）档案之外的七大类档案，不过暂时与前台业务无直接关联，具体如图 2-1 所示。

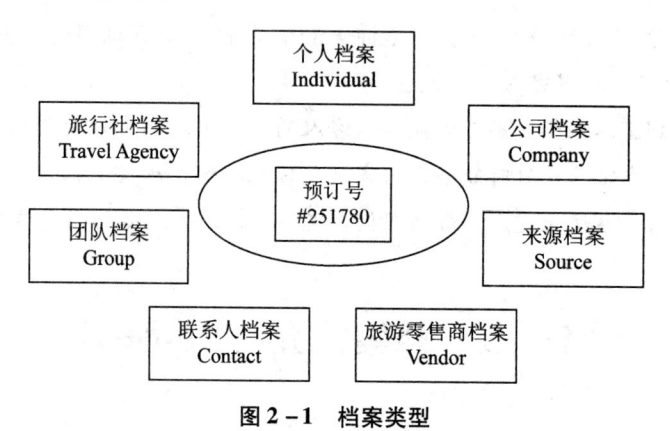

图 2-1 档案类型

这些档案有各自不同的用途。在客人档案管理模块中，可以保存所有客人和公司、旅行社等的客户资料，以及统计相关的入住历史记录，并可根据客人的各种特殊要求进行有针对性的个性化服务，例如是否吸烟，对房间楼层、朝向等要求。酒店可以使用这些档案资料更好地为客人服务，提高对客服务质量，进一步提高宾客满意度。

二、档案模块的基本功能

档案模块的基本功能是查询、新建并修改档案等。

（一）查询档案

在新建档案之前，一定要先查询现有档案，确认每位客人只有一个档案。点击预订（Reservation）按钮后，点击左边一列中的档案（Profiles）按钮，出现档案查询界面（Profile Search），即图 2-2。档案可以有很多种查询方式，在档案查询界面（Profile Search）中的黄色区域即为查询区域，可以输入客人的姓（Name）、名（First Name）等多种方式进行查询。还可以在姓（Name）中输入"%"，就可以出现系统中所有客人的档案信息或输入需要查找的客人的姓或名，如图 2-2 所示。

---

① Fidelio Suite（即 Sinfonia 版本）支持其中五类档案，即个人（Individual）、公司（Company）、预订源（Source）、团体（Group）和旅行社、旅游代理商（Agent）。Opera V4 版本支持除旅游零售商（Vendor）和旅游批发商（wholesaler）档案之外的六大类档案。一般国产系统只支持个人（Individual）、公司（Company）和旅行社、旅游代理商（Agent）三大类档案。

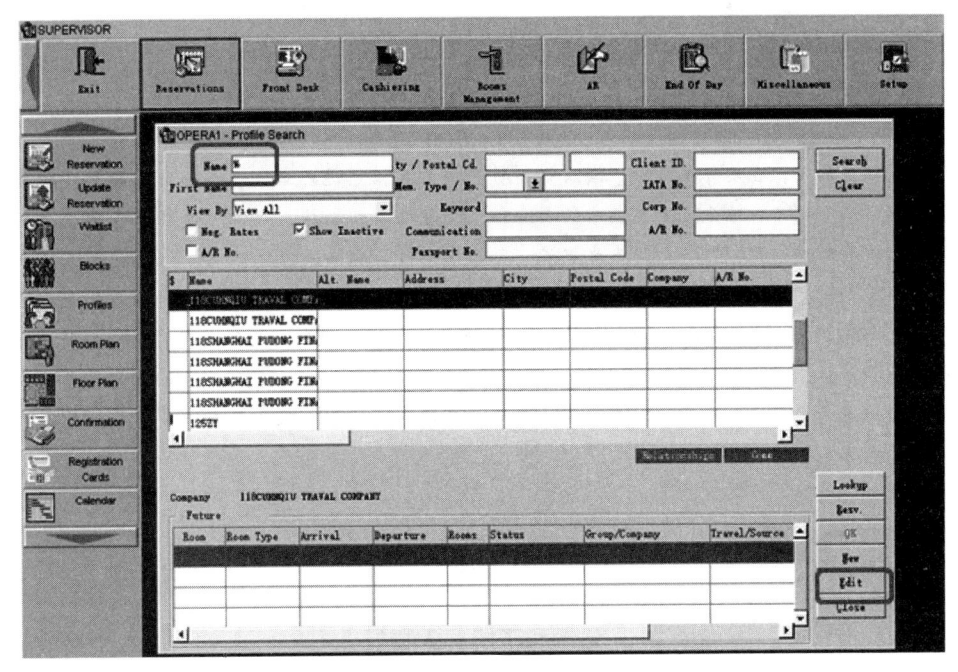

图 2-2 档案查询（Profile Search）界面

（二）新建档案

要给客人新建档案时，可点击预订（Reservation）按钮后，点击左边一列中的档案（Profiles）按钮，出现档案查询界面（Profile Search），右下角选择新建（New）按钮即可。

新建档案时候要注意"一位客人只有一个档案"。当一位客人对应多个档案时，会产生客人信息分散的情况，影响酒店的统计数据，如一位客人入住酒店 10 次以上，若系同一位客人的档案，即可作为重要客人（VIP）接待，但若分散到不同的档案中，则仍为一般客人，也不利于为客人提供个性化服务。如这位客人第一次住店时就要求安静房，但是接下来每次住店时，都要重复同样要求，客人会觉得很不耐烦，从而不愿意住店。对系统来说，由于生成了许多不必要的档案资料，形成大量垃圾数据，会造成系统速度变慢，进而降低了服务员在前台服务客人的效率，给客人留下不好的印象。

（三）修改档案

先在图 2-2 中查找并选定需要修改档案的客人信息条，在右下角选择编辑（Edit）按钮即可。收集到的客人信息，应及时推广应用到一线工作中去。但是世界上唯一不变的就是变化，客人所需的服务不是一成不变的，而是会随着时间的推移有所变化或适当增加，因此，酒店应适时修改档案，增加或修改客人新的喜好或要求等，以便更好地为客人提供个性化服务。

小案例 🔍搜索

客人的红茶

值得注意的是，在实际工作中，酒店服务员利用档案信息进行服务时，一定不要忘记服务程序。有这样一个例子：陈先生是某酒店的忠诚客人，每次来到酒店，他都习惯去大堂吧坐坐，约见几位好友聊聊天。第一次来，陈先生点了一壶红茶；第二次来，他依然点了红茶；第三次来的时候，有心的服务员小沈微笑地征询陈先生："请问陈先生今天还是喝红茶吗？"陈先生开心地对朋友说："这儿的服务就是不错，服务员很用心，我来过两次，服务员就知道我爱喝红茶了，但是我今天想换换口味喝咖啡了。"此案例中，服务员小沈很细心，捕捉到了陈先生的喜好信息，但是没有擅自决定为客人泡上红茶，因为客人的喜好也会改变。所以，服务员在服务中要处处做个有心人，熟悉客人而不忘尊重客人。

行业新知 🔍搜索

记录和了解客人喜好

档案信息来源于日常的对客服务细节，绝不是少数管理者在办公室内就能得到的资源，它需要全体员工在对客服务时有意识地去收集。著名的丽嘉酒店有一个客户认知部，专门收集和满足客人喜好，来帮助酒店"认可"客人，预见客人的需求，为客人带来意想不到的惊喜并因此感到备受礼遇，以吸引客人再次回到丽嘉酒店。同时，在丽嘉酒店的信条中，有一条专门写到：向客人提供最好的亲身服务，每位员工都应负责了解和记录客人的喜好。

在记录客人喜好的时候，丽嘉酒店要求员工记录有质量的客人喜好。有质量的客人喜好包括以下几个标准：准确（Accurate）、可付诸行动（Actionable）、个性化（Personalized）、特殊（Specific）、详细（Detailed）。员工可以通过观察、聆听和交谈获得客人的喜好，并立即记录在客人的喜好卡上，投入前厅部后台办公室或员工餐厅门口的客人喜好收集箱。

客人的喜好（Preference）具体包括以下几个方面：

P：Personal Information（个人信息），包括家庭、孩子、年纪、宗教信仰、生日、纪念日、习惯等，如马林先生有两个女儿（分别是14岁和7岁）。

R：Routine（日常事务），包括每日清扫客房的时间、入住登记的时间、了解客人的日常生活习惯有助于我们预见客人的需求等，如约翰先生经常搭乘6:30的东航航班到上海。由于客人习惯于办理入住登记手续后小睡一会儿，客人抵达前必须做好客房的夜床服务。

E：Events（大事记），包括生日、纪念日、蜜月、特殊的日子、久别重逢的日子、结婚纪念日等。酒店就是在这些特别的日子里给客人以惊喜，使客人以后每年都会回到丽嘉酒店，从而形成一种传统。

F：Favorites（爱好），包括酒精饮料的品种、小吃、餐馆的桌号、客房用品的摆放等。例如，王方小姐很喜欢鲜花，特别是红玫瑰。每次在她抵达前，酒店都会在其房间内准备9朵红玫瑰。

E：Employee Involvement（员工的参与程度），每位员工都应负责了解和记录客人的喜好。

R：Room Assignment（分配房间），包括房间的位置和类型等。例如，刘兰女士只喜欢高楼层（36层或38层）的大房间。

E：Entertainment（娱乐活动），包括喜欢的音乐、喜欢的歌手、喜欢的运动、喜欢的电影、喜欢的音乐剧等。例如，阿林顿博士非常喜欢古典音乐，莫扎特是他的最爱。

N：Needs（特殊需求），包括客人的过敏症、蓬松枕头、由于健康问题只能住低楼层、任何意想不到的客人需求等。例如，丽蓓卡女士喜欢明亮的房间，因此在她抵达前，要更换她房间的灯泡，这样房间会更亮些。

C：Challenge（挑战），要多看、多听、多学，永远不要直接询问客人的喜好，要善于观察、及时记录。

E：Each and Every Guest（每位客人），希望所有的客人都能成为酒店的回头客，进而成为酒店的忠诚客户。必须平等对待所有的客人，得到他们期望的服务和照顾。

——资料来源：作者收集整理

第二节　个人档案（Individual Profiles）

一、个人档案界面

在档案查询（Profile Search）界面右下角点击"新建（New）"按钮，选择"个人（Individual）"，出现个人档案界面，如图2-3所示。

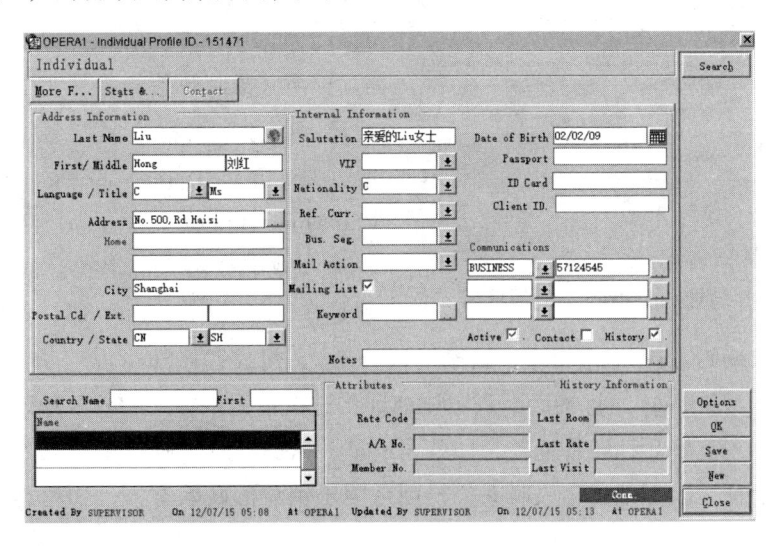

图2-3　个人档案（Individual Profile）界面

（1）在输入客人名字时一定要遵守英文的输入法习惯，即姓（Last Name）和名（First Name）中首字母一定要大写。中国客人的名字也同样如此，需要输入中文名字的汉语拼音，可以在别名（Alternate name）中输入客人的中文姓名。在处理各国姓名时，均应采用英文名的形式输入。这样处理的原因在于 Opera 系统是英文软件，数据库在处理英文姓名时速度最快、可靠性最高。当为客人做预订或将登记卡输入电脑时，可参考以下格式，如表 2-1 所示。

表 2-1　各国客人姓名输入格式一览

国别或地区	姓名	姓	名	备注
中国	Zhang Yuan Yuan（张媛媛）	Zhang	Yuan Yuan	客人的中文姓名可输入在别名（Alternate name）中
中国香港、中国台湾、新加坡、韩国等	Leong Ka Min Irene	Leong	Ka Min Irene	
日本	Yamamoto Yurico	Yamamoto	Yurico	这只适用于无法识别客人的姓与名的情况
英国或其他欧洲国家，美洲、大洋洲等国家	Michael Smith	Smith	Michael	

（2）一定要输入国籍（Nationality），这样生成的报表可以根据客人的国籍，而不是来源国，进行分类。

（3）在输入客人的地址时，要注意以下事项：在地址（Address）那一栏内，有四行，如图 2-4 所示。一般在第一行输入街道/街区或邮政信箱，在第二行输入客人地址中的楼宇名称或区域名称，如金茂大厦（Jing Mao Tower）或新加坡工业园区（Singapore Industrial Park），注意不要在这行输入城市或国家的名称。城市的名称必须是在"城市（City）"那一栏中输入。接下来输入邮政编码（Postal Code）、国家（Country）、州或省（State）。

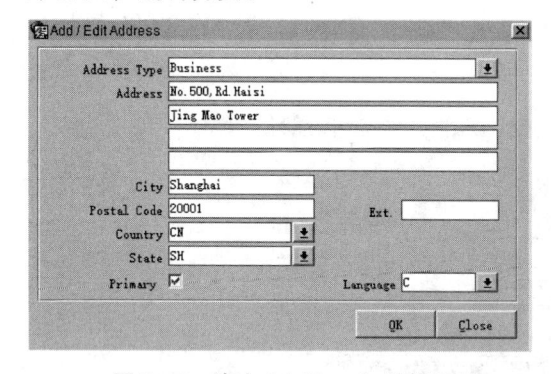

图 2-4　地址（Address）编辑界面

首要地址（Primary）打钩后，表示该地址将被设置为该客人的首要地址，即第一联系方式。若客人有好几种联系地址，如公司地址、家庭地址，则最好确认哪一个地址是客人的首要地址，以方便和客人联系，特别是便于销售部联系客人，如给客人寄生日贺卡或促销资料等。

（4）在"邮件（Mail Action）"选项中，可以勾选，如图 2-5 所示，表示系统会自动递送给客人的邮件，例如圣诞节的卡片、酒店举行各类活动的宣传单（当然客人有意向收到的某类宣传单)、生日贺卡等。本章的引导案例中提到的给余先生发送的生日贺卡，就是在这里设置好的。

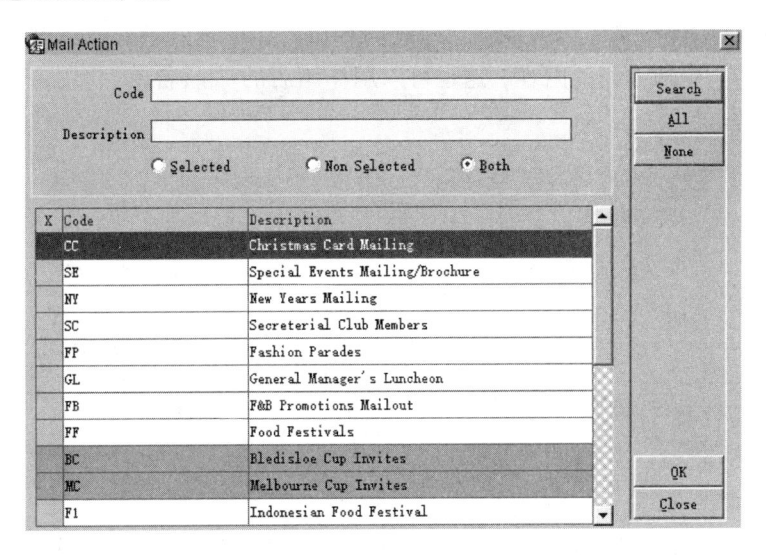

图 2-5 邮件（Mail Action）界面

（5）在输入联系方式时，要注意本地的电话不需要输入国家代码或区号，例如本地电话 8888 8888；国内长途电话（021）8888 8888；国际长途电话：+62（21）8888 8888，这里 21 代表区号，+代表国家代码，如新加坡（+65），美国（+1）。

（6）点击"数据和信息（Statistics & Info.）"的"数据（Statistics）"界面，这张图表可表示该客人的过往入住历史及给酒店带来的营收，即图 2-6。

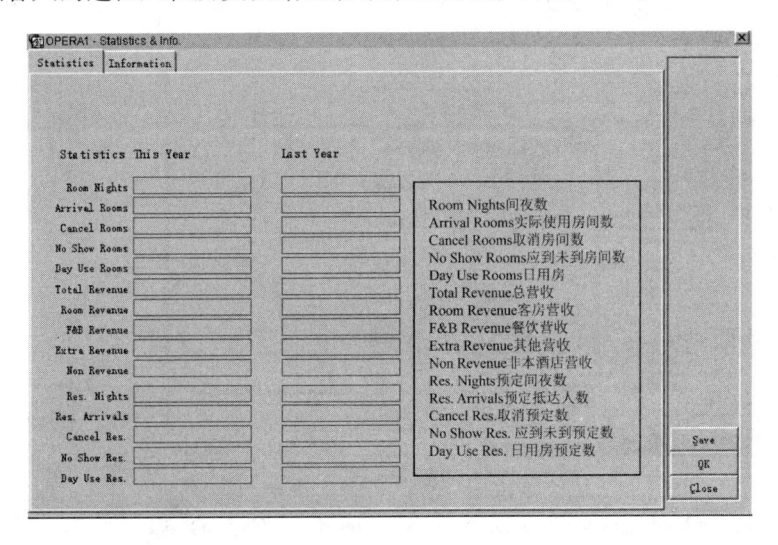

图 2-6 数据与信息（Statistics & Info.）的数据（Statistics）界面

第二章　档案（Profiles）

在"数据与信息（Statistics & Info.）"的"信息（Information）"界面，如图 2-7 所示。该界面中，在"状态（Status）"一栏，点击"受限制（Restricted）"，就会出现"规则（Rule）"，即需要注明该客人受限制的理由，如该客人是犯罪嫌疑人，那么就在"规则（Rule）"中输入相关内容。这也可以用作酒店的"黑名单"，用来限制不适合的客人住店。

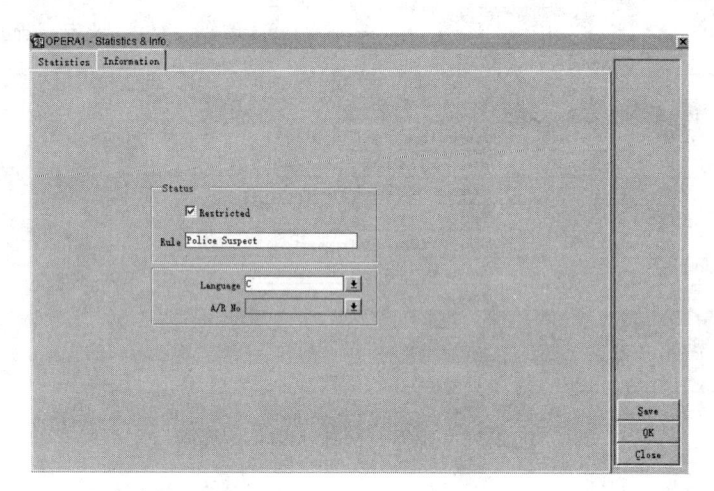

图 2-7　数据与信息（Statistics & Info.）的信息（Information）界面

二、选项功能

在个人档案界面右下角点击"选项（Options）"按钮，如图 2-8 所示。

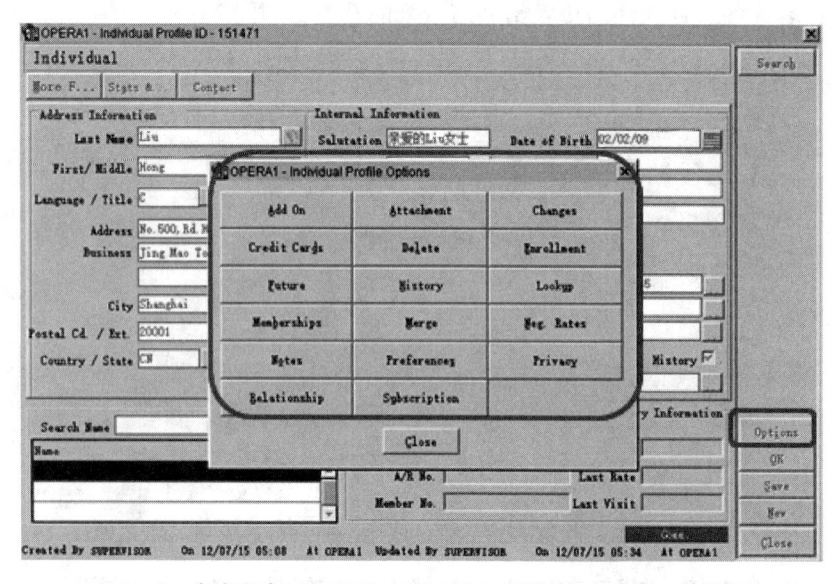

图 2-8　个人客史（Individual Profile）的选项（Options）界面

（1）"快速复制（Add On）"可以通过勾选该界面中的全部或部分选项（图2-9），快速复制一个和之前完全或部分一样的客史。

（2）在"附件（Attachments）"界面点击右下角"新建（New）"按键，就可以上传一个和客人相关的附件，例如与客人签订的销售协议等，如图2-10所示。

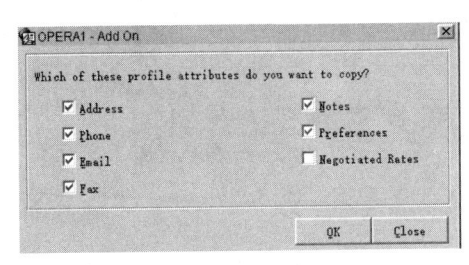

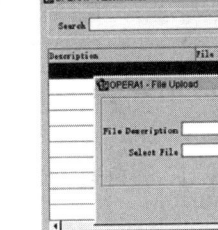

图2-9 快速复制（Add On）界面　　　图2-10 附件（Attachments）界面

（3）在"变更（Changes）"界面（图2-11），可以看到何人、何时新建、修改了该客史的所有记录。

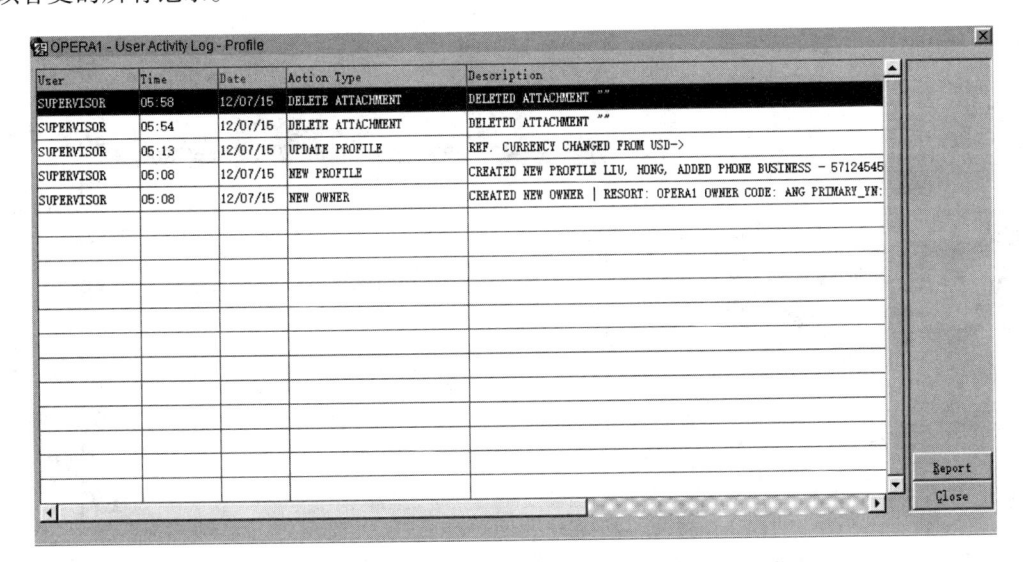

图2-11 变更（Changes）界面

（4）在"信用卡（Credit Card）"界面（图2-12），系统中虽然可以输入客人的信用卡号，但是一般大的酒店管理公司出于安全考虑，在系统中把客人的信用卡号中间大部分数字隐去，用星号表示，只有一定级别以上的员工，例如部门经理，才有权限可以看到客人完整的信用卡号。

第二章 档案（Profiles）

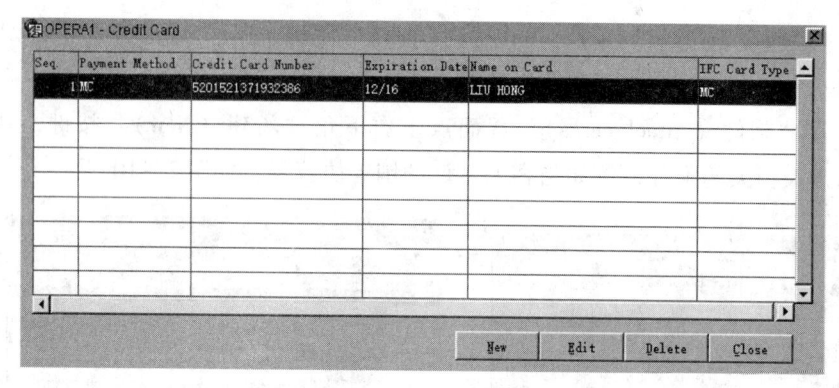

图2-12 信用卡（Credit Card）界面

（5）在"注册信息（Enrollment）"界面（图2-13），可以看到客人在该酒店的注册信息。

（6）在"未来预订（Future Reservation）"界面（图2-14），可以看到该客人在未来一段时间内的预订信息，包括抵离日期、房型、房号、房价代码等信息。

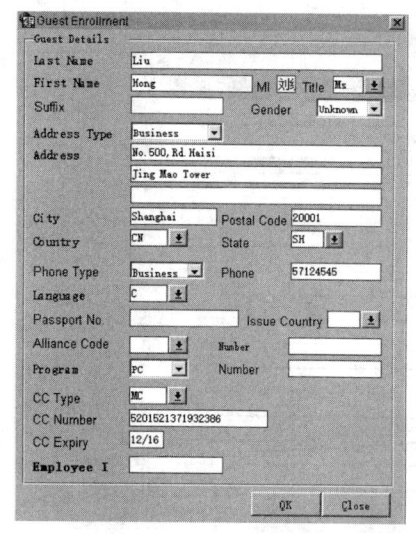

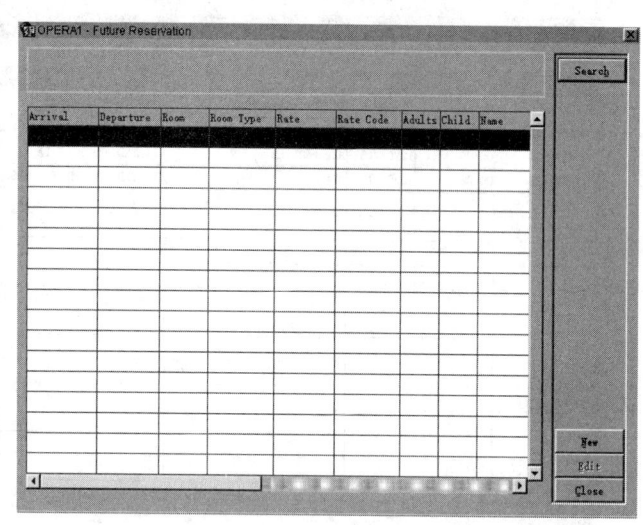

图2-13 注册信息（Enrollment）界面　　　　图2-14 未来预订（Future Reservation）界面

（7）在"住店历史（Profile History Details）"界面（图2-15），可以快速了解客人以往的住店消费情况。同时若客人需要，则可以在这里打印他们以前的住店账单。

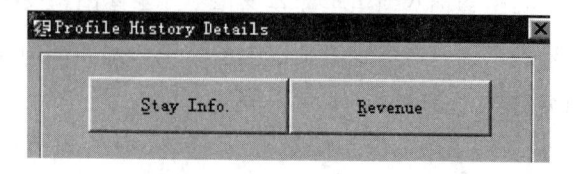

图2-15 住店历史（Profile History Details）界面

（8）在"查询（Activity Lookup）"界面（图2-16），点击"OK"，可以在与系统相连的客户关系系统（CRS）中查找到相应的客人资料。一般大的国际酒店管理公司都有自己独立于 PMS 之外的客户关系系统，可以更详细地记录客人的信息。

（9）在"会籍会员卡号（Memberships）"界面（图2-17），可以输入客人在酒店的会员卡号，如万豪酒店集团的客人若有万豪礼赏会员俱乐部的会员卡，则可在这里输入，便于酒店统计、兑换客人的积分等。

图2-16　查询（Activity Lookup）界面

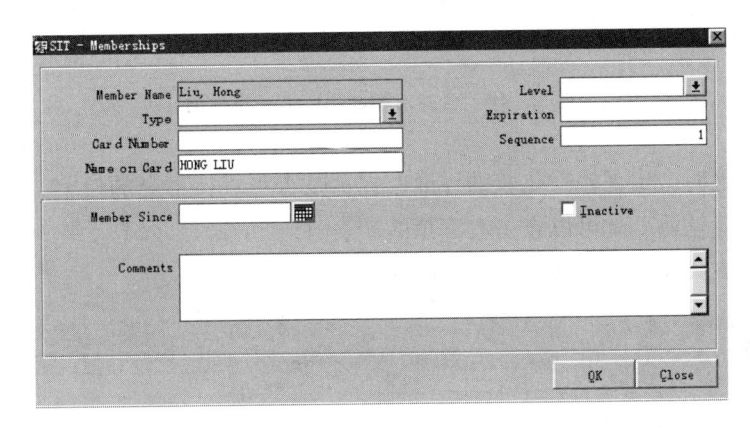

图2-17　会籍会员卡号（Memberships）界面

（10）"合并（Merge）"功能可以把相同或重复的档案合并成一个档案，这样不仅便于统计，而且可以节省数据库空间。一般来说，每位员工做预订时，都需要查询客人历史档案，如果遇到客人档案相同的情况就需要合并。在档案查询栏里输入客人姓名，会显示出客人的历史档案，假如出现多个档案，则要看哪个档案的资料更加完整，如证件种类、证件号码、出生年月、备注等，要将资料不全的档案合并到资料相对完整的档案中去。

具体操作步骤如下：

第一步：选中资料相对完整的一个档案，点击"选项（Option）"中的"合并（Merge）"按钮，输入需合并的客人的姓名，查找到需要合并的客人，再点击OK，如图2-18所示。

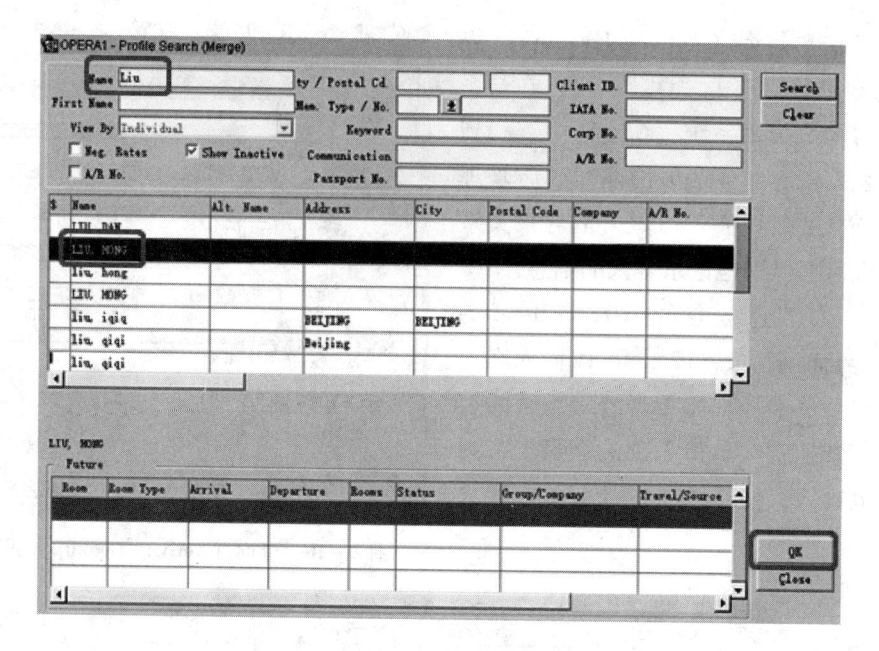

图 2-18 合并（Merge）第一步界面

第二步：这时会出现档案比较的界面，提示是否将资料不全的档案合并到资料完整的档案中去，确认后，就可以点击右下角的"合并（Merge）"按钮。出现两个以上的档案，再按上述方式作合并，如图 2-19 所示。

图 2-19 合并（Merge）第二步界面

（11）在"协议价（Negotiated Rates）"界面（图 2-20），点击下方的"新建

(New)"按钮,就可添加客人和酒店签订的协议价。协议价一般针对酒店的长期住店客人,协议价往往比门市价要优惠。

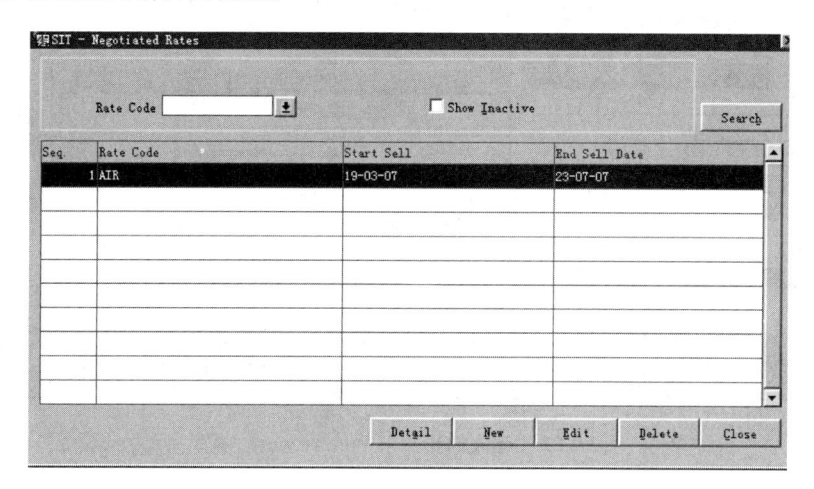

图 2-20 协议价(Negotiated Rates)界面

(12) 在"备注(Notes)"界面(图 2-21),点击右下方的"新建(New)"按钮后,就能添加客人的信息,一般是在客人客史界面中无法输入的信息,例如客人关注万圣节信息及报价、账单使用日文等。

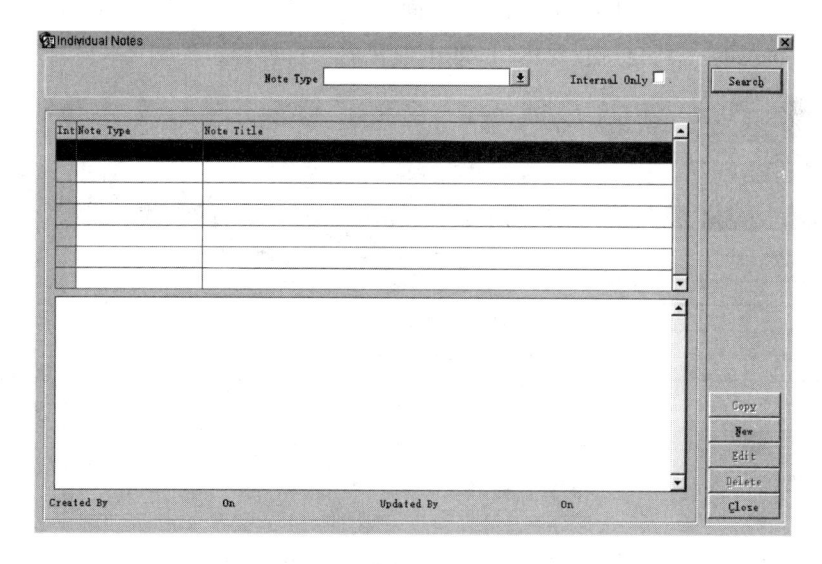

图 2-21 备注(Notes)界面

(13) 在"客人的喜好(Preferences)"界面(图 2-22),专门记录客人的喜好,例如喜欢"吸烟房"还是"非吸烟房"、喜欢入住哪一个楼层、喜欢哪种报纸、是否素食等。

第二章 档案（Profiles）

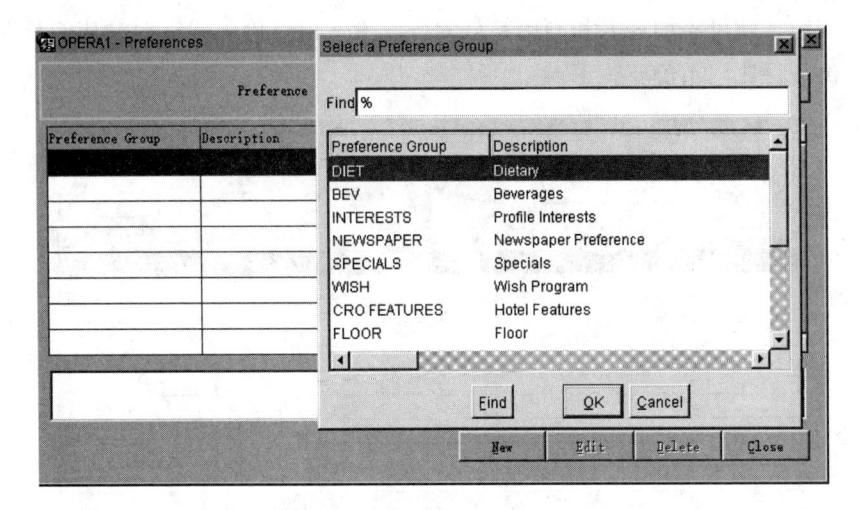

图 2-22 客人的喜好（Preferences）界面

（14）"关联（Relationship）"功能是指客人和其他人、公司、旅行社等之间的关系，例如客人刘红女士是美国苹果公司的雇员，那么刘女士和苹果公司之间存在雇员和雇主之间的关联，则可以在这里输入。

具体操作步骤如下。

第一步：在"关联（Relationship）"界面的右下角点击"新建（New）"按钮，选择"公司（Company）"后，点击"OK"，即出现客史查找界面，如图 2-23 所示。

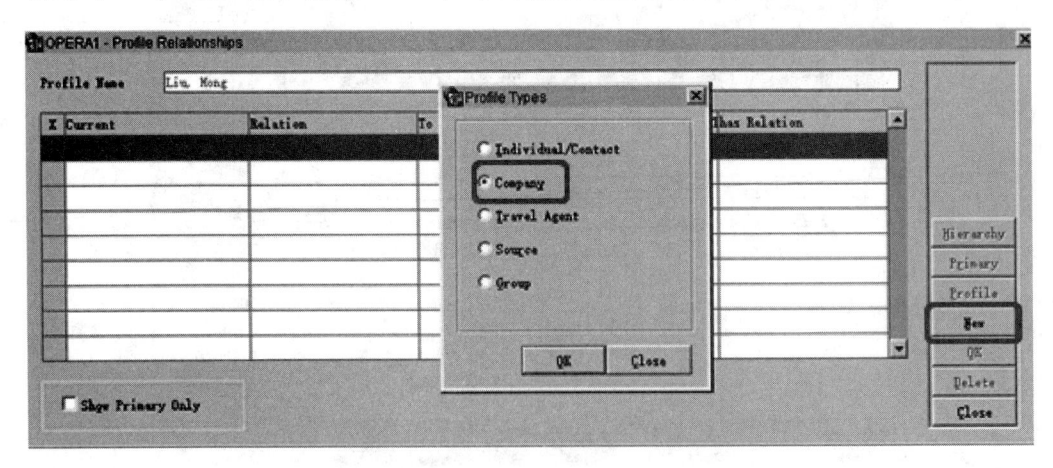

图 2-23 关联（Relationship）第一步界面

第二步：在客史查找界面输入需要查找的公司，点击 OK 后即可建立关联，如图 2-24 所示。

34

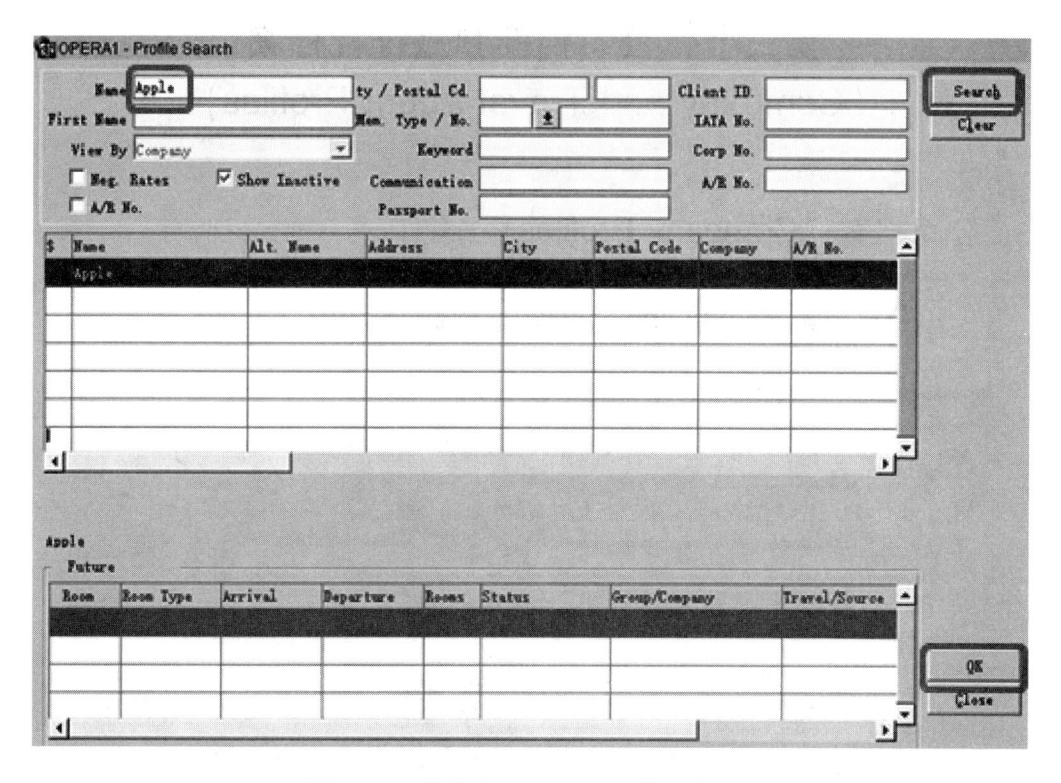

第二节　个人档案（Individual Profiles）

图 2-24　关联（Relationship）第二步界面

第三步：建好的关联界面，如图 2-25 所示。

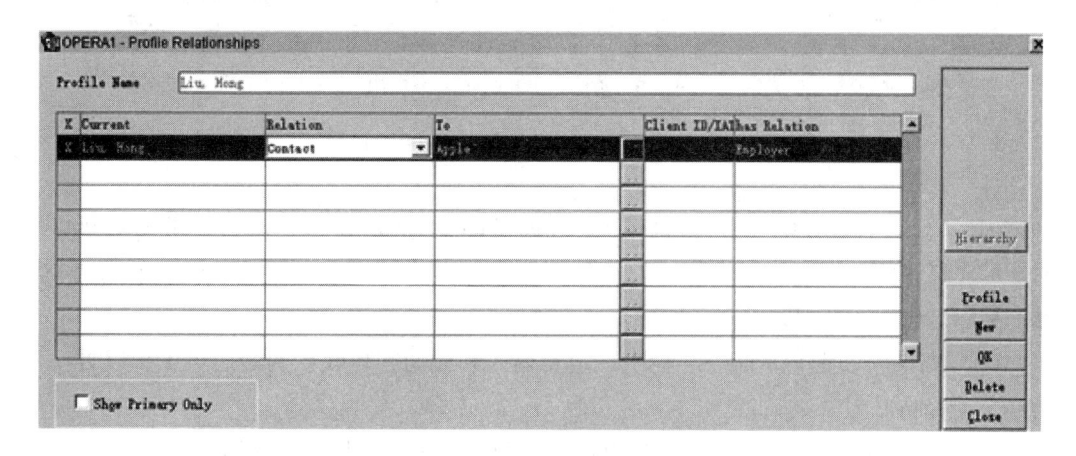

图 2-25　关联（Relationship）第三步界面

第三节 公司档案和旅行社档案
（Company and Travel Agent Profiles）

一、公司档案（Company Profiles）

（一）公司档案（Company Profiles）界面

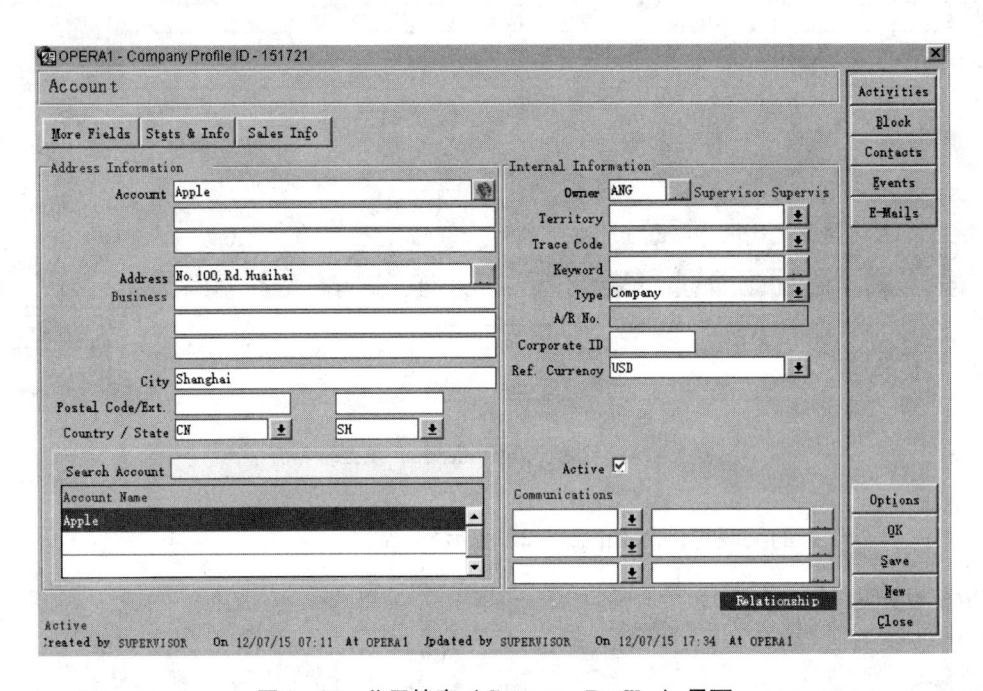

图2-26 公司档案（Company Profiles）界面

（1）在公司档案（Company Profiles）界面（图2-26）输入"公司名称（Account）"时一定要遵守英文的输入法习惯，即首字母大写，可以在"别名（Alternate name）"（小地球的标志）中输入公司的中文名称。

（2）"销售经理（Owner）"栏中一定要输入和公司客户联系的酒店员工，以方便酒店和公司保持联系。

（3）"关键词（Keyword）"一般由销售部制定，用于寻找相关的档案。

（4）"企业编号（Corporate ID）"可以输入国际航空运输协会（IATA）等会员号。

（5）在"数据信息（Stats. &Info.）"中，可以比较该公司当年与上一年的年度用房间夜数、营收信息等。在"信息（Info.）"的界面上也有"受限制（Restricted）"一栏，

第三节 公司档案和旅行社档案（Company and Travel Agent Profiles）

实际上就是给一些公司设置黑名单，例如总是拖欠酒店房款的公司等。

（6）在"销售信息（Sales Info.）"界面（图 2–27），可以看到有关该公司销售方面的一些信息，如类型、来源、业务范围等。

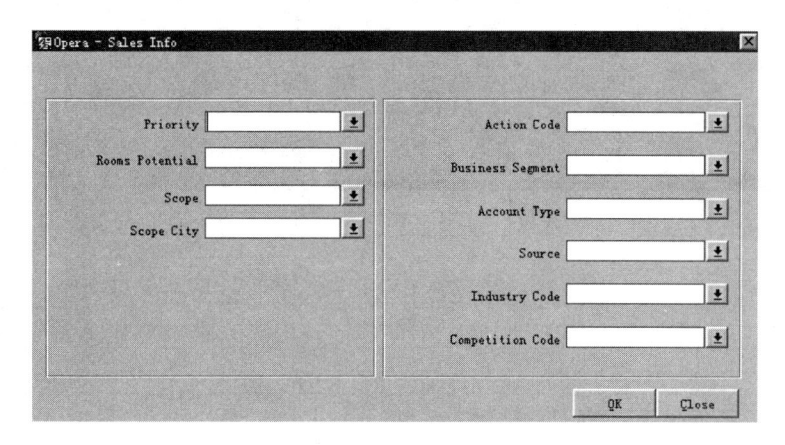

图 2–27　销售信息（Sales Info.）界面

（7）在"公司档案（Company Profiles）"右上角的"活动（Activity）"界面能看到该公司在酒店举行的所有活动，如图 2–28 所示。

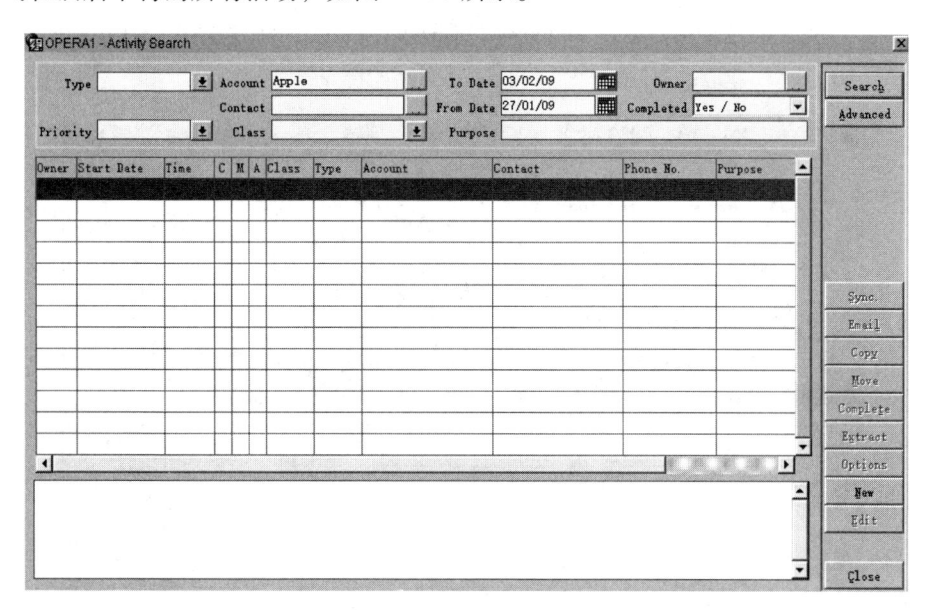

图 2–28　活动（Activity）界面

（8）在"公司档案（Company Profiles）"右上角的"团队（Block）"界面，可以看到该公司在酒店入住团队的信息，如图 2–29 所示。

第二章 档案（Profiles）

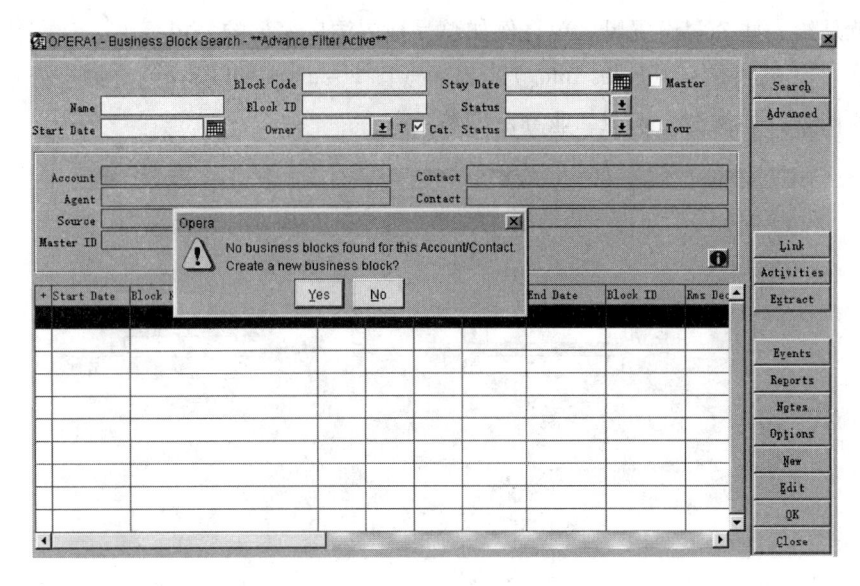

图 2-29 团队（Block）界面

（9）"联络人（Contact）"是指代表公司和酒店联络的公司员工，一般是公司办公室或总经理秘书等。新建联络人，具体步骤如下：

第一步：点击"公司档案（Company Profiles）"右上角的"联络人（Contact）"，即出现图 2-30，可新建联络人。

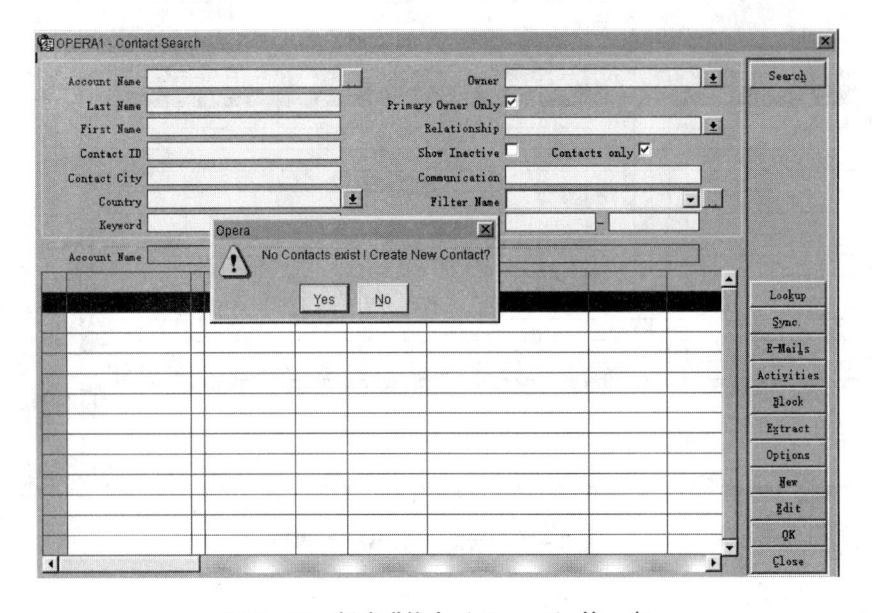

图 2-30 新建联络人（Contact）第一步

第三节　公司档案和旅行社档案（Company and Travel Agent Profiles）

第二步：点击"Yes"后，就出现"联络人档案（Contact Profiles）"界面，输入联络人的姓名、地址等基本信息后，点击"OK"，如图 2-31 所示。

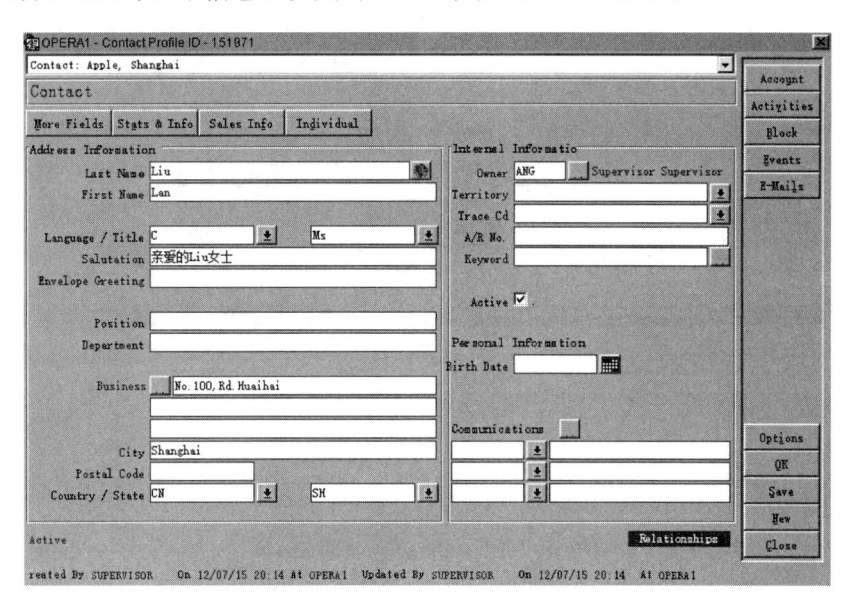

图 2-31　新建联络人（Contact）第二步

第三步：输入联络人信息后，点击"OK"后，就建好了联络人，如图 2-32 所示。

图 2-32　新建联络人（Contact）第三步

（10）在"公司档案（Company Profiles）"右上角的"会议（Events）"界面，可以看到该公司在酒店举行的会议信息，如图 2-33 所示。

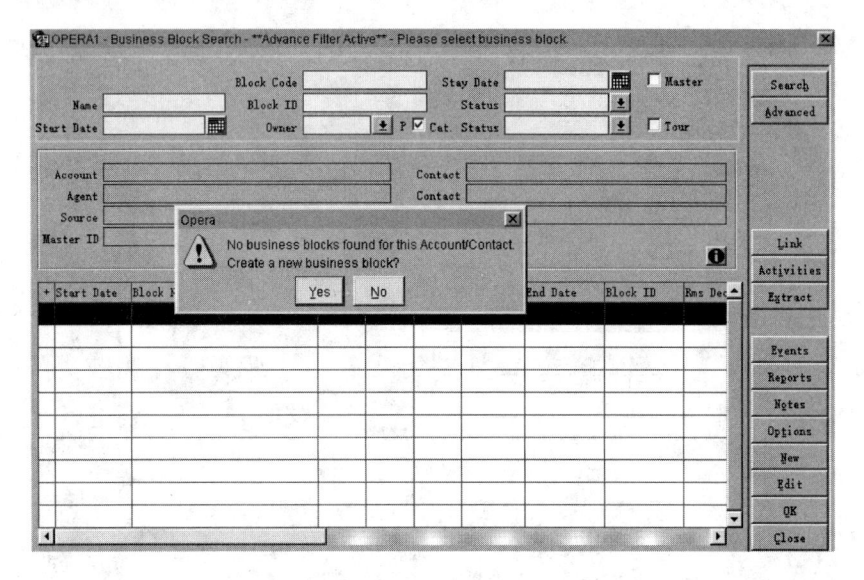

图 2-33 会议（Events）界面

（二）选项功能

公司档案的选项功能和个人档案的选项功能大部分是相同的，操作方法也是相同的，如附件（Attachment）、变更（Changes）、信用卡（Credit Cards）、删除（Delete）、未来预订（Future）、历史（History）、查询（Lookup）、合并（Merge）、协议价（Neg. Rates）、备注（Notes）、偏好（Preferences）等，如图 2-34 所示。

图 2-34 选项（Options）界面

(1) 在"概览（Overview）"界面（图2－35），可以看到该公司所有入住酒店的情况，例如可以选择时间段、取消的预订、实际入住酒店产生的营收等。

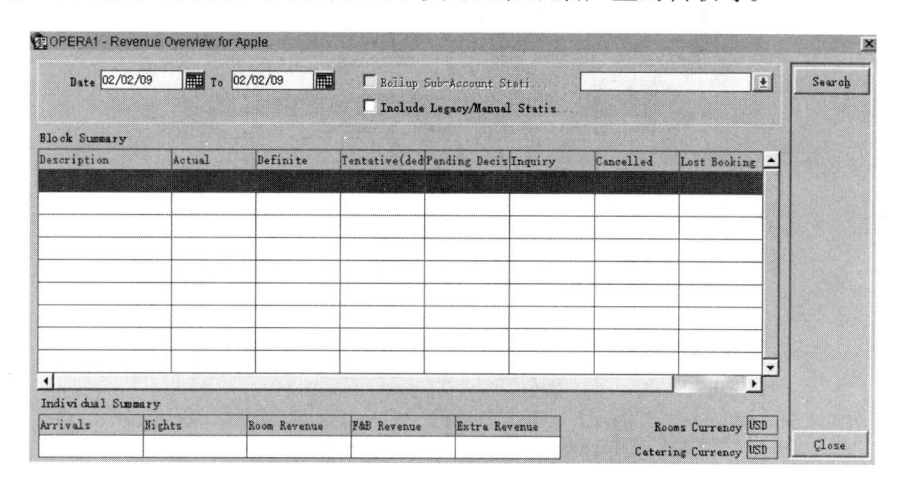

图 2－35　概览（Overview）界面

(2) "选项（Options）"中的"关联（Relationship）"可以建立该公司与其总公司或子公司或雇员之间的联系，这样方便查找。在新建与总公司或子公司的关联时，只要"新建（New）"后，在"档案类型（Profile Types）"中选择"公司（Company）"就会出现"关联类型（Relationship Types）"界面。在该界面中，"Company Master"是总公司，"Company Subsidiary"是子公司。可以根据具体情况进行选择，如图2－36所示。

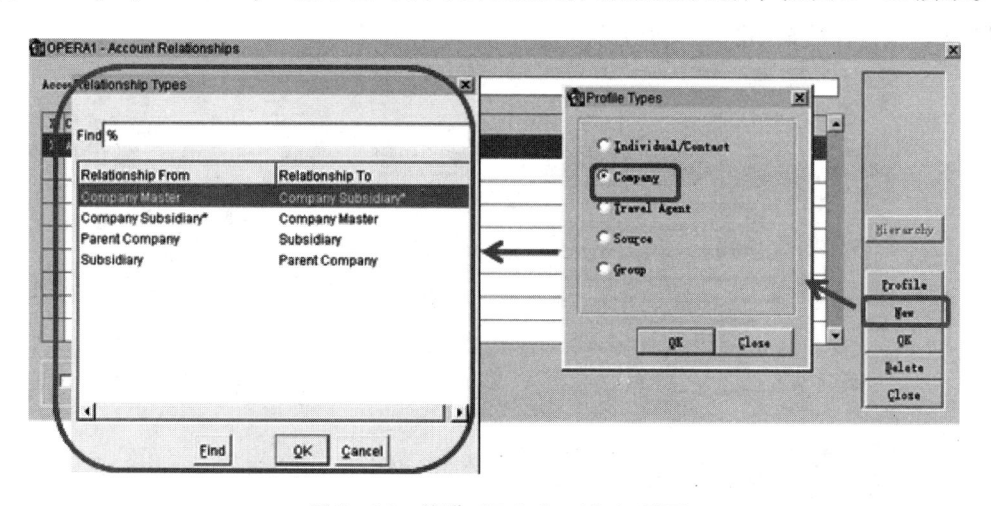

图 2－36　关联（Relationship）界面

(3) 在"选项（Options）"的"报表（Reports）"中，可以总结该公司在酒店的住店、餐饮等情况，如图2－37所示。

第二章 档案（Profiles）

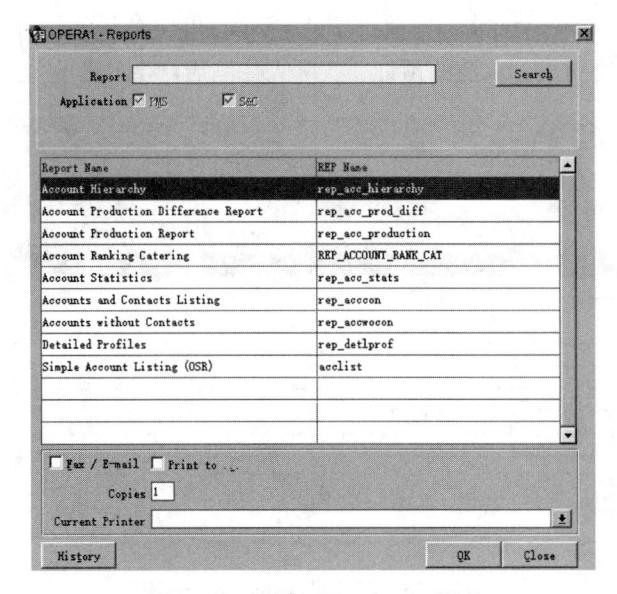

图 2-37 报表（Reports）界面

二、旅行社档案（Travel Agent Profiles）

旅行社档案是为与酒店有经营往来的旅行社制作的档案，以便使酒店更好地与旅行社进行合作。旅行社档案界面上的按键在功能上与酒店客史相同，可参照酒店档案的使用方法。旅行社档案如图 2-38 所示。

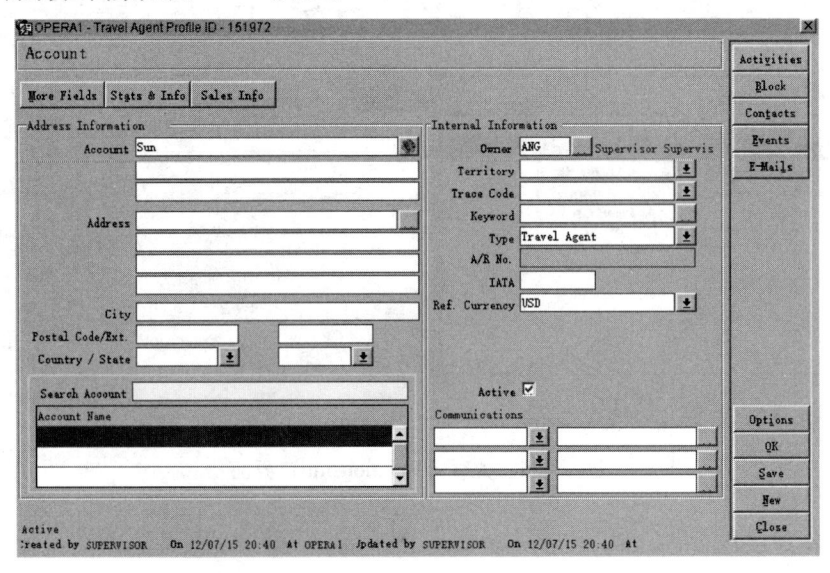

图 2-38 旅行社档案（Travel Agent Profiles）界面

42

小资料

雅高达加盟"国航知音"常旅客计划

国际性的大酒店集团常加入一些行业相关的大型组织,如国际航空运输协会(International Air Transport Association,IATA);或都与一些大型的航空公司签订常客旅行计划,如雅高达(Agoda)加盟"国航知音"常旅客计划。通过该合作,国航知音会员通过雅高达酒店预订平台专属页面预订酒店可获得里程奖励。雅高达在全球范围内拥有155 000多家酒店资源,在国航各大航线目的地城市也拥有众多合作酒店,仅在中国境内就拥有4000多家酒店,并可提供一系列的特价酒店以及限时优惠酒店。通过雅高达预订酒店的国航知音会员可享受即时确定服务,此外还有24小时全天候中英文客服。同时,雅高达客户可以参与雅高达回馈项目,从而获得更多折扣和免费住宿。与其他酒店回馈方案不同的是,雅高达回馈项目不局限于某个单一连锁酒店,而是能在预订世界各地的酒店时兑换回馈积分。

行业案例

谁是酒店的客人

谁是酒店的客人呢?散客毫无疑问是酒店的客人。那么公司和旅行社是不是和散客一样,也是酒店的客人呢?

在酒店经营管理中,必须回答这样一个问题——"谁是我的客人",也就是要确认自己的目标市场。目标市场就是企业的服务对象。

酒店的目标市场由三个部分构成。一是酒店的消费目标市场,即实际来酒店消费的个人或团体,他们来酒店吃饭、住宿、开会和进行其他消费,是酒店产品和服务的直接使用者。二是购买目标市场,是酒店确定的目标市场中真正需要酒店的产品和服务并有能力购买的个人或团体。三是沟通目标市场,即接受酒店产品和服务沟通、宣传和广告信息的个人或团体。

这三种市场可以同为一体,也可以不同。例如,老王到北京出差,需要住酒店。他所在公司的秘书从朋友那里听说贵宾楼饭店不错,就打电话叫旅行社在贵宾楼饭店给老王订了一间客房。在此例子中,老王是实际到酒店消费的人,即消费目标市场。老王也许不清楚贵宾楼饭店的产品和服务情况,但是住过之后会很清楚。老王的公司是购买目标市场,因为该公司有订房给其职员使用的需求,而且有能力支付费用。老王所在公司的秘书在订贵宾楼饭店房间的决策中起到关键作用,旅行社的职员则是完成订房的人,也起到沟通和桥梁作用。

——资料来源:胡质健. 收益管理[M]. 北京:旅游教育出版社,2009.

案例思考

通过上面的案例,我们进一步认识到,不仅个人档案重要,全面丰富的公司和旅行社档案也是极为重要的，因为公司和旅行社同样是酒店的目标市场，而公司和旅行社的联络人则是酒店不容忽视的服务对象。因此酒店为不同的公司、旅行社及其联络人建立档案，并根据其特点和需求提供不同的服务，以赢得他们对酒店的"忠诚"。

? 练习题

1. 建立一个你自己的档案，留下你的姓、名、家庭地址、电话号码、手机号码和电子邮件，要求接受圣诞节活动信息。

提示：在练习中，会用到以下功能按钮：

（1）Individual Profile – Name/Addresses/Communications

（2）Mail Action

2. 替你最喜欢的电影明星建立一个档案，留下他/她的家庭地址、电子邮件和手机号，注明他/她有过敏性鼻炎、喜欢苏打水和新鲜水果，并保留客人每次入住的记录。

提示：在练习中，会用到以下功能按钮：

（1）Individual Profile – Name/Addresses/Communications

（2）Profile Notes

（3）Preferences

（4）History

3. 记录客人王然先生的手机1347878990×，家庭地址为广西壮族自治区桂林市闸北区工贸大厦6层603，国籍为中国，工作城市为桂林市，客人的生日为1984年3月1日，不吸烟。客人使用万事达卡作为每次预订担保卡，卡号为：5201 5213 7193 2386，有效期为：12/26，客人为American Airlines公司雇员。

提示：在练习中，会用到以下功能按钮：

（1）Individual Profile – Name/Addresses/Communications

（2）Nationality，City，Birth

（3）Preferences

（4）Credit Cards

（5）Relationship

4. 建立两个个人档案，客人名字为黄光先生，一个将题目信息全部输入，另一个只输入客人名字，广东广州人，联系电话：1861198491×，邮箱：hg@hotmail.com，家庭地址为：广东广州海珠区海珠社区8层801，单位地址为：广东广州市朱岛开发区，现在将两个档案合并，保留信息完整的档案。

5. American Airlines 在上海市有办事处，与本店有销售协议并建立应收账户，享有协议价格代码（可以随意选择），但公司挂账只接受房租。所有预订均通过该公司秘书王小美小姐申请、变更和结算。要求此公司所有员工入住本酒店全部安排高楼层。

6. 建立一个名为"Travel"的旅行社档案，包含公司电话、地址、电话号码、传真号码和网页地址，并有IATA会员号：91828876。

提示：在练习中，会用到以下功能按钮：

（1）Accounts Profile（Travel Agent）– Name/Addresses/Communications

（2）Memberships

7. 建立BMC公司档案，但由于BMC公司已停业，故酒店暂时不与此公司有业务联系。请按照题目要求将信息录入PMS系统。

提示：在练习中，会用到以下功能按钮：

（1）Accounts Profile（Travel Agent）– Name

（2）Stats. & Info.

8. 建立TP总公司及其分公司TP1，联系人为吕海宝，有协议价。

提示：在练习中，会用到以下功能按钮：

（1）Accounts Profile（Company）– Name/Contacts

（2）Options – Neg. Rates

（3）Options – Relationship

第三章 预订（Reservation）模块

学习意义 如何为客人提供优质服务直接关系到酒店的经济效益。通过本章的学习，可以了解对客服务的基本要求，掌握散客预订的基本步骤和相关的功能按键，了解和掌握如何给团队做预订、入住和结账的全过程。

内容概述 本章介绍了散客预订的基本步骤和相关的功能按键，以及为团队做预订、入住和结账的全过程。

知识点

知识目标

1. 了解散客住店的操作流程。
2. 理解和掌握预订模块管理的基本知识。
3. 理解系统中团队的意义。

技能目标

1. 熟练使用系统为客人办理预订手续。
2. 掌握系统中团队预订、入住登记和结账离店等流程。

导入案例

酒店客人的住店流程简介

一位中国籍客人刘红女士,打电话到酒店预订一间大床间,将于2007年4月22日入住,住一晚,23日结账离开。

我们应该如何处理该客人的需求呢?联系我们所学过的酒店管理方面的知识,我们是不是想到了酒店的预订、前台登记入住、结账离店等流程呢?客人实际的住店流程具体如图3-1所示:

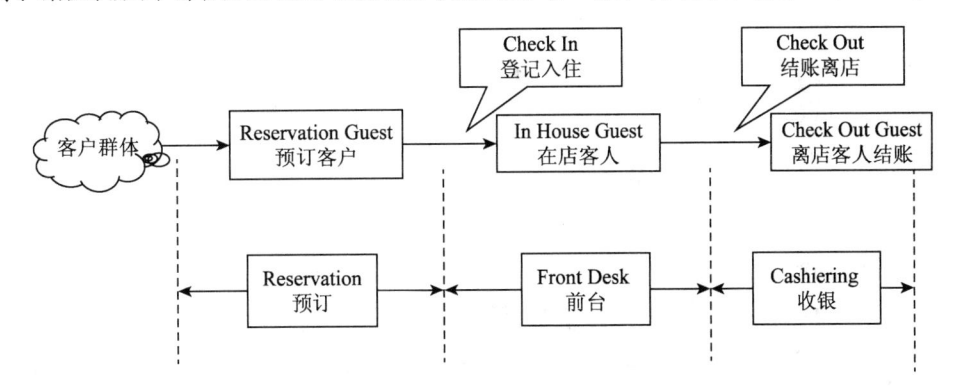

图3-1 酒店客人的住店流程示意

这个案例中,刘女士住店主要涉及三个任务,即需要办理预订、前台办理入住手续和结账手续。接下来我们将在第三章至第五章分别讲述 Opera PMS 系统中的预订、前台、收银模块,看看在系统上如何完成这些任务吧。

第一节 预订的基本步骤

在客人打来电话预订时,作为预订服务员的你该做哪些事情呢?我们先简单地了解预订服务时所需的知识吧。所有订房都应包括以下内容:

(1)问候语。铃响3声内接起电话。英文用语:Good morning / afternoon/ evening, Reservation Center. How may I help you? 中文用语:您好,预订部,我可以帮助您吗?

(2)做预订。询问客人的信息:客人姓名、到店/离店日期、抵店时间、公司/旅行社名称、房型和其他特殊要求。向客人重复一遍订房的具体信息。

(3)结束语。①谢谢您的来电或谢谢您的预订。②我们欢迎您届时光临。③如果您需要我的帮助，我将非常乐意为您服务。

在明确前面的步骤后，让我们来看看在 Opera PMS 系统中是如何做到这些的吧。

预订的基本步骤包括：

第一步：点击"预订（Reservation）"中的"新建预订（New Reservation）"，会出现"预订（Reservation）"界面，即图 3-2 所示。

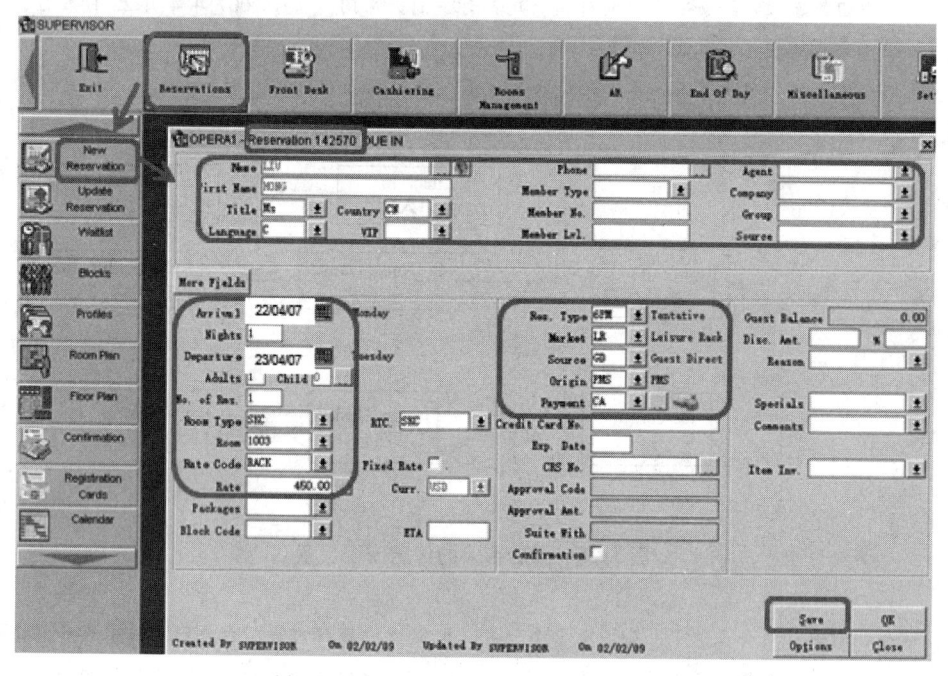

图 3-2 新建预订（Reservation）界面

第二步：新建刘红女士的客史。在刘女士的预订界面（图 3-2），在"姓（Name）"和"名（First Name）"输入刘女士的姓名，然后点击"姓（Name）"旁的灰色按钮，打开并新建刘红女士的"档案（Profile）"（新建档案具体可见第二章）。做好档案后，点击右下角"OK"按钮，回到刘女士的预订界面（图 3-2）。

第三步：完善刘女士的预订信息。在刘女士的预订界面（图 3-2），输入客人的抵离店日期、所需房间数、房型、房价和需要进行营销统计的一些必填项目，如预订类型、市场、来源、预订方式和付款方式。在这些内容都填好后，点击预订界面右下角的"保存（Save）"按钮，即在预订界面的最上方生成了刘女士的预订号"142570"，这样客人的预订就建好了。

第四步：复核或更改客人的预订信息。点击"预订（Reservation）"模块中的"更新预订（Update Reservation）"按钮，则出现查询预订界面（图 3-3），在该界面的上半部是查询界面。对酒店来说，最容易查找的是预订确认号，即"预订号/取消号（Conf/Cxl

No.)"，如刘女士的确认号是 142570，我们输入后，点击右上角"搜索（Search）"按钮，这样就在该界面的下方中出现"刘红"的预订信息，双击该条信息，则出现我们刚输入的刘女士的预订资料，若信息无误，则说明我们刚做的预订是成功的，还可以继续完善或修改客人的档案或预订信息。

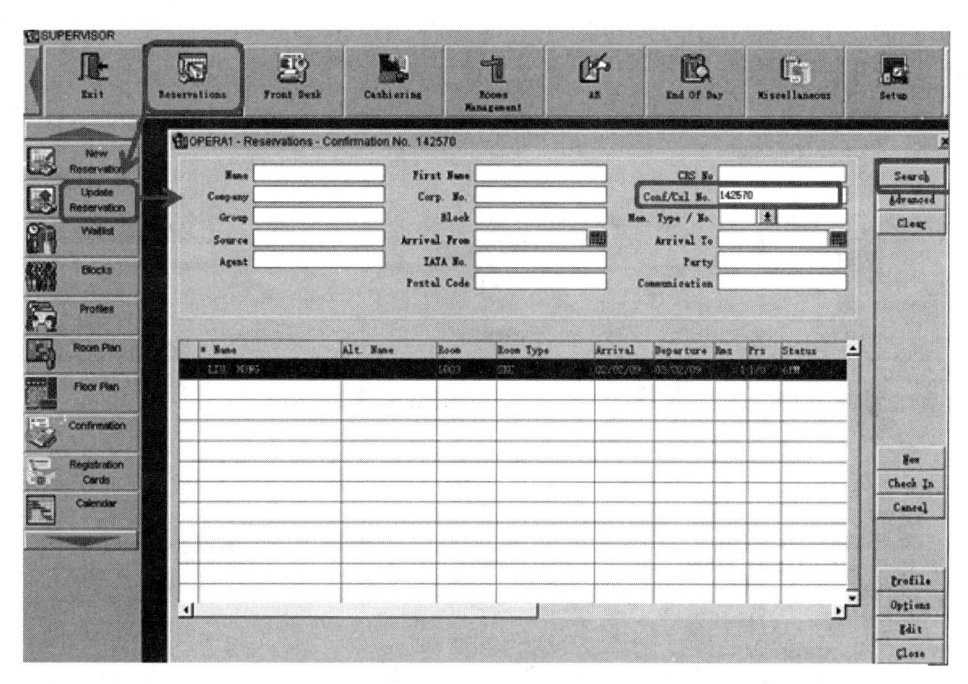

图 3-3 更新预订（Update Reservation）界面

第二节 预订模块的基本功能

Opera PMS 预订模块结合客户档案管理、收银、定金管理等多种功能。此模块包括了新建预订、查询预订、更新预订、生成报表等基本功能，并提供了用房量控制、取消预订、确认订房、等候名单、房间分配、押金收取以及房间共享等功能，这些有助于为客人提供个性化服务。

Opera PMS 预订模块有十大子模块，分别是新建预订（New Reservation）、更新预订（Update Reservation）、等候名单（Waitlist）、团队（Blocks）、档案（Profiles）、房间列表（Room Plan）、楼层图（Floor Plan）、确认信（Confirmation）、入住登记卡（Registration Cards）和日历（Calendar）。其中档案（Profiles）由于其特殊的重要性，已经在第二章详细阐述了。团队（Blocks）将在本章第三节进行详细阐述。接下来我们将介绍新建预订等一些重要子模块。

第三章 预订（Reservation）模块

一、新建预订（New Reservation）

在预订（Reservation）模块，点击"新建预订（New Reservation）"，即出现如图 3-4 所示的界面。在该界面上，可以查询档案、根据客人抵店日期查询房价等，为客人新建预订。新建预订包括客人个人信息（姓名、地址和电话号码等）、抵达时间、预订类型（即有担保预订还是无担保预订）、预订编号、预订者信息、特殊要求（如残疾人设施、婴儿床、无烟区等）等。

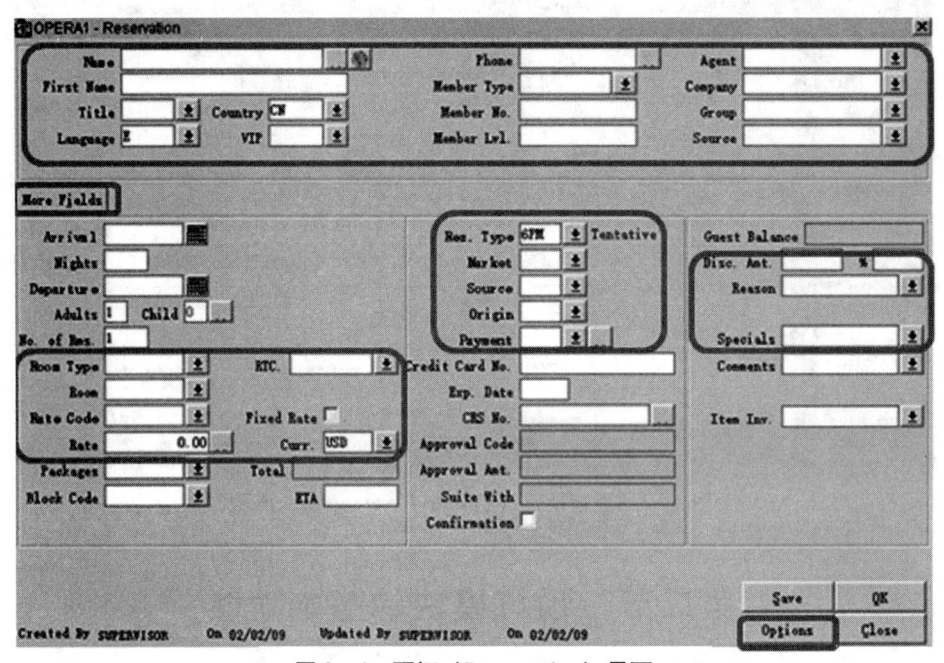

图 3-4 预订（Reservation）界面

该界面的上半部分和客人的客史是一致的，点击"姓（Name）"旁边的灰色方块（ ），即可进入客人的档案界面。以下我们就该界面下半部分的一些重要按钮做一些解释。

（一）预订界面上的知识点

1. 接送机（More Fields）

"More Fields"中指接送机，"Pickup"接机，"Dropoff"送机；"Transport Type"指客人要求接送机时的车辆类型，例如奥迪（Audi）；"Station Code"指机场的国际代码，例如 PVG（上海浦东国际机场）；"Transport No."指客人乘坐的航班号，例如，CA1202 from Beijing（来自北京的中国国航1202次航班）；"Arrival/Departure Date"指客人抵店/离店的日期；"Pick up/Drop off Time"指接送客人的具体时间，如图3-5所示。

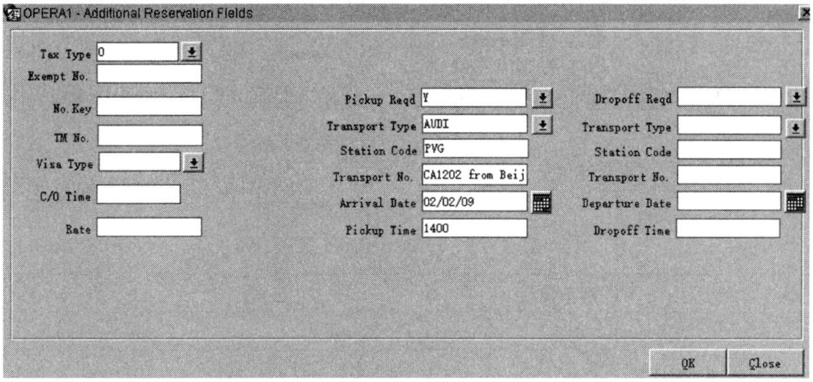

图3-5 接送机（More Fields）界面

2. 房型和房价

点击预订界面的"价格代码（Rate Code）"，即出现房价查询（Rate Query Details）界面（图3-6）。在图3-6中，横轴表示"房型（Room Types）"，纵轴表示"价格代码（Rate Code）"。

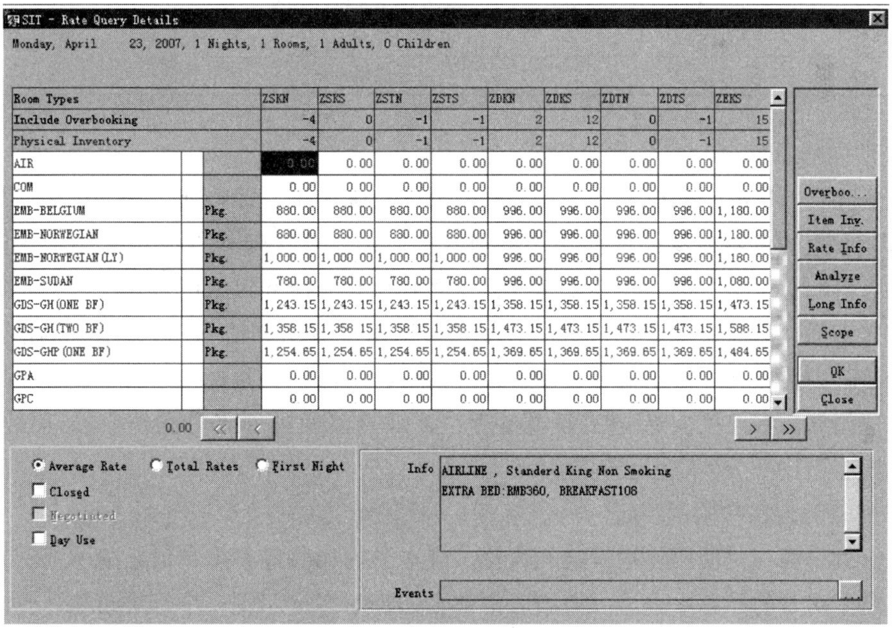

图3-6 房价查询（Rate Query Details）界面

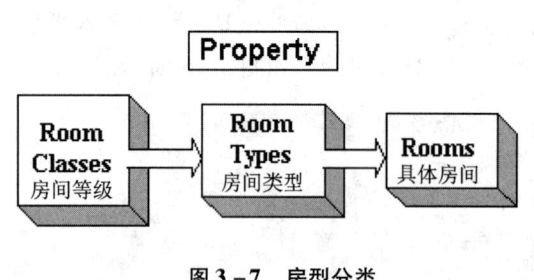

图3-7 房型分类

（1）房型的设置

在Opera PMS系统中，对酒店所有房间的分类是先分房间等级（Room Classes），再分房间类型（Room Types），最后再到具体房间（Room），具体如图3-7所示。

以Opera系统的房型为例（表3-1）。

表3-1 Opera PMS房型

酒店代码	1st 房型等级	2nd 床型	3rd 是否吸烟
Z	S：Standard 标准	T：Twin 双床房	S：Smoking 吸烟
	D：Deluxe 豪华	K：King 大床房	N：Non-Smoking 无烟
	E：Executive 行政	X：Suite 套房	
序号	房型代码	中文含义	
1	SKN	标准无烟大床房	
2	SKS	标准大床房	
3	STN	标准无烟双床房	
4	STS	标准双床房	
5	DKN	豪华无烟大床房	
6	DKS	豪华大床房	
7	DTN	豪华无烟双床房	
8	DTS	豪华双床房	
9	EKS	行政大床房	

（2）无障碍客房

酒店除了上述的一般房型，还有一种常见的特殊房型，即残疾人房。酒店必须时常提防可能发生的对客人身体的伤害。美国残疾人协会要求新建饭店都要做到无障碍设计。无障碍的意思是在设计住宿设施和设备时必须有方便残疾人的理念。一些专门设计的无障碍客房，进门通道更宽，可以方便轮椅进出（客房和浴室门），增大的浴室、马桶边和浴缸内装有把手。轮椅可直接进入淋浴房，降低了洗脸台，还有不高于膝盖的洗脸盆。房门和浴室门上安装把手而不是旋钮，烟感器通过闪光灯和枕头震动仪来报警（专为聋人设计）。

（3）有关价格代码的设定

房价就是酒店对使用住宿设施的收费。成本的构成决定了房价的最低水平，竞争的态势决定了房价的最高水平。一家酒店常常会为每间客房制定一个标准价格，这个价格就称为门市价（Rack Rate）。一般来说，房价类别与房型的可比较面积和家具陈设相对应（套间、双床间、单人间等）。区分的标准在于房间的大小、位置、景观、家具以及舒适程度。酒店的房价是根据酒店的客源市场划分的。有关客源市场，具体可见之后要介绍的"市场代码（Market Code）"。

这些价格代码也并不是一成不变的，而是根据市场情况及时调整。例如，可以通过客源结构提高收益。某临近苏州新区的经济型酒店，原协议客户比例高达60%，因为协议价比门市价低40元，所以居高不下的协议客户严重影响了收益，而比例较低的上门散客，也在一定程度上影响了酒店收入。于是酒店进行了一次调整。协议客户由原来的60%减少到43%，上门散客由原来的15%增加到23%，中央预订由原来的5%调整到了9%，会员客人由原来的20%调整到了25%。调整后一年多收入25.22万元。

酒店在给房间定价时，也可以根据房间的位置不同等，把相同房型的房价差异化。若房间窗外景色优美，能够做成景观房，就可以稍高价出售。如锦江之星重庆鹅岭公园店有56间江景房，面向长江，因为不沿马路，白天非常安静，晚上可以夜眺美丽的山城夜景。每个来住过的客人，都选择江景房，而不愿住价格一样、声音嘈杂的沿马路的房间。这就可以通过调节房价的方法来解决问题，即把江景房的价格提高10~20元。

（4）几个特殊的价格代码

酒店除了上述提到的常用价格代码，还有几个特殊的价格代码。

①免费房（Complimentary Use）。免费房不包括婚房（婚房本质上不是免费房，只是婚宴的打包产品之一）。酒店必须严格规定免费房的签发权限，例如只有总经理、销售总监有权签发免费房，其他任何人均无权使用免费房等。免费房超过期限，应及时联系签发人，确认是否让其继续延住。免费房房费全免，但其他费用自理。对其他需自理的费用，需收取一定的定金，例如200元/天（婚房1000元/天）等。其他登记入住手续与散客一致。

②酒店内部用房（House Use），即酒店内部工作人员入住客房，这是一种特殊的酒店免费房。免去入住登记手续，但应在电脑中输入员工姓名。只有总经理室成员才有权签发内部用房通知单，前台员工不可为任何人开内部用房。当日酒店总值班可使用内部用房。

③日用房（Day Use）。日用房是指客人在同一天登记和退房的房间。日用房的客人按照普通客人的登记程序进行，但必须在电脑内留言：当日用房。客人档案连同离店日期必须按规定的时间要求及时输入完毕，例如在客人入住的15分钟内等。日用房的房价按各酒店的房价政策而定。事先在系统里设置日用房房价代码。定金政策与其他散客一致。客人退房后立即通知客房部打扫，以便房间再次出售。

3. 用于营销统计的几个必填项目

（1）预订类型（Reservation Type）。

预订有许多方式，通常分为有担保预订和无担保预订。所谓有担保预订（Guaranteed Reservation，GTD）是指向客人保证酒店将预留房间直至客人计划抵店当天的某个时间为止。这个时间可能是规定的离店时间，或酒店新的一天的起始时间（前厅审计完成之时），或是酒店管理公司自行决定的时间。客人方面保证支付预订客房的房租，即使最后没有使用也同样支付，除非根据酒店取消程序做了取消预订。有担保预订确保了酒店的营业收入，即使订了房的客人没取消预订或者没抵店入住。有担保预订可以分成预付款、信用卡、预付定金、旅行社、收费凭证或多项费用汇款、公司有担保预订等（图3-8）。

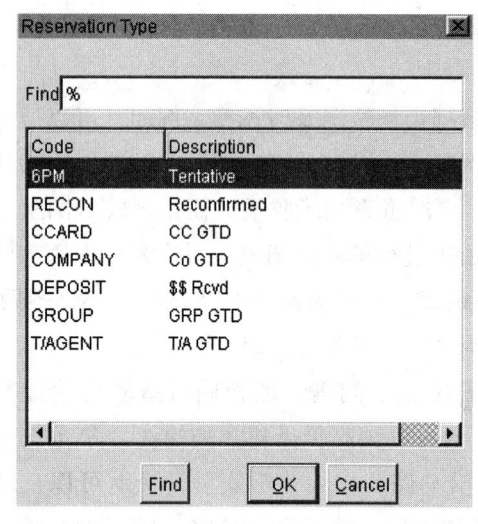

图3-8 预订类型（Reservation Type）界面

对有担保预订房，还需要以下资料：

①信用卡信息。包括信用卡种类、号码、有效期、持卡人姓名。在线订房系统可能会接通信用卡自动验证系统来获取信用卡信息。

②预付款或定金信息。这个信息来自于客人与酒店之间的合约，规定客人在一定时间前要向酒店缴纳定金。

③公司或旅行社账务信息。包括订房公司的名称及地址、订房人姓名、公司或旅行社的账号（曾经过酒店认定）。

对保证类订房，要注意提示一些有担保预订的要点。客人应该知道他们的客房会保留至他们计划抵店时刻以后的某个时间。客人也必须知道如果他们未能在这一时间前取消订房，就会丧失已付的定金或酒店会收取保证金。

无担保预订是指酒店同意为来客保留客房至某个规定的时间（通常是18：00）。这类预订不能保证酒店因客人未抵店又未取消而收取费用。如果客人在规定时间前未能到达，酒店可以把预留房出租，就是说把预留房纳入可租房之列。如果事后客人到了酒店，酒店可根据可租房情况予以安排。按照国际惯例，没有预付定金的预订只保留到18：00，超过18：00就代表自动取消。因此，每天18：00要做一次清理，把保留到18：00而未到的预订取消。对于18：00以后到达的客人，要密切关注，保持联系。18：00以后的预订，一定要按时清理，以免错失出售的良机，一般来说，对晚于18：00的客人，不再做进一步的保留。

实际操作中，如果生意好、基本客满的情况下，可以拒绝没有支付保证金的预订，除非客人有特殊情况，如飞机晚点、航班在21：00以后到达、长途汽车晚点等。如果客人21：00仍未出现，酒店就有可能蒙受损失。超过预订时间的话，客人要支付保证金。大批量预订一定要预付保证金。

（2）市场代码（Market Code）。市场代码是用来对酒店客户进行分类的代码，其目的在于酒店能够更好地把握客人需求。在Opera PMS系统中，对客源市场首先分为市场大类（Market Group），再分为具体的"市场代码（Market Code）"，如表3-2所示。

表3-2 客源市场分类和代码

市场大类（Market Group）	市场代码（Market Code）	具体描述（Description）
旅行类（TRA）	LR	休闲散客（Leisure Rack）
	LD	休闲折扣价（Leisure Discount）
	LP	休闲包价（Leisure Package）
	LW	休闲批发（Leisure Wholesale）
公司（COR）	CN	无合约公司（Corporate Non-Contract）
	CC	有合约公司（Corporate Contract）
	CI	国际公司（Corporate International）
团队（GRO）	GV	政府团（Government Group）
	GD	国内团队（Group Domestic）
	GI	境外团队（Group Inbound）
	CV	会议团队（Convention Group）
	AC	机组团队（Air Crew）
免费房（CMP）	CO	免费房（Complimentary Use）
	HO	内部用房（House Use）
宴会（BAN）	WED	婚宴（Wedding Feast）
	SCO	社会宴请（Social Banquet）

（3）客人的预订来源（Source）。这是用来对酒店客户来源进行分类的代码，其目的在于酒店能够更好地把握客人需求。在Opera PMS系统中，对客人的来源首先分为来源大类（Source Group），再分为具体的"来源代码（Source Code）"，如表3-3所示。

表3-3 预订来源分类和代码

来源大类（Source Group）	市场代码（Source Code）	具体描述（Description）
直接预订（DI）	GD	散客直接预订（Guest Direct）
	CD	公司直接预订（Company Direct）
	WI	门市客（Walk In）
旅行社（TA）	TD	国内旅行社（T/Agent Domestic）
	TI	国际旅行社（T/Agent International）
	IN	境内运营商（Inbound Operator）

(4) 订房方式（Origin）。客人的订房方式有很多种：中心订房系统（如连锁酒店集团预订网、非连锁酒店集团预订网、世界一流酒店组织、Preferred hotel、Distinguished hotel 等）、全球分销系统（Sabre，Galileo International，Amadeous，World Span 等）、多项销售代理商、酒店直接订房（电话、邮件、电报和传真等）、互联网（图 3-9）。

(5) 付款方式（Payment Methods）。无论宾客打算采用现金还是支票、信用卡或其他可以接受的某种方式付款，酒店都应该采取防范措施以确保付款的最终实现（图 3-10）。结账的效率取决于入住登记阶段确定的宾客付款方式，在入住登记时，确定的结账方法和核准的信用额度会大大减少结账时出现未经认可的结账授权以及随后发生的欠款收回等问题。

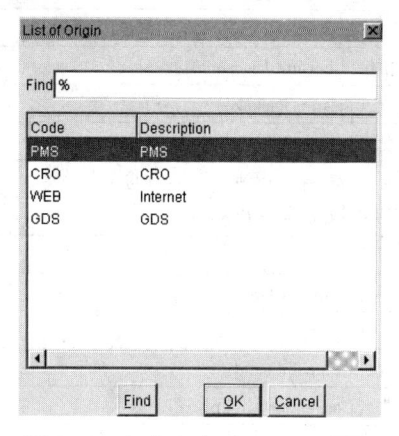

图 3-9 订房方式（Origin）界面

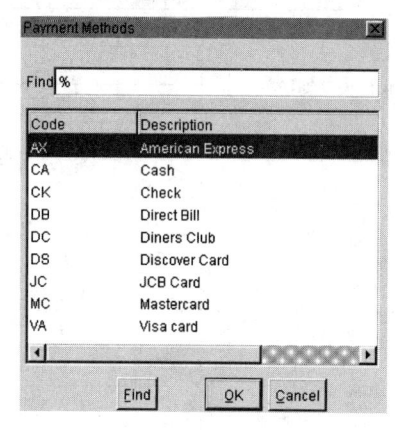

图 3-10 付款方式（Payment Methods）界面

4. 其他一些重要按钮

(1) 打折金额（Discount Amount，Disc. Amt.）。酒店对给客人房价打折都有很严格的规定。一般来说，酒店中有权为客人打折的人员有销售部、前厅经理、大堂经理等。在打折对话框中，除了在"打折金额（Disc. Amt.）"中输入具体的打折金额，而且一定要在"Discount Reason"中输入"打折理由"（图 3-11）。

(2) 特殊要求（Special Code Values）。指客人本次入住的特殊要求，例如客人要提前抵店（Early Arrival）、在住店期间要送红酒（Red Wine）、送巧克力（Chocolate）等，如图 3-12 所示。

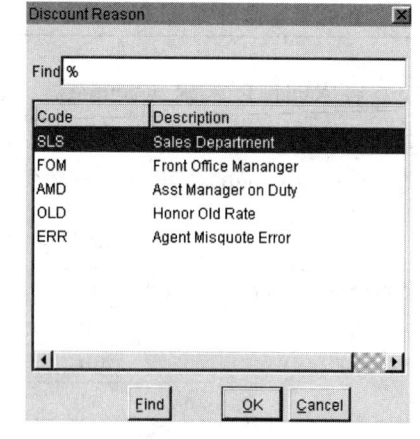

图 3-11 打折理由（Discount Reason）界面

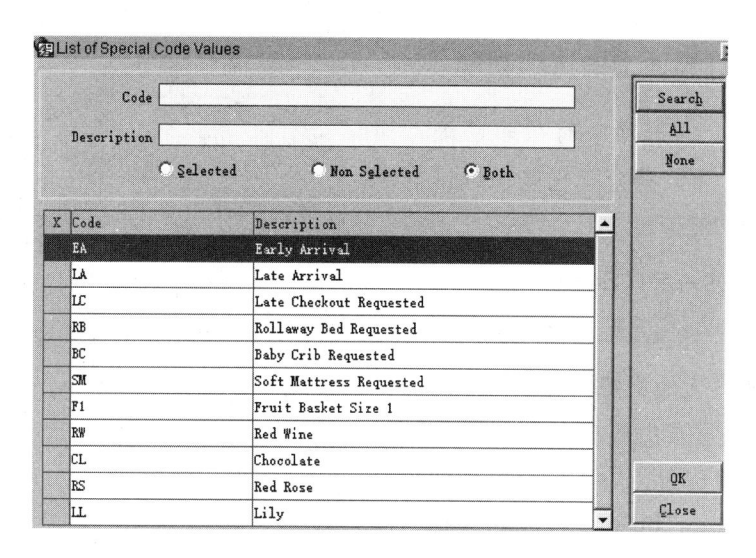

图 3-12 特殊要求（Special Code Values）界面

（3）备注（Comments）。"Comments"指客人本次入住的备注说明，例如说明客人支付定金用的是美元等。在该界面上，可以对备注进行新建、修改、删除等操作，如图 3-13 所示。

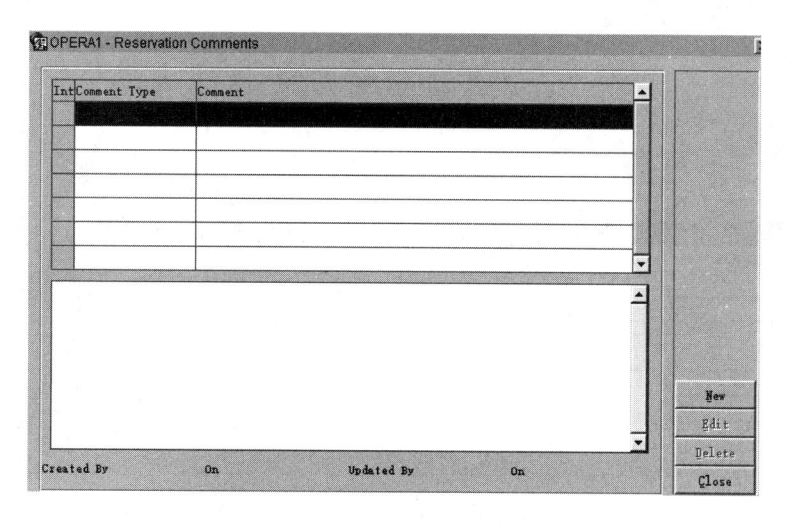

图 3-13 备注（Comments）界面

（4）预订界面右下角的"No Post"按钮是指客人不可以挂账。
（5）预订界面右下角的"Contact"按钮是指该预订客人的联系人或订房人。

(二) 预订界面上的选项功能

预订界面上的选项中有很多功能，如图 3-14 所示。下面将介绍一些预订过程中经常会用到的功能按钮。

1. 两人合住一房（Share）

在"合住（Share）"界面（图 3-15），"Entire"指把两人的房费合并到一个人的身上；"Split"指房费由两人均摊；"Full"指两个人都付全价房费；"Combine"把两个人合并到一间房间；"Break Shr."指要把合住的两个人分开来。一般"合住（Share）"的客人的界面上会有"星号（*）"提示。

图 3-14 预订选项（Reservation Options）界面

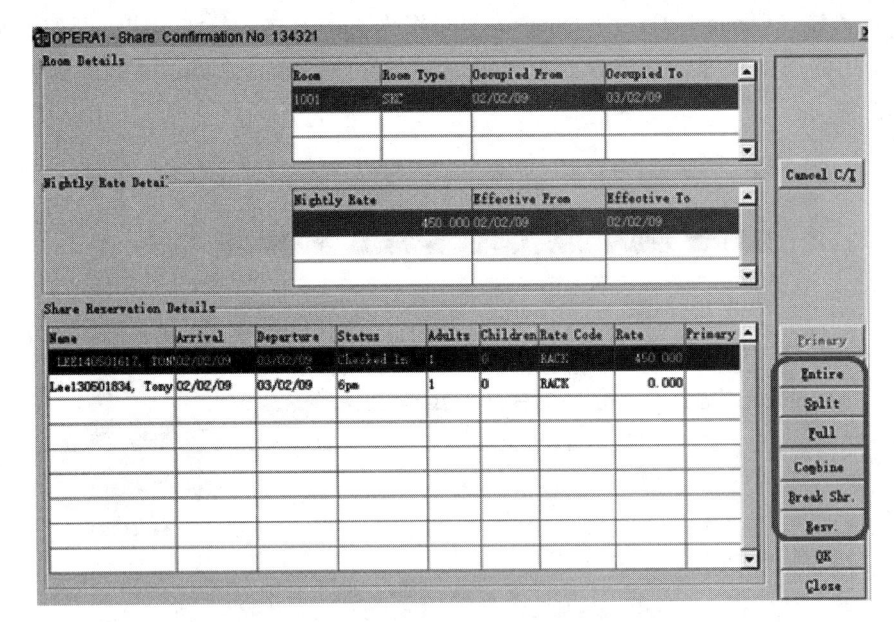

图 3-15 两人合住一房（Share）界面

在接待合住的客人时，需要注意以下事项：

（1）房费由一人支付，在输入电脑中切记另一人的房费为 0。

（2）登记手续与普通登记手续相同，但需注意房费输入的准确性。第一位客人入住时一定要先付定金。

（3）若两位不是同时入住，第二位客人要合住时，需征得第一位客人的同意，方可办理入住手续。否则，不可安排。

（4）其他入住手续与散客入住相同。

（5）结账时，也要记得给合住的客人结账。

2. 聚会预订（Party）

"聚会预订（Party）"指多位散客（一般 2~7 位散客一同住店），预订者申请了多房间的预订，但预订时并未确认每个房间的客人姓名，或者还来不及指明其关系，暂时以预订者的名义记录预订。等各位客人确认或入住时，再分别形成独立的预订。这些客人之间必然存在某种关系，比如亲友、商务、会议等。

假设刘红女士想邀请张艺、李而、王珊三位女士共度周末，那么在 Opera PMS 系统中预订界面做"聚会预订（Party）"的步骤如下：

第一步：在刘红女士的预订界面（图 3-16），在"房间数（No. of Rms.）"中输入"4"，然后点击"选项（Options）"中的"聚会（Party）"按钮。

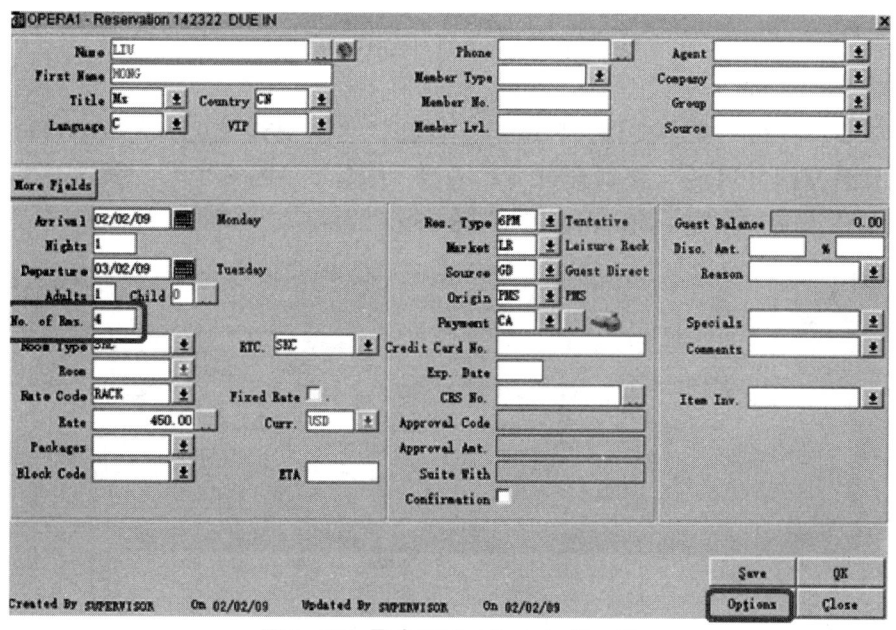

图 3-16　聚会预订（Party）第一步

第二步：在"聚会预订（Party）"界面（图 3-17），点击右上角的"全部分开（Split All）"，则之前预订的 4 间房立刻分成 4 个独立的预订，但同时生成了一个"聚会预订（Party）"号，这也说明"聚会预订（Party）"做好了。有了该号码，就可以在"更新预订（Update Reservation）"中查找到这 4 间房。另外，可以点中这 4 个预订中的任何一个，然后点击右边的"预订（Resv.）"按钮，就可以直接进入其预订界面，进行修改客人名字等操作。

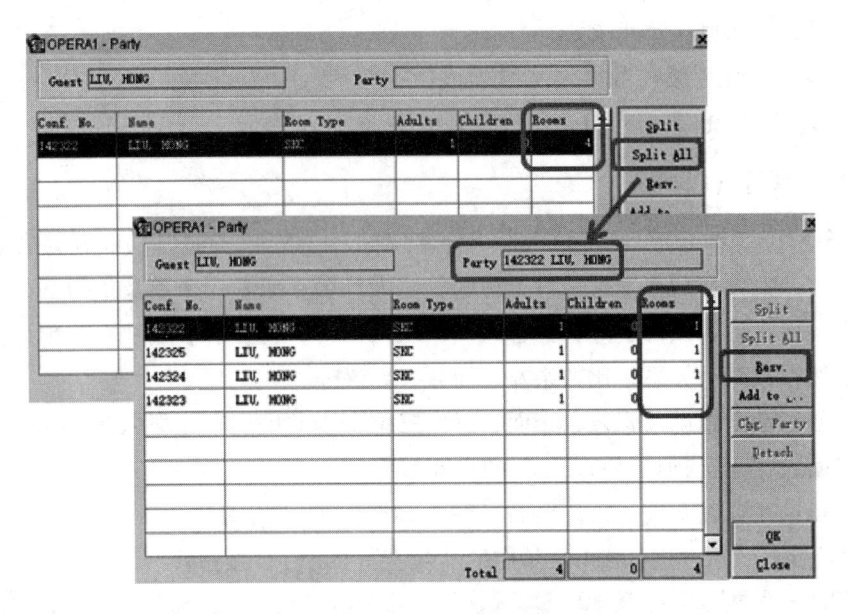

图 3 –17　聚会预订（Party）第二步

第三步：查找"聚会预订（Party）"。打开"更新预订（Update Reservation）"界面，在黄色搜索区域的"聚会预订（Party）"中输入"Party"号，然后点击"查找（Search）"，即同时出现4间房，如图 3 – 18 所示。

图 3 –18　聚会预订（Party）第三步

第四步：在图3-18中，点中任何一个预订，然后点击右下角"档案（Profile）"，打开后，就可以更改客人的姓名。但要注意的是，更改客人姓名时，一定要在"档案（Profile）"界面，点击"新建（New）"按钮，才能成功更改客人姓名。

3. 转账（Routing）

转账是指客账由公司、旅行社或团队假房支付，不需要由客人自己支付房账等费用。转账有两种方式，一种是"窗口转账（Window Routing）"，即客账由其所在公司或旅行社支付；另一种是"房间转账（Room Routing）"，即客账由其所在的团队假房支付，这会在本章第三节中具体讲。

例如，之前做过预订的刘红女士的房费餐费以及电话费将由其所在的美国航空公司（American Airlines）支付且公司担保预订，其他费用自付。具体步骤如下：

第一步：在刘红女士的档案（Profile）中要建好和美国航空公司的雇员和雇主的"关联（Relationship）"（这在第二章中已经讲过，此处不再重复）。

第二步：在刘红女士的预订界面右上角"公司（Company）"中输入美国航空公司的英文"American Airlines"，然后点击右下角的"选项（Options）"按钮，打开"转账（Routing）"的界面，如图3-19所示。在该界面上，选择"窗口转账（Window Routing）"，然后在"名（Name）"中右边下拉箭头中选择"American Airlines"，"交易（Transaction）"中选择"房费和电话费"的代码。"Window No. 2"表示公司支付的界面

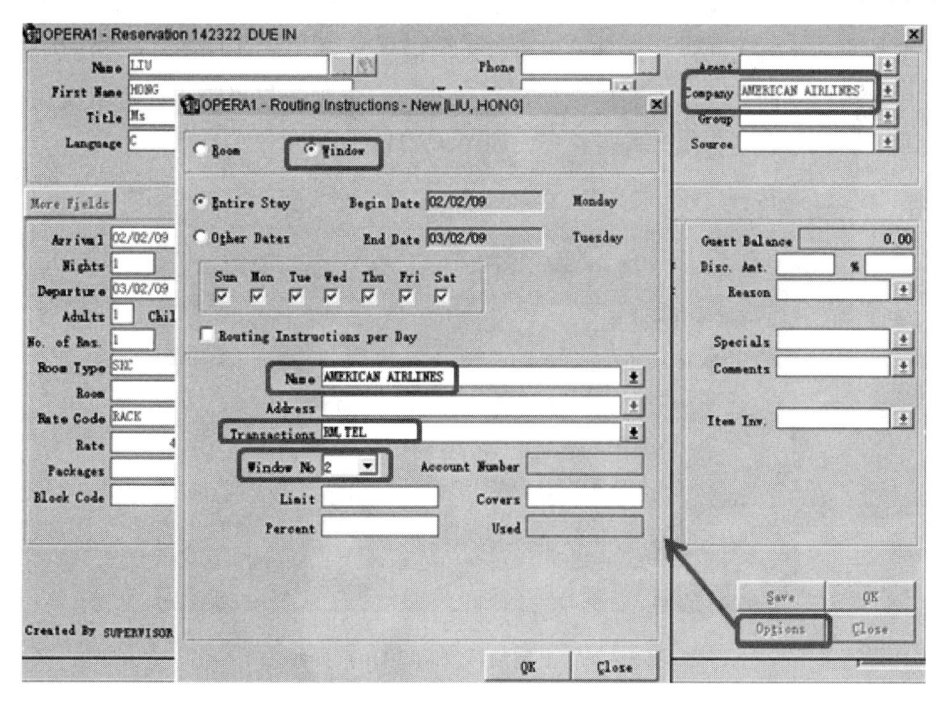

图3-19 转账的过程

会在客账的结账页面的第二个窗口显示。最后点击"OK"即可。

第三步：若客账所在的公司与酒店是有协议价的，那么还要在客账的预订界面上把"价格代码（Rate Code）"改成酒店与公司之间签订的协议价。

4. 随行人员（Accompanying Guests）

很多重要客人，例如著名影星、政界要人，出行时都会带上随行人员。那么随行人员就可以在"随行人员（Accompanying Guests）"界面上进行设置，如图 3-20 所示。

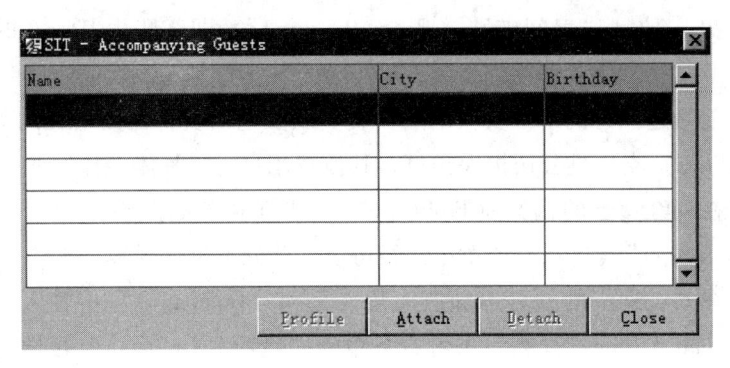

图 3-20　随行客人（Accompanying Guests）界面

5. 复制预订（Add On）

"Add On"是复制预订，其作用是在现有预订记录基础上再生成一个新的预订。常见的情形是另一个客人的预订信息与当前客人的信息雷同，或者当前客人在离店后的某个日期段会再度返回并下榻本酒店，如过境旅客。在复制预订界面上，可对支付方式、特殊要求、转账方式、备注等进行选择，如图 3-21 所示。

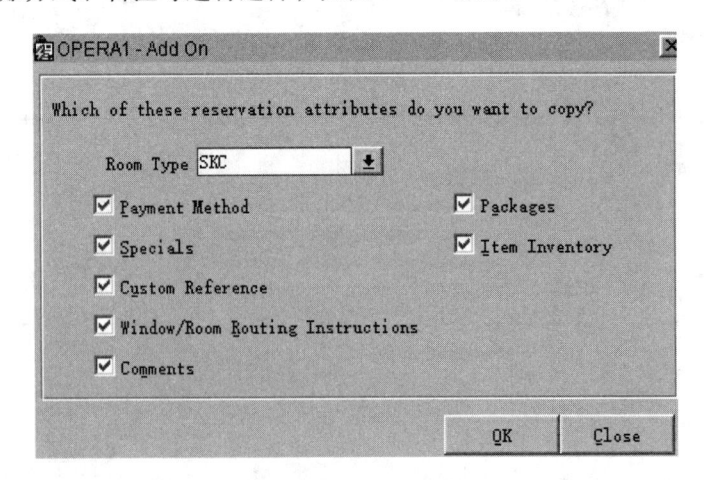

图 3-21　复制预订（Add On）界面

6. 旅行社/公司（Travel Agent/Company）

这是指客人所在的旅行社或公司。例如，刘红女士是美国航空公司的员工，那么在该界面就会显示客人所在的公司，如图 3-22 所示。

图 3-22　旅行社/公司（Travel Agent/Company）界面

7. 提示（Alerts）

"提示（Alerts）"是指客人预订、办理入住、结账时需要让员工知晓的事项，例如该客人抵达时要告诉总经理，该客人是重要客人，入住时要员工引领进客房等，如图 3-23 所示。

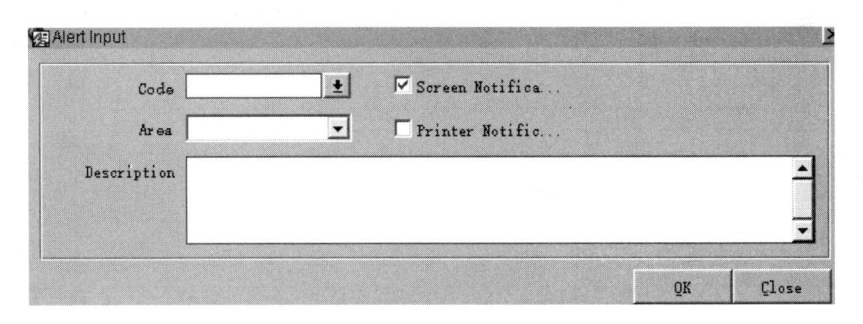

图 3-23　提示（Alerts）界面

8. 取消预订（Cancel）

当客人因计划改变、天气等原因，取消预订时，就可在该界面办理（图 3-24）。

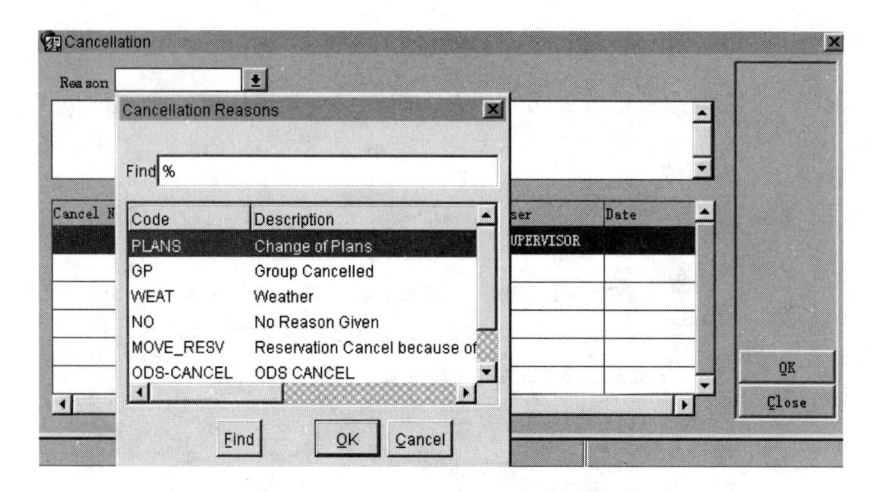

图 3-24 取消预订（Cancel）界面

9. 变更记录（Changes）

在"变更记录（Changes）"界面（图 3-25），用于记录和跟踪员工操作内容。这一般是有一定级别的员工才有权限看到。

图 3-25 变更记录（Changes）界面

10. 确认信（Confirmations）

当客人做好预订后，就可以在"确认信（Confirmations）"界面上进行设置，如图 3-26 所示，点击"发送（Send）"按钮，系统就会自动把确认信发送至客人的邮箱。

图 3-26 确认信（Confirmations）界面

11. 客人的住店记录（History）

在"客人的住店记录（History）"界面，可以查询到该客人所有的入住记录（包括每次住店的抵离日期、房型、房价和房号等）和每次入住时给酒店带来的收益。

12. 客房（Housekeeping）

在"客房（Housekeeping）"界面，可以输入客人对房间的要求，还可以在该界面注明该客人是否需要"开夜床（Turndown）"服务，如图 3-27 所示。

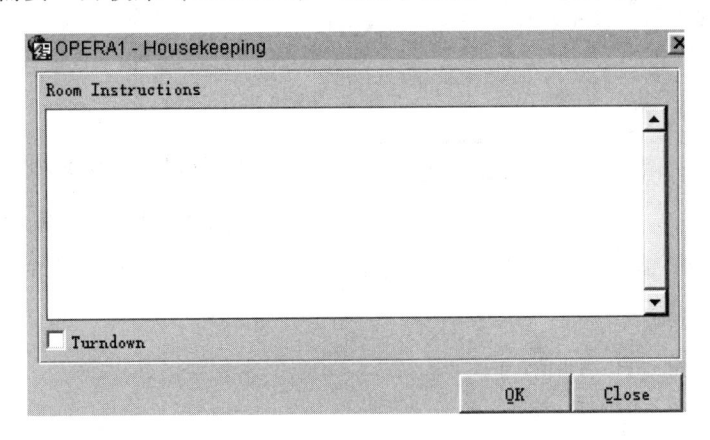

图 3-27 客房（Housekeeping）界面

13. 包价（Package Option）

包价（Package Option）指客人的房价除房费外，是否包含其他服务内容，如含早餐等，如图 3-28 所示。

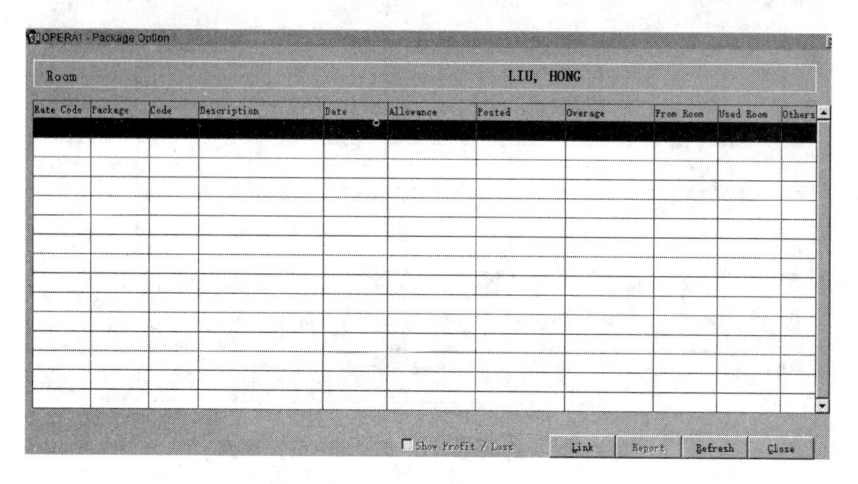

图 3-28 包价（Package Option）界面

14. 优先权（Privileges）

在"优先权（Privileges）"界面（图 3-29），可以勾选"是否可以转账"等。其中较常用的功能是可否"预约提前结账离店"，若需要的话，可以注明预约几点结账离店。若勾选的话，则在客人结账界面上会显示，在本书第五章"结账"模块中还有说明。

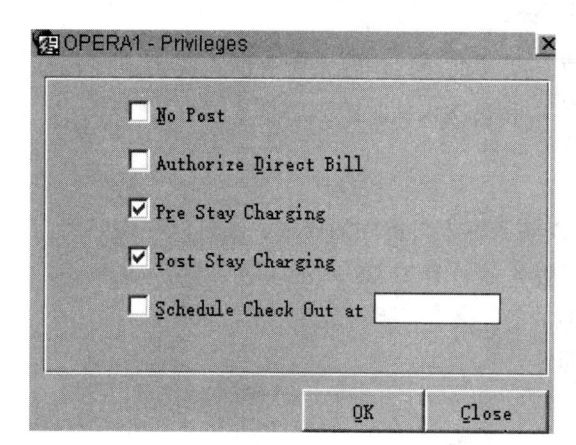

图 3-29 优先权（Privileges）界面

15. 清扫房间排队顺序（Queue）

在"清扫房间排队顺序（Queue）"界面，可以给需要清扫的房间按轻重缓急进行排队，客房部将根据这个顺序安排打扫。在第六章"客房管理"模块中还有说明。

16. 房价信息（Rate Info.）

在"房价信息（Rate Info.）"界面（图 3-30），可以看到客人房间的房价信息、是否有包价、总体产生的收益等。

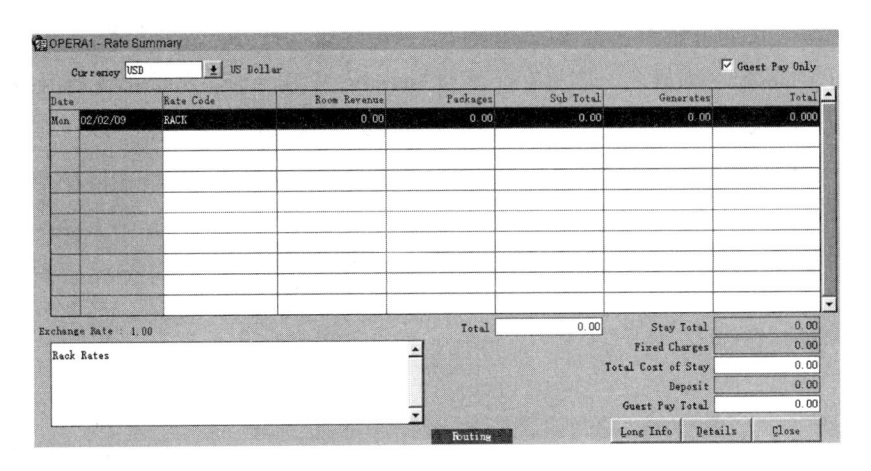

图 3-30 房价信息（Rate Info.）界面

17. 预约等候名单（Waitlist）

由于并非每次客人预订房间，酒店都能满足其要求，如在满房日或客人要求的某种房型已满的情况下。这样可以把要求入住的客人安排在"预约等候名单（Waitlist）"（图 3-31）中，一有满足客人要求的房间，就立刻通知客人。"预约等候名单（Waitlist）"按钮的功能是把未成功订房的预订变成预约等候的状态。

图 3-31 预约等候名单（Waitlist）界面

二、更新预订（Update Reservation）

在"更新预订（Update Reservation）"界面（图 3-32），可以查询预订、更新预订、取消预订、确认预订、生成报表等功能。查询预订的功能可查询客人的抵达日期、所需房间类型与房间数、间夜数、价格代码、人数等多个信息。Opera 有多种方式可查询档案

67

（即客人信息），比如可输入姓名或姓，或通过预订的旅行社等。这里值得一提的是 Opera 的模糊查询，如忘记客人姓名，则可在"姓（Name）"中输入%，就会出现所有客人信息，或"% +姓"，如姓"张"的客人，则在搜索界面中会出现酒店中全部姓"张"的客人。

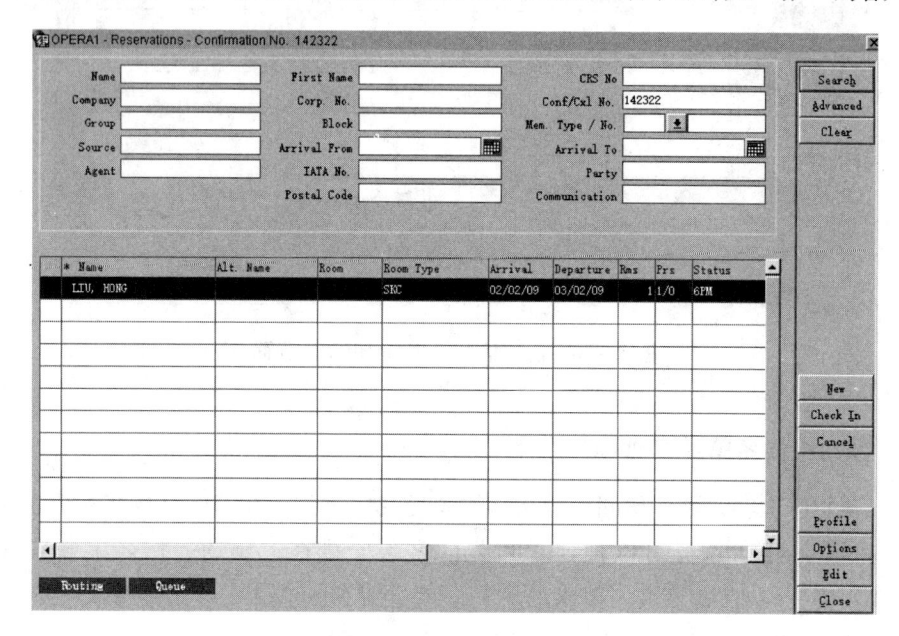

图 3 – 32　更新预订（Update Reservation）界面

更新预订的功能是指若客人需要更改预订的某些要求，则可在查到客人预订后，点击右下角"编辑（Edit）"修改客人的信息，例如客人的姓名和地址、抵达时间和日期、间夜数、人数、预订级别、客人的特殊服务要求等。

取消预订是指当客人在遇到天气等问题，造成计划更改等情况时要取消订房，则确认编号、保证金或预付费用要求；初始预订更新，即再确认、修改或取消；取消预订条款。

生成的报表包括预订事务记录、预计抵达和离开报表、代理佣金报表、预订拒绝统计报表等。

三、等候名单（Waitlist）

预订模块的"等候名单（Waitlist）"子模块界面（图 3 – 33），可以查看所有的等候名单，也可以查看到某个等候名单的原始预订界面；可以点击右下角"接受预订（Accept Res.）"把一个等候的预订变为一个有效的预订；若实在无房，也可以取消这个预订；或者为了给客人提供住宿，更改一些预订要求，如房型等。

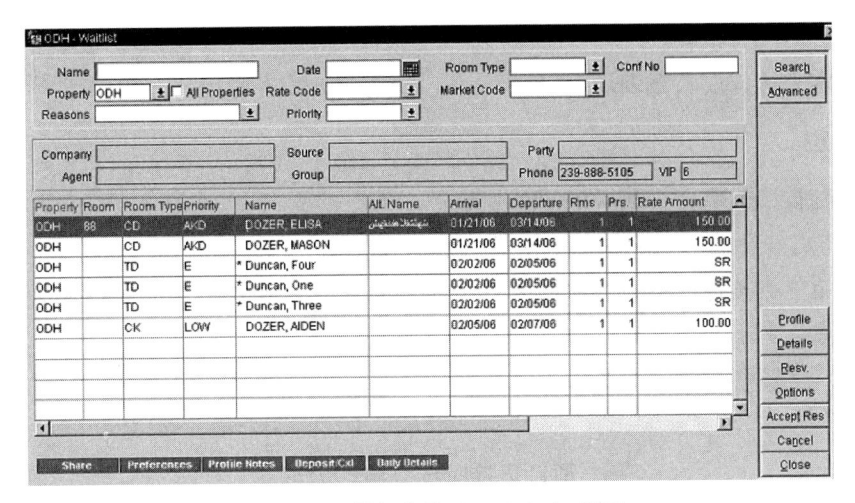

图 3-33　等候名单（Waitlist）界面

四、预订员需掌握几个快捷键及每日需打印的报表

（一）预订员需掌握的几个快捷键

（1）Ctrl + F4：快捷（Dashboard）界面，可以搜索、预订、新建档案等。

（2）Ctrl + F2：可卖房情况（Det. Avail）界面，可以显示每个房型在将来几天的可卖房情况。

（3）Shift + F2：控制面板（Ctrl. Panel）界面。

（4）F5/ F7：房价查询（Rate Query）界面。

（二）预订员每日需打印的报表

1. 早班

（1）确定/未确定报表。

（2）出租率查询报表。

（3）失约客人（No Show）报表。

（4）取消预订报表（按日期查询）。

2. 日班

酒店预订报表（按姓名查询）。

3. 晚班

（1）第二天接机报表。

（2）酒店预订报表。

（3）客人特殊要求报表。

4. 中班

（1）预订增值销售（Upselling）报表。

（2）第二天酒店预订报表（按姓名查询）。

（3）第二天预订分析报表（散客）。

小资料　搜索

预订员接听预订电话流程

一般的高星级酒店中，预订员在接听预订电话时，除了按客人要求介绍合适房型外，还可以适当地根据客人要求对酒店的房间进行促销。

1. 礼貌问候

（1）电话铃响三声内接听电话。

（2）接听电话用敬语。

（3）英文用语：Good Morning/afternoon/evening, reservation center. How may I help you?

2. 询问客人预订

（1）询问客人姓名。

（2）询问抵店/离店日期。

（3）询问预订到达时间。

（4）询问公司/旅行社名称。

（5）询问预订客房类型。

（6）询问特殊要求。

（7）询问来电者姓名和联系方法。

3. 报价和促销

（1）多重报价，让客人选择房型。

（2）向客人说明各房间类型的特点以及相关的优惠条件。

（3）根据客人住店天数、心理价位和酒店平均房价、出租率给予适当折扣。

（4）说明预订保留时间。

4. 填写预订单

（1）客人信息要完全、清楚。

（2）须注明特殊要求。

（3）一定要填写联系电话。

5. 结束语

（1）结束语要礼貌、自然。

（2）英语用语：Thank you for your calling/booking. I wish you a pleasant stay with us.

6. 预订输入

（1）信息输入要正确。

（2）特殊要求需注明。

（3）输入信息需自查。

7. 预订确认

（1）电脑确认前需自查。

（2）预订确认必须在收到预订传真/电话2小时内完成。

8. 预订归档按日期按月份

（1）转账、特殊房价和VIP客人必须交接前台。

（2）交接必须要签收。

9. 预订检查

（1）第二天预订须由专人当日检查。

（2）当天预订交同事进行复查。

（3）错误输入必须告知当事人。

（4）每天例会须总结。

——资料来源：作者收集整理

第三节　团队（Blocks）

导入案例

旅游团队的操作案例

客人电话预订，使用酒店信息管理系统Opera 5.0完成旅游团队的预订工作。

资料：

团队名称：春秋旅行社 CHQ－C－071228 团，20人，女性8人，男性12人

客人名单：A、B、C、D、E、F、G、H、I、J、K、L、M、N、O、P、Q、R、S、T

房间：10个标准间，1间陪同房

抵离日期：4月18日入店，4月19日离店

用餐：在酒店用晚餐，晚上18：00点用餐（餐费标准30元/人）

陪同：张月（手机号：13911235876）

付款方式：旅行社预付，支票结账。

要求：撤掉房间内小酒吧的饮料，关闭收费电视；早上6：00叫早。

——资料来源：作者收集整理

一、团队预订要点

（一）预报团的锁房

（1）在有团队可供房的情况下，在电脑中建立团队档案。

（2）根据预报用房数进行最初的锁房。

（3）设定团队房价。

（二）客房保留时间及正式订单处理

（1）将7天内抵店的团队用房进行清理，并联系旅行社传真团队正式计划书及团队名单。

（2）收到团队正式计划书，填写团队确认单并传真至旅行社。

（3）填写团队预订单。

（4）在电脑中的最初锁房数调整至实际用房数，并进行房间分配。

（三）预付团队

（1）将预付款总额分别登记于白板与专用文件夹中，以作提示。

（2）在团队抵店前7天督促旅行社将预付款汇款凭证传真至酒店。

（3）汇款凭证、预订传真和团队确认书一并存档。

二、团队登记入住要点

（1）当班主管必须在团队预抵前2小时确认房间为干净房并准备完毕。员工必须确认所有的房间为干净房后，才能让客人入住。团队登记入住需在15分钟内完成。

（2）团队房间必须在团队预抵2小时前准备完毕。团队应尽量排在同一楼层、同一

区域。特别要避免把两个团队安排在同一楼层、同一区域。

（3）团队抵达后，及时复印团队名单给礼宾部送行李。任何有关付费方面的疑问，必须在客人入住之前确认。

（4）团队登记必须高效专业。事先准备好装有团队房间钥匙和团队信息单的信封，将信封、登记卡以及团队预抵报表放在一起。若没有到达时间，必须在早上10：00前做好一切房间安排准备（房号事先通知客房部）。

（5）如果房间有变动必须立刻通知礼宾部，保证行李的准确发送。必须保证排给团队的房间是已清扫房。若排房时为未清扫房，必须用笔在房号旁注明为脏房。当班主管随时关心，一旦变干净，立即将记号去除。团队抵达前，当班主管必须再检查一遍，团队的用房必须是已清扫的。

（6）必须与领队或陪同先确认下列信息：客房数量、房型、人数、居住时间、用餐安排地点及时间、叫早时间（每天）、撤行李时间和离店时间。一经确认，需由领队或陪同在团队名单上签字，酒店前台接待员才能将钥匙交与领队（有地陪的，需由其缴消费押金；无地陪的，需由领队缴纳）。任何房号的变更，都必须及时通知礼宾部、客房部。

（7）陪同与司机要准备餐券，团队成员凭钥匙就餐。团队成员不发房卡。客人对房间有特殊要求，如加床等，必须事先通知客房部，保证在客人入住前得到安排。

（8）收取团队领队转交的旅行社凭证，如有任何特殊要求必须立刻落实。例如，住宿日期超过一天的团队，应该每天确认次日的早餐和叫早时间。每天夜班接待员应检查所有入住团队的各项安排情况。

（9）如果有付款凭证必须复印放入团队信息夹中，以便团队结账时备用。将付款凭证原稿交给财务部收账。若团队入住时，发生入住日期与房间的变化，须及时通知销售部，得到同意后方可安排。

（10）保证登记信息准确，特别是境外团队的信息。

（11）将团队在电脑内登记，将一份团队房间名单放入团队登记单，并给团队领队复印没有房间价格的团队房间名单。

（12）将团体店内信息单和团队名单发给礼宾部负责送行李，发给服务中心负责团队叫早，发给餐饮部安排早餐。

三、团队结账要点

（1）团队结账以前，当班主管应整理并检查所有团队资料，核对付账方式，保证团队账及所有客人散账必须准确无误地在团队离店前结清。

（2）保证总账单所有账目准确无误，并与团队预订单总额一致。

（3）有时由于某些原因总账不平，可以根据预订单做相应调整。

（4）如果所有费用都由团队领队、公司或旅行社结账，要将所有费用转到总账账单中。

（5）打印总账账单和客人散费账单。

（6）请团队领队确认总账账单并签字。

（7）如果团队散费由客人自付，可以按照普通客人结账程序进行。已付费的散账需及时从系统中去除。

（8）客人散费账单都结账后，将总账账单结账。如果有客人未结散费，必须通知团队领队。请团队领队通知客人结账。注意点清收回的钥匙总数是否有短缺，请领队协助收回短缺的钥匙。

（9）总账账单和相关凭证必须订在一起，做好收银报告后上交财务部。

（10）若团队结账中散客账有争议，请大堂副理协助解决。任何总账单付账方式的变更，必须得到销售部的认可，并在事后补书面变更单。

四、团队常用报表

（1）酒店团队客人报表（按房间分）（Group In-House by Room）。

（2）团队留言报表（Block Traces）。

（3）团队房号表（Group Rooming List）。

（4）实到团队报表（Actual Business Block）。

（5）团队预订记录（Booking Pace）。

（6）商务团队报表（按区域分）（Business Block List by Region）。

五、团队操作基本步骤

团队操作的流程为：新建团队（Block）→占房（Grid）→预订（Reservation）→做PM假房→P房（Room Listing）→分配房间（Room Assign）→整团办理入住登记（Check In Group）→结账离店（Check Out）。

第一步：新建团队。打开"预订（Reservations）"界面，选择"团队（Block）"（该团队界面俗称"团脸"）。在团队搜索界面，直接点击"新建（New）"按钮；在该界面，也可以输入团队名称或团队号等查找现有团队，如图3-34所示。

第三节 团队（Blocks）

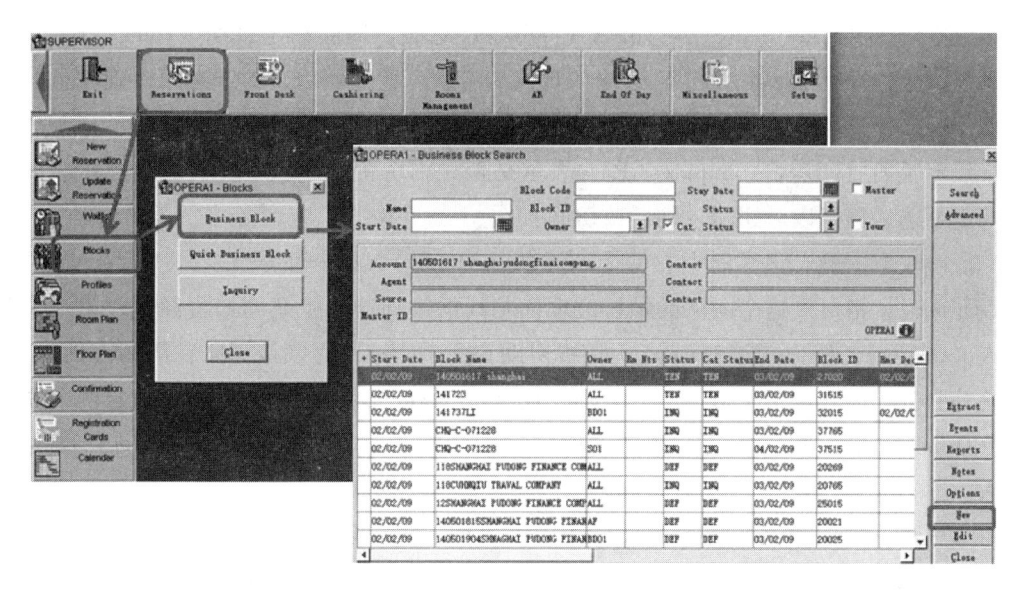

图 3-34 团队搜索（Business Block Search）界面

第二步：填写团名、抵离日期、客源等相关信息，注意此时的状态为"暂时状态（Tentative）"。完成填写后进行"保存（Save），系统会自动生成团队代码（Block Code）和团队号（Block ID，如图 3-35 所示）。

图 3-35 团队（Business Block）界面

价格代码（Rate Code）应与市场（Market）对应。提前约定日期（Cutoff Date）是指酒店给旅行社（Travel Agent）或来源地（Source）等配额后，约定必须明确需求的提前量，要么指定某个日期，要么指定提前天数，作为预订申请的最后通牒时间点。Print Rate 表示是否打印房价。Suppress Rate 表示是否显示房价。Elastic 表示是否有弹性（这个一定要选，便于以后团队入住后改房间）。

值得注意的是，该界面中有两个联系人（Owner），第一个联系人（Owner），俗称"大 Owner"，指负责这个团队的销售经理，尤其指接到这单生意的销售经理；第二个联系人（Owner），俗称"小 Owner"，负责协助"大 Owner"完成该团队在酒店内的入住、用房等服务，一般"大 Owner"的级别要比"小 Owner"高。在大酒店中，这两个联系人（Owner）可能是两个人，但在规模小的酒店中，这两个联系人（Owner）常为一个人。

第三步：先把"团队状态（Status）"从"询价（INQ）"改为"暂时（Tentative）"状态，然后点击"Grid"进行占房。

在"占房（Grid）"界面（图 3-36），先点击下方的"优先排列（Priorities）"，可以选择将所需要的房型排在首位，然后点击"排列（Range）"，输入所需房间数，点击"OK"按钮即可。

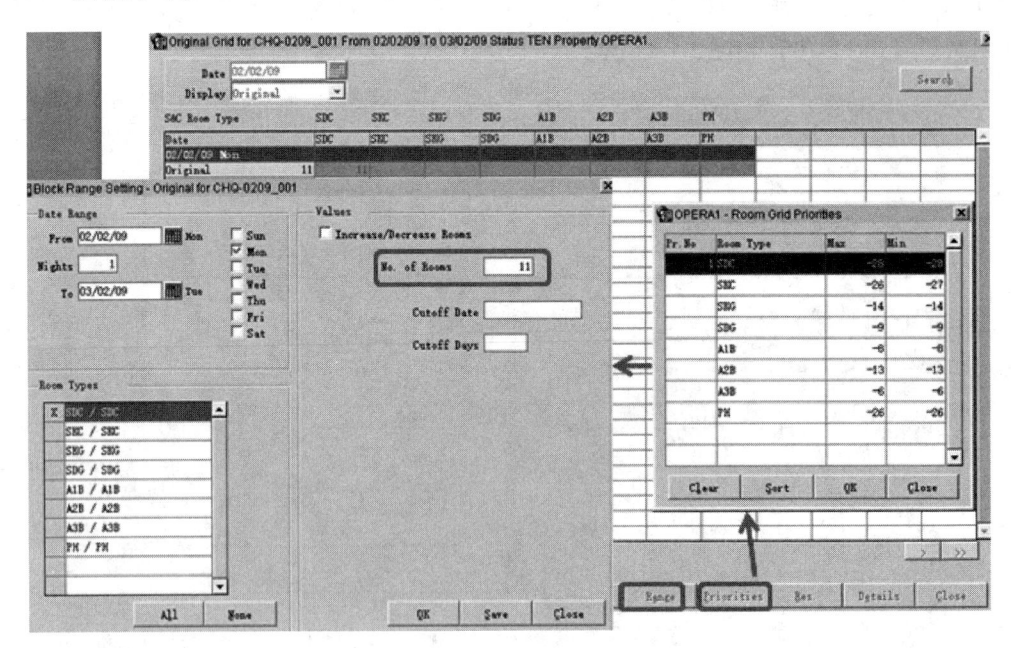

图 3-36　占房（Grid）界面

第四步：在团队（Block）界面改变"团队状态（Status）"为"确认状态（DEF.）"，并进行"保存（Save）"，如图 3-37 所示。

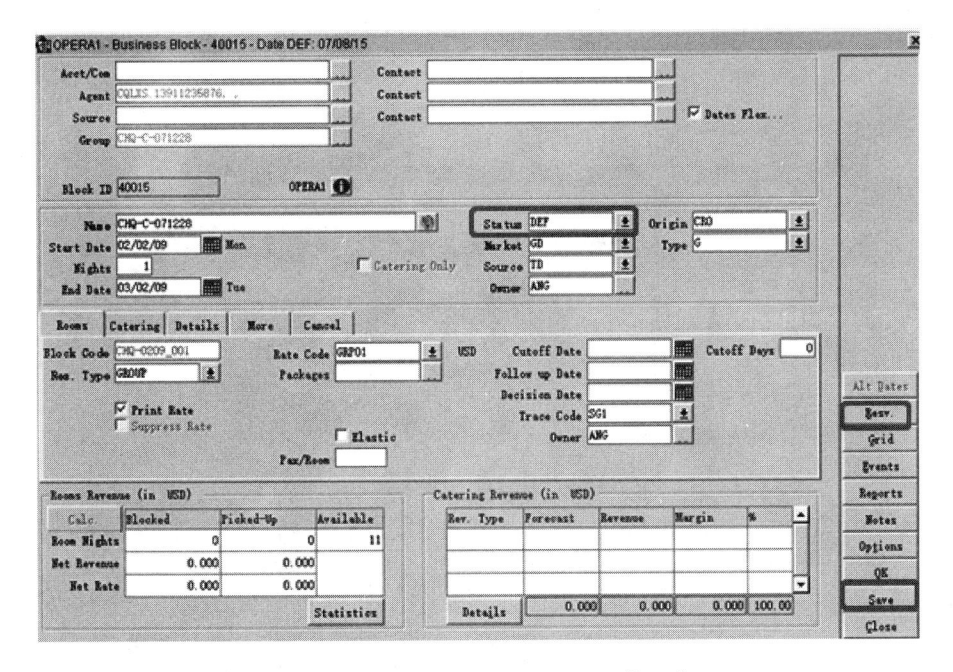

图 3-37　团队（Business Block）第四步

第五步：在图 3-38，点击"预订（Resv.）"，弹出是否建立假房，选择"Yes"按钮，进入团队预订界面。

图 3-38　建立假房界面

第三章 预订（Reservation）模块

第六步：在团队预订界面，点击"团队选项（Group Opt.）"按钮，选择"房间列表（Room Listing）"进行分房（图3-39）。

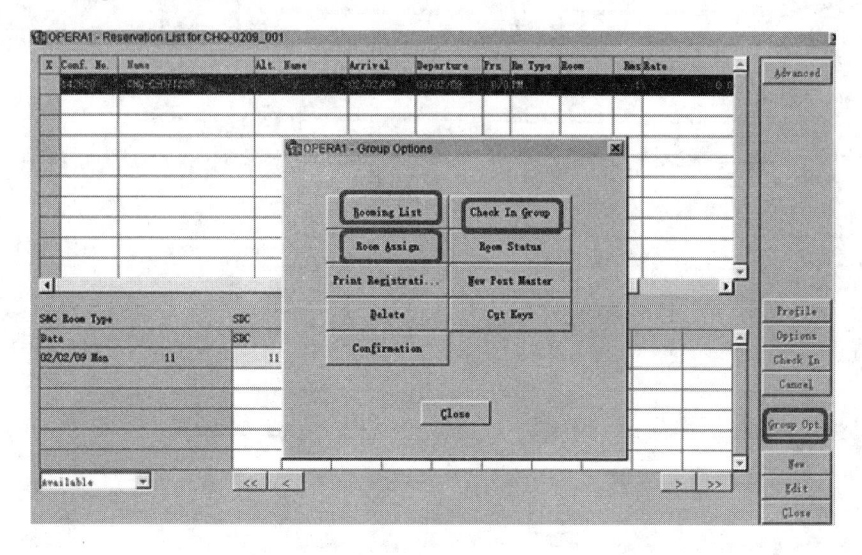

图3-39 预订列表（Reservation List）界面

第七步：进入"团队房间列表（Group Rooming List）"界面后点击"快速分房（Quick Split）"进行分房。分房后，可双击客人的信息条，修改团队客人的姓名、性别等个人信息，并确认付款方式为支票（Check），然后点击"合住（Share）"按钮，确保一间房间住两位客人。在"合住（Share）"时，注意把房费"Entire"到一位客人上（图3-40）。

图3-40 团队房间列表（Group Rooming List）界面

第八步：在图 3-39，进行 P 房，点击"排房（Room Assign）"，进入"排房（Room Assign）"界面，点击"开始（Start）"进行自动"P 房"。由于系统自动排房，同一个团队的客人可能会被分到不同的楼层，这样排房员可以进入到每一位客人的预订界面进行手动排房（图 3-41）。

第九步：把客人的房费转到假房，再把假房的房费转到旅行社。

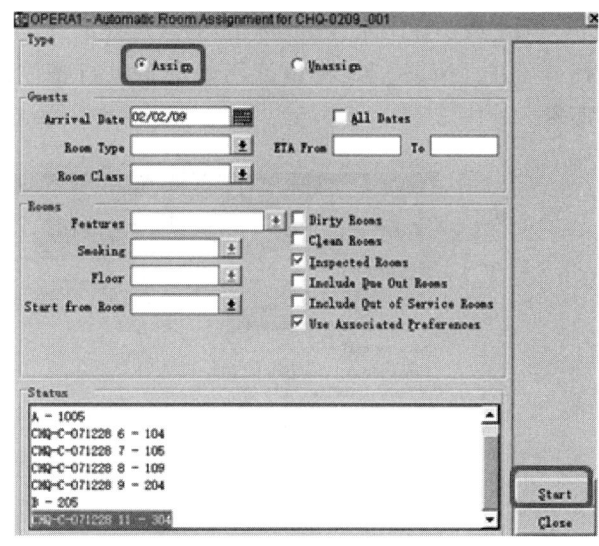

在图 3-39 所示的界面，任意选择一位团队客人的信息条，点击"选项（Options）"按钮，选择"房间抛账（Room Routing）"，在"Route to Room"选择转到该团队的假房，然后在"交易代码（Transaction）"中选择房费代码，点击"OK"按钮即可，如图 3-42 所示。并把此功能应用于所有的团队客人，把团队的所有客人的房费都转到团队的假房上。

图 3-41 自动分房（Automatic Room Assignment）界面

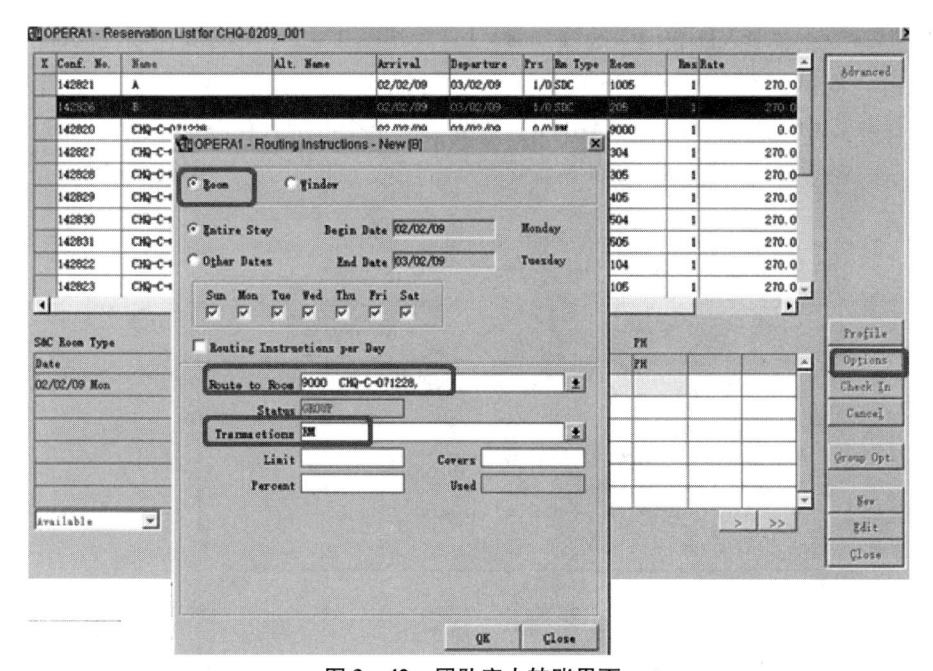

图 3-42 团队客人转账界面

此后还需在假房的"选项（Options）"上选择"转账（Routing）"进行"窗口转账（Windows Routing）"，将假房的账转到公司账上。

第十步：在团队（Business Block）界面（图3－37），点击"选项（Option）"，选择"备注（Notes）"，将预订相关信息进行备注，如团队的餐费要求等，如图3－43所示。

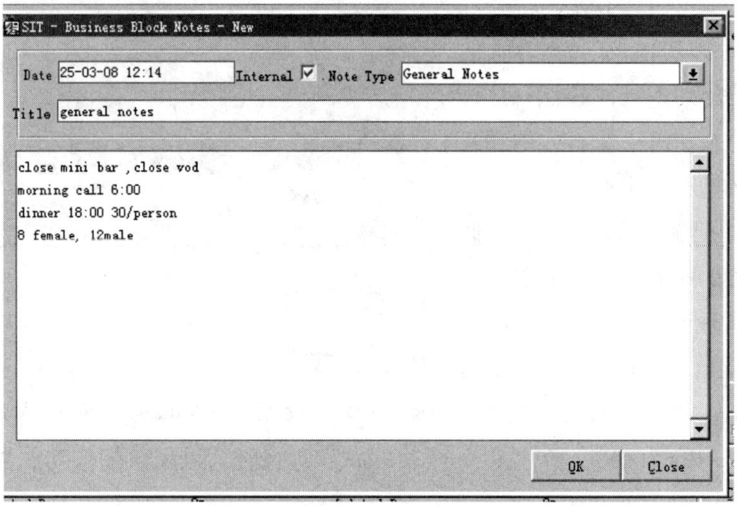

图3－43　团队备注（Business Block Notes）界面

第十一步：办理入住登记手续（Check In）。在图3－39，"团队选项（Group Opt）"中，点击"团队入住（Check In Group）"进行操作，如图3－44所示。也可从前台（Front Desk）中选择当天抵店（Arrival）进入，一个个办理入住登记手续（Check In）。

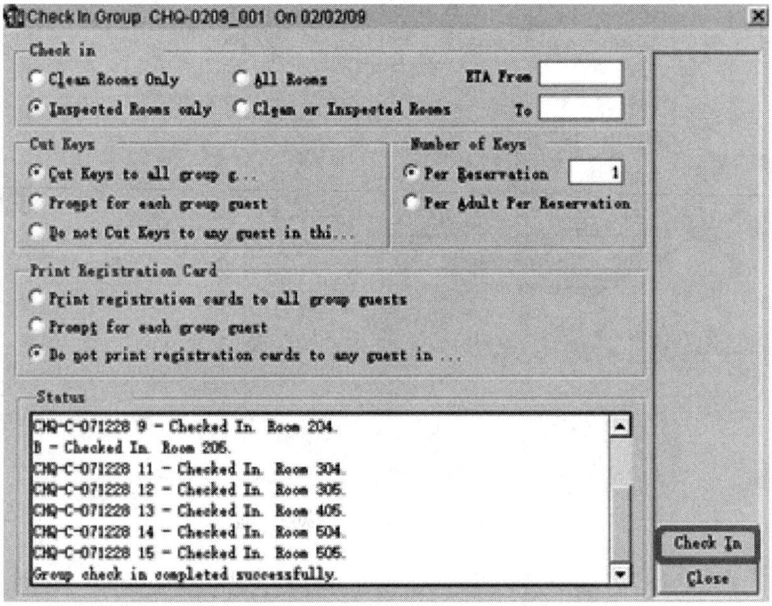

图3－44　团队入住（Check In Group）界面

第十二步：办理结账离店手续（Check Out）。在"收银（Cashiering）"，选择"结账（Billing）"，进入住店客人查询界面，输入团队号，即可找出整个团队，如图3-45所示。然后点击每位客人的信息条，点击右下角的"结账（Check Out）"按钮，如图3-46所示。要先结清客人的房账，团队所有客人的房账转到假房后，最后结假房的房账。

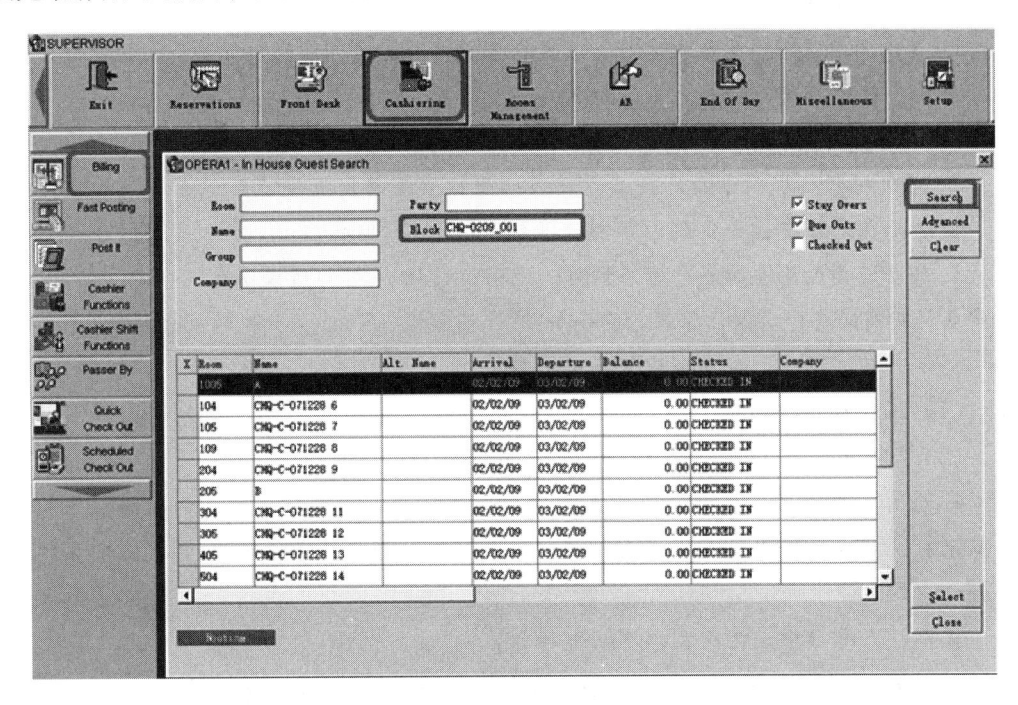

图3-45 团队结账界面

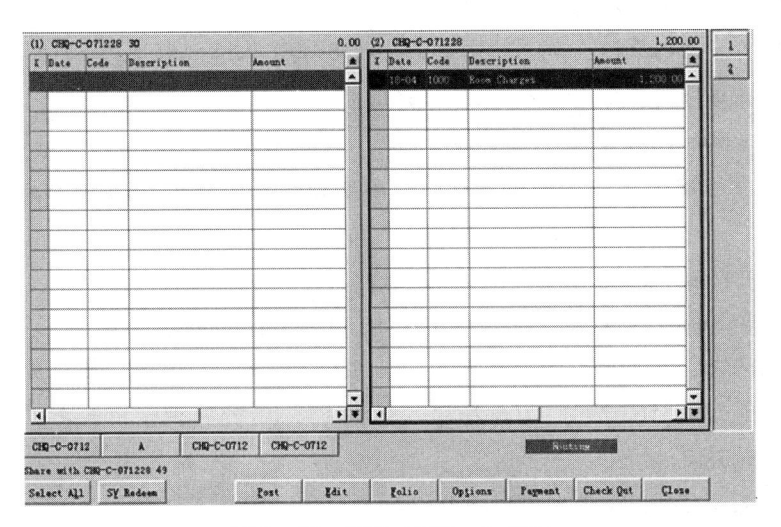

图3-46 结账（Billing）界面

❓ 练习题

一、预订部分

1. 查询酒店下周一豪华大床房、不吸烟房的可用房情况。列出你要用的快捷键。

   提示：在练习中，会用到以下功能按钮：

   （1）Checking Availability　　（2）Rate Query

2. 列出明天酒店承办的宴会名单，并列出你要用的快捷键。

   提示：在练习中，会用到以下功能按钮：Control Panel。

3. 给你喜爱的影星做一个客房预订。他/她以 HP 公司的协议价住三个晚上，HP 公司将支付所有的房费。这位客人需要一个 VCD 播放机（VCD 播放机的租金每晚 20 元）。

   提示：在练习中，会用到以下功能按钮：

   （1）New Reservation　　（2）Negotiated Rates

   （3）Window Routing　　（4）Fixed Charges

4. 为客人建立预订，刘艺小姐来自沈阳，王小尔小姐来自上海，两人同住一间高级双床房，两夜，使用门市价，无担保预订，房费两个人平均分摊，要求显示在各自的预订中。

   提示：在练习中，会用到以下功能按钮：

   （1）New Reservation　　（2）Shares

5. 客人名为刘然先生，在哈尔滨工作，预订一间高级大床房，一晚，使用门市价。客人吸烟，五分钟后，客人又帮同事刘强先生预订了一间高级大床房，一晚，同样使用门市价。两人乘同一航班到达本市，到店时间为 15：00。

   提示：在练习中，会用到以下功能按钮：

   （1）New Reservation　　（2）Add On

6. 总经理批准为一位有特殊贡献的化学家提供免费高级双床房，客人为王知先生，上海人，一个间夜，其他费用自付。

   提示：在练习中，会用到以下功能按钮：

   （1）New Reservation　　（2）Rate Code（Complimentary）　　（3）Comments

7. 为客人唐果小姐预订一间大床房，上海人，一夜，门市价，使用日本 JCB 信用担保预订，卡号为 3568 2901 3106 2677，有效期为 12/15，由于出租率很高，现为客人免费升级到套间。

   提示：在练习中，会用到以下功能按钮：

   （1）New Reservation　　（2）Room Type 与 RTC　　（3）Credit Cards

8. 客人王静如预订一间大床房，香港人，一个间夜，门市价。现为客人升级销售（Upsell）房间到套房。

提示：在练习中，会用到以下功能按钮：

（1）New Reservation　　（2）Room Type 与 RTC

9. Helene Sera 女士来自意大利，欲约请中国的老朋友张一女士等三位朋友一起来本店度周末，时间为下周五到达，周日离开。共需 4 间高级大床房。无担保预订。

提示：在练习中，会用到以下功能按钮：

（1）New Reservation　　（2）Party　　（3）Profile

二、团队部分

1. 给大上海国际旅行社新建一个团队预订。这个团队打算住两个晚上，要10间客房。

提示：在练习中，会用到以下功能按钮：

（1）Block Search　　（2）Block Header　　（3）Block Grid

2. 客人电话预订，使用酒店信息管理系统 Opera 4.0 完成会议团队的预订工作。

资料：

会议名称：上海陆家嘴金融论坛，10人（女性4人，男性6人）

与会者名单：A. 官员　B. 官员　C. 官员　D. 教授　E. 教授　F. 银行行长　G. 行长　H. 行长　I. 教授　G. 官员

房间：3间套房，2间豪华大床间

抵离日期：4月18日入店，4月20日离店

用餐：午餐：海上皇宫，2桌，标准200元/人；晚餐：帝王厅，2桌，标准300元/人

付款方式：会议公司支票结账。

会议公司联系人：张鸣，（手机号：13911235876）

3. 使用酒店信息管理系统 Opera 5.0 完成上述会议团队入住登记手续。

4. 使用酒店信息管理系统 Opera 5.0 完成上述会议团队的结账离房手续。

该会议团队消费项目包括：

房费：套房1200元/天，大床间996元/天，共2天

餐费：18日晚餐，19日午餐和晚餐，20日午餐

会议室：4000元/天，共2天

其他消费：20000元

由会展公司统一结账。

第四章 前台(Front Desk)模块

学习意义 散客是酒店客源的重要组成部分，如何为散客提供优质服务直接关系到酒店的经济效益。通过本章的学习，掌握为散客办理入住登记手续的基本要求，掌握 Opera PMS 中前台部分的功能按键，有助于进一步做好服务工作。

内容概述 本章首先介绍了前台办理入住登记手续的基本步骤，然后详细介绍了前台模块的功能按键。

知识点

知识目标
1. 了解散客入住的操作流程。
2. 理解和掌握前台模块的基本功能。

技能目标
1. 能够搜索即将抵达客人的信息。
2. 能够为有预订或无预订客人办理入住登记手续。
3. 能够为住店客人提供留言、叫醒、换房等服务。

第一节　办理入住登记的基本步骤

上章在为客人办理了预订之后，客人于 2007 年 4 月 22 日抵达酒店，刘红女士到前台登记入住。在为客人办理入住手续时，前台服务员应明确以下步骤：

1. 客人到达时，前台服务员应面带微笑，主动问候。在知道客人姓名后，一定要多次称呼客人姓名，不要再称呼先生/小姐。
2. 根据客人信息，在电脑中查找预订，并将预订内容与客人再次确认房价、房型、抵离日期及付款方式。
3. 根据客人要求与酒店当时可供房情况，选择合适的客房。
4. 将客人证件在公安电脑中扫描，扫描后再输入 Opera 系统。
5. 与客人确认支付方式。若以现金方式支付，押金比例按酒店规定收取。若用信用卡，国外卡可在 Opera 系统中直接刷卡，国内卡需在压卡机上压卡，并请客人签字。
6. 迅速填写房卡及准备钥匙。
7. 向新入住客人介绍电子门锁的使用方法。
8. 若无行李员，客人又携带行李，询问客人是否需要行李服务。
9. 指明电梯方向，并祝宾客入住愉快。
10. 输完电脑后将其中一联插入账夹。

在明确前面的步骤后，让我们来看看在 Opera PMS 系统中是如何做到这些的吧。

前台办理入住登记的基本步骤包括：

第一步：查找客人的预订信息。由于前台接待员一般无权看到"预订（Reservations）"界面，所以只能在"前台（Front Desk）"中查找客人的信息。点击界面左上角的"Arrivals"（可查询当日抵店客人的信息）后即出现如图 4-1 所示的界面，输入客人的姓名或预订号等，点击右上角"搜索（Search）"按钮即可。当输入的查询信息准确无误时，所需查找的客人信息也就显示出来。确认是该客人时，点击该界面右下角的"入住登记单（Reg. Card）"按钮，点击该按钮并打印，核实客人的姓名、抵离店日期、预订的房型、房价、付款方式等。准确无误后，请客人在入住预订单上签字。

第二步：收取定金。点击预订界面右下角"选项（Options）"中的"定金（Deposit）"，之后出现如图 4-2 所示的界面。点击右上角的"新建（New）"按钮，会出现中间的小对话框。将小对话框中的信息填好后，点击"OK"按钮。

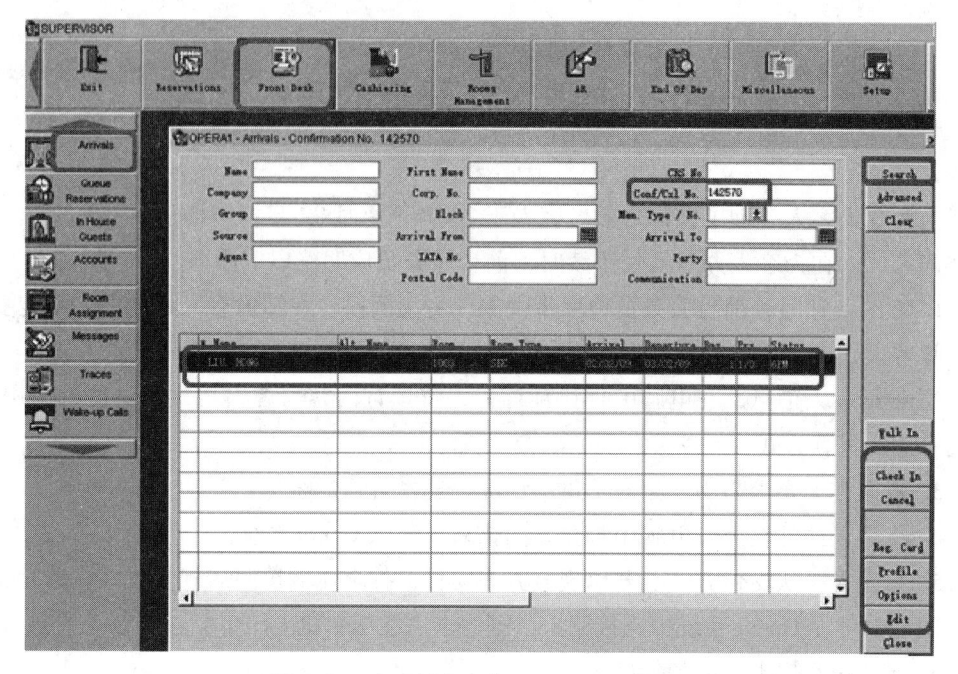

图 4-1　当日抵店客人（Arrivals）界面

图 4-2　定金（Deposit）界面

点击"OK"按钮后即出现如图 4-3 所示的界面。这时在上半部的红框内出现数值，而下半部的红框内无数值显示，表明押金未入账，就需要点击界面右边的"付款（Payment）"按钮。点击"付款（Payment）"按钮后，即出现收银（Cashier）界面，输入密码进入。进入后，即出现输入"Amount（金额）"的对话框。

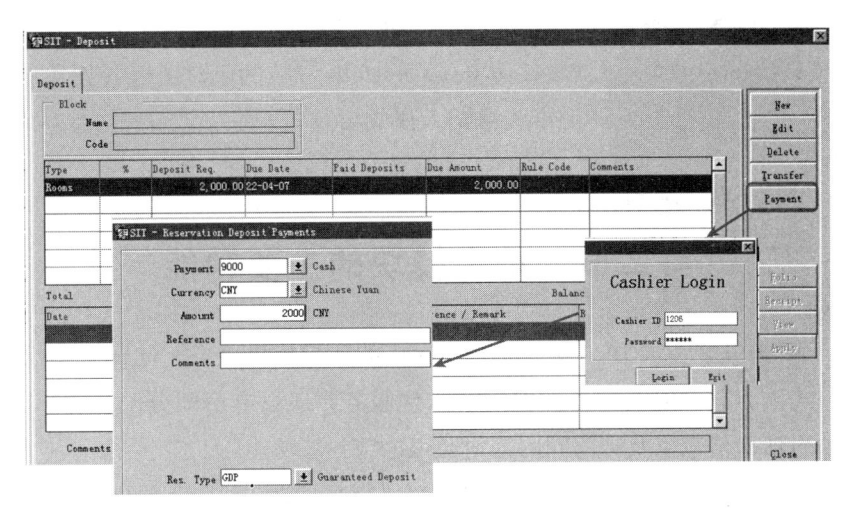

图 4-3　收取定金流程

点击"OK"按钮后即在界面下半部出现数值，点击右边的"查看（View）"按钮可进行预览，点击"收据（Receipt）"按钮可打印押金条。至此，收取定金这一步骤就做好了。

第三步：回到最初的"当日抵店客人（Arrivals）"界面（图4-1），会发现左下角出现红色小方框"定金（Deposit）"即显示客人已付定金，点击"入住（Check In）"后即出现如图4-4所示的界面，此时需要做的就是安排房间。对于已预订的客人，酒店的排房员已经排好房，这时"房间（Room）"一栏会显示房号；对于未预订的客人，若客人选择的房型正好有而且处于干净状态，那么系统会自动显示房号，并在下部显示其他的可用房"（Available Rooms）"；若无干净的空房，则需要根据实际情况具体排房。

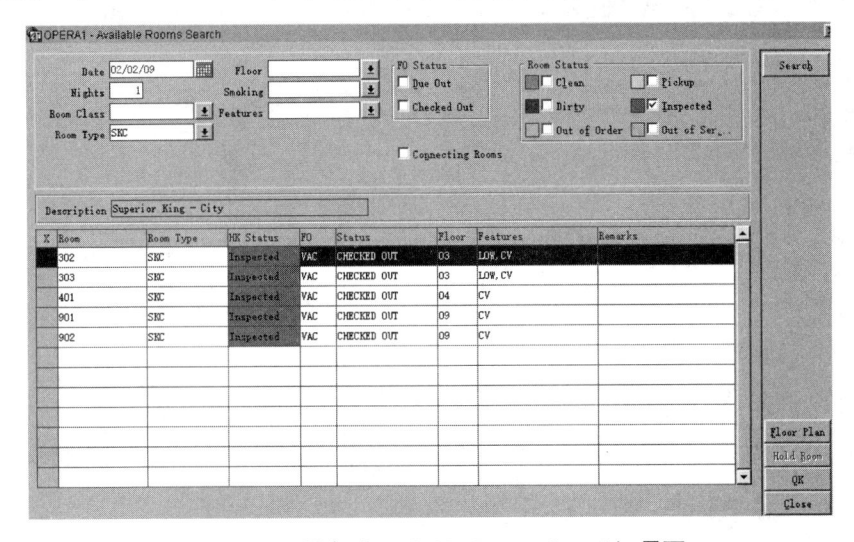

图 4-4　可用房（Available Rooms Search）界面

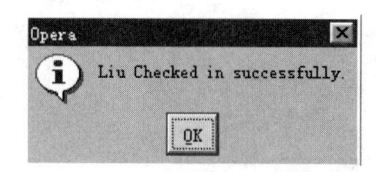

第四章 前台（Front Desk）模块

再点击"OK"按钮，则出现"刘成功入住（Liu Checked in successfully.）"的小对话框（图4-5），这表明客人登记入住成功。

图4-5 "成功入住"对话框

第二节 前台模块的主要功能

Opera PMS中的前台模块为到达的和已入住的客户提供服务。此模块不仅可以处理个人客户、集团客户，以及未预约客户的入住服务，还设有房间分配、客户留言管理、叫醒服务、电话簿信息以及部门间内部沟通跟进服务等功能。

该模块有5个子模块，分别是当日抵达客人（Arrivals）、排队预订（queue Reservations）、住店客人（In House Guests）、客人账户（Accounts）、排房（Room assignment）、留言（Messages）、部门间留言（Traces）、叫醒电话（Wake-up Calls）。

一、当日抵达客人（Arrivals）

这部分的主要功能有查询当日抵店的客人、为当日抵店客人办理登记入住手续、可以编辑当日抵店客人的信息、为没有做预订的直接上门客人办理登记入住手续，如图4-6所示。

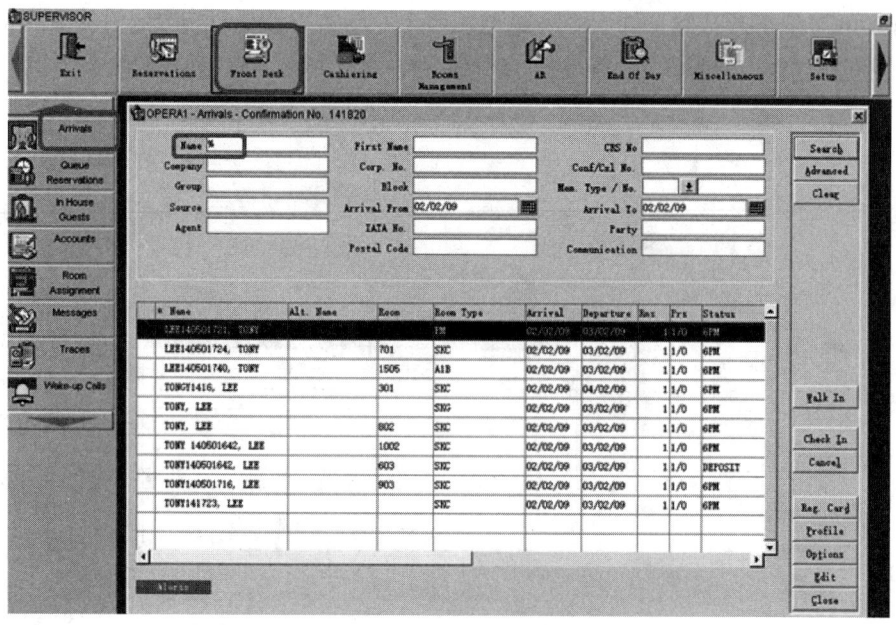

图4-6 当日抵店客人（Arrivals）界面

1. 查询当日抵店的客人

在图 4-6 的"姓（Name）"中输入"%"可查询到当日所有即将抵店的客人。若要查询一位客人，可直接输入客人的姓、名或预订号等进行查找。

查找到客人后，可以点击该界面右下角的一些按钮，如点击"档案（Profile）"按钮就可以查看该客人的客史界面、点击"选项（Options）"按钮就可以直接进入客人预订界面的选项界面、点击"编辑（Edit）"按钮就可以打开客人的预订界面，进行相应操作。

2. 为当日抵店客人办理登记入住手续

（1）办理入住手续

①办理入住手续的基本流程

在查找到抵店的客人后，在该界面的右下角点击"入住登记单（Reg. Card）"按钮并打印，核实客人的姓名、抵离店日期、预订的房型、房价、付款方式等。准确无误后，请客人在入住预订单上确认签字，并发放客房钥匙。

②办理入住手续时的注意事项：

- 在为客人办理入住手续过程中，出于安全的原因，前厅接待员在请客人确认房价和递交房卡时，不应报出房价、房号，这时前台接待员可以在入住登记单上圈出房价、房号等，并示意客人注意。

- 酒店的入住登记单非常重要，汇总了客人所有重要的信息。入住登记单要求客人说明他们打算支付客房或其他的酒店商品和服务的方式，并确认其离店日期和房价。这对酒店的销售和收益管理都十分重要。在入住登记阶段确定了房价可以在离店阶段减少客人可能出现的疑问和账单修改。许多酒店的入住登记单中还包括客人对付款方式的承诺，即出现信用卡或转账失败的情况下，客人个人承担付款责任。因此，打印入住登记单并及时请客人确认签字对酒店来说是非常重要的。

- 识别并落实客人的特殊要求也是入住登记工作的一个组成部分。客人一般会有特殊房型（如连通房）、房间位置（如是否靠近电梯）、窗外景色、床型、吸烟/非吸烟、设备设施、供残疾客人使用的设施等方面的特殊要求。若客人在抵店前，这些要求未得到很好的处理，那么在入住登记阶段，就要想方设法满足客人的需要。在办理入住时，前台接待员应复述客人的特殊要求以确认酒店的安排无误。

- 要注意的是，给同一房间的另一位客人办理入住登记时，可以通过系统很快查到另一位客人。在图 4-7 所示的界面中，点击"Yes"后就可以同样按照上述步骤，打印入住登记单，确认入住信息，请客人确认签字，给客人办理入住手续了。

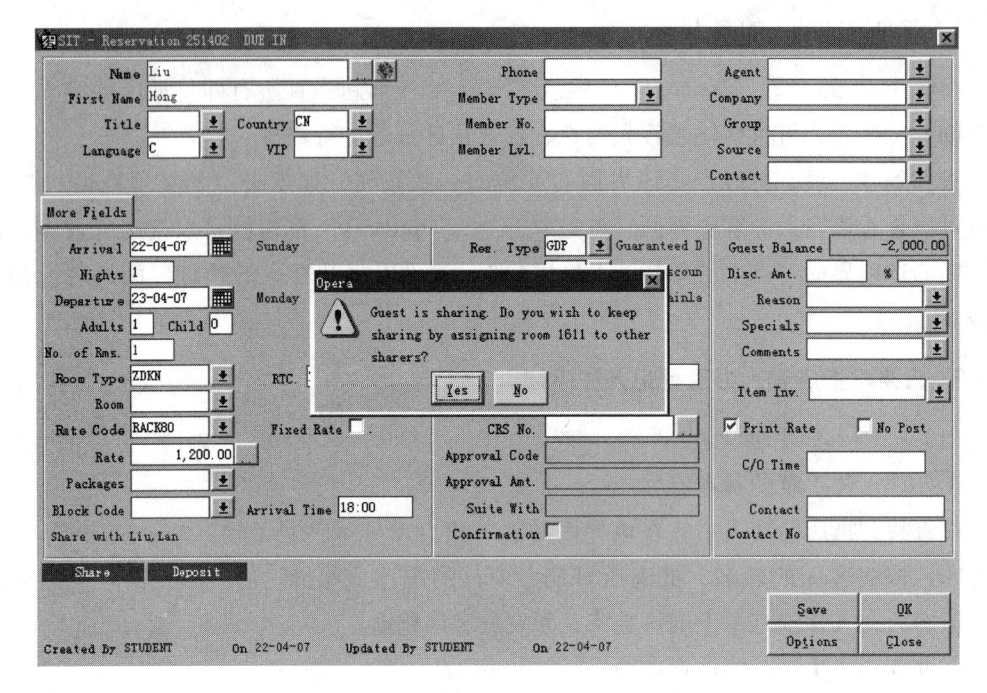

图4-7 预订（Reservation）界面

（2）定金的收法

在图4-2中，"百分比（Percentage）"中输入"100"，则表示按照房价的1倍收取定金；"生效日期（Due Date）"只能填入住之前的日期。一般来说，除重要客人（VIP）及销售部特批的客人外，凡属费用自理的客人都需收取定金。定金的具体收取方式根据各酒店的实际情况而定，有些酒店按房价的1倍乘以住宿天数收取，有些酒店的定金总额按照房费、服务费、税费总和的1.5倍再乘以住宿天数来收取。如果客人用外币当作定金（一般酒店只收美元、日元、港币、欧元），外币定金要放入保险箱，同时在专门登记本上记录币种。

另外，"Deposit"是指抵押金、保证金、定金，所有权暂时仍归债务人，只是交由酒店保管，客人入住时自动转化为"提前付款（Advance）"，放在客账的贷方即支付类下，在特定的条件下（如结账）允许转换为付款。"Prepay"是预付款，所有权直接归酒店，尽管客人尚未享受任何服务。

（3）信用卡的使用

与处理其他付款方式一样，在前厅账务流程中仔细检验信用卡的授权和真伪是很重要的。前厅部通常都会专门制定和受理信用卡的一整套步骤。另外，信用卡公司也常有明确的有关交易结算的要求。

①在接受信用卡授权时的主要流程：
- 每日早班必须按时调整信用卡手工刷卡机上的日期。
- 员工在接受客人信用卡时应该检查持卡人姓名和有效期。信用卡的有效期非常重要。由于信用卡公司不会要求持过期信用卡的客人偿付账款的，所以酒店若不小心接受了一张失效的信用卡，就可能收不回客人的消费款。
- 把信用卡压印在登记卡背后，记得检查压印的信用卡是否清晰，同时圈出信用卡的有效期和卡号。
- 尽量在客人完成登记之前取得信用卡在线授权。在线授权有两个好处，一个是可以确认信用卡不在失窃或其他原因造成的失效名单上，另一个是前台接待员可以在机构对信用卡进行在线检查时抽空从事其他服务。
- 授权批准后，终端会自动打印授权，将授权单附在登记卡后面。只有最后一笔的授权号会记录在 EDC 中，在 EDC 打印机故障时可以此为据。

②在接受信用卡授权时的注意事项：
- 对于无效的信用卡，前台接待员要按照前厅部和信用卡公司的程序处理。通常的应对方法是礼貌地请客人换一种付款方式。
- 若客人出示的是失窃的信用卡，前台接待员应立即通知酒店保安部。但是酒店在怀疑客人盗窃或伪造行为时还应十分谨慎，如果弄错，酒店会被起诉。酒店的律师应该对如何处理失效的信用卡提供建议，以防引起法律纠纷。
- 客人在入住预订或登记时提供了有效的信用卡，其信用限额将达到信用卡公司授权的最低限额，这意味着只要消费不超过信用卡公司设定的限额，前厅可以直接记账而不需要再授权。但前厅每天要定期检查住客和非住客账户以确保客账没有超过可以接受的信用限额。

③在 Opera PMS 中做信用卡手工授权步骤如下：

第一步：在预订客人界面中的"付款方式（Payment）"选择要支付的信用卡类型，然后在"信用卡号码（Credit Card No.）"中输入信用卡号，在"信用卡截止期（Exp. Date）"中输入信用卡的有效期，然后点击"选项（Otions）"中的"信用卡（Credit Cards）"，如图 4-8 所示。

第二步：打开"信用卡（Credit Cards）"界面后，会出现"授权（Authorization）"，然后点击"手工（Manual）"，在"手工授权（Manual Authorization）"界面上输入"手工授权金额（Amount Manually Approved）"和"授权码（Approval Code）"，信用卡手工授权就完成了，如图 4-9 所示。

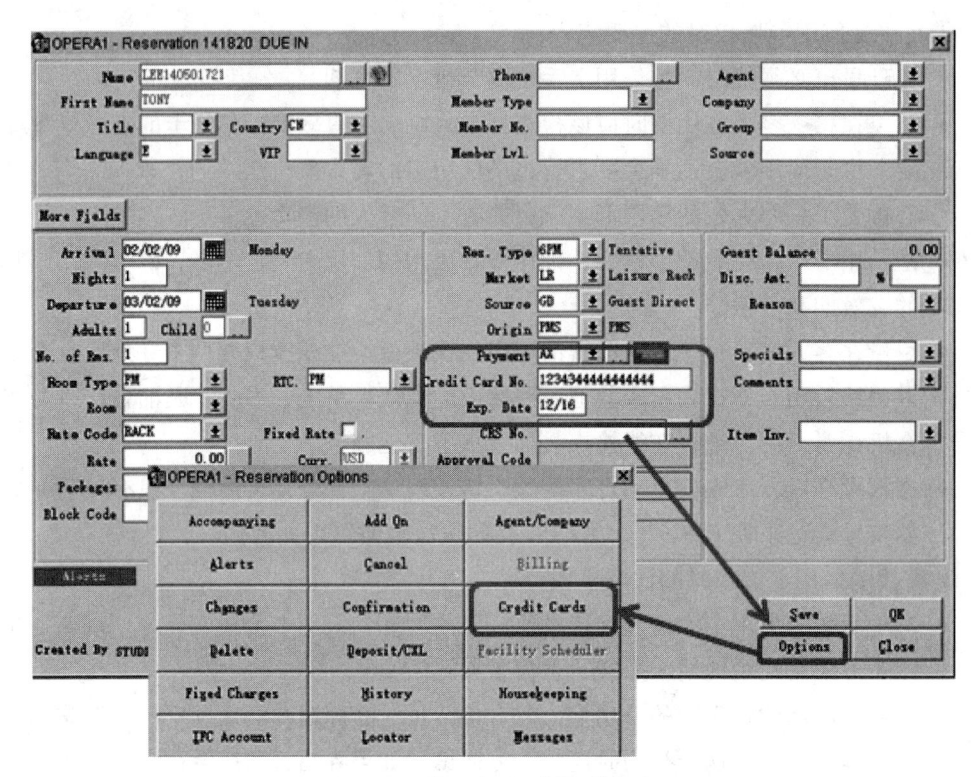

图4-8 信用卡手工授权第一步

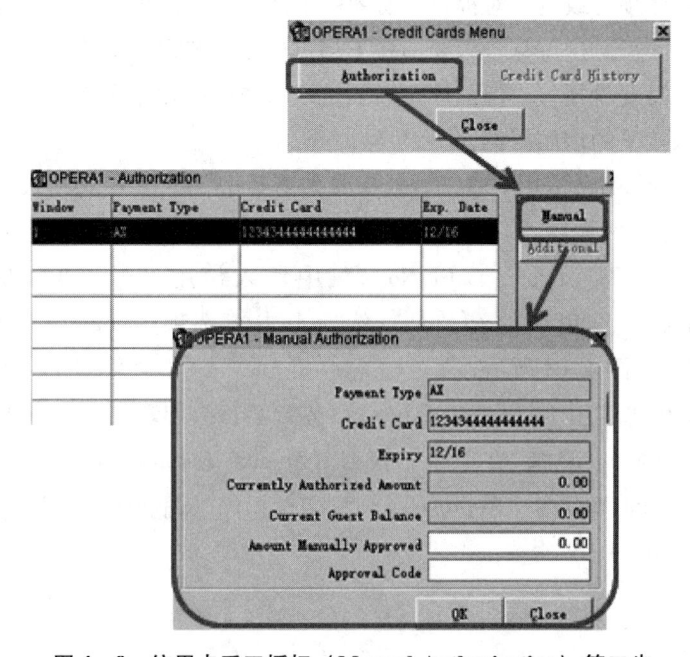

图4-9 信用卡手工授权（Manual Authorization）第二步

(4)"Room Type"和"RTC（Room Type Charged）"

在 Opera PMS 系统中，预订界面上有"Room Type"和"RTC（Room Type Charged）"两个按钮。"Room Type"是指实际入住的房型，"RTC"是指客人实际付费的房型。一般情况下，这两种房型是一致的。但有时也是不一致的。

① 当"RTC"的房价比"Room Type"更高，那么通常被认为是"客房升级销售（Upsell）"，即前台接待员通过向客人介绍客房的价值，使客人入住了房价更高的客房。酒店通常会参考"RTC"的房价，对前台服务员成功推销高价房进行奖励。

前台接待员的工作任务还包括提高客人对酒店产品如客房、设施和服务的接受程度。促销高价房是指预订员和前台接待员设法使客人租用高于标准房价的设施。酒店客房通常由于装修、面积、位置、景色和家具配备的不同，有几种不同类别的价格。有时两间类似的客房门市价相差很大，例如设置完全一样的房间，但由于窗外景色的不同而房价差异很大。前台接待员在面对面接待客人时，可以尝试确定在预订过程中未能确定的客人的真正需要。根据客人的需要来介绍客房的设备、设施，是个绝好的销售机会。例如，度蜜月的客人可能会更愿意付钱得到一间景色好的客房。前厅接待员在有机会介绍高价客房时，先介绍特征和好处，然后再报价。如果客人已订了房，则要介绍高价房与预订房之间的区别；接待门市客是推销的最好机会，如有两类不同的客房，则要两者的特征长处和价格都要介绍。当客人已经预订了一间较低价的房间，而且不想多付费用时，酒店必须按预订时的房价提供客房，不要冒险只介绍高价房而丢失生意。

② 当"Room Type"的房价比"RTC"更高时，常被称作"免费升级（Free Upgrade）"。为客人提供免费的客房升级服务，一般有以下几种情况：

- 提供给酒店非常重要的客人（VIP）或者酒店的"忠诚"客人。
- 提供给有过不愉快住店经历的客人。
- 有时团队协议中会要求免费升级入住更好的客房。
- 当订房时答应客人的某些房型要求，而实际因用房紧张不能满足其要求的情况下，可给予免费升级。

但是，必须明确的是，酒店要严格控制免费升级。为客人提供免费升级服务要有明确的原因，同时必须有相关授权人的签字才有效，例如总经理、销售经理、前厅部经理等。

3. 为门市客办理登记入住手续

门市客是指未做预订而直接抵店要求住宿的客人。在图 4-6 中，右下角的第一个按钮是"门市客（Walk In）"，点击该按钮，即出现空白的预订界面，在该界面上可直接给门市客做预订，然后办理入住。由于酒店员工都有各自的操作权限，前台接待员一般是不能使用预订模块的，所以对一些没有做过预订的客人，就可以使用这个按钮，来完成相关操作。

已客满的酒店没有责任向门市客提供住宿。但是对于门市客来说最不能容忍的是经过长途跋涉后发现酒店客满。遇到这种情况，前台接待员可以建议客人入住在附近的另一家酒店，甚至可以代为安排一家类似的饭店。酒店应有一份当地相同档次的酒店电话单。酒店间相互介绍客源不但有可观的收益，而且能树立信誉。

但当门市客认为自己是订了房间，酒店又客满，情况就会变得复杂起来。这时酒店可以通过请客人出示确认信或用客人姓名的另一种拼写方法重新检查订房资料，或询问客人确切的抵店日期以及是否由他人代为订房等方式来解决问题。如果都不行，那么前厅经理就应请客人到别处（如办公室）向客人解释情况。

二、排队预订（Queue Rush Rooms）

当酒店由于客满或没有足够的已清扫房，则让需要的客人进行排队预订（Queue Rush Rooms），如图 4–10 所示。

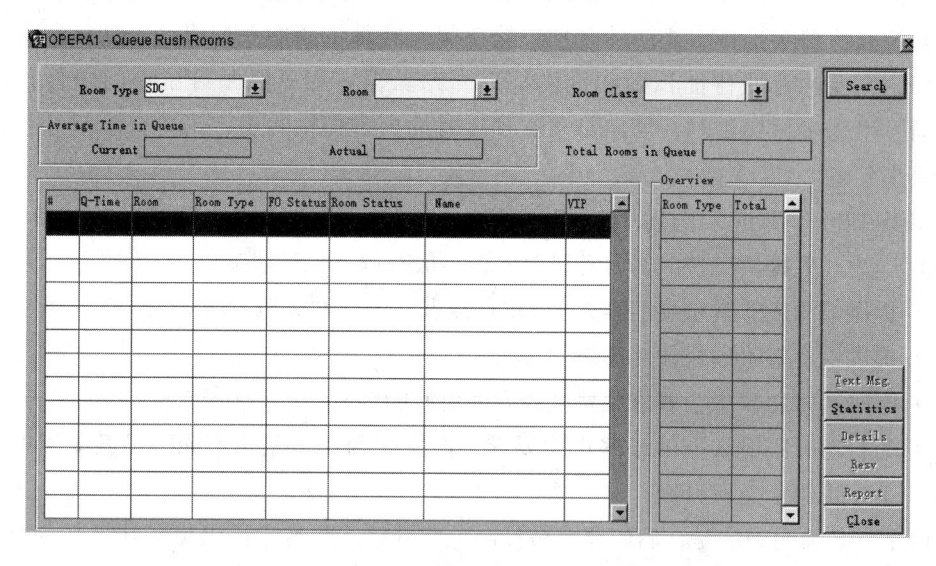

图 4–10　排队预订（Queue Rush Rooms）界面

三、住店客人（In House Guests）

住店客人一般会有换房、借用物品、要求免打扰等特殊服务。

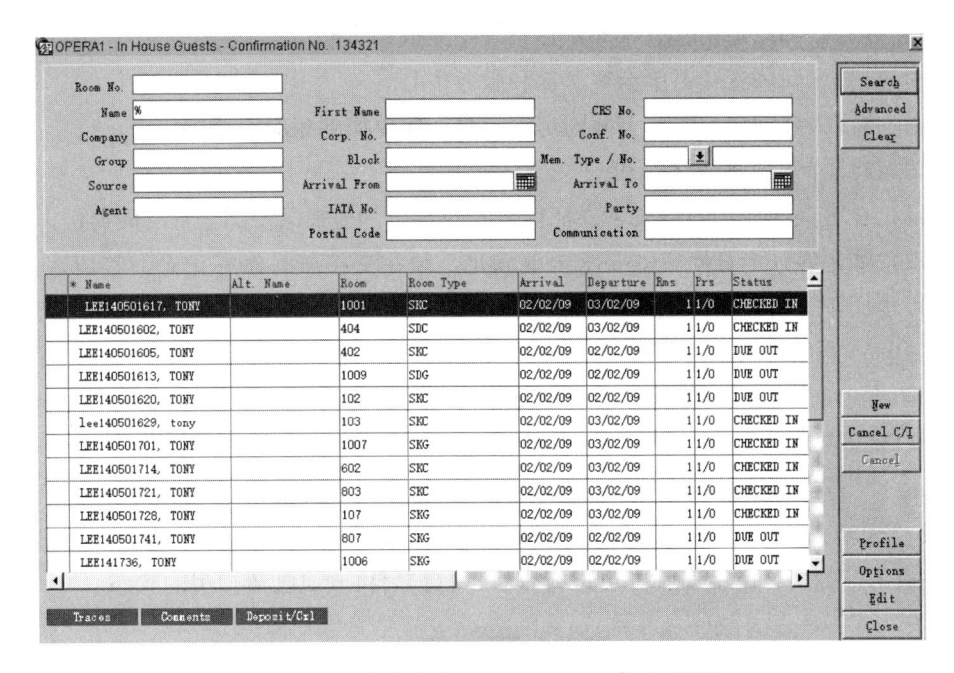

图 4-11　住店客人（In House Guests）界面

1. 查询住店客人

查询住店客人，可以在快捷键 Dashboard，也可以到主界面前台（Front Desk）的住店客人（In House Guests）界面输入客人的房间号或客人姓名进行查询（图 4-11）。为保证客人的安全和隐私，前台员工不得向店外客人泄露客人的房间号码。

2. 换房

住店客人在进入客房后，若对客房不满意，可以要求换房。前台接待员的具体操作步骤如下：

（1）当客人到前台要求换房时，前台接待员必须了解客人换房的原因。

（2）当有必要为客人换房时，必须让客人了解具体的安排。

（3）为客人换房要选择离现在房间较近的房间，保证客人对新选房间满意。

（4）要主动询问客人是否需要行李员协助，若需要的话请客人在房间内等候，同时通知行李员协助。

（5）按客人要求选定新房间。

（6）由前台准备房间信息变更单和新钥匙，在礼宾部的帮助下送至客人房间。如果发生房价差异，一定要在电脑中更改房价，并在电脑备注栏中注明何时从何房价变为何房价。

(7) 在礼宾部取走钥匙后，即刻在系统中完成换房操作。

(8) 分发房间信息变更单至客房部和服务中心。

(9) 将客人登记卡和账单等并同房间信息变更单换到相应账单夹内。

(10) 将房间信息变更单存档。

(11) 在客人不在场的情况下，征得客人同意后，通知保安部全程陪同换房。

(12) 如果客人当日换房的要求未能满足，须在交接班时做好记录，答应客人次日换房的，须事先预留客人所选房型的房间，到换房日主动与客人联系，办理换房手续。

在 Opera 系统换房间可以通过"选项（Options）"中的"换房（Room Move）"来操作。如图 4-12 所示，点击换房后，即出现"可用房查询（Available Room Search）"界面，可以在该界面中通过选择"房间等级（Room Class）""楼层（Floor）""是否吸烟（Smoking）"等选项搜索所需要的房间。换房成功后，系统会提示之前的住房房态是否要改成"未清扫房（Dirty）"或"已清扫房（Clean）"。这间房间无论客人用过与否，都要改成未清扫房，由客房服务员进行查看、打扫后再改成已清扫房的状态。

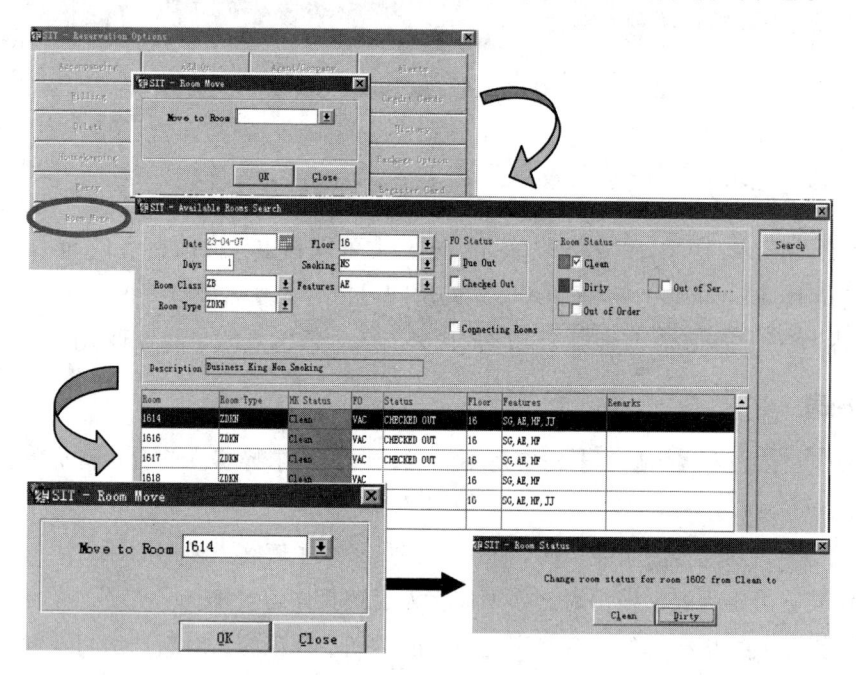

图 4-12 换房操作流程

3. 借用物品

可使用"库存物品（Item Inventory）"或"包价（Packages）"帮助客人借用物品，如羽绒被、碟片机、剪刀等，如图 4-13 所示。

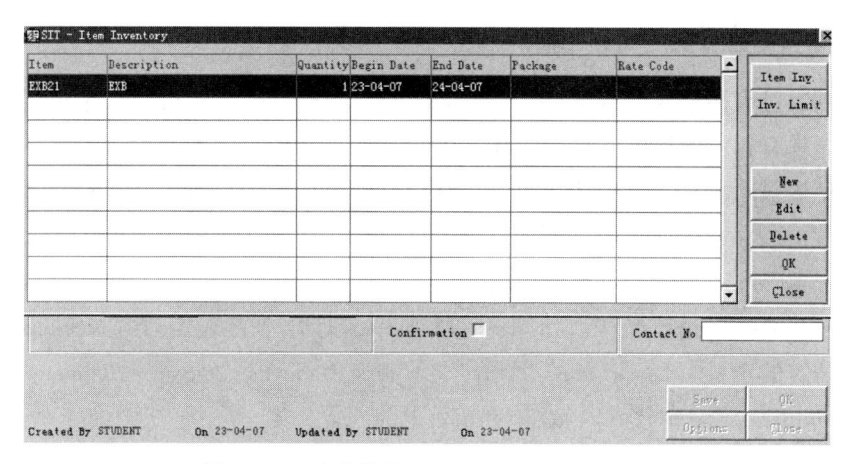

图 4-13 库存物品（Item Inventory）界面

4. 免打扰/定位服务（Locators）

住店客人经常会有些特殊要求，比如从入住到离店不接听任何外线电话，或者上午 10：00～11：00 在大堂吧喝咖啡，若这段时间有店外客人找，则请告知客人去大堂吧或电话转接到大堂吧。这时，在系统中可以通过住店客人的界面上右下角"选项（Options）"中的"定位服务（Locators）"进行操作。如图 4-14 所示，打开"定位服务（Locators）"界面后，点击右下角的"新建（New）"按钮，填入时间和具体内容（Location Text）即可。

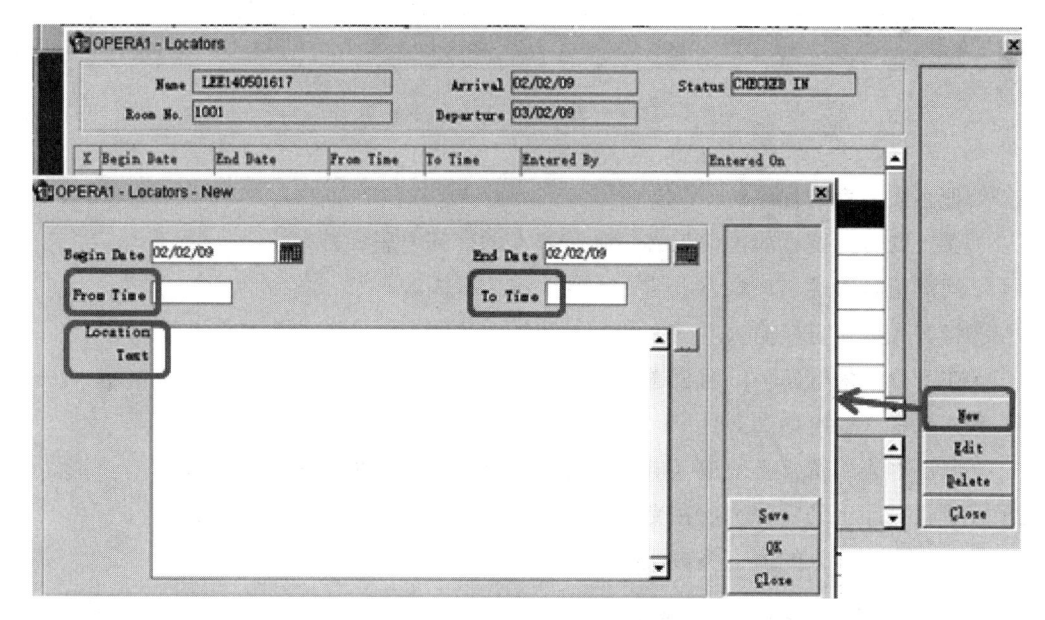

图 4-14 定位服务（Locators）界面

5. 给客人留言服务（Messages）

酒店可通过直接客人留言（Messages）帮助客人解决问题。接待人员可以给客人发送消息，如果有相应的接口，客人所在客房的电话上会显示消息指示灯，或者电视显示屏幕上会直接显示消息。酒店礼宾部也会直接打印出客人的留言，装进信封，送到酒店的客房。

在 Opera PMS 系统中，可点击住店客人的界面右下角"选项（Options）"中的"客人留言（Message）"进行操作。如图 4-15 所示，打开"客人留言（Messages）"界面后，填写访客的"姓（Last Name）"和"名（First Name）""公司（Company）""电话号码（Phone No.）""称呼（Title）"和留言的正文。

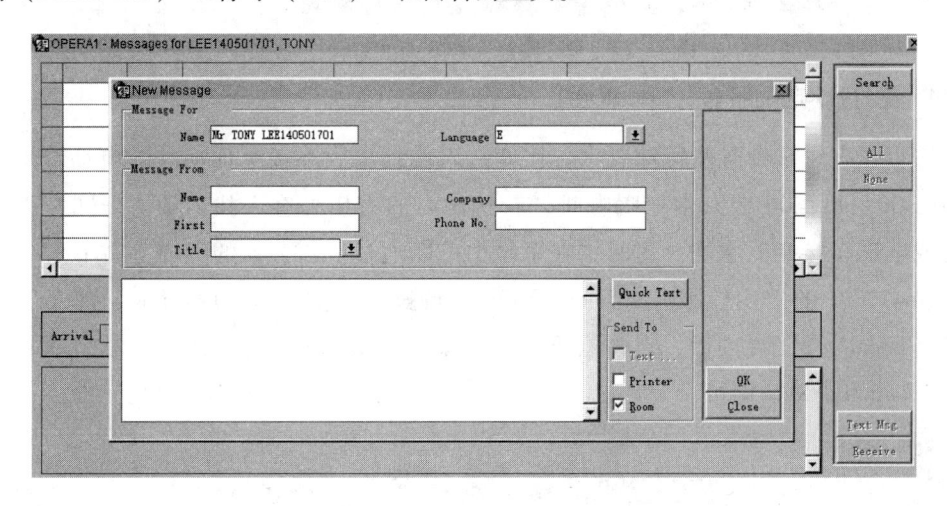

图 4-15 客人留言（Messages）界面

处理客人留言的程序：

①在接受客人留言前，员工必须确认客人的房间号码和姓名。

②问清留言人姓名、联系电话，重复一遍留言内容。

③将客人留言直接输入电脑，涉及时间的要注明上午、下午及具体地址。

④在 5 分钟内打印一份留言送到客房。

⑤如果客人打电话到前台询问留言内容，员工要立刻重复留言内容。

⑥预订客人的留言必须输入电脑并打印出来，打印出的留言与预订单订在一起。如无预订单，打印出的留言则放在交接班本内，次日由主管负责送交预抵客人。

⑦预订未到客人的留言将被放在指定的文件里保存 15 天。

6. 部门间留言服务（Traces）

酒店可通过酒店部门间留言（Traces）帮助客人解决问题。部门间留言（Traces）

和消息类似，通常作为酒店内部使用的留言方式，告诉本部门或其他部门的同事需要做什么。

在 Opera PMS 系统中，可点击住店客人的界面右下角"选项（Options）"中的"部门间的留言（Traces）"进行操作。如图 4-16 所示，打开"部门间留言（Traces）"，就可以查看部门内部的留言，也可以点击右下角"新建（New）"，新建一个留言。点击右下角"已解决（Resolve）"，表示该事项已经处理完毕。

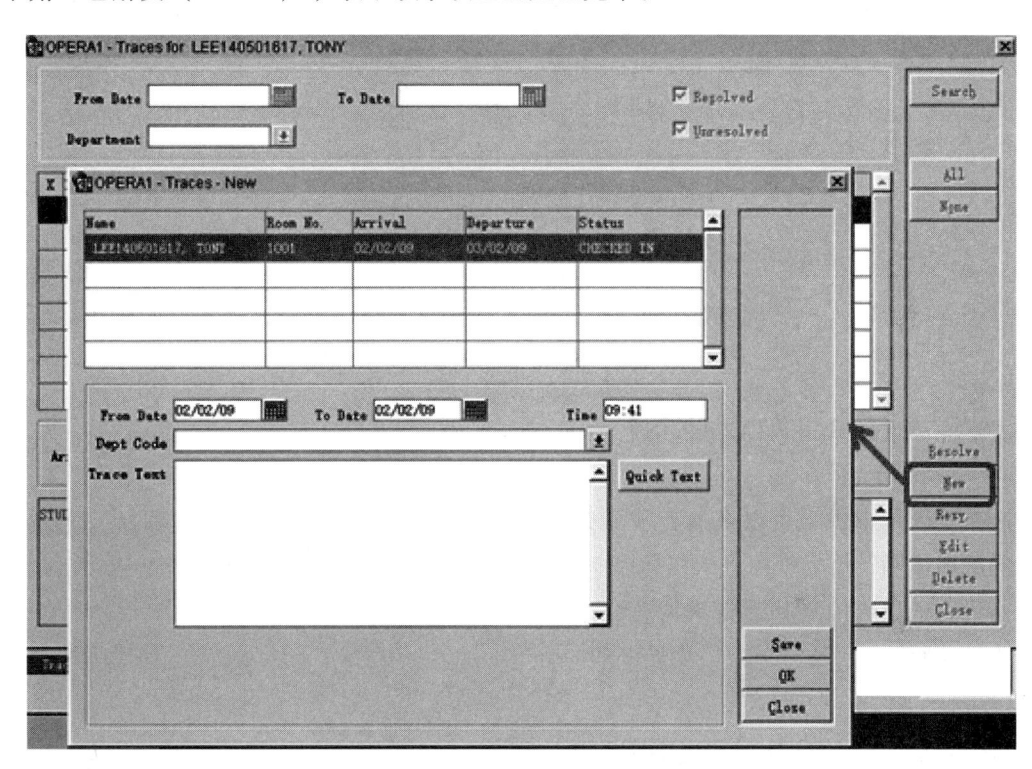

图 4-16　部门间留言（Traces）界面

7. 固定费用（Fixed Charges）

固定费用（Fixed Charges）是指客人住店期间每个固定周期（例如每晚等）都发生的一些费用（例如停车费、加床费等），在夜审时会自动记入客人的账单。

在 Opera PMS 系统中，可直接点击住店客人的界面右下角"选项（Options）"的"固定费用（Fixed Charges）"，再点击"新建（New）"，会出现如图 4-17 所示的界面。在该界面上，可以选择客人在住店期间每个固定周期发生的费用，如每日的停车费，可在"交易代码（Trn. Code）"中选择停车费的代码，在"金额（Amount）"中输入应缴纳的费用，这样固定费用就做好了。

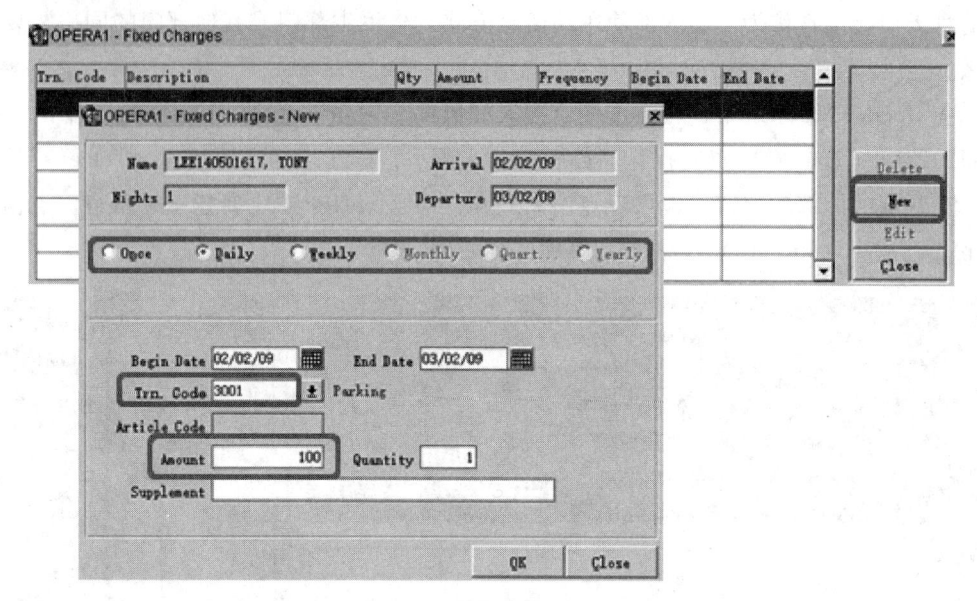

图 4-17　固定费用（Fixed Charges）界面

四、客人账户（Accounts）

在客人账户中，可以快速查找到某位客人的抵离日期、市场来源、入住房型、房号、价格代码、市场代码和预订来源等信息，如图 4-18 所示。

五、排房（Room Assignment）

把客人对客房的偏好与可供出租的客房相匹配的过程称为排房，即将特定客房预留给特定客人的过程。根据预订信息，在客人抵达前可以预先按要求进行排房和确定房价的工作。

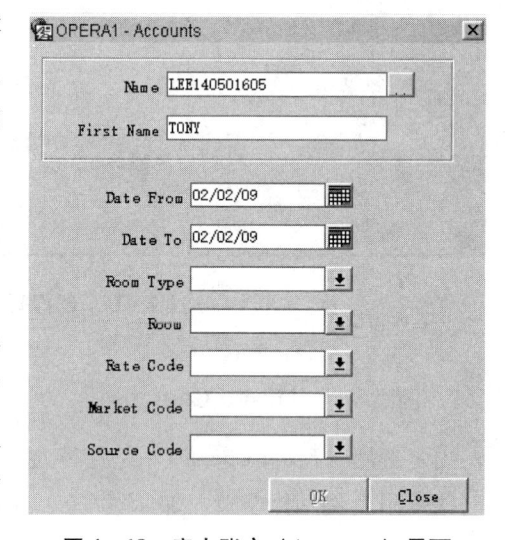

图 4-18　客人账户（Accounts）界面

1. 预先排房工作的好处

（1）可以预测可租房状态，能使经理们掌握酒店在以后的哪几天会满房。为了准确地利用客房，有必要使预订管理软件只接受住一晚或两晚的客房预订，以便与一两天后的预留房数相吻合。由于事先的这种安排，预留的客房就能保证接待届时抵店的客人。

有些酒店在这一过程中不时地严密监控客房，以确保客人所订的房间不会落空。

（2）选择适当的客房来满足客人的需求，这对于客人满意度的提升起到了很大的作用。每天安排这些客房的工作可能会落在前厅接待员即排房员身上。排房员会查看抵店报告，并将其与酒店客房存量相比较。排房员必须考虑到客人的客房偏好、预订抵达时间以及客人的某些特殊要求，例如在客房中放置婴儿床和滚移式折叠帆布床。为了事先把这些服务安排好，前厅部排好房后，要将排房结果和要求通知有关部门，特别是客房部。排房同时适用于散客和团队客人。

2. 排房的注意事项

排房时，前台接待员必须了解各种房型的特征。现在酒店客房的差别主要在于所配备的家具、客用品和所处的位置。前台接待员必须熟悉客房类型间的差异，并能通过电脑系统查找每间客房的房价类型、最新的出租率状况、家具设施、客房位置以及客用品种类，以求最大限度地满足客人的要求。Opera PMS 系统内储存了每间客房的有关资料，如类型、价格、配备的床型以及其他相关信息。同时还能以图表方式一目了然地提供各种客房信息，比如：连通房、客房的特征和配备以及客房的位置等。

3. 人工排房、自动排房的系统操作

在 Opera PMS 系统中，排房可以分为人工排房和系统自动排房。在"前台（Front Desk）"模块中打开"排房（Room Assignment）"，如图 4 – 19 所示。

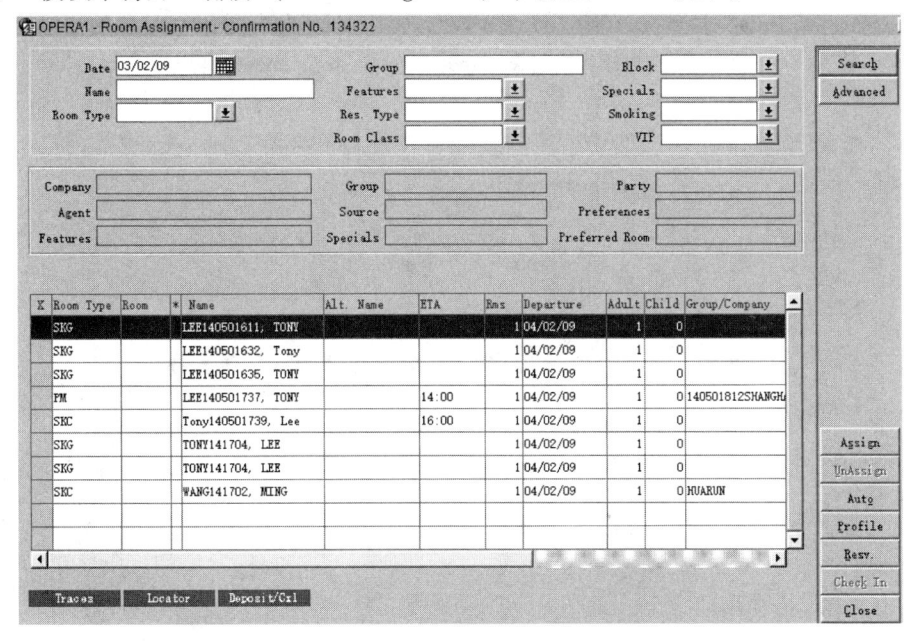

图 4 – 19　排房（Room Assignment）界面

第四章 前台（Front Desk）模块

在图 4-19 中，若点击右下角"自动排房（Auto）"按钮，则可以根据条件自动为一批客人安排房号或取消房号，即系统自动排房，如图 4-20 所示。若点击右下角"排房（Assign）"按钮，就可以为客人开始分配房号，如图 4-21 所示。若选中已分配房号的客人，点击右下角"取消排房（Unassign）"按钮，则表示为客人取消预先分配的房号。

图 4-20 自动排房（Automatic Room Assignment）界面

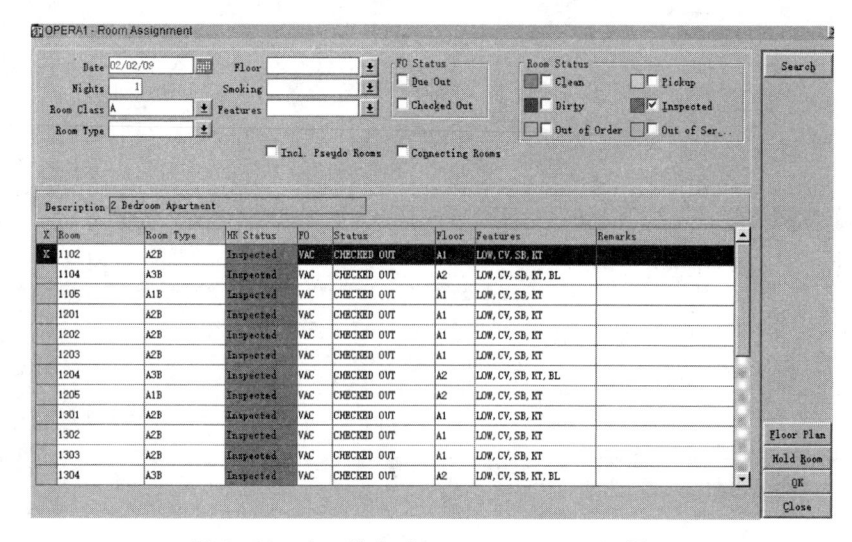

图 4-21 人工排房（Room Assignment）界面

4. 人工排房中保留房间的功能

在图4-21界面中，还有"保留房间（Hold Room）"的功能。在 Opera PMS 系统中，后台系统中设置保留时间可以从1分钟至1440分钟。若某房间处于保留状态，那么除了设置该保留的员工，其他员工都无权使用该房间（除非有特别的许可）。当该房间过了预留时间，就自动解除了保留状态。当该房间的客人入住后，即使未过保留时间，系统也会自动解除保留时间。

这个房间的保留时间功能很重要，特别是要为重要客人预留房间。如果由于某种原因预留的房间不准确或不小心没做预留，信息就会出现偏差或产生用房冲突。例如，前台给一位门市客安排了一间客房，住两晚。但是这间房偏偏是预留给次日抵店的客人，而这位前台接待员并不知晓，当次日客人入住时就会出现排房的问题。而 Opera PMS 中的房间保留功能会有助于减少类似的订房错误，系统可以设定禁止前台接待员选择已做预留处理的客房安排给其他抵店的客人。在图4-22中，"保留原因（Hold Reason）"中可以按照系统代码选择所需保留的时间，"评论（Comment）"中可以注明哪位员工保留该房间的原因。

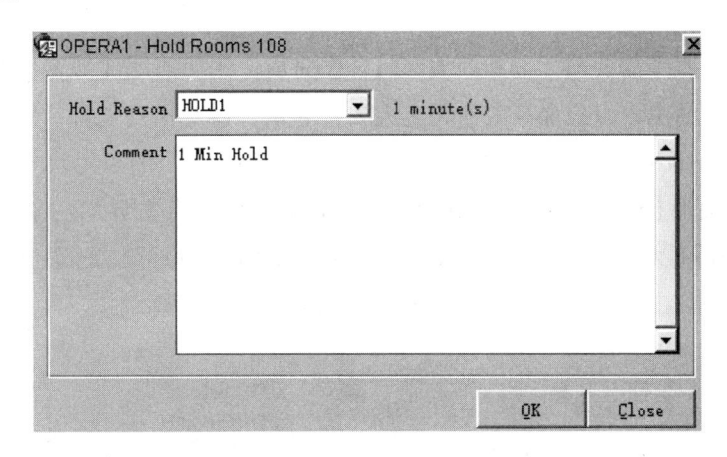

图4-22 保留房（Hold Rooms）界面

六、留言（Messages）

这部分的留言和本节第二部分提到的留言略有不同。这部分的留言功能是可以查询给所有客人的留言，若客人收到留言，就可以点击右下角的"收到（Receive）"，还可以"打印（Print）""新建（New）""编辑（Edit）""删除（Delete）"给客人的留言，如图4-23所示。

图 4-23　客人留言（Messages）界面

七、部门间留言（Traces）

酒店的许多服务需要前厅部和其他部门合作完成，例如前厅部与客房部之间必须互相通知房态变更情况，以确保高效地为客人安排客房，避免出现混乱。在 Opera PMS 系统中"前台（Front Desk）"模块中"部门间留言（Traces）"的子模块中可以看到所有住店客人的相关消息，如图 4-24 所示。若已解决，可以点击界面右下角的"已解决（Resolve）"，还可以为某位客人"新建（New）""编辑（Edit）""删除（Delete）"部门间留言，也可以点击"预订（Resv.）"打开某位客人的预订界面。

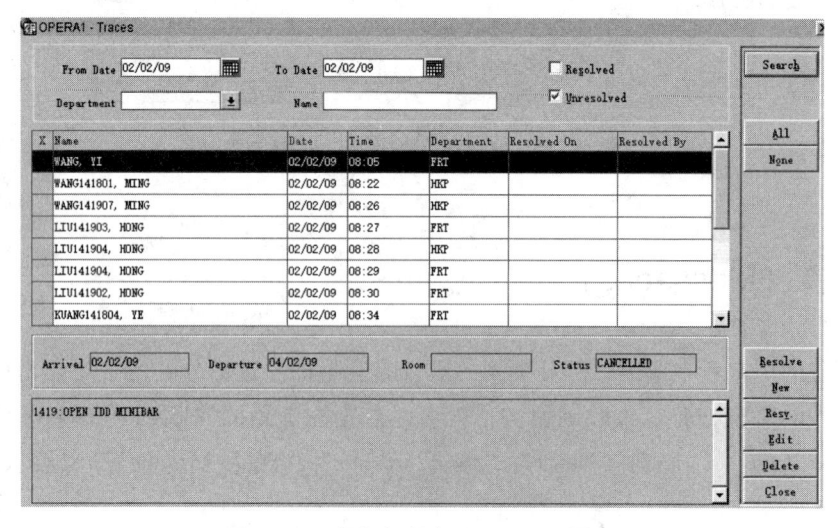

图 4-24　部门间留言（Traces）界面

八、唤醒电话（Wake – up Calls）

住店客人可能会由于睡过头而错过一个重要约会、一次航班或耽误外出的出发时间，所以前台接待员要小心处理客人唤醒的要求。前台接待员可以在 Opera PMS 系统中"前台（Front Desk）"模块中"唤醒电话（Wake – up Calls）"子模块中设置客人唤醒的要求，及时提供唤醒服务，如图 4 – 25 所示。

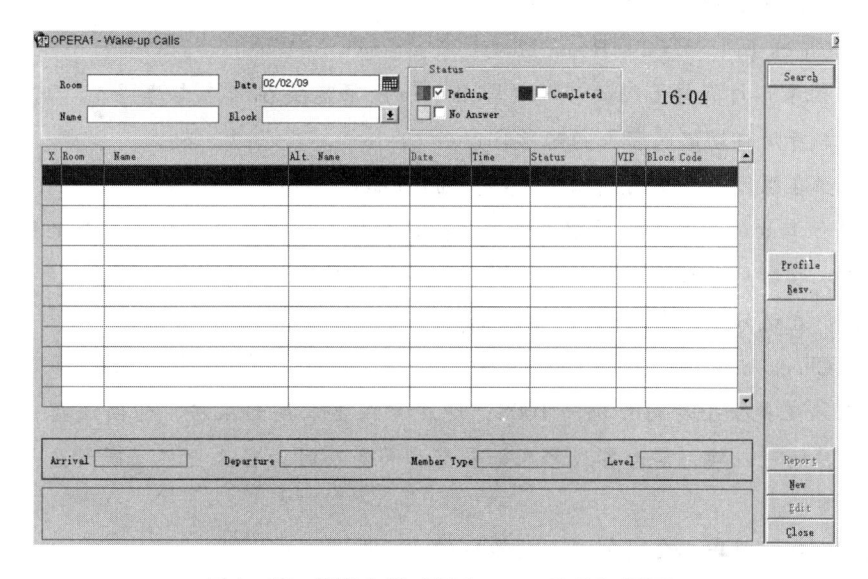

图 4 – 25　换醒电话（Wake – up Calls）界面

练习题

1. 给你自己做入住登记，分配一个非吸烟房，并使用中国长城卡（1234123412341234，有效期至 12 月 31 日，授权号为 347928，授权金额：1000 元）作为付款方式。

提示：在练习中，会用到以下功能按钮：

（1）Arrivals Search　　（2）Check In　　（3）Credit Cards

2. 以刘畅的名字做一个预订，2 个间夜，标准间，客人的朋友特意送来 1000 元担保金，防止预订被取消。之后客人到店后发现自己的现金不足，改为使用信用卡预授权担保，将现金退回。信用卡使用维萨卡，卡号为：4443 3992 4344 3331，有效期为：06/20，授权号为：342157，授权金额：1000 元。

提示：在练习中，会用到以下功能按钮：

（1）Arrivals Search　　（2）Deposit

（3）Credit Cards　　（4）Check In

3. 给你的好友做入住登记，然后安排一个房间，使用现金作为支付方式给客人办理入住登记手续。入住几分钟后，客人返回前台，不喜欢所分配的房间，认为离电梯太近，要求换到离电梯较远的房间。

提示：在练习中，会用到以下功能按钮：

（1）Check In　　（2）Room Move

4. 一位未预订直接上门的客人（Walk-In）每晚要在酒店车库停车。建立账单，可以把这笔费用自动记入客人的账单。

提示：在练习中，会用到以下功能按钮：Fixed Charges。

5. 给你喜欢的影星和他的朋友做入住登记。但是入住几分钟后，影星的朋友返回前台，要求和影星分房住。

提示：在练习中，会用到以下功能按钮：

（1）Check In　　（2）Room Share

6. 客人王艳女士房间号码为1008，现在客人要求换大床房，但因酒店出租率很高，没有房间可以换，前台答应客人如果有房间会及时为客人更换，同时告知前台所有工作人员。

提示：在练习中，会用到以下功能按钮：

（1）Arrivals Search　　（2）Traces

7. 客人王大明先生入住时向前台借用了订书机，房间号码1006，客人说在离店时会归还，请当班同事提醒办理离店手续的员工留意。

提示：在练习中，会用到以下功能按钮：

（1）Arrivals Search　　（2）Item Inventory　　（3）Traces

8. 店外客人杨女士致电酒店前台，要求转接在店客人2002房间的王超先生，但是客人不在房间。杨女士为其留言，留下手机号码为159×××××××。

提示：在练习中，会用到以下功能按钮：

（1）Arrivals Search　　（2）Message

收银（Cashiering）模块和夜审（End Of Day）模块

第五章

学习意义 结账离店是对客全过程最后阶段的一部分。如果结账时，前台服务员不能提供完美、准确、友好和快捷的服务，那么客人将忘记酒店员工之前所有的礼貌服务和辛勤工作。因此如何为客人提供优质的结账服务直接关系到酒店的经济效益。通过本章的学习，掌握为客人办理结账手续的基本要求，掌握 Opera PMS 中收银部分的功能按键，了解夜审对于酒店管理的重要意义，有助于进一步做好服务工作。

内容概述 本章在收银模块介绍了在前台为客人办理结账手续的基本步骤，然后详细介绍了收银模块的功能按键。在夜审模块，主要介绍了夜审的概念和流程。

知识点

知识目标

1. 了解为客人结账的操作流程。
2. 理解和掌握收银模块的基本功能。
3. 掌握夜审的含义。

技能目标

1. 搜索即将离店客人的账单。
2. 为住店客人准确输入账单。
3. 能够为住店客人提供结账服务。
4. 掌握夜审的流程。
5. 能打印夜审报表。

第五章 收银（Cashiering）模块和夜审（End Of Day）模块

第一节 结账的基本手续

住了一晚后，刘红女士在 2007 年 4 月 23 日就离开酒店了，于是到前台办理结账离店手续。前台收银员在为客人办理结账离店手续时应明确以下步骤：

（1）向客人微笑并主动问好，询问是否结账，确认客人姓名、房号，收回房卡。

（2）立即致电服务中心要求查房。

（3）询问客人是否有其他消费，如客房小酒吧（Mini-bar）等后，打印最新账单给客人。

（4）接待员要确认客人的付账方式与预订是否相同，请客人确认账单并签字。如果客人对付账方式或账单有异议，请大堂副理出面解决。

（5）出示账单的同时称呼客人姓名，保证将账单给正确的客人。询问客人是否需要开发票。发票上必须填入结账客人的房号及账单号码，以便结账后客人再来查询。

（6）将客人付账方式和金额输入电脑，打印余额为零的账单装入结账信封双手交给客人。如果酒店安排了客人送机服务，必须保证送机费用已经入账。

（7）感谢客人光临酒店，并预祝客人旅途愉快。希望客人再次光临本店。

（8）按照不同的付账方式将客人账单连同其他单据（如客人信用卡单等）订在一起。

（9）最后制作收银报告。

在明确前面的步骤后，让我们来看看在 Opera PMS 系统中是如何做到这些的吧。

收银的基本步骤主要包括：

第一步：进入"收银（Cashiering）"，点击左上方的"账单（Billing）"按钮，就出现如图 5-1 所示的收银员登录对话框，按要求输入用户名和密码，登录就可以。

第二步：登录之后，会出现如图 5-2 所示的界面，在搜索部分输入客人的姓名或房间号等，就可以搜索到客人的信息，一定要在搜索到的客人信息条前勾上"X"才表示选中，然后再点击右下角的"选择（Select）"按钮，就进入客人账单的界面。

第三步：在进入客人账单（Billing）界面后（图 5-3），经历过前一晚的系统夜审，刘红女士的住店状态自动改成"当日离店客人（Due Out）"，客人的房账自动出现在账单内，右上角会自动显示房账余额（客人结账后，该余额则显示为"0"）。点击下方的"账页（Folio）"，就可打印客人的账单，客人确认无误后签字，再点击右下角的"结账离店（Check Out）"按钮，就可顺利让客人结账离店了。收银员还需把客人退出的房间状态改为"未清扫房"（Dirty），这样提醒客房服务员打扫房间。

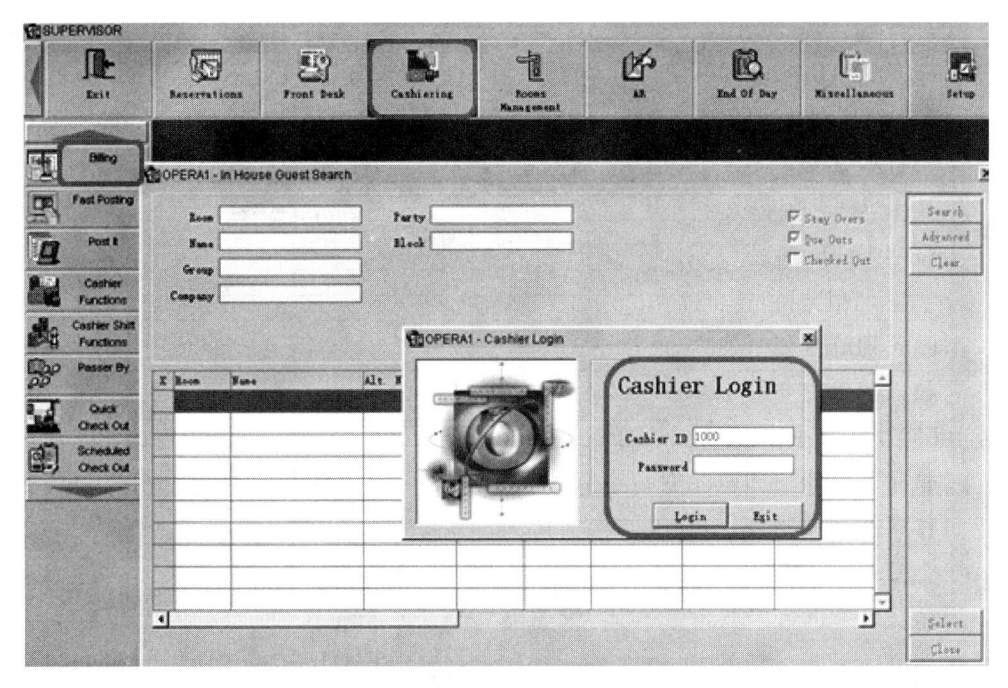

图 5-1　收银员登录（Cashier Login）界面

图 5-2　住店客人（In House Guest Search）界面

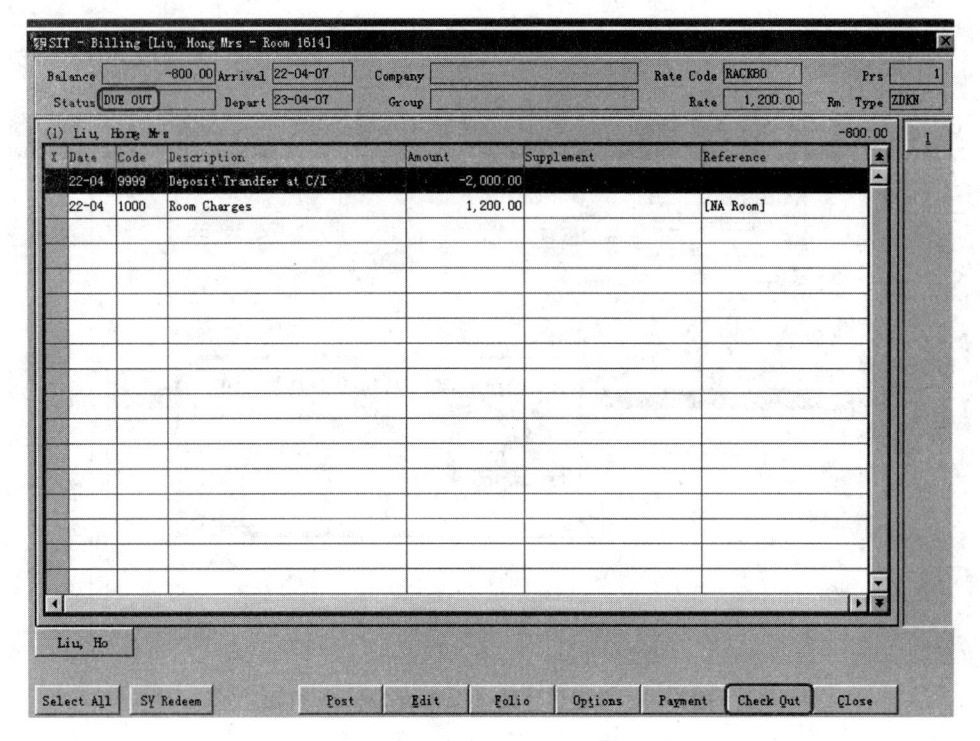

图 5-3　结账（Billing）界面

第二节　收银模块的知识点

Opera PMS 的收银功能包括客人账单录入、账单金额调整、预付定押金管理、费用结算、退房以及账单打印等。收银功能可以支持多种支付方式，包括现金、支票、信用卡以及应收挂账。在多酒店模式环境下，可以支持各营业场所跨酒店相互入账。Opera PMS 系统中收银（Cashiering）模块分为 8 个小模块，分别为结账（Billing）、快速入账（Fast Posting）、物品快速入账（Post It）、收银功能（Cashier Functions）、收银员换班功能（Cashier Shift Functions）、过路账单（Passer By）、快速结账（Quick Check Out）、预约结账离店（Scheduled Check Out）。

一、结账（Billing）

每个交易日期开始的时候，系统都会提示进入账单界面时要"启动收银"（Open Cashier）。每一班次结束的时候，每个收银员一定要记得关闭自己的登录界面。点击"结账（Billing）"，就可以进入住店客人查询（In House Guest Search）界面，如图 5-4

所示。收银员可通过客人的房号、姓名、团队号等方式来查询客人的账单。

图 5-4　住店客人查询（In House Guest Search）界面

找到客人的账单后，点击该条目，就可以出现客账，如图 5-5。在该客账的窗口区域中，"Code"表示消费代码；"Description"表示消费代码的描述；"Supplement"表示关于消费的附加信息，可以是信用卡号、金额负数等的理由（只用于内部使用，通常打印客人账单时不显示，但是酒店的账单上可以显示），若有需要输入负数时，可以在"金额（Amount）"或"数量（Qty.）"栏中用"-"表示；"Reference"表示关于消费的参考信息，例如押金小单号、信用卡过期时间、税收等。在结账界面（图 5-5）有右键功能、入账等功能，下面逐一介绍。

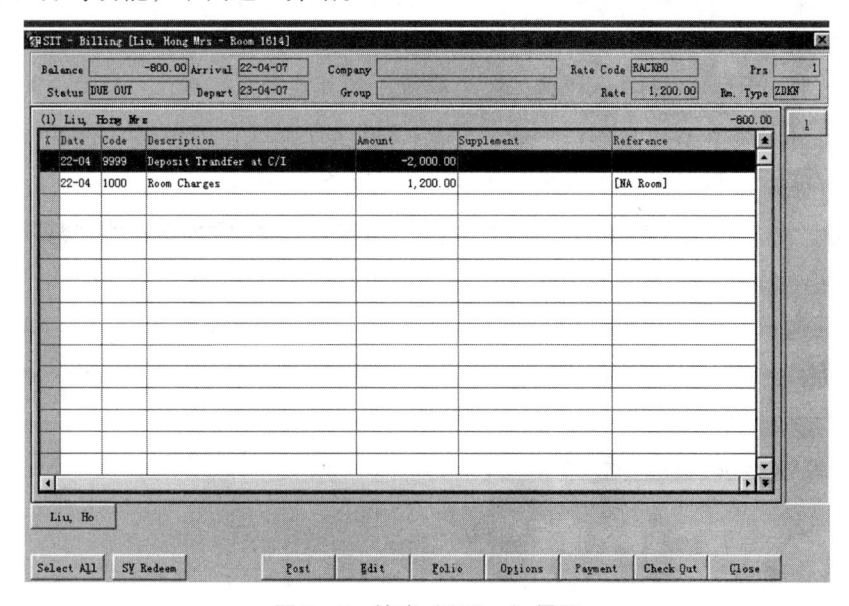

图 5-5　结账（Billing）界面

第五章 收银（Cashiering）模块和夜审（End Of Day）模块

1. 右键功能

在账单界面的窗口任何地方点击鼠标右键，都会出现"新账单窗口（New Window）"选项，可以进行抛账等操作。收银员可以在账单窗口之间任意拖动账目。除了刚开始的第一个窗口界面外，账单窗口的增加是成倍增加。在客人的账单上单击右键，打开如图5-6所示的窗口，可以更好地帮助接待人员完成结账。

（1）"Transfer to Window"表示将客人的消费从当前窗口转移到其他窗口；"New Window"表示新建窗口，最多可以建立8个窗口；"Delete Window"表示在屏幕上删除窗口；"Screen View"表示屏幕上窗口显示的方式；"View summarized transactions /View detailed transactions"表示快捷菜单上这两个选项相互转换。用于查看各项消费细节，或按消费代码归类进行统计。

图5-6 右键功能

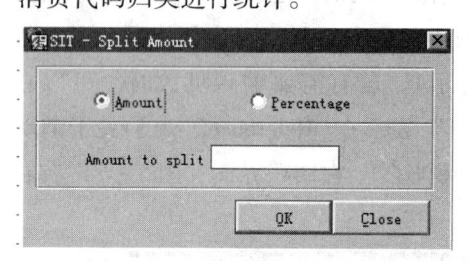

图5-7 Split Amount 界面

（2）"Split Transaction"表示将选中的消费按金额或百分比分成两笔，如图5-7所示。

（3）"Adjust Transaction"表示可以调整客人的消费情况（图5-8）。可选中需调整的账目，点击右键，即出现"调账（Adjust Transaction）"，可根据金额等进行调整。

（4）"Transfer Transaction"表示把消费转入到其他客人账单上（图5-9）。可以将部分或全部消费在客人之间进行调整。如果之前没有做过客房抛账（Routing）操作的话，该项功能可以使一位客人的费用调整到另一位客人的账上。

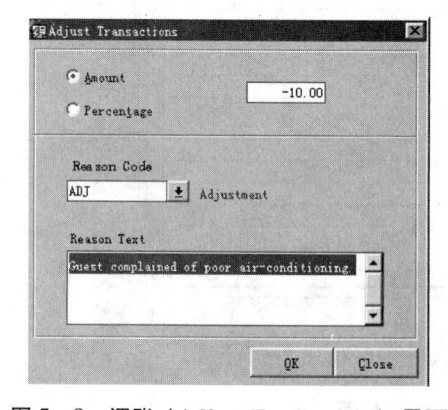

图5-8 调账（Adjust Transactions）界面

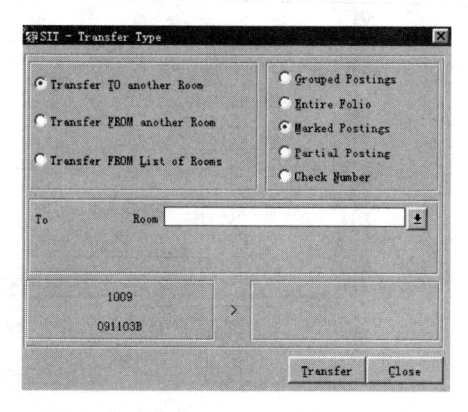

图5-9 转账（Transfer Type）界面

(5) 点击"Add Guest View"按钮可以显示另外一位客人的账单。

2. 功能按钮

在账单页面（图5-5）的最下方有一排功能按钮，分别为入账（Posting）、编辑（Edit）、账页（Folio）、选项（Options）、付款（Payment）、结账离店（Check Out/Settlement）。

(1) 入账（Posting）。当住店客人发生了消费，除了由计算机终端自动入账外，还需由收银员人工入账，如图5-10所示。入账一定要标准、规范，要做好备注，以免账乱。

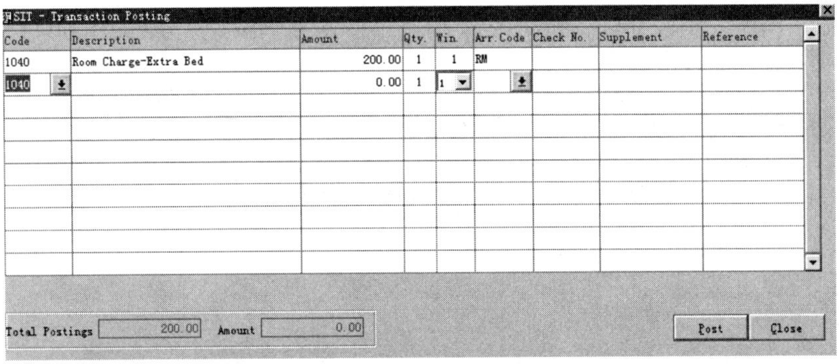

图5-10 入账（Transaction Posting）界面

(2) 点击"编辑（Edit）"可以显示交易细节，查看交易的价格和数量等，如图5-11所示。

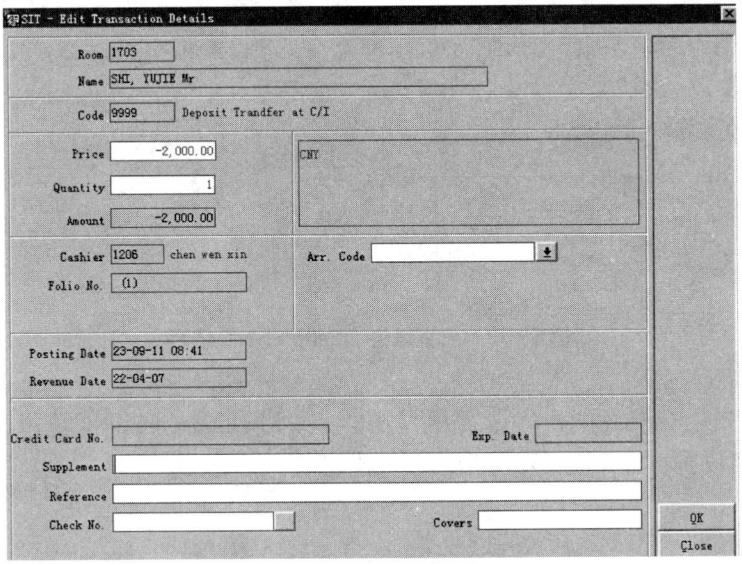

图5-11 编辑交易（Edit Transaction Details）界面

（3）点击"账页（Folio①）"可以浏览或打印客人的账页（图5-12）。可以设置日期，或改变账单②的风格（提供20种风格），如图5-13所示。

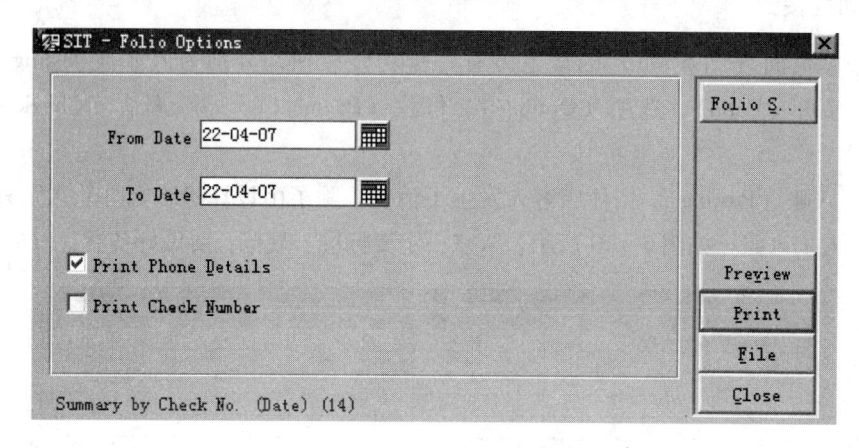

图5-12 账页选项（Folio Options）界面

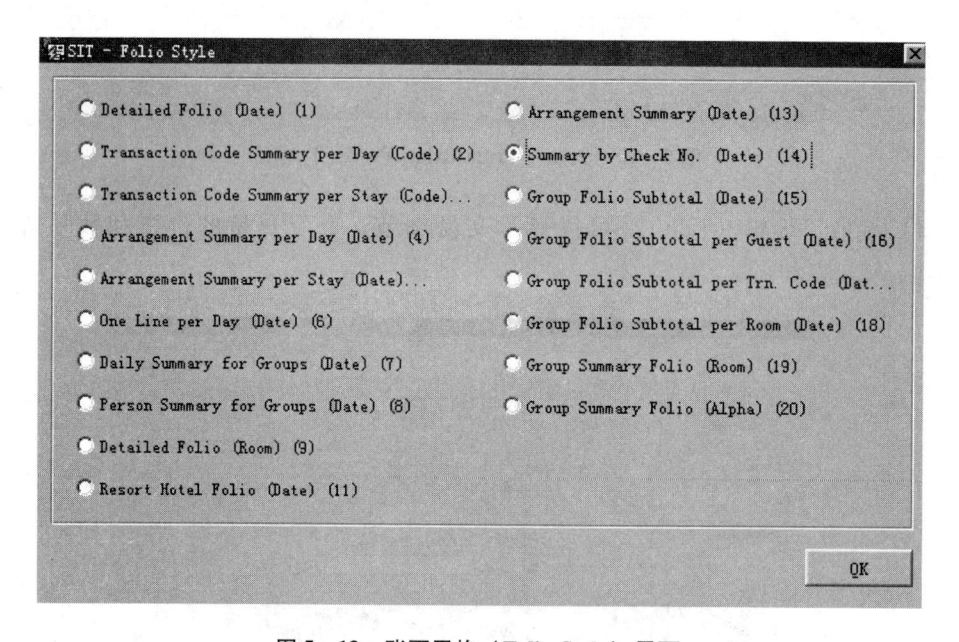

图5-13 账页风格（Folio Style）界面

（4）打开"选项（Options）"菜单（图5-14），包含一些功能按钮，帮助完成结账。例如，可以查看客人电话账单记录、入账记录、历史账单等。

---

① 账页（Folio）：一个账页定义为一个或多个交易的集合。
② 账单（Bill）：一个账单定义为一个或多个账页的集合。

(5)"付款（Payment）"用来为客人支付项目付款（图 5 – 15）。

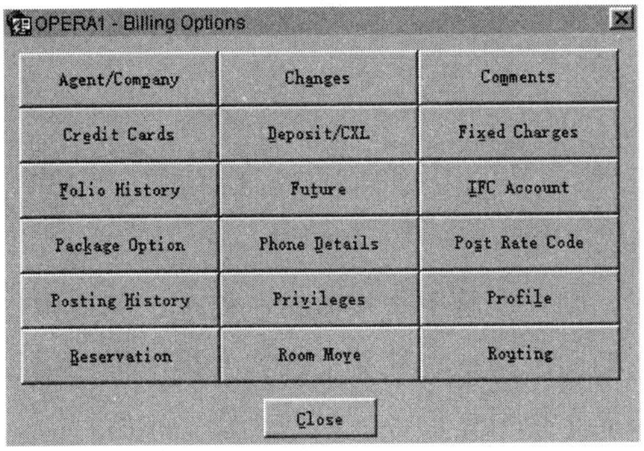

图 5 – 14　结账选项（Billing Options）界面 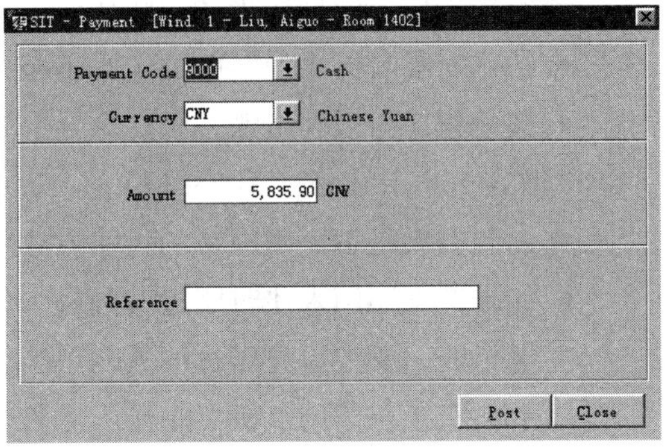　　　图 5 – 15　付款（Payment）界面

(6)"结账离店（Check Out/Settlememt）"按钮的转换主要取决于办理结账手续客人目前的状态。按钮状态为"Check Out"，表示可以为客人结账。以下是几种常见的客人结账方式及其基本程序：

①散客现金结账（图 5 – 16）：

- 如果客人在入住时是以信用卡做担保，但现在改付现金，必须在电脑系统中将付账方式从信用卡改为现金支付。信用卡为压卡的，要当客人面撕毁信用卡单并扔掉。
- 如客人在入住时以现金做押金的，押金收据必须收回。退还余额时，让客人在支款通知单上签名。
- 如客人遗失押金收据，必须核对客人证件确认身份，写遗失声明并签字后再用押金结账。未经事先申明，押金收据不得由他人转交。
- 将登记卡和账单订在一起以备做收银报告用。
- 其他与散客结账一致。

②散客转账结账：

- 客人转账内容：根据酒店相关部门（如预订部）提供的酒店与支付客人住店费用的公司的相关文件（如协议书）中规定的支付内容，如公司只支付房费或支付客人的全额费用等。
- 所有客人的公司转账需由预订部开具转账证明方可操作，并附公司转账的书面证明。转账要求必须有书面证明及预订部电脑中备注栏中注明。两者缺一，需请示大堂副理，经其同意并签字。
- 若房费转账（预订部事先已做分账），需分别给客人打印账单，请客人签字确认，询问客人其他消费的付款方式，收取后用适当的结账代码，将其他消费结掉。
- 若全额转账（应特别慎重核对订单或公司书面转账说明），打印账单，请客人签字，保留客人签字账单。将客人签字账单和申请挂账的文件订在一起，以备做收银报告用。使用适当的结账代码，结清房账。
- 结账时临时提出的转账要求是不被接受的。
- 其他程序与散客结账一致。

③散客信用卡结账（图5-17）：
- 询问客人是否还用原来的付账方式结账。
- 如果客人还用入住时刷过的国外卡付账，则在电脑中直接做结账处理；如用国内卡付账，要把原先压过的签购单当客人的面撕掉，有礼貌地向客人再次借用信用卡，直接在信用卡机器中输入。若机器提示拒付，请客人另换一张信用卡。
- 如果客人用其他的信用卡结账，拿到信用卡后，核对有效期然后直接做交易。请客人在卡单和账单上签字。核对卡单上签字和信用卡预留签字是否相符。根据具体要求查验证件签字。在结账后，一定要电话通知银行取消原来信用卡的授权。
- 用相应代码结账。
- 将国内卡客人留存联和客人账单装入结账信封交给客人，并和客人道别，欢迎其再次入住。
- 将国内卡单剩余部分和客人账单、登记卡以及其他单据订在一起放入抽屉以备做收银报告用。

需要注意的是，如果客人使用的是信用卡结账，收银员一定要经常去查看客人的信用卡的授权额度，防止该额度超过客人在酒店内的消费。一旦超过，收银员就必须请客人得到额外的授权或者改用其他的付款方式。但是出于信用安全考虑，大多数酒店规定收银员无权看到客人信用卡的全部号码。

④公司支票结账：
- 不接受个人支票，可以接受公司支票（如遇节假日，财务部将另行通知是否接受）。应仔细核查票面各项内容（例如日期、法人章、公司财务章、条码等）是否齐全，填写金额及背书，并请客人核对，然后请客人签字。
- 将付款方式用专用代码输入电脑并将此房结账。
- 询问客人是否需要发票。
- 打印一份余额为0的账单与发票连同支票对账联装入信封交给客人。
- 感谢客人的光临并预祝其旅途愉快。
- 整理账单并和其他凭证订在一起放入抽屉里以备做收银报告使用。

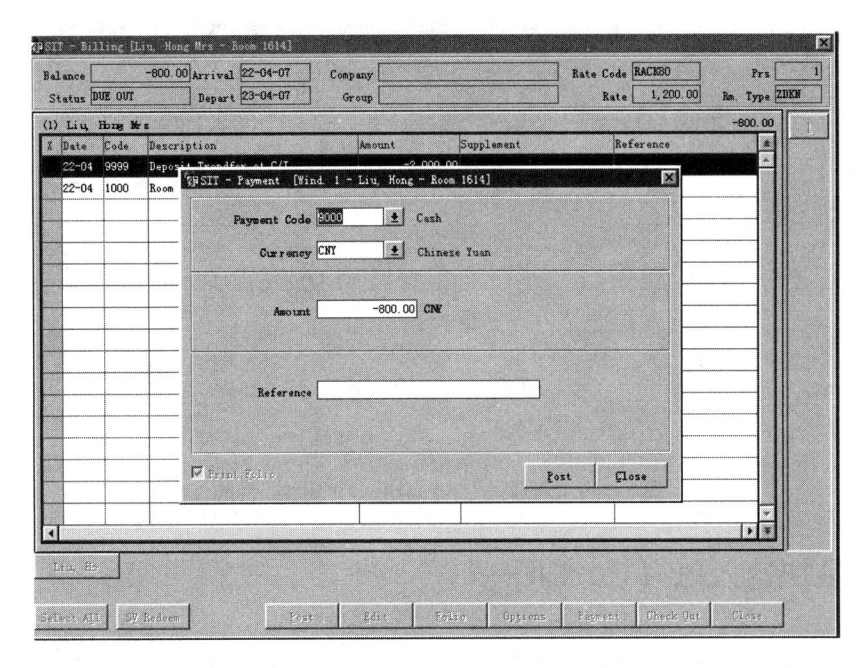

图 5-16　现金结账界面

图 5-17　信用卡结账界面

二、快速入账（Fast Posting）

客人消费后，可以点击该按钮，快速输入客人的客账，如图 5-18 所示。

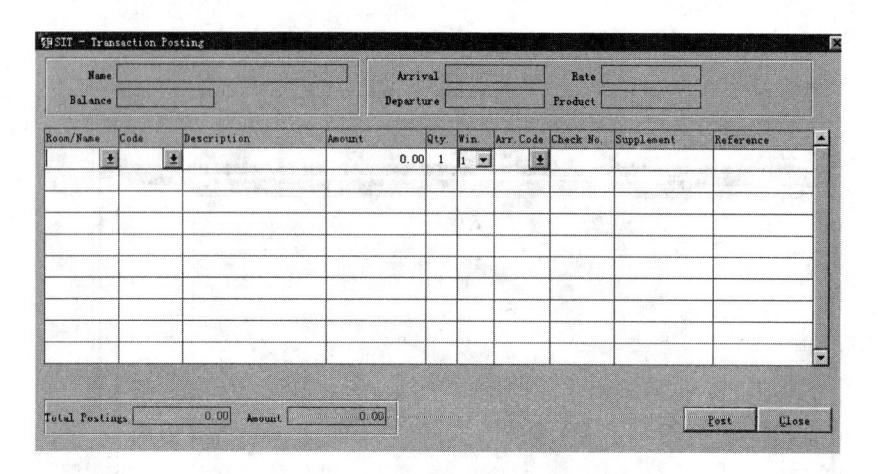

第五章 收银（Cashiering）模块和夜审（End Of Day）模块

图 5-18 入账（Transaction Posting）界面

三、物品快速入账（Post It）

在该部分可以方便、快速地在客人房账上输入各种酒店向客人出售的物品，如零食（例如巧克力）、酒水、饮料等，如图 5-19 所示。

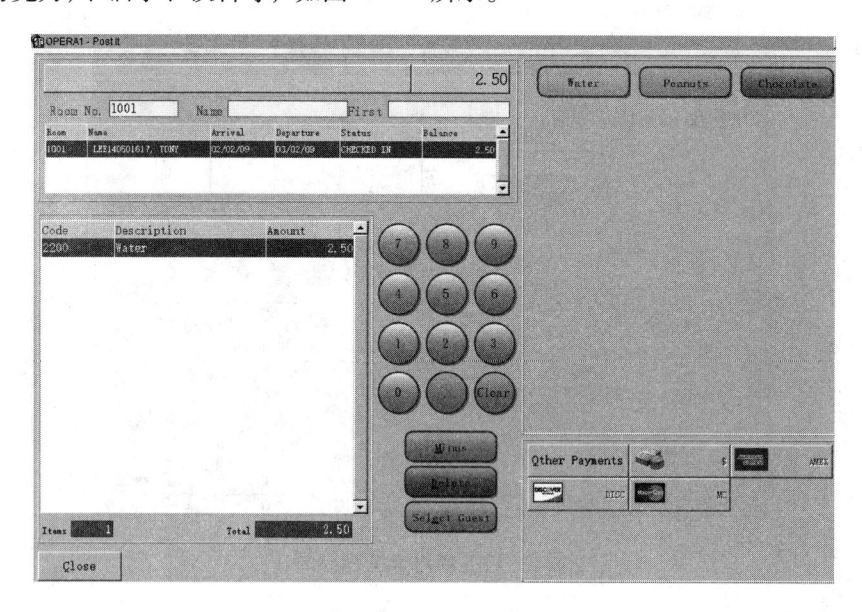

图 5-19 小零食快速入账（Post It）界面

四、收银功能（Cashier Functions）

在"收银功能（Cashier Functions）"界面（图 5-20）有若干功能按钮，主要有外

118

币兑换（Currency Exchange）、账页历史（Folio History）等功能。

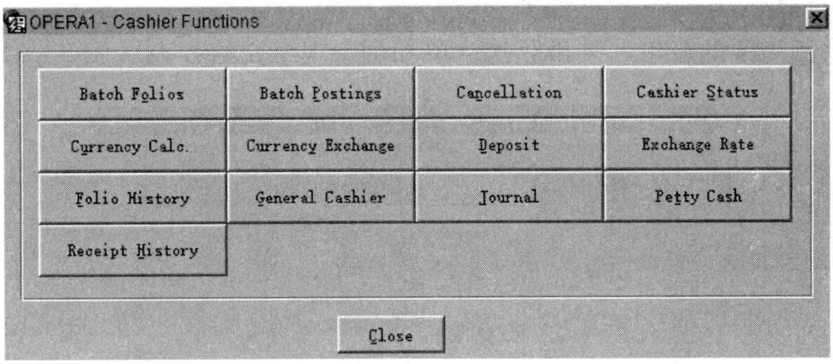

图 5-20 收银功能（Cashier Functions）界面

1. 外币兑换（Currency Exchange）功能

在使用外币兑换功能模块时，要注意以下事项：

（1）酒店柜台上显示的币种可以兑换，一般有美元、英镑、日元、港币、马克、欧元等。外币兑换服务只能提供给店内客人，根据中国大陆法规，在酒店内不提供人民币兑换外币的服务。

（2）当客人要求兑换外币时，要核对兑换牌价。除了星期六、星期日，每天上午9：00更新外汇牌价。

（3）清点外币金额，以保证和客人要求兑换的金额一致。如果两者不一致，要立刻询问客人。在交易未完成前，不要将外币放入现金抽屉，以免发生误会。先收外币辨认真伪，核对数目后再填写外币兑换水单请客人签字（财务制度：付出的钱，应先做账后付钱；收入的钱，应先收钱后登记）。

（4）将外币金额输入电脑，用电脑外币兑换窗口来计算金额，以减少错误。

（5）打开现金抽屉，清点相应的本地货币（零钱尽可能点足）。

（6）当客人面清点现金后，将现金和一联水单交给客人。

（7）提醒客人保存好水单，如果客人本地货币有剩余，可以凭水单在机场银行兑换回外币（根据银行规定，最多可以兑换回50%的外币）。

（8）向客人告别。

（9）将外币和水单放入备用金抽屉。

（10）锁好备用金抽屉。

2. 操作程序

如果客人用外币付账，须按照以下程序进行：

（1）为客人计算付账所需兑换的外币金额。

（2）请客人拿出相应的外币金额，按照上面提到的程序兑换本地货币。

（3）保留付账所需金额，放在抽屉内。

（4）将余额为零的账单、外币兑换水单和剩余现金交给客人（图 5–21）。

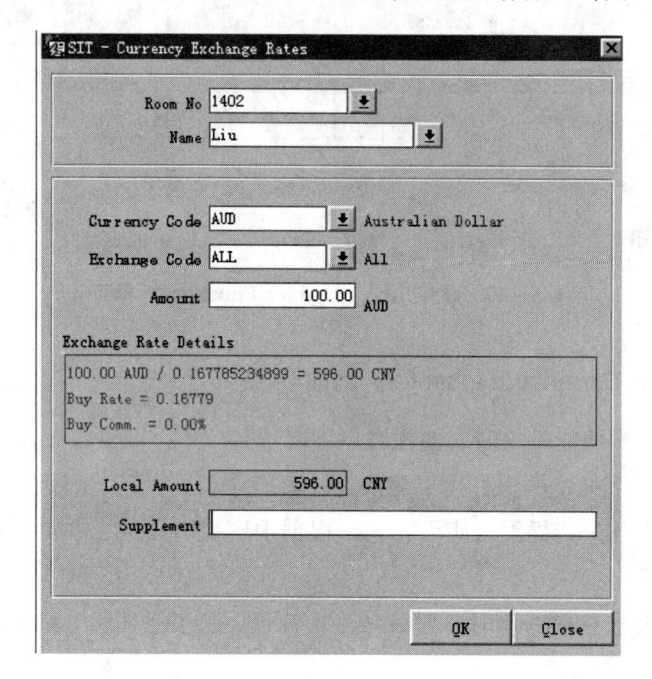

图 5–21　外币兑换汇率（Currency Exchange Rates）界面

3. 账页记录（Folio History）

"账页记录（Folio History）"界面可以显示客人以前的消费记录（图 5–22）。

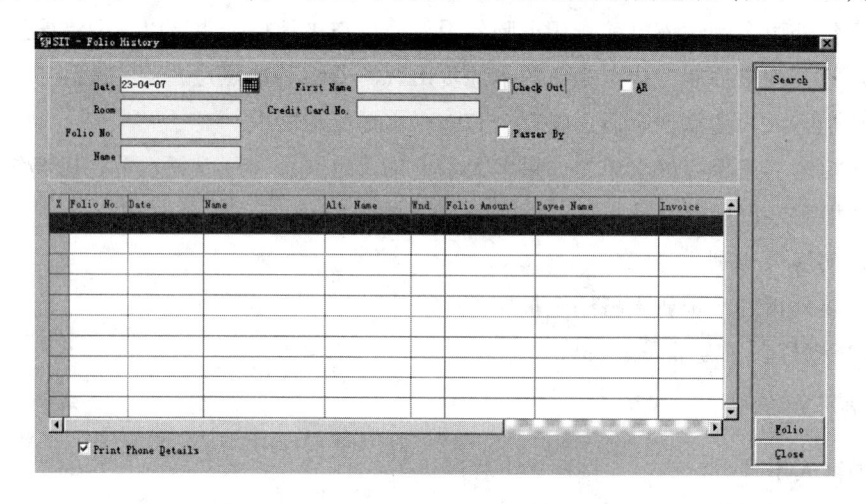

图 5–22　账页历史（Folio History）界面

五、收银员换班功能（Cashier Shift Functions）

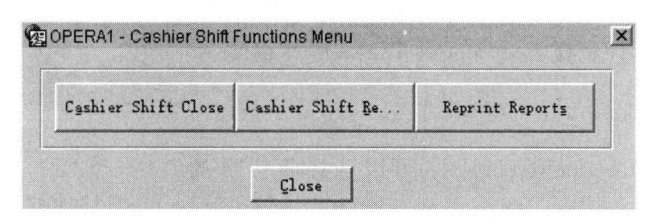

在"收银员换班功能（Cashier Shift Functions）"界面（图 5-23），主要有"班次结束后关闭收银（Cashier Shift Close）""班次结束后报表（Cashier Shift Report）"和"重印报表（Reprint Reports）"等功能。

图 5-23　收银员换班功能（Cashier Shift Functions）界面

1. 班次结束后关闭收银（Cashier Shift Close）

在结束每个班次的收银工作前，收银员要打印自己当日的收银报表，显示自己当日的所有收银款项，如图 5-24 所示。

图 5-24　收银员收银明细（Cashier Closure Summary）界面

第五章　收银（Cashiering）模块和夜审（End Of Day）模块

2. 班次结束后报表（Cashier Shift Report）

每一班次结束后，收银员都要打印一些报表，如图 5-25 所示。这些报表包括现金报表（Cash Report）、支票报表（Check Report）、外币兑换报表（Foreign Currency Report）、信用卡报表（Credit Card Report）、应收账报表（AR Settlements Report）、杂费报表（Miscellaneous Payments Report）、押金报表（Deposit Transfers Report）。

3. 重印报表（Reprint Reports）

"重印报表（Reprint Reports）"可以选择收银员的工号（ID）、哪个日期等，打印相关的收银员报表，如图 5-26 所示。

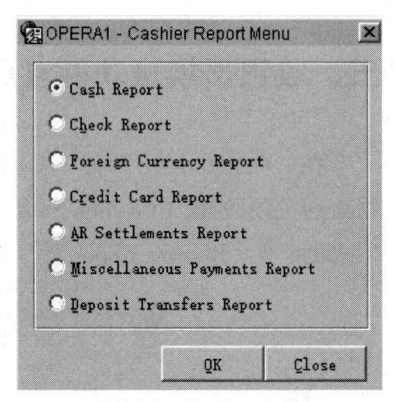

图 5-25　收银员报表（Cashier Report）界面

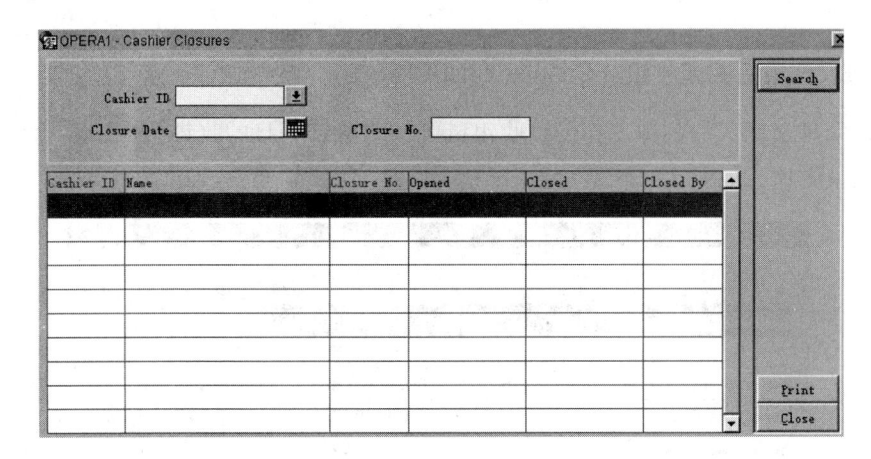

图 5-26　重印报表界面

六、过路账单（Passer By）

"过路账单（Passer By）"功能主要用来处理非住店客人在酒店的消费交易，给这些交易打印账单。例如，有客人到酒店商务中心，要求发份传真，他当场支付传真费用，但是希望要一个打印的消费账页。同样，这项功能也可以用于住店客人支付一些他们不希望出现在住店账单上的服务费用。这项功能还可以用于支付给以前住店客人的退费。"过路账单（Passer By）"可以和现有客人档案连接。

打开"过路账单（Passer By）"按钮，如图 5-27 所示，可以查询到当天所有客人的"过路账单",也可以新建、打印客人的"过路账单。"

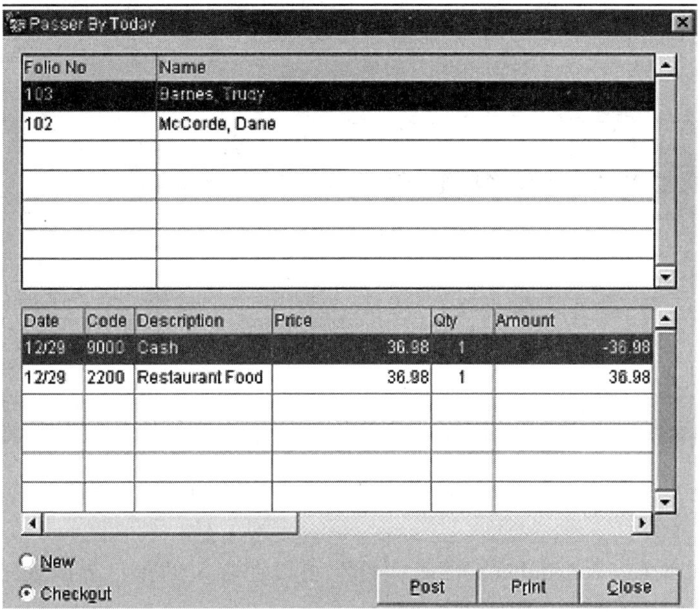

图 5-27　过路账单（Passer By）界面

七、快速结账（Quick Check Out）

上午 7:00~9:30 是大多数饭店主要的结账时段。若客人此时到总台结账,可能要排长队。为了缓解前厅的工作量,有些酒店在客人离店前就开始结账工作,例如在客人离店前一天晚上或离店当天早上 6:00 之前,就将客人总账单和快速结账表格轻轻从房门下面推进去,并要保证在门外看不到或拿不到客人的总账单。使用 Opera PMS 系统中收银模块的"快速结账（Quick Check Out）"小模块,可以立刻显示当日要结账离店的客人名单。

八、预约结账离店（Scheduled Check Out）

"预约结账离店（Scheduled Check Out）"功能可以为客人在指定的时间内自动结账离店,如图 5-28 所示。这显示了当日所有预约结账但未离店的客人名单。若预约的时间已经过去,意味着该客人的账单在指定的时间内尚未结清,那么系统就不会为该客人自动结账。

第五章 收银（Cashiering）模块和夜审（End Of Day）模块

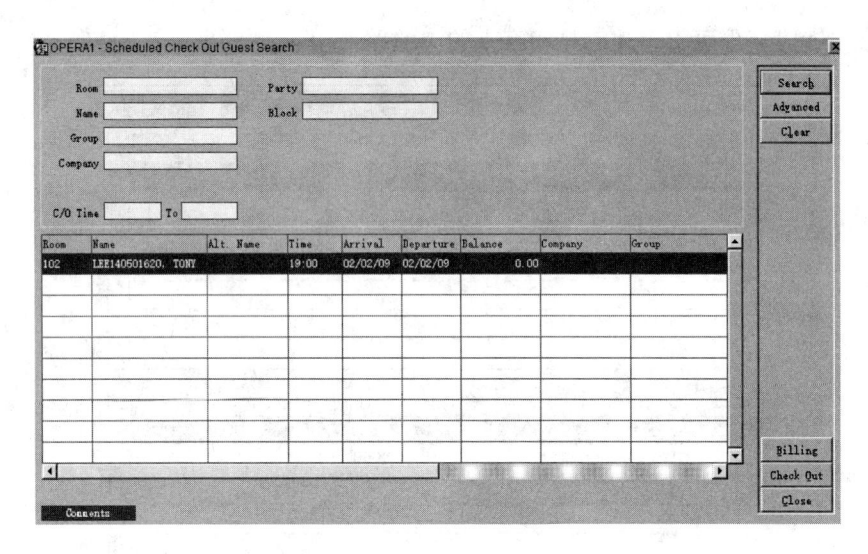

图 5-28 预约结账离店（Scheduled Check Out）界面

"预约结账离店（Scheduled Check Out）"可以在客人的预订界面或结账界面"选项（Options）"中的"优先权（Privileges）"里设置。

第三节 夜审管理模块的基本功能

由于饭店每周运行 7 天，每天运行 24 小时，前厅必须定时检查和审核住店客人及非住店客人账户记录，检查在前台记录的客账交易是否与收入中心的交易一致，以确保前厅账务工作的准确性、完整性和可靠性。这部分工作通常是由前厅审计来完成的。而前厅审计通常是在深夜和凌晨时段进行，因此时大部分（即使不是全部）酒店的营业点已经关门，允许夜间审计审查所有部门的收入，因而也称为夜间审计，简称夜审。曾经由人工承担的大部分审计工作，现在都通过技术手段来完成。酒店管理信息系统可以自动记录客房收入并自动执行审计流程。一个成功的审计体现在住店客人和非住店客人的账目平衡、账单准确、适当的账户信用监督，以及及时向管理层提供报告。

一、夜审的工作内容

酒店利用夜审来结束和平衡每天的经营活动。夜审遵循着预设的流程，审查客账、进行信用卡交易、计算固定费用、计算和打印每日的数据、提供应收账的总额、平衡和结束当天的营业记录、准备和分发一系列的报表。它结束每日的经营活动，保证第二个营业日的准确性。通过一系列的报表，夜审帮助管理层了解每日的营业状况，并预测即将面对的问题。夜审可以将销售终端点和其他利润终端链接，以提供准确、快速和自动入账。这使得夜审更专注于审计交易、分析前厅的经营活动。

Opera 有自己的系统日期，它不会在半夜自动改变，而是在夜审流程之后进入下一个营业日，即营业日更替（Date Roll）。因此，在第二天清早也可以进行夜审。然而，必须确保前一天所有的利润和账款在夜审之前都必须准确输入。若在夜审前有结账，那必须打印提前结账账单。

二、Opera PMS 夜审前的准备工作

Opera PMS 系统做夜审工作前，前台要处理好所有的当日应离店客人，这些客人要么结账，要么延住。未到的所有客人在夜审程序中被称为应到未到客人（No shows），不需要做入住处理。确认所有抵店的客人都已经做了入住手续，所有的收银点都必须关闭。在 Opera 系统还要求除了做夜审的员工，其他员工都必须退出 Opera 系统。做夜审的员工在如图 5–29 所示的界面，输入自己的"用户名（User）""密码（Password）""酒店名称（Property）""营业日期（Business Date）""语言（Language）"等，点击"登录（Login）"即可开始夜审。

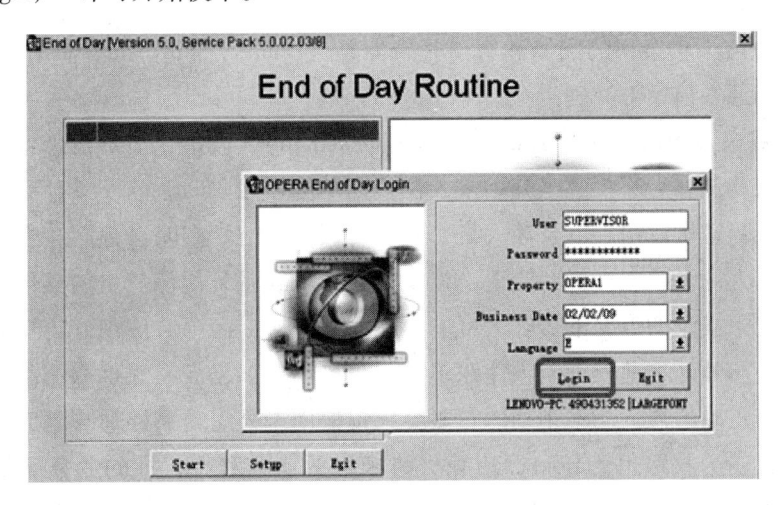

图 5–29　夜审（End of Day）登录界面

三、Opera PMS 夜审模块的工作程序

Opera PMS 夜审模块主要有几项工作程序：检查客人档案中的国籍和省份是否完整

（Country and State Check）、审核未入住预订（Arrivals not yet Checked In）、审核离店未结账（Departures not Checked Out）、天气及备注（Weather and Notes）、启动下一个营业日（Roll the Business Date）、记录房价和税金（Posting Room and Tax）、运行其他程序（Run Additional Procedures）、编制报表（Print Final Reports），如图 5-30 所示。

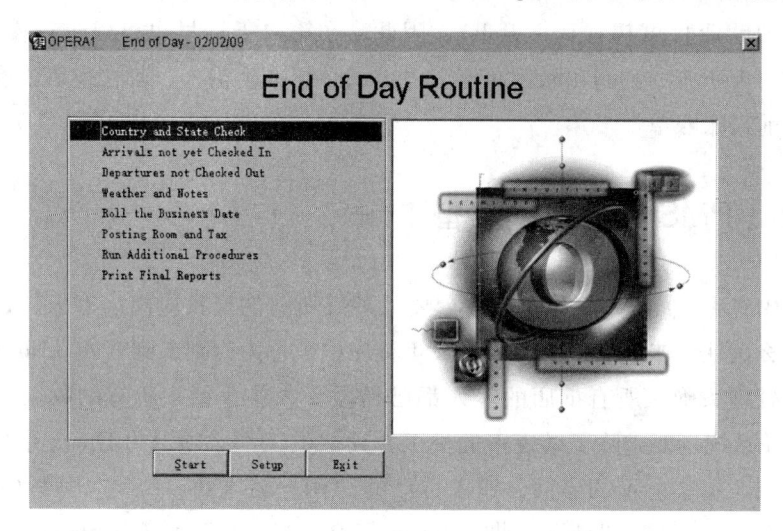

图 5-30　夜审工作程序（End of Day Routine）界面

（1）检查客人档案中的国籍和省份是否完整（Country and State Check）。如果发现问题，应立即通知前厅部处理。

（2）审核未入住预订（Arrivals not yet Checked In）。夜审也负责清理预订文件，并输入费用到未入住客人账户。当开始未入住费用的电子过账时，前厅审计必须仔细审核预订是否属于保证类订房，以及客人是否从未在饭店登记。有时会为同一个客人做重复的预订，或客人的名字出现拼写错误，以及前厅员工或系统偶然产生的其他记录。在前厅或预订员工未察觉的情况下，客人可能实际已经入店，而第二份预订仍然显示为未入住客人。必须格外仔细地处理未入住账单。前台接待员如果没有正确取消信息，可导致向客人收取不正确的账款。不正确的收账会导致信用卡公司重新评估与酒店的法律协议和关系。不正确的收账也会导致酒店丢失将来客源业务和旅行社的业务（如果适用的话），或影响到已确认预订的客人。前厅员工在受理预订取消或修改程序时必须坚持建立未入住客人程序。

（3）审核离店未结账（Departures not Checked Out）。

（4）天气及备注（Weather and Notes）。系统需输入影响当日营业日的天气和其他相关信息。例如，要备注造成预计抵店客人取消或预期离店客人推迟离店的原因。

（5）启动下一个营业日（Roll the Business Date）。在之前所有的检查工作完成后，就进入下一个营业日。

（6）记录房价和税金（Posting Room and Tax）。客人总账单上的房费和税金的自动记录通常是在营业日结束时进行。一旦房费或税金记录后，将生成房费和税金报告给前厅管理层审阅。根据指令自动记录房费和税金的能力是自动化前厅系统最令人兴奋的优点之一。一旦前厅开始房费的登入，系统就能够在极短的时间内将房费和税金自动记录到相应的电子总账单上。系统记录是极为可靠的，因为自动记录收费是保证正确的、没有被窃取的机会以及税金计算或过账错误。这些特征尤其有助于位于城市的酒店，这类酒店除了销售税还有床位或出租税。一些酒店预先设置前厅系统来记录每天经常发生的费用，如代客停车或小费。自动记录这些费用可以节省前厅审计时间并提高准确性。

（7）运行其他程序（Run Additional Procedures），即有必要的话，要对客账进行更正、调账、抛账等程序，如图5-31所示。

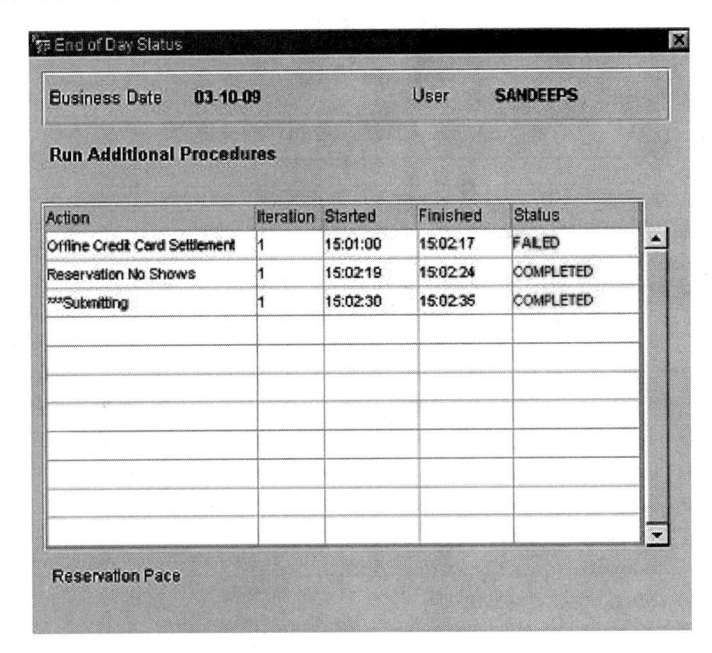

图5-31 运行其他程序（Run Additional Procedures）界面

（8）编制报表（Print Final Reports）。夜审报表主要编制反映前厅经营和运转状况的报告。编制提交管理层审阅的报告有：最终部门收入明细和汇总报告、每日经营报告、超限额报告，以及饭店专用的其他报告。最终部门收入明细和汇总报告编制后应与其原始凭证一起交会计部门审阅。这些报告有助于证明所有交易已经被正确地记录和核算。每日经营报告汇总了当日的经营业务，并可洞察与前厅有关的销售收入、应收账款、经营统计和现金交易。这个报告通常被认为是前厅审计的最重要成果。超限额报告反映了客人消费接近饭店设定的信用限额的情况。在Opera PMS系统中，还可以根据需要生成许多管理报告。例如，为了对客人的交易和账户余额进行检查，需要在当天任何时间生成最新的超限额报告。此外，前厅系统还可以生成专门的分类报告。例如，团队销售报告可以按在店的每个团队生成，显示每个团队使用的房间数，每个团队的客人数，以及每个团队产生的收入。系统生成的报告可以帮助饭店销售部门跟踪团队客史。对于包价计划的客人，或特别促销计划及广告计划的客人，也可以生成同类报告。其他报告可以列出经常住店客人及重要客人（VIP）。这类营销信息可以被自动跟踪、分类和报告。

本章小结

一、客人住店流程的关键点

在送走一个满意的客人后，酒店照例是要开个总结会，总结每一个过程所涉及的关键点（表 5-1）。

表 5-1 客人住店流程操作的关键点

任 务	关 键 点	备 注
预订	在预订时，一定要向客人询问以下信息，并输入 Opera 系统： • Name（姓名） • Arrival（抵达日期）Departure（离店日期） • Adult（人数） • Nationality（国籍） • Room type（房型）、RTC（房价） • Source（客人来源地） • Origin（客人预订方式） • Payment（支付方式） • Arrival Time（当日抵达时间）	除这些必填信息外，可以在档案界面输入客人提供的其他信息，如可在 Specials 添加客人送水果的要求，或远离电梯的房间的要求等。具体操作可在教师的指导下进行
登记入住 （Check In）	• Front Desk - Arrival 查找客人 • Registration Card 打印入住登记卡，和客人确认信息：抵离日期、房型、房价、付款方式，客人签字确认 • 支付押金（关键在 Options 中的 Deposit 添加押金后，一定要记得在 Payment 中输入 Cash 9000） • 回到 Arrival 界面，点击"Check - In" • 做房间钥匙	在客人订好房型后，若刚好客人要求的房间存在，系统直接在档案中配好房号，但若是脏房或所需房型已订完，则需要手工设置房号。具体操作可在教师的指导下进行
结账离开 （Check Out）	• Cashiering - Billing • 查找客人 • 打印账单，客人签字确认 • 点击 C/O	这些是针对当日离店的客人，若对于提前离店或延迟离店的客人，屏幕上会出现提示。具体操作可在教师的指导下进行

128

二、客人住店的状态

介绍客人预订、入住到离店的过程中，Opera 系统里客人的状态会不断变化。

Deduct：表示该预订占当天的出租率。

Non-deduct：表示该预订不占当天的出租率，以免为一个不太确定的客人占用一个确认客人的房间。

以一位客人为例，他 8 月 28 日预订 9 月 1~3 日的房间，那么他的状态如下（表 5-2）：

表 5-2 Opera 系统中客人状态的变化

日期	状态
8 月 28 日	Reserved，即预订状态
9 月 1 日	Due in（办理入住登记手续前）⟶ C/I（办理入住登记手续后）
9 月 2 日	Stay over（In house）（非当天来当天走的情况，要过夜）
9 月 3 日	Due Out（办理离店手续前）⟶ C/O（办理离店手续后） ⟶ Stay over（若当天办理延房手续）

（注：这些状态的变化，可注意打开界面上的蓝色横条）

❓ 练习题

1. 一位客人到前台要求查看他们的账单。根据客人提供的房间号，打开/打印客人的账单。客人在查看账单后，要求他们的房费和其他费用都分开。根据客人要求，把房费放在另一个窗口。

提示：在练习中，会用到以下功能按钮：

（1）Billing Search　　（2）Creating Windows　　（3）Split Transaction

2. 同样地，另一位客人要求他们的电话费账单再单列。把所有的电话费转到另外一个窗口，并打印给客人。

提示：在练习中，会用到以下功能按钮：

（1）Creating Windows　　（2）Folio Preview/Print

3. 你喜欢的影星来到前台，要求送一个碟片机到他/她房间，只借用一天。请把这 20 元的费用输入客人的账单，并与房费等分开支付（他/她希望自己支付这笔费用）。同时，输入一笔酒吧的费用和几笔长途电话的费用。

提示：在练习中，会用到以下功能按钮：

（1）Posting Charges　　（2）Arrangement Codes

4. 你喜欢的影星还想发送一份传真并干洗衣服。他/她共发送了3页的传真（第一页2元，以后每页1元），请把这笔费用输入到他/她的账单。另外，干洗的费用为200元。

提示：在练习中，会用到 Posting Charges 功能按钮。

5. 你喜欢的影星看了账单后，发现前一天干洗费用多收了50元。请重新调整影星的账单。

提示：在练习中，会用到 Charges Adjustments（Amount）功能按钮。

6. 你的好友到前台，抱怨前一天晚上没有开夜床的服务。请示当班的主管，从客人的账单中扣除10%的费用。

提示：在练习中，会用到 Charges Adjustments（Percentage）功能按钮。

7. 你的好友复印了10份文件，每份文件1页纸（复印1页1元）。请把这笔费用输入客人的账单。但是客人投诉有一张纸复印得不好，看不清楚。请调整客人的账单，从复印的费用中扣除1元。

提示：在练习中，会用到以下功能按钮：

（1）Posting Charges（using Quantities）　　（2）Edit Charges

8. 为客人王霞做预订并办理入住，一个间夜，现在是20：40，客人在房间消费小酒吧158元，送餐298元。因为明天一早客人要赶早飞机，客人来到前台要求现在用现金把所有的费用结算清，但不离店。

提示：在练习中，会用到以下功能按钮：

（1）Posting Charges（using Quantities）　　（2）Advance Bills

9. 张艺、张霞、张蕊三人同住一间房，一晚，在餐厅午餐消费300元，19：00客人至前台，要求将餐饮消费三个人平摊，并显示在每个客人的账页中。

提示：在练习中，会用到以下功能按钮：

（1）Posting Charges　　（2）Split Transactions

10. 为客人王冉先生做预订并办理入住，一个间夜，客人消费了早餐198元、午餐300元、若干电话费15.6元、健身房450元、小酒吧150元等，因公司开紧急会议，现在需要结账离店。入住时间为12：00～21：00，按照公司规定，房租、早餐、电话费以及80元（包括80元）以内的小酒吧消费可以报销。客人不希望健身房项目出现在公司报销账单中，希望单列一个账页。公司报销费用使用万事达信用卡结账，卡号为5201 5213 7193 2386，有效期为12/15，自付费用是用现金。

提示：在练习中，会用到以下功能按钮：

（1）Posting Charges　　（2）Passerby　　（3）Credit Cards

第六章 客房管理（Rooms Management）模块和应收账款（AR）模块

学习意义 客房管理和应收账款管理是酒店运行与管理的重要组成部分，对酒店顺利经营不可或缺。通过客房管理模块的学习，可以进一步了解客房部的业务范围，掌握如何使用 Opera PMS 客房管理模块完成相关的业务操作，从而提高业务水平。了解应收账款管理，有助于进一步理解酒店管理的整体性，了解如何通过有效的应收账款管理来实现增加酒店营收及改善整体服务质量的目标。

内容概述 本章在客房管理模块介绍其主要功能和操作方法，包括如何使用快捷键查询系统中的客房信息；如何制作客房服务员清扫任务单；如何打印清扫任务单；如何更改、查看客房状态，以及如何查找、解决房态差异等问题。在应收账款模块，主要讲述如何给公司或旅行社新建、查找、编辑应收账号以及发票、催款信等功能。

知识点

知识目标

1. 理解客房模块的功能。
2. 掌握客房的清扫状态。
3. 了解客房任务分配过程。
4. 了解信用、发票、催款信等功能。

技能目标

1. 使用快捷键查询系统中的客房信息。
2. 制作、打印客房服务员清扫任务单。
3. 查找、解决房态差异和沉睡房（Sleeping Room）问题。
4. 通过查看客房历史解决客人丢失物品问题。
5. 管理待修房和停用房（OO 房和 OS 房）。
6. 会新建、查找、编辑企业的应收账号。
7. 会使用发票、催款信等功能。
8. 会打印应收账报表。

第六章 客房管理（Rooms Management）模块和应收账款（AR）模块

导入案例

客房房态变化解析

客房管理（Rooms Management）模块是酒店管理信息系统的一个重要的信息和通信分支，主要用于加强客房部与前台的通信连接能力。

在房务部内，客房部主要与前厅部进行沟通，尤其是与前台进行联系。借助酒店管理信息系统，客房部与前台可以及时地交流信息。例如，一旦客人结账离店，前台员工在为客人办理离店手续后，客人所在的客房房态自动由未清扫的住客房（Occupied Dirty，OD）状态变为未清扫的空房（Vacant Dirty，VD）状态。与此同时，客房部已经可以在 Opera 系统中看到房态的变化，这样就可以及时通知客房部的楼层服务员清理房间。接着，客房部服务员清洁房间后通知客房部检查验收。验收后客房部就可以将此房间房态由 VD 修改为已清扫的空房（Vancant Clean，VC）状态，而此时前厅部 Opera 系统上则显示该房间房态为 VC，可供出租了（图 6-1）。

酒店管理信息系统的出现，使得酒店前厅与客房之间的信息交流实现了即时通信，极大地提高了酒店的工作效率，尤其在酒店出租率偏高或处于满房（Full House）状态时，随时更新的房态信息可以保证酒店最大限度地获取客房收入，同时降低客人入住前的等待时间。

——资料来源：作者收集整理

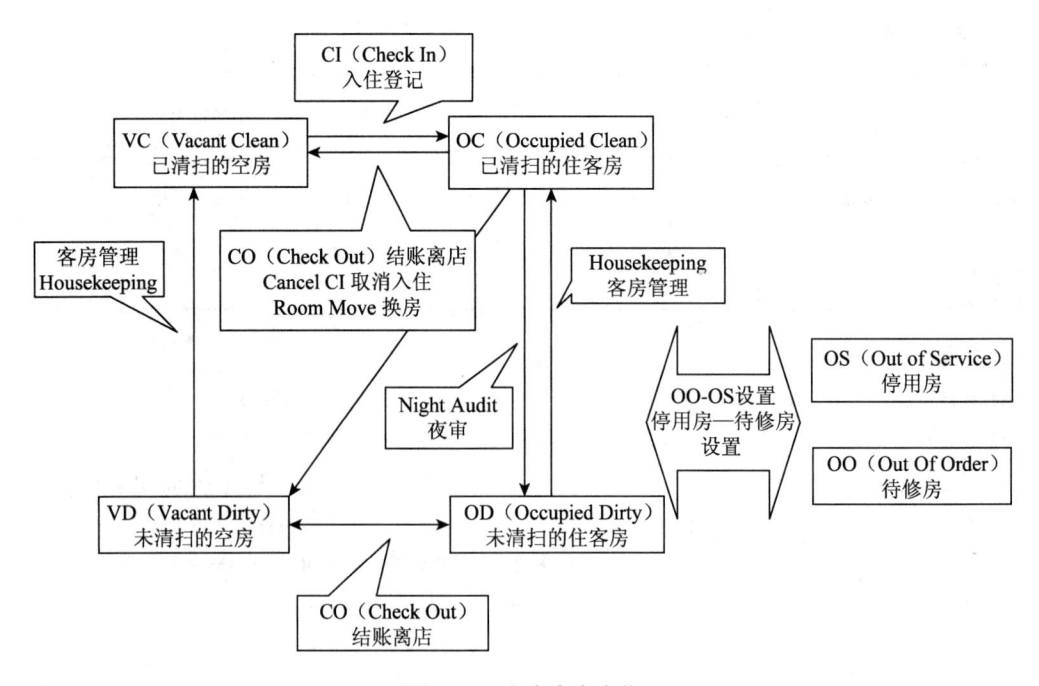

图 6-1 客房房态变化

第一节　客房管理模块的基本功能

Opera PMS 中的客房管理功能，能够有效识别并监督房态（可用房、正在清洁房、维修房等），以及进行房间设施的管理，还可以在系统中对客房打扫人员的区域分配、用工统计以及客房用品进行管理，并且在房间排队的功能中有效协调前台和客房清洁工作，针对已分配给客人的特殊房间，通过系统通知，安排优先打扫次序。

Opera PMS 中的客房管理模块有 6 个子模块，分别是房务管理（Housekeeping）、待修房/停用房（Out of Order/Service）、客房出租历史（Room History）、超额预订（Overbooking）、出租率表格（Occupancy Graph）、维修管理（Mainatenance）。下面对这 6 个子模块逐一进行介绍。

一、房务管理（Housekeeping）

房务管理部分又由若干个子部分构成，分别有房务管理（Housekeeping Mgmt.）、等候房（Queue Rooms）、客房条件（Room Conditions）、房态差异（Rm. Discrepancies）、分派任务（Task Assignment）、夜床管理（Turndown Mgmt.）、设施预测（Facility Forecast）、客户服务状态（Guest Service Status），如图 6-2 所示。

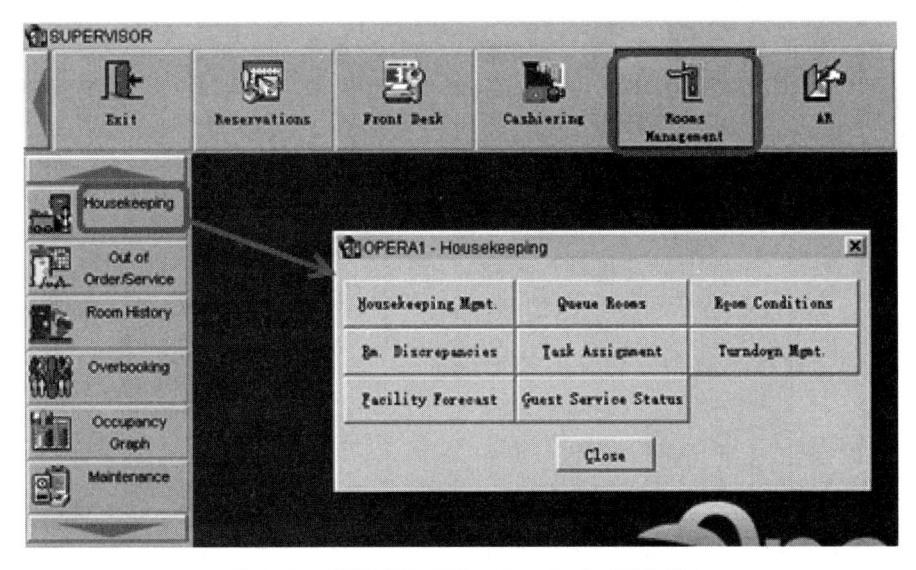

图 6-2　房务管理（Housekeeping）界面（1）

第六章 客房管理（Rooms Management）模块和应收账款（AR）模块

（一）房务管理（Housekeeping Mgmt.）

在"房务管理（Housekeeping Mgmt.）"界面（图6-3），可以查询、修改房态等功能。

图6-3 房务管理（Housekeeping）界面（2）

1. 查询房间

点击"房号（From Room）"（图6-4），可以查询每间房间的情况。客房服务员可以输入各种搜索条件查找客房（如客房状态、楼层、客房类型）。同时就像非自动化酒店业务中的客房状态架一样，客房管理模块将每个房间的状态提示给酒店员工。员工只需要输入房间号，这个房间的当前状态就会立刻显示在终端屏幕上。

还可以点击右下角的"预订（Resv.）"（图6-5），出现该房间的所有住客历史，把光标放在任意客人栏内，可以进一步查询客人的客史、预订等情况。

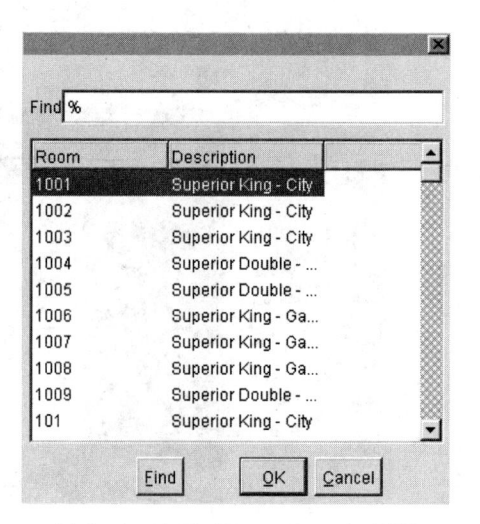

图6-4 房号（From Room）界面

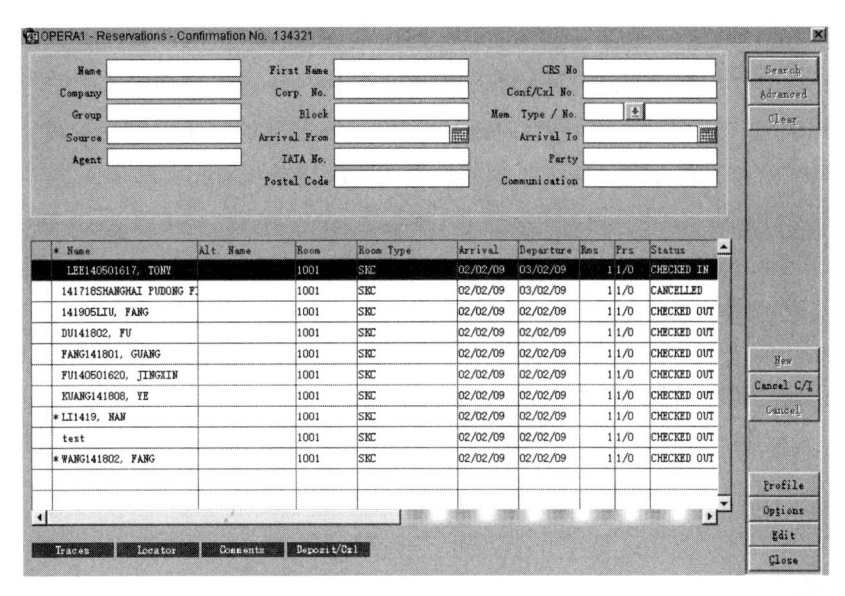

图 6-5　预订（Reservations）查询界面

2. 修改房态

酒店客房的房态分为已清扫房（Clean）、未清扫房（Dirty）、已分配房（Pickup）、已检查房（Inspected）。作为客房部最常用的功能，用户可以使用多种方法来修改房态：（1）选中需要修改的房间后，通过在下方客房状态单选框中进行选择的方法来修改房态。（2）在需要修改的房间列表上双击，可以完成房态清洁/脏房（Clean/Dirty）直接的循环转换。（3）使用快速修改（Quick Action）来修改房态，这一方法适用于批量修改客房状态。

在初次进入客房去清理时，客房服务员可能会使用 PMS 的客房电话接口模块（计算机系统直接与客房的电话系统连接）输入他/她的身份编码、房间号（不一定是必需的），以及识别客房现有状态的编码，计算机系统会自动地记录这个电话的时间。当一间客房已清理完毕等候检查时，客房服务员再次使用客房电话接口模块去提醒检查者站点，并且计算机系统也再一次记录下这个电话的时间。这样做能即时更新客房的状态，使前台员工能在客人登记入住时快速准确地分配房间，同时，客房服务员进出时间的记录日志，可用于客房管理模块以判断劳动生产率。劳动生产率由计算一个服务员花在一间客房的平均时间和在一个班次里清理客房的数目得出。生产力报告使管理者能在整个班次跟踪客房人员分布的同时，掌握潜在的效率低下的原因。

（二）等候房（Queue Rooms）

有时，客人会提前抵达酒店，这可能会造成他们预订的房间尚未清扫完毕。这也会给前台造成困扰，若这种情况不能很好解决的话，很可能引起客人投诉，甚至不满。

第六章 客房管理（Rooms Management）模块和应收账款（AR）模块

Opera系统中的"等候房（Queue Rooms）"按钮（图6-6），可以帮助合理地安排房间清扫，并通过前台与客房部的共同协调，使客人最快入住。若房间尚未打扫干净，前台员工在"等候房"界面设置需要立即打扫的房间。客房部的员工看到后，可以知道是否有客人已经在前台等着办理入住了，这样他们就能决定首先清扫哪些房间。

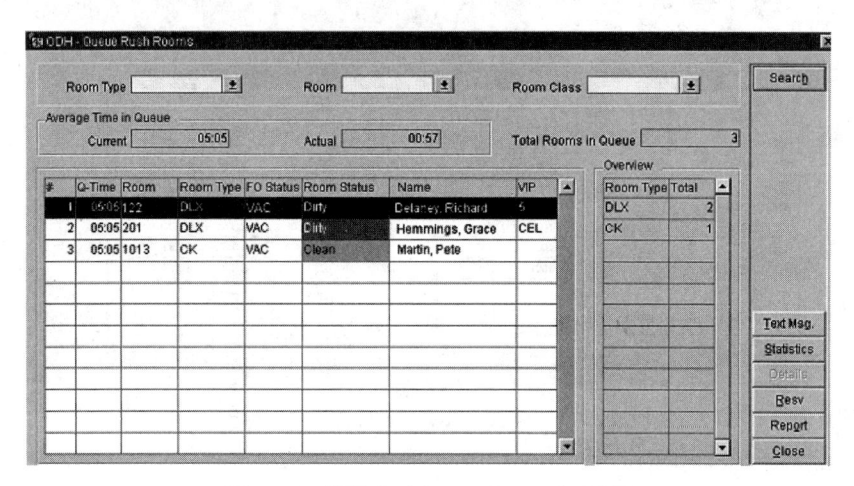

图6-6 等候房（Queue Rooms）界面

点击图6-6右下角的"数据（Statistics）"按钮，就可以看到酒店客房的使用情况，如图6-7所示。

图6-7 客房数据（Room Statistics）界面

（三）客房条件（Room Conditions）

在"客房条件（Room Conditions）"界面（图6-8），可以查看每间客房的情况。

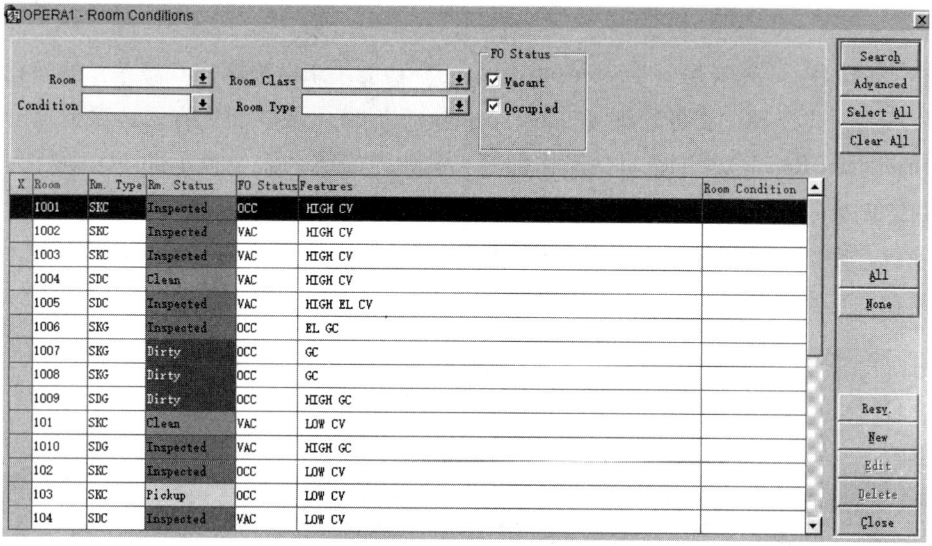

图6-8 客房条件（Room Conditions）界面

（四）客房差异（Rm. Discrepancies）

房态差异（Room Status Discrepancy）是特指客房部与前厅部对房态的描述之间处于差异状况的术语。产生这种差异有两个原因。第一，由于不完整的或不准确的记录造成的实际上的差异。例如，一位客人已结账离店，但是前台接待员没有在电脑系统中输入离店的信息。这时，客房部看到的客房状态是住客，但前厅部看到的却是空房。出现这种情形的客房叫作"沉睡房（Sleep）"。第二，客房状态的差异源自客房部的房态信息未能及时通知到前台。例如，一位客人虽然在前台登记入住，但实际上并未入住客房，这时，客房部看到的客房状态是空房，但前厅部看到的客房状态却是住客房。出现这种情形的客房叫作"遗漏房（Skip）"。

这些差异会严重地影响一个酒店使客人满意和提高酒店赢利的能力。客房管理模块将生成一个"房态差异报表（Room Discrepancy Report）"，向管理者提出特定房间的状态必须核实，以避免差异房的产生。报表可以指出任何前台与客房部房态更新之间的差异。

常见的客房状态差异是关于客房有/无客人（Ocupied/Vacant），这就产生了遗漏房（Skip）和沉睡房（Sleep），具体如表6-1所示。

表6-1 房态差异说明

	前台（Front Desk）	客房（Housekeeping）
遗漏房（Skip）	住客房（Occupied）	空房（Vacant）
沉睡房（Sleep）	空房（Vacant）	住客房（Occupied）

在Opera中，"差异房（Discrepant Rooms）"功能用来解决客房状态差异的问题，其操作方法为：先选择"房务管理（Housekeeping）"功能，在界面上方的选项卡点击差异房（Discrepant Rooms），进行对话操作即可。其中，房态列表中显示的FO项目为前厅部项目，例如"前厅房态（FO Status）""前厅客房人数（FO Persons）"；Hsk项目为客房部项目，比如"客房部客房状态（HK Status）"。需要注意的是，在差异房态中，客房部只需在"房态（Room Status）"中输入自己所看到的状态（图6-9）。

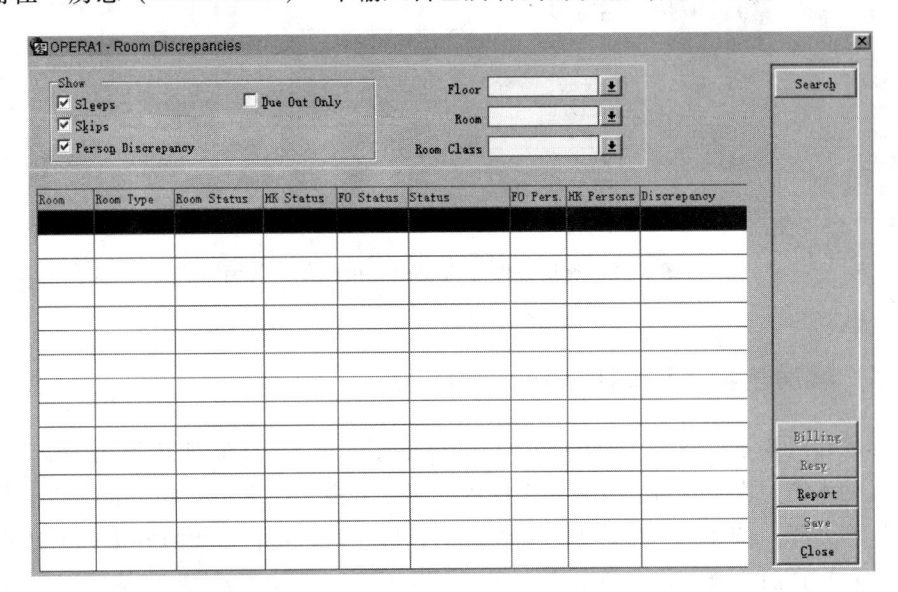

图6-9 客房差异（Room Discrepancies）界面

（五）任务分配（Task Assignment）

客房管理模块执行的重要功能包括：预测需要清理的客房数目；为客房服务员排班；分配工作量；衡量工作量。客房管理模块通过处理现有客房数和预计抵达客人数来预报需要清理的客房数目。在确定了需要清理的客房数后，能为每个客房服务员排班，并以酒店制定的标准为基准，为每个服务员分配指定的房间数目。在Opera PMS系统界面点击"任务分配（Task Assignment）"按钮，如图6-10所示。

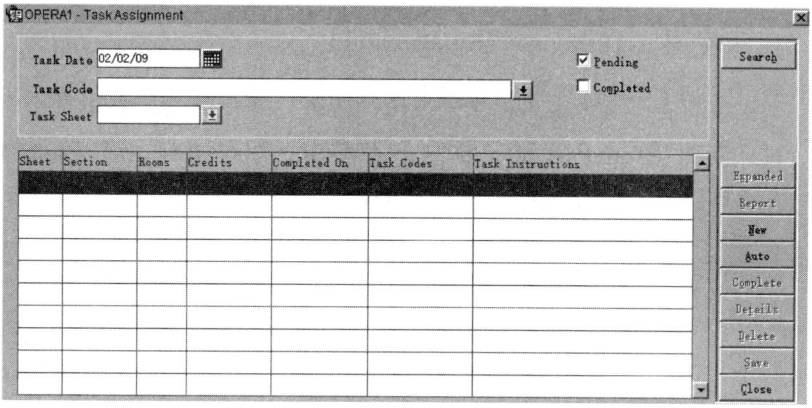

图 6-10 任务分配（Task Assignment）界面

分配任务时有两种方式：一种是手工输入，点击"新建（New）"，然后选择相应的"任务代码（Task Code）"即可，如图 6-11 所示；另一种是由系统自动生成，即点击"自动（auto）"即可，如图 6-12 所示。

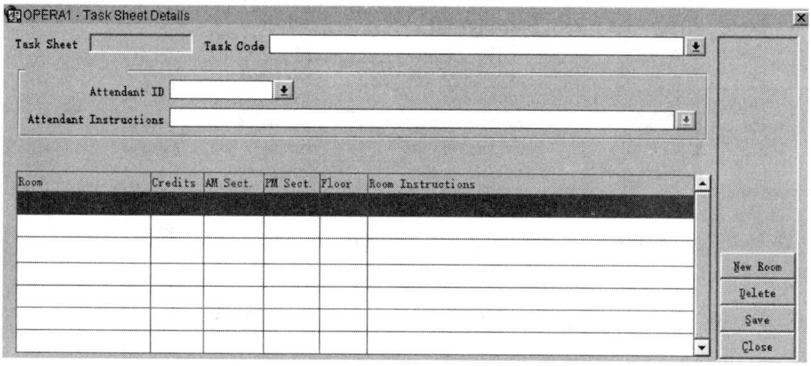

图 6-11 手工分配任务（Task Sheet Details）界面

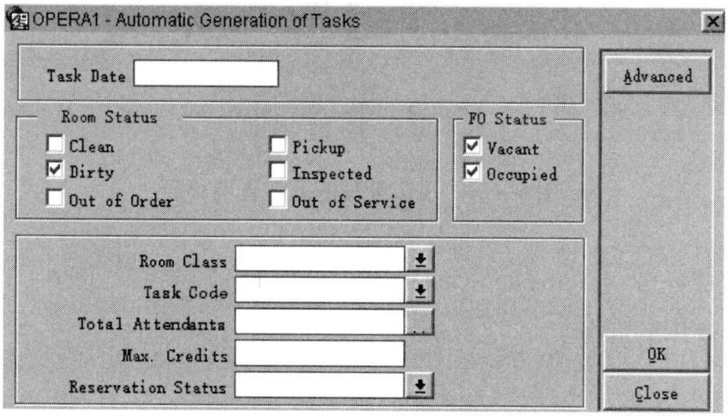

图 6-12 自动分配任务（Automatic Generation of Tasks）界面

（六）夜床管理（Turndown Management）

在许多高星级酒店，会为客人提供开夜床的服务。开夜床的服务也是由客房部来完成的。在"夜床管理（Turndown Management）"界面（图6－13），可以查询需要做夜床的房间信息，也可以由系统自动安排员工开夜床。

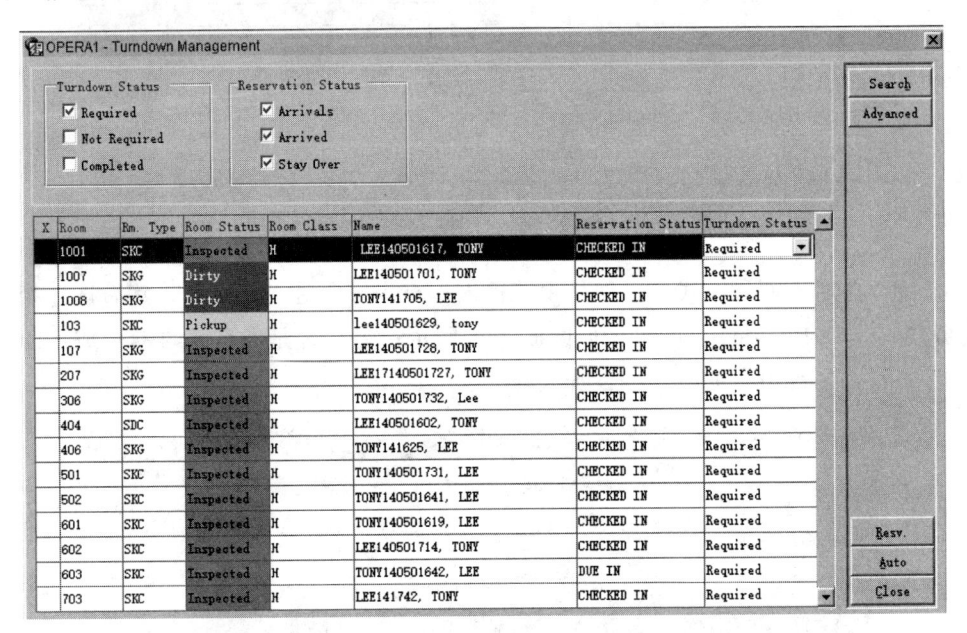

图6－13　夜床管理（Turndown Management）界面

在"高级查询（Advanced）"界面（图6－14），可以输入更多详细的搜索条件来查询需要开夜床的房间。

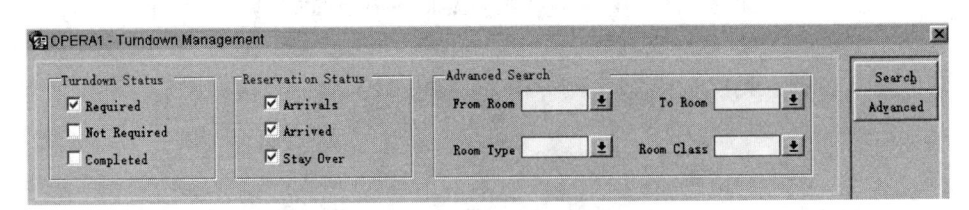

图6－14　夜床管理的高级查询界面

在"自动生成任务（Automatic Generation of Tasks）"界面（图6－15），系统可以自动为员工分派开夜床的任务。

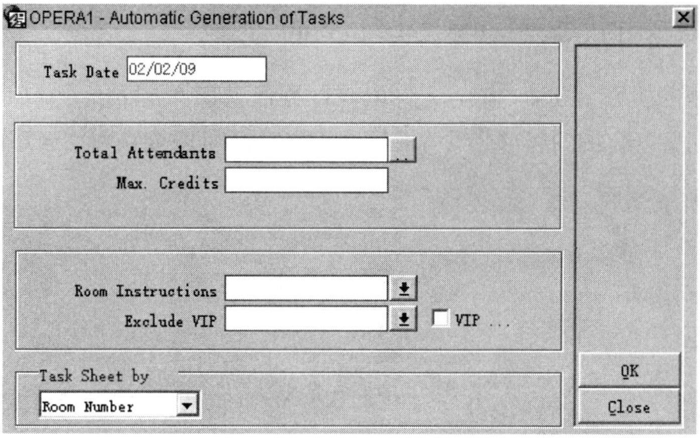

图 6-15 自动生成任务（Automatic Generation of Tasks）界面

（七）设施预测（Facility Forecast）

在"设施预测（Facility Forecast）"界面（图 6-16），可以根据未来几日的出租率、入住客人等情况，预测客房部需要完成的清扫任务，如有多少住客房需要打扫、有多少走客房需要打扫、有多少重要客人（VIP）房间需要打扫、要开多少间夜床等。

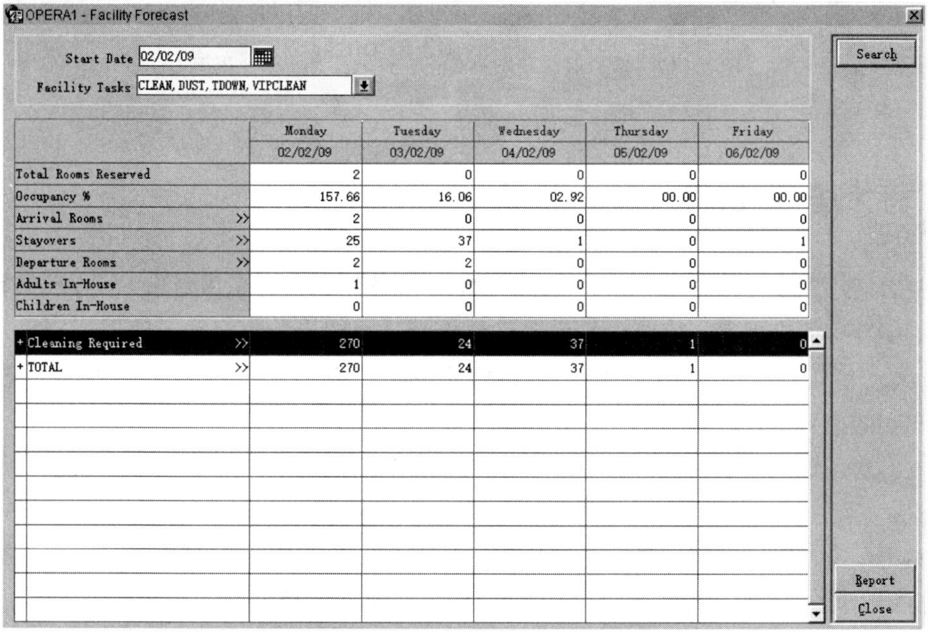

图 6-16 设施预测（Facility Forecast）界面

第六章 客房管理（Rooms Management）模块和应收账款（AR）模块

（八）客户服务状态（Guest Service Status）

在"客户服务状态（Guest Service Status）"界面（图6-17），可以看到每间客房的服务状态，例如，"请勿打扰"或"清洁房间"等。还可以查看每间客房的预订情况等。

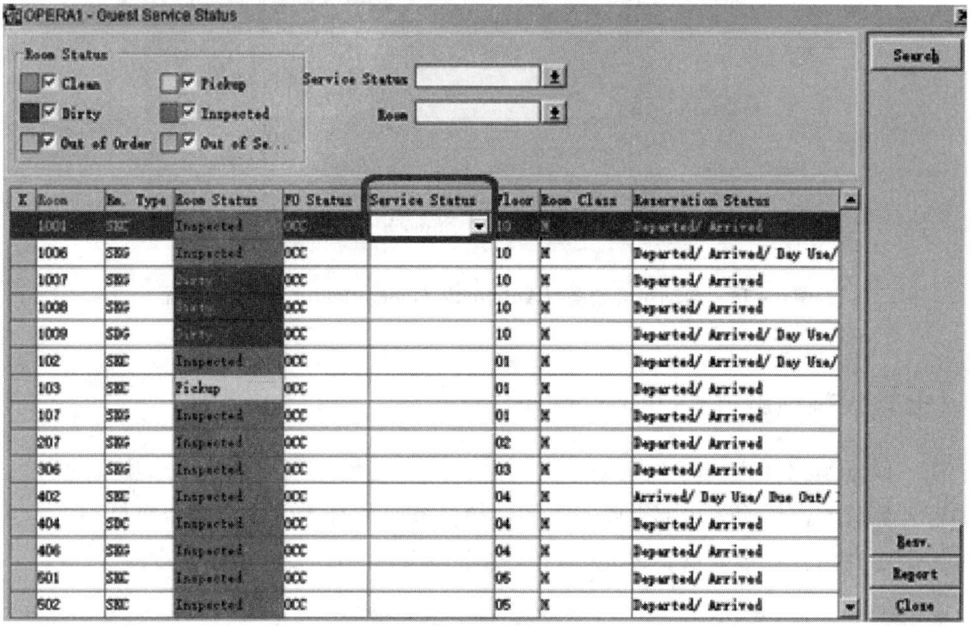

图6-17 客户服务状态（Guest Service Status）界面

二、待修房/停用房（Out of Order/Service）

把客房设置成待修房（Out of Order，OO），会影响酒店存量房（Inventory）的数量，继而影响客房的出租率。待修房的设置仅限于当日不能出租的客房。使用停用房（Out of Service，OS）可以用来每日的保养或酒店的参观用房（Show Room），这些房间是可以用来出租的，只是暂时不可用，不影响计算酒店的出租率。

在客房功能对话框中，点击OO-OS按钮可以直接调用OO-OS状态设置或者在登录Opera系统后使用如下方法调用，之后即可看到对话框：（1）选择"客房管理（Rooms Management）"主菜单，在弹出的子菜单中选择"待修房/停用房（Out of Order/Service）"；（2）点击"客房管理（Rooms Management）"快捷键，在右面快捷按钮中点击"待修房/停用房（Out of Order/Service）"即可（图6-18）。

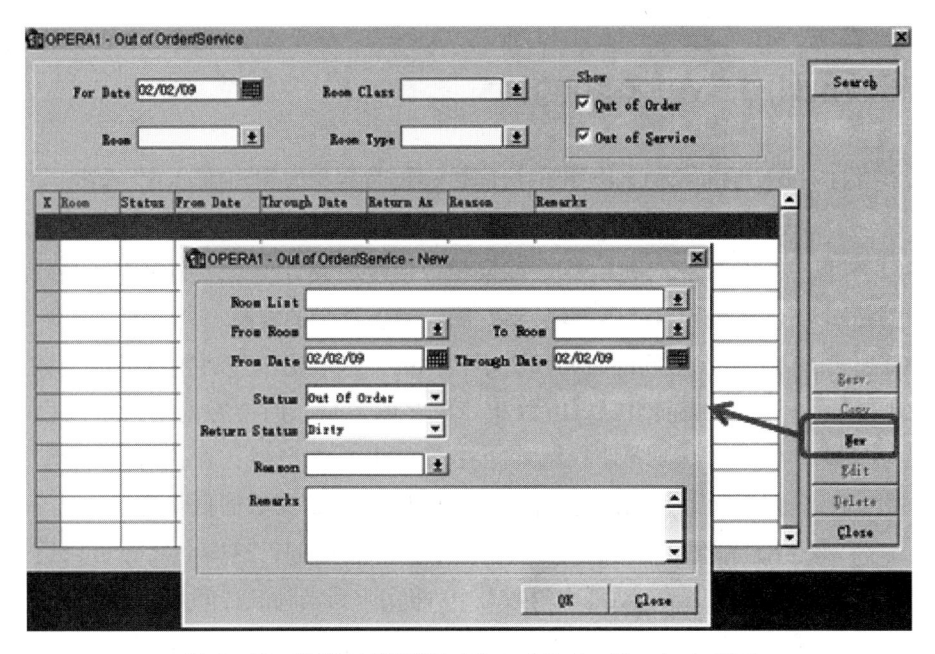

图 6-18　待修房/停用房（Out of Order/Service）界面

三、客房使用记录（Room History）

客房管理模块有调用客房历史功能，根据房间类型描述每个房间的收入以及使用历史。登录 Opera 后，在主界面上可以通过以下任何一种方法来使用客房记录功能（Room History）：（1）选择"客房管理（Rooms Management）"主菜单，在弹出的子菜单中选择"客房使用记录（Room History）"按钮；（2）点击"客房管理（Rooms Management）"快捷键，在右面快捷按钮中点击"客房使用记录（Room History）"按钮，如图 6-19 所示。

图 6-19　客房使用记录（Room History）界面

四、超额预订（Overbooking）

几乎所有的酒店会超卖（即销售的房间数超过其本身的房间数），以达到100%的出租率。超额预订是酒店为对付预订而不来或取消预订或提前离店而影响全额出租的一项措施。但是对超额预订必须小心处理。如果预订系统超额订出太多的房间，已确认的宾客就无法安排入住，这就会损坏对客关系，影响酒店今后的客源。

每日超卖的房间数在不同的时间段是不一样的，这取决于过去预订的取消数、失约的房间数（No shows）、提前结账离店数和门市客的数量。门市客的数量可以根据"市场代码（Market Code）"来统计。例如，在高需求日，当然，在高需求日为了达到100%的出租率，并不是因为预订的取消数和应到未到的房间数而低卖房间。

例一[①]：截至当日15：00，在店客有50间，预订50间。这时酒店还可以适当接受超额预订。若过去同期，酒店预订取消数是10间，应到未到的房间数是5间，门市客为0，在这种情况下，当日超卖的房间数可以设为12间，但不要设为15间，需要预防误差。因为每天都有客人在晚些时候退房，也有可能有预订的客人不来，可以适当接受超额预订，以防失约客人（No Show），造成空房损失。

例二：一家有200间房的酒店，其中标准间100间，单人间30间，大床间70间。当日预订出租率为80%，截至当日中午12：00，在店客如下：标准间40间，大床房30间，单人间10间，标准间预订40间，大床房预订20间，单人间预订20间。从表面上看，单人间已经客满，不能再接受预订了，其实不然，可以大胆地继续接受单人间的预订（除了上面案例中提到的可能性外），例如可以再接4~5间的预订。原因很简单，因为当天出租率只有80%，可以肯定有空出来的标准间或大床房，万一10间在店客单人间不退，而20间预订房的客人全来了，可以免费把客人升级到大床房。

例三：与例二相同的一家酒店，时值19：00，在店客130间，预订35间，其中在店客中标准间85间，标准间预订15间，预计当天出租率85%，即可能剩余30间大床房，这时走进来两个客人，要一间标准间，被回绝了，回答是标准间已满，客人快快而去，这是错误的。完全有可能把客人留下来，解决的方法有：（1）接受客人，给客人一个标准间，因为有客人可能提早离店，有预订可能取消，有预订客人不到；如果上述三种情况都没有出现，也没有关系。给后来的预订了标准间的客人升级，即支付一间标准间的价钱，就可以住两个大床间，这叫双赢或三赢。（2）接受客人，给

[①] 李志平. 中国经济型酒店市场营销之道［M］. 上海：上海交通大学出版社，2009.

客人一个惊喜：告诉客人今天是他们的幸运日，他们只需要出团队价就可以住两间大床房。

在 Opera 系统可以设置超额预订（Overbooking）的房间数。在"超额预订设置（Overbooking Setup）"界面（图6-20），可以新建、修改超额预订的客房数。

图6-20 超额预订设置（Overbooking Setup）界面

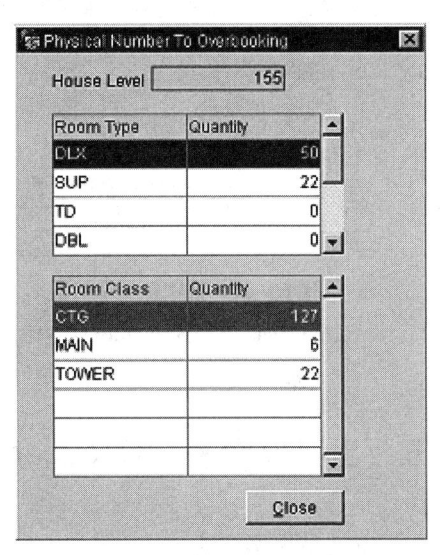

图6-21 酒店实际客房（Physical Number）界面

1. 酒店实际客房数（Physical Number）

可以点击图6-20下方的"酒店实际客房数（Physical Number）"来查看酒店现有的实际客房数。该界面不能修改，只能查询，如图6-21所示。

2. 新建超额预订数

可以点击图6-20下方的 New 按钮，进入"新建超额预订数"界面（图6-22），可以指定日期，选取"客房等级（Room Class）"和"客房类型（Room Type）"，进而设置超额预订的数量。

3. 修改超额预订数

点击图6-20下方的 Edit 按钮，进入超额预订修改界面（图6-23），同样可以选取"客房等级（Room Class）"和"客房类型（Room Type）"，进而修改超额预订的数量。

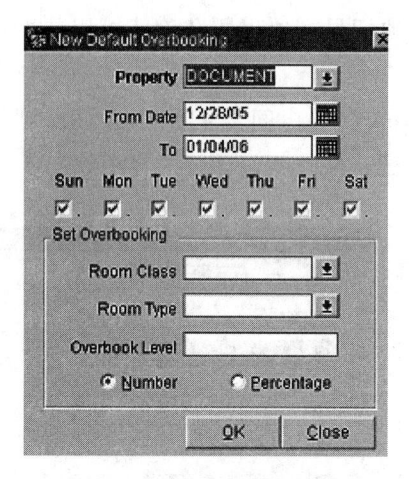

图 6-22 新建超额预订数
(New Default Overbooking) 界面

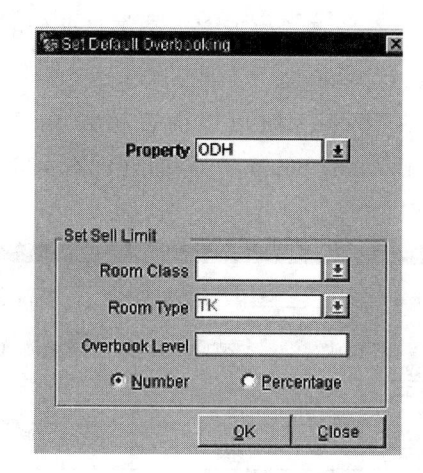

图 6-23 超额预订修改
(Set Default Overbooking) 界面

五、出租率图表 (Occupancy Graph)

在"出租率图表 (Occupancy Graph)"界面（图 6-24），可以清楚地看到未来几天内酒店的客房出租情况，有助于给客房部员工排班。

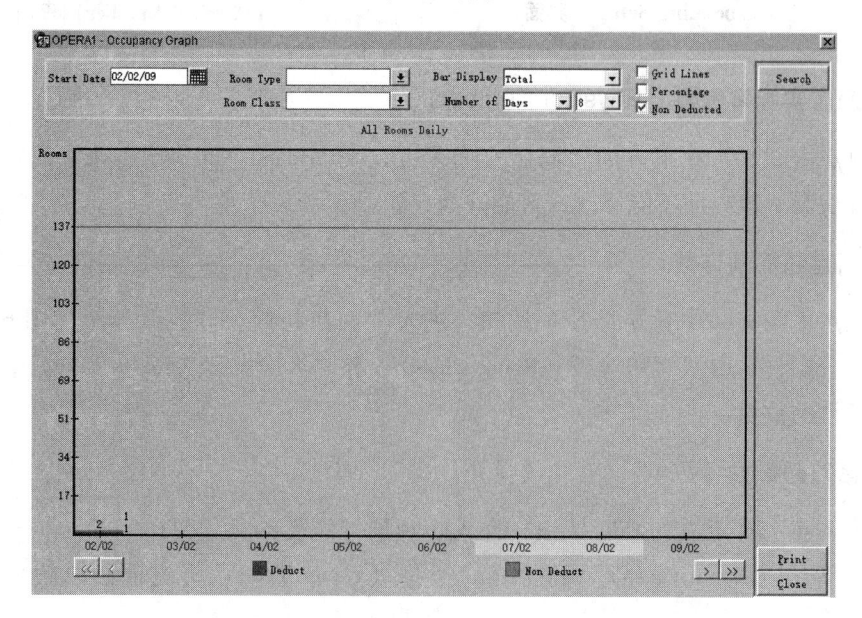

图 6-24 出租率图表 (Occupancy Graph) 界面

六、维修管理（Mainatenance）

客房服务员是处在第一线最直接地为客人提供服务的人员。他们在打扫客房的过程中首先能发现那些导致住客不满的问题，主要有卧具问题（如床垫下陷）、暖气/空调、电视机、电话、床罩、灯光、门、抽水马桶、梳妆台和浴缸、毛巾、浴室四壁、水温、通风换气等。客房服务员在打扫客房时，要随时注意这些可能使客人感到不舒服、进而投诉的问题。在客房服务员发现问题后，要及时填写工程报修单，如图 6-25 所示，及时通知工程部进行维修。

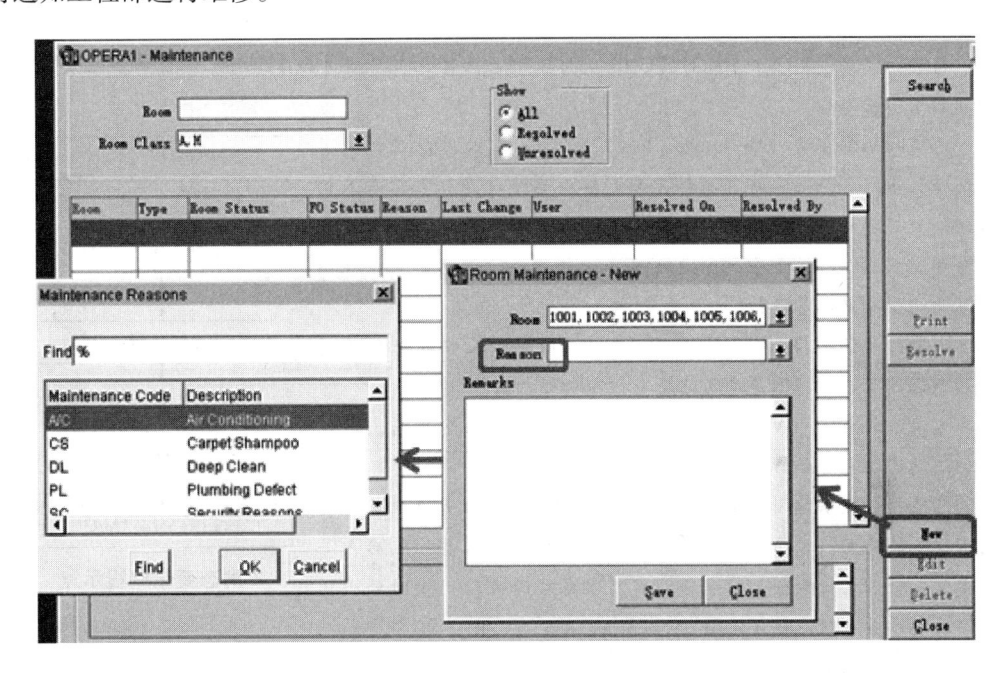

图 6-25　设置房间维修（Maintanance）界面

了解客房状态

酒店严格地管理着每一间客房。酒店从事的业务就是销售客房，这包括出售具有各种客房类型、结构和标示的每一间客房。客房销售管理过程最重要的方面就是要能辨别清楚哪些客房在什么时候可以用于销售。这既是为了避免出现把两位客人安排到同一间客房的尴尬局面，也是为了一旦有房间可供销售就立即把它们售出以使客房收益最大化。酒店业为每间客房都标示了一种状态，对这些状态进行协调是酒店管理客房可供量的方法。

客房状态协调定义为酒店确保能够正确地标示出客房当前的状态，并且当客房状态改变时给它指配一个新的标示符号。客房部和前厅部负责维护客房状态，两个部门相互协作，落实房间分配、清扫并且再次分配的状态，以此实现客房收益最大化，同时避免发生错误的分配。客房状态种类/标示时根据客房的租用状态（State of Occupancy）、清洁状态（State of Cleanliness）和异常状态（State of Exception）进行划分的。最常用的客房状态代码是住客房（Occupied）、空房（Vacant）、未清扫房（Dirty）、清扫房（Clean）、待售房（Ready）和待修房（Out of Order）。

客房状态可被看成是客房的"生命周期"。描述客房的状态要求确定客房对于新一轮的出租是否已准备就绪。因此，酒店必须知道客房当前的租用状态和清洁状态。当确定了一间客房的租用状态和清洁状态时，就可以为该客房分配一个客房状态代码。客房状态代码结合了客房租用状态和客房清洁状态两方面的信息。

客房状态代码含义：

待售的空房（Vacant/Ready，V/R）：可以用来出售的客房。"V/R"的客房状态是客房能被出租的唯一状态。

已清扫的住客房（Occupied/Clean，O/C）：客人当前正租用着房间并且房间已经被客房部打扫完毕。典型的情况是，在客人入住期间，酒店客房部对清扫过的客房不进行检查。虽然酒店期望所有客房都能被打扫得很干净，但是住客房一般都会比那些客人已经结账离开的空房更容易清扫。

未清扫的住客房（Occupied/Dirty，O/D）：客人当前正租用着房间，已过了一晚，但是房间还没有被客房部打扫。

未清扫的空房（Vacant/Dirty，V/D）：客人已结账离店，但是房间还没有被客房部打扫。

已清扫的空房（Vacant/Clean，V/C）：已被清扫干净但是还没有被检查的房间。客房服务人员要清扫干净所有的客房，然后由一位主管或经理进行检查，以确保该客房准备就绪可以用于对外出租了。这些检查者随后把代码由"V/C"改变成"V/R"。

以上房态的变化具体可如右图所示。

待售的空房（V/R）
↓
已清扫的住客房（O/C）
↓
未清扫的住客房（O/D）
↓
未清扫的空房（V/D）
↓
已清扫的空房（V/C）
→（回到待售的空房 V/R）

房态变化流程示意

——资料来源：Margaret M. Kappa，等. 饭店客房管理［M］. 潘之东，译.
北京：中国旅游出版社，2002.

关于待修房和未清扫房

不少酒店缺乏有效的管理，待修房由基层的管理人员控制，有时明明是可以出租的房间，也被当作待修房处理。还有的待修房由店长说了算。我曾经发现有一家连锁酒店的店长因不想回家，把好房改成待修房，自己睡。因此必须对待修房进行控制。第一，建立书面标准，符合标准的才可以列入待修房，待修房由客房服务员填表上报客房主管，再由客房主管上报店长，由店长签字后，方可列入待修房，这对店长同样有约束作用。对于待修房，要及时修复，要防止店长等管理人员利用职权，为了不掏钱给亲朋好友住宿，把好房做成待修房。待修房（除非有危险）也可以以折扣的形式出售。只是在出售前要把实情告诉客人，客人愿意就行。

经济型酒店因开支有限，用不起驻店经理，晚上通常只有一个主管级的小经理，常有失控的现象出现。如对 18:00 前退房的客房，或 18:00 后退房的客房，即使在客满的情况下，也不及时打扫清理，造成有房不能卖。

目前，由于经济型酒店缺乏收益管理意识，且因人手较少、管理不善，动辄随意延长客人的入住时间，客人提前结账离店的客房数、客人应到未到的数量、取消的客房常常无人统计，这将会造成不小的损失。

——资料来源：李志平. 中国经济型酒店市场营销之道 [M].
上海：上海交通大学出版社，2009.

第二节　客房部经常使用的快捷键及报表

一、客房部经常使用的快捷键

客房部的日常工作中，会经常使用到以下几个快捷键。

1. Shift + F3

使用 Shift + F3 快捷键，就可打开酒店状态（House Status）界面，即图 6-26，快速了解当天酒店的房间信息（包括入住率）。该图的 6 个部分分别为酒店的客房总体情况（Room Summary，包括总数、待售房、待修房等数量）、当日客房使用情况（Activity）（包括抵离店情况、延住、日用房数、提前离店客人数量等）、免费房和酒店用房的情况（Complimentary and House Use）、夜审情况（End of Day Projection，包括当日的最大可用房数、团队情况等）、客房状态（Housekeeping Room Status，已清扫房数量、未清扫房数）等信息。界面左下角是搜索、查询区域，点击小框旁边的下拉箭头，就可以有更多选择。

2. Control + F3

使用 Control + F3 快捷键，可以打开房间列表（Room Plan），查询酒店内任一房间某一天的使用情况，如图 6-27 所示。

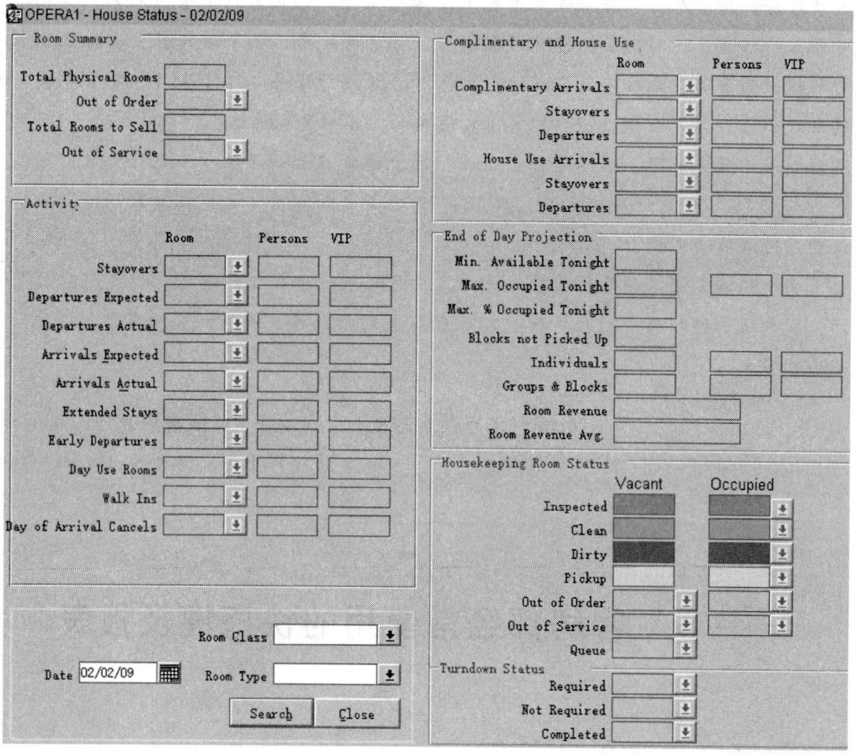

第六章 客房管理（Rooms Management）模块和应收账款（AR）模块

图 6-26 酒店状态（House Status）界面

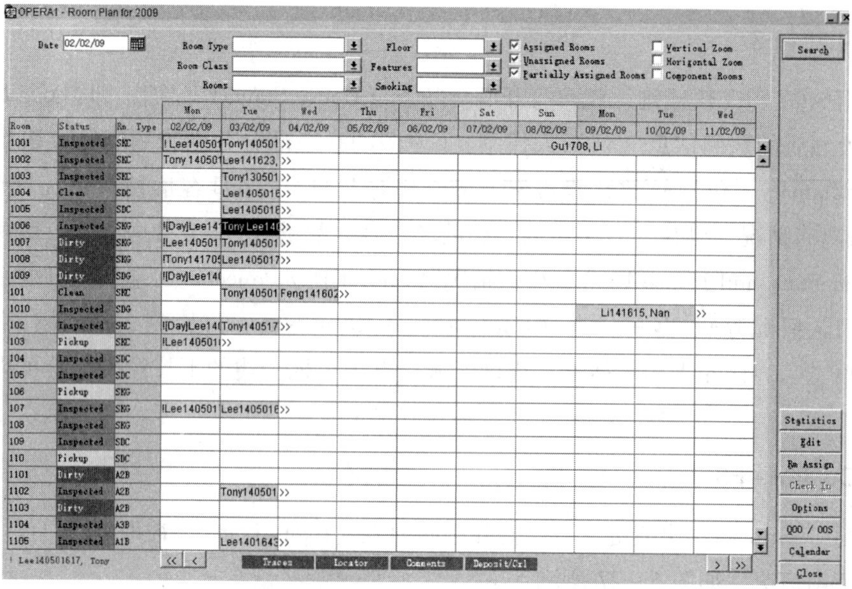

图 6-27 房间列表（Room Plan）界面

3. Shift + F5

使用 Shift + F5 快捷键，可以打开楼层图（Floor Plan），查看酒店楼层的直观效果图（包括客人和房间清扫的状态）。双击序号，可以获得更多的信息，例如预订或待修房的原因，如图 1 – 11 所示。

二、客房部经常使用的报表

客房管理模块可生成的报表聚焦于可用房、房态以及客房预测。这些报告在管理上被用来辅助排班和分配工作量。经常使用的报表有客房状态报表（Housekeeping Status）、未修好的客房报表（Room Maintenance Not Resolved）、待修房原因报表（Out of Order by Reason）、客房分配报表（Assign Rooms All）、预测报表（Facility Forecast）、房态报表（House Status）、客房清扫明细报表（Housekeeping Details）、重要客人报表（按房号分）（Housekeeping VIP's by Room No.）、客房差异报表（Room Discrepancy）、等候预订报表（Queue Reservations）、等候房价报表（Queue Rooms）、空房报表（Vacant Rooms）等。

第三节　应收账款模块的基本功能

应收账款（Accounts Receivable）指的是因为通过信用完成销售而导致的对酒店的食宿费用负债。Opera PMS 系统中的应收账款模块包括以下功能：直接挂账、账单管理、账户账龄、支付账单、催款信及周期结算对账单以及账户查询等功能，并可在系统切换时，根据账龄输入原有系统的余额。系统上可以设定各种不同的信用额度，还可以打印各种报表，在其中列出基于这些信用限额的财务余额数据。针对每一个账号，该模块可以维护一系列的信用历史数据。这些数据一般可以指出最早发票上的付款要求与应付款日期之间的有效日期数。在系统的每日更新期间，应收账款余额将自动从前台财务模块转账到后台应收账款余额。在 Opera PMS 系统中应收账款（Accounts Receivable）模块的主要功能体现在其第一个小模块"账户维护（Account Maintenance）"（图 6 – 28）和报表功能。

一、基本功能

（一）查找功能

在图 6 – 28 所示的界面中可以根据"客户名称（Account Name）"等快速查找到客户的应收账信息。

第六章 客房管理（Rooms Management）模块和应收账款（AR）模块

图 6-28 应收账款查询（AR Account Search）界面

（二）新建应收账

在图 6-28 所示界面的右下角点击"新建（New）"按钮可以新建或编辑应收账，如图 6-29 所示。需要注意的是，Opera 系统不会自动生成应收账号，酒店需设定一个自己的格式，例如 AAA999 格式，即应收账号由 3 个字母和 3 个数字组成。该账户信用额度超支时，不会立即影响使用，只会在报表上警示酒店注意该账号超出了信用额度。账户处于"严禁使用"（Restricted）的状态时，就不能在酒店中使用，只有当账户充值后，才可使用。

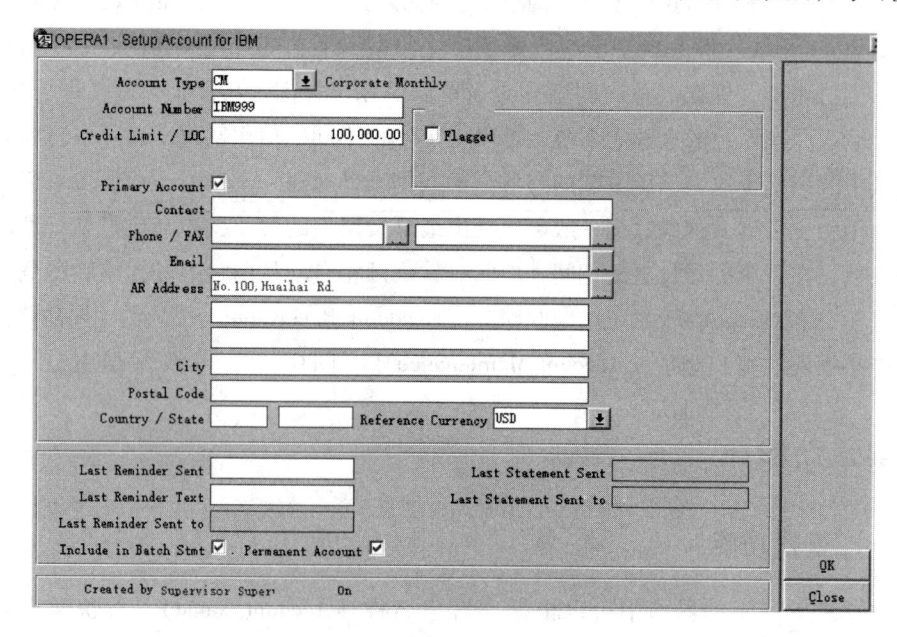

图 6-29 新建应收账（Setup Account）界面

(三) 编辑应收账

在图 6-28 右下角点击"选择 (Select)"按钮，就可以打开该客户应收账界面，进行编辑、修改，如图 6-30 所示。

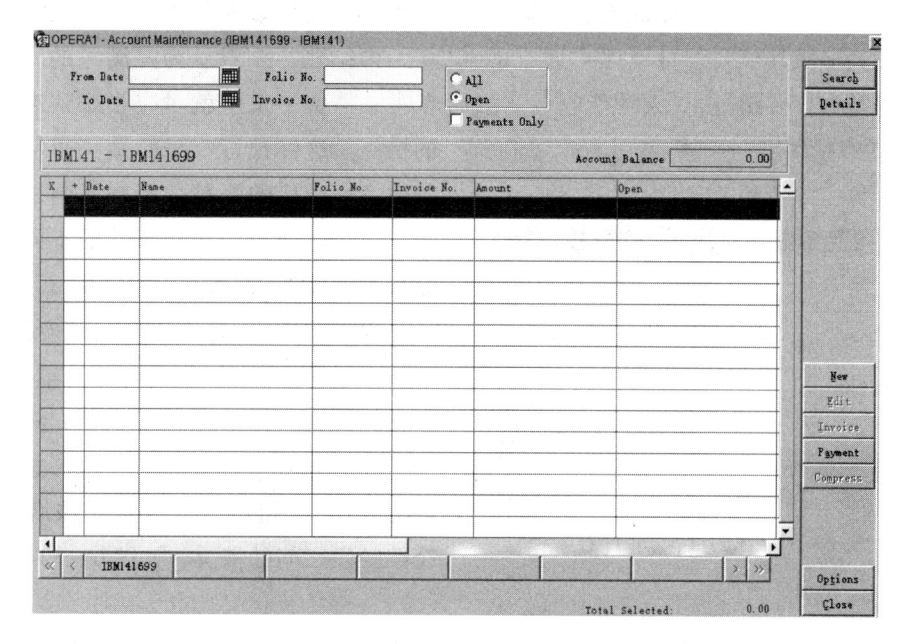

图 6-30　应收账编辑 (Account Maintenance) 界面

二、选项功能

点击图 6-28 所示界面的右下角"选项 (Options)"按钮，进入应收账选项 (Account Posting Options) 界面 (图 6-31)。在该界面中，主要有建立账户 (Account Setup)、账龄 (Aging)、固定费用 (Fixed Charges)、未来预订情况 (Future Resv.)、备注 (Notes)、消费历史

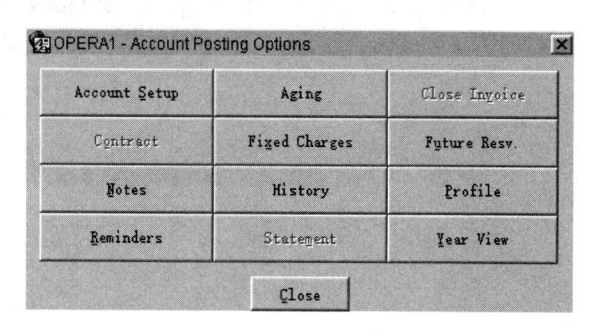

图 6-31　应收账选项 (Account Posting Options) 界面

(History)、客户档案 (Profile)、催款信 (Reminders)、对账单 (Statement) 等功能。这里我们主要介绍之前未提到的账龄 (Aging)、催款信 (Reminders)、对账单 (Statements) 的功能。

1. 账龄（Aging）

信用卡账单的支付通常是根据酒店与信用卡公司订立的协议进行，从发出账单到收到款项的时间间隔从立即支付到 30 天不等，有时更长。影响收账时间长度的因素包括交易数量，向信用卡公司邮寄凭单的频率、外国信用卡交易以及信用卡公司征收的交易费用等。大多数其他公司分类账户通常能在 30 天内结账，一般认为是满意的。而一些公司的分类账户要超过 30 天才能收取。酒店应建立消费一发生就对应收账款进行跟踪的措施。这种预订收账的做法通常称为账龄。各家酒店的账龄分析都不同，这取决于酒店实际执行的信用条件的不同。账龄分析表一般将账款区分为 30 天、60 天、90 天或更长时间的欠款。在大多数酒店，账款少于 30 天的欠款被认为是本期欠款，账款超过 30 天的欠款被认为是过期账款。

在"选项（Options）"中点击"账龄（Aging）"按钮后，可以看到该客户在各个账龄段之间的情况，如图 6-32 所示。

图 6-32　账龄（Aging）界面

2. 催款信（Reminders）

一般酒店对账龄超过 30 天的客户定期发出催款信（Reminders）。这可以在"选项（Options）"催款信（Reminders）中进行设置，输入客户等相关信息后，可以由系统自动生成催款信，如图 6-33 所示。

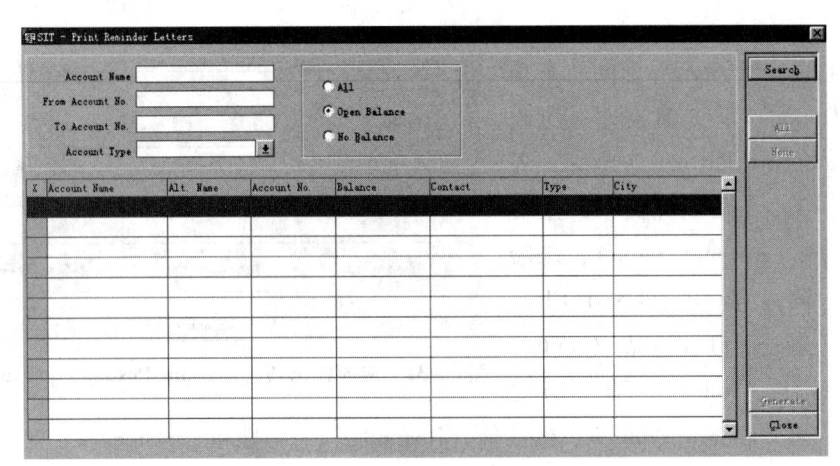

图 6-33　催款信（Reminders）界面

3. 对账单（Statements）

这是财务应收账会计每月必打印的报表，实际上是所有债务人当前的账单，财务人员称之为对账单，作为催账、对账的依据，如图 6 – 34 所示。

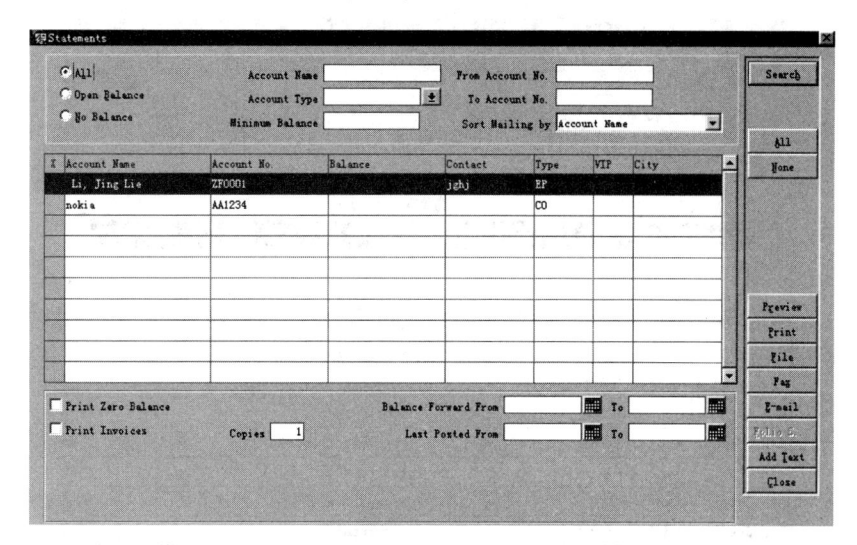

图 6 – 34　对账单（Statements）界面

三、报表

应收账款报表包括各种类型的账龄报表（AR Aging Summary）和账单报表（AR Payments）。应收账款模块允许管理者访问存储在应收账款文件中的任何账户上的数据，也维护着一个财务账龄文件（Accounts Aging File），包含着可以格式化成一系列账龄报告的应收账款数据。应收账款账龄日程（Aging of Receivable Schedule）根据初始收费的日期分解财务账龄文件中的每个账户。

账龄报表可以用命令打印，但一般还是在每月末文件更新时以例行方式生成。此外，应收账款模块可以自动打印（在信纸上）一系列催款信（Reminders），列出所有 30 天到期的账户和各种过期未付款项，催款信是对未结账余额的支付要求。应收账款模块可以为特定的用户简化各种报告，在账龄日程中的多数详细信息对某些财务功能来说是不必要的。在这些情况下，可以根据用户的特殊需求来选择财务账龄文件中的数据，生成个性化的账龄报告。另外，还可以为管理者提供一个应收账款账龄的摘要报告。

为安全起见，某些应收账款模块将生成一个审计报告来显示收款事务。审计报告一般根据账户号、账户名、发票号和总额以及需要在特定时间段处理的事务类型，用图表显示每个账户。

第六章　客房管理（Rooms Management）模块和应收账款（AR）模块

在 Opera PMS 系统中，可以在"杂项（Miscellaneous）"中选择"报表（Reports）"，然后在"报表类型（Report Group）"中选择"应收账款（Accounts Receivable）"，就可以显示所有的应收报表，如图 6-35 所示。

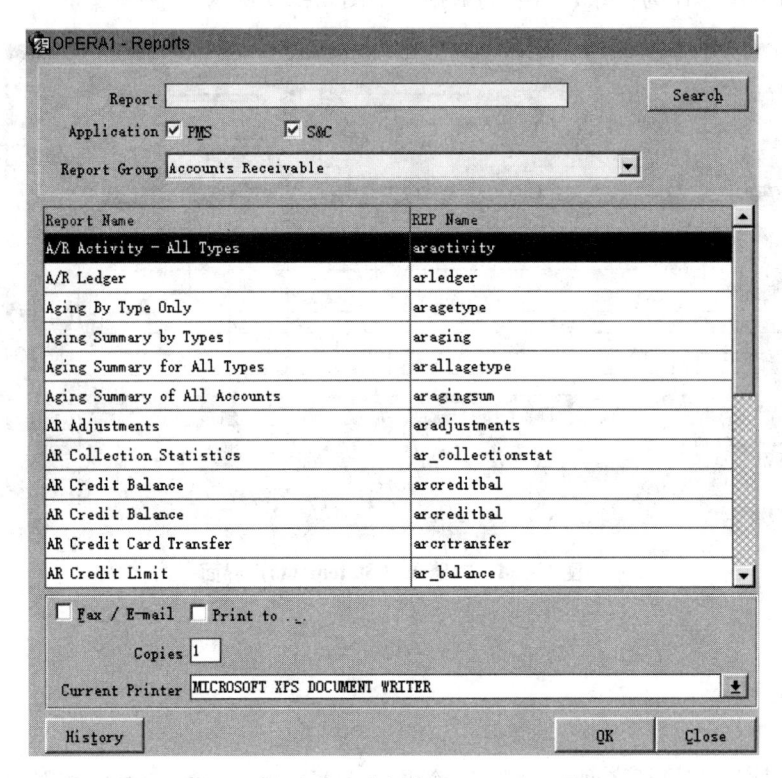

图 6-35　应收账户报表（Reports）界面

练习题

一、客房管理部分

1. 若你是客房主管，每天早晨走进办公室的第一件事情就是了解酒店的客房状态：有多少需要打扫的房间、当日有多少离店的客人及当日的工作量。了解客房的全部信息后，你发现前厅部的留条，一间"未清扫房"实际上是"清扫房"。请找到这间"未清扫房"，改回到干净的状态。

提示：在练习中，会用到以下功能按钮：

(1) Housekeeping Search　　　(2) Update Status

(3) Statistics　　　　　　　　(4) House Status（Shift + F3）

2. 现在，你对今天要打扫的客房做到了心中有数，就可以开始给客房服务员分配任务了。今天有10位客房服务员，每位都需要他们的清扫客房任务单。

提示：在练习中，会用到以下功能按钮：

（1）Generate AM Task Assignments　　（2）Auto – Assign

3. 分配好客房清扫任务后，你发现有一些客房需要一张任务单移到另一张任务单上。使用 Expanded view of the assignment sheets，来满足服务员的要求。

提示：在练习中，会用到以下功能按钮：

（1）Modify Task Assignments　　（2）Expanded Assignment Sheets

4. 现在是接近下午下班时间，所有的客房服务员交回了他们的清扫任务单，显示他们清扫的房间是"已清扫房"。使用更改按钮，在系统里把所有"未清扫房"改为"已清扫房"。

提示：在练习中，会用到 Change/Update Multiple Rooms 功能按钮。

5. 下午，中班的服务员到达酒店了。要根据早班的任务单，并给中班的服务员分配做夜床的任务单。

提示：在练习中，会用到以下功能按钮：

（1）Evening Turndown Task Assignments　　（2）Complete Task Assignments

6. 客房部一天的工作就要结束了。你在下班前，需要安排接下来两周的工作。运用系统的工具和报表预测你需要的员工人数并安排员工的工作时间表。

提示：在练习中，会用到以下功能按钮：

（1）Occupancy Graph　　（2）Housekeeping Forecast Report

7. 工程部打算下两周把酒店的一个楼层做大保养（Preventive Maintenance Plan）。为此，你要把整个6楼的房间设置成OO房。工程部计划更换每个房间的空调，而且工程部通知你在完成3个房间的保养后，要更换这3个房间的地毯。你要把这3个房间的状态设置成OO状态，并设置成"未清扫房"，提醒客房服务员清扫。

提示：在练习中，会用到以下功能按钮：

（1）Out of Order – New　　（2）Out of Order – Delete

8. 销售部今明两天要用两间最好的房间做 Show room。他们要求这两间房间做"大清扫"（Deep cleaning），并设置成OS房。你把两间最好的客房今明两天设置成OS房。

提示：在练习中，会用到 Out of Service 功能按钮。

9. 你注意到前台把一间客房设置成"Occupied"，但是打扫那间客房的服务员坚持那间房间是空房而且是干净房，那么这就是个"Skip"的状态。你和前台联系，他们通知你，客人仍然住在那间房间里，只是他把行李拿走了。你要更改客房部的房态，显示房间为住房（Occupied）。

提示：在练习中，会用到 Discrepant（Skip）功能按钮。

10. 你注意到前台把一位客人的状态变成结账离店了。但是客房服务员告诉你这位客人仍住在房间里，这就引起了"Sleep"的状态。你和前台联系，让前台把这间房间改回到住房（Occupied）的状态。

提示：在练习中，会用到 Discrepant（Sleep）功能按钮。

11. 你收到了两周前离店客人的留言，他说他把一双鞋落在客房里了。你检查了客人的丢失物品记录，查找到客房服务员确实捡到一双鞋。使用客房使用记录（Room History）锁定那间房间，核对客人的姓名、地址，然后把那双鞋返给客人。

提示：在练习中，会用到 Room History 功能按钮。

二、应收账款部分

1. 你们酒店刚批准了一个新的应收账号，可以直接转账到你最喜爱的餐馆。新建一个这个餐馆的公司档案，同时新建一个该餐馆的应收账号，信用额度为 2 万元人民币。这个账号的联系人和餐馆档案的联系人是一样的。建好后，再到应收账款中查找，以确定已经建好。

提示：在练习中，会用到以下功能按钮：

（1）Account Search　　　（2）Create New Account

2. 你最喜欢餐馆的应付账款部门打来电话，要求酒店无论何时把对账单寄到餐馆时，都要在信封上注明，要寄到他们应收付款部。到这家餐馆的应收账号中，更改这家餐馆的联系人和地址信息。

提示：在练习中，会用到 Edit 功能按钮。

3. 你注意到应收账号中有一个账号最近严重拖欠了付款，立刻调查该账户的以前消费信息及信用信息，决定是否将该账户纳入到禁止使用的状态中。使用所有应收账款的选项功能和报表功能进行调查。

提示：在练习中，会用到以下功能按钮：

（1）Aging　　　　　　　（2）Year View

（3）Future Reservation　　（4）AR Detailed Aging by Account Report

4. 在调查上面这个账户时，你又发现了一笔款项严重超期（超过了 90 天），什么时候付款也不知道。调查后，你发现这笔欠款是打错了账号。把这笔欠款调整到正确的账号中去。

提示：在练习中，会用到以下功能按钮：

（1）Post History　　（2）Payment History　　（3）Transfer

5. 在决定将上述应收账号纳入到严禁使用的范围后，你在该账号上注明这个应收账号以后付款时将被禁止支付的原因。同时，通知相关部门每天催他们的应付部门，直至他们付清以前所有的欠款。最后，找出该账号的公司档案，看看能否找到该公司的邮件地址，发邮件通知他们该账号的状态。

提示：在练习中，会用到以下功能按钮：

（1）Notes （2）Traces （3）Profile

6. 你最喜欢的服装店的应收账款部打电话，说他们没有收到上一笔账目的明细单。找到该应收账号，查看并打印他们的账单。此外，他们上周在你们宴会厅开过会，还没有收到该笔费用的账单。调查后，你发现前台没有给该次会议建立账单。于是你新建一个账单，建好后，把会议的费用打入该账单中。之后审核，又根据销售协议，把100元停车费打入账单。

提示：在练习中，会用到以下功能按钮：

（1）View Invoice （2）New Invoice （3）Post New Charge

7. 打印上述对账单。

提示：在练习中，会用到以下功能按钮：

（1）Statements（Individual） （2）Statements（Batch）

8. 打印所有严禁使用状态中的账号的催款信。

提示：在练习中，会用到以下功能按钮：

（1）Reminder Letters（Individual） （2）Reminder Letters（Batch）

第二篇

初始化设置篇

引言

引　言

前面我们交流和学习了酒店管理信息系统（Opera）在酒店企业日常经营管理中的实际应用和操作，这些基于企业日常运行的计算机系统是酒店经营管理的基础。现代酒店对客人各种服务的信息传递是通过计算机系统进行的，但在该系统投入运行之前，还需要进行初始化。由此我们不仅需要熟练运用和操作前端的系统，而且需要了解和学习该系统一些基本的后台管理知识和运维操作。

一、酒店管理信息系统（HMIS）的初始化设置

如果一个新建酒店准备开业，那么就要对酒店管理信息系统进行初始化，初始化过程就是根据新建酒店自身的建筑结构、经营项目、设施等进行信息化，使之在酒店管理信息系统中有对应的经营服务项目、类别或科目。如果是已经开业经营的酒店，在运行了数年后，进行了较大规模的基础改造（如客房、餐厅或娱乐等基础设施的变更），同样需要酒店对计算机管理信息系统进行初始化式的更新或重新设置。

本书介绍的酒店管理信息系统（Hotel Management Information System）主要是目前酒店应用较多的 Opera 系统，但无论什么品牌的酒店管理信息系统都需要进行类似的基础工作。一般情况下，酒店管理信息系统软件供应商提供给酒店的是一个"空"系统，每个酒店要将自身各种经营数据和参数输入到系统中，如房间数、房型、房价、细分市场种类、应收款政策、档案项目、服务项目、房间状态类型等。也就是说，在系统里设置好相关的参数，这个计算机系统才可以运转起来，这个过程就叫管理信息系统初始化设置。

在前面章节学的各种模块操作，系统已经被初始化设置好了，所以才有可能进行各种操作，如房型、房价、房态等都是设置好的，操作时可以在模块中进行对应的选择。从这个视角认识，酒店的初始化是一个参与酒店规划的过程，项目设计反映的是管理者对酒店经营的策略和想法，如房型的确定、房价的确定、档案项目的取舍、酒店有哪些细分市场、提供哪些服务项目、收银策略等。一个完整的酒店系统初始化过程也是一个管理者对酒店经营管理的思路整合、梳理，是对自身酒店市场认知的映射。由此看来，我们可以通过系统初始化的实践过程，检验我们所学到的酒店经营管理知识，体验酒店

经营管理策略及其如何通过管理信息系统来辅助支持实现酒店的经营管理目标。

在此章节我们介绍的 Opera 系统的初始化设置主要有七大模块：预订模块、房价模块、档案模块、收银模块、应收账款模块、佣金模块、其他杂项模块。这些模块是系统中已经设计好的、可行并可操作的。

二、Opera 初始化设置内容简介

Opera 的初始化设置主界面（Configuration）如图 1 所示，所有的设置都可以从上面的任务栏中选择，任务栏中从左到右分别是：预订（Reservations）模块设置、客人档案（Profiles）模块设置、价格管理（Rate Management）模块设置、酒店收银（Cashiering）模块设置、应收账款（AR）模块设置、佣金（Commissions）模块设置、酒店初始化（Setup）模块设置、业主（Property）模块设置、退出（Exit）。我们重点学习预订、客人档案、酒店房价（体系）、收银、应收账款、佣金等设置。

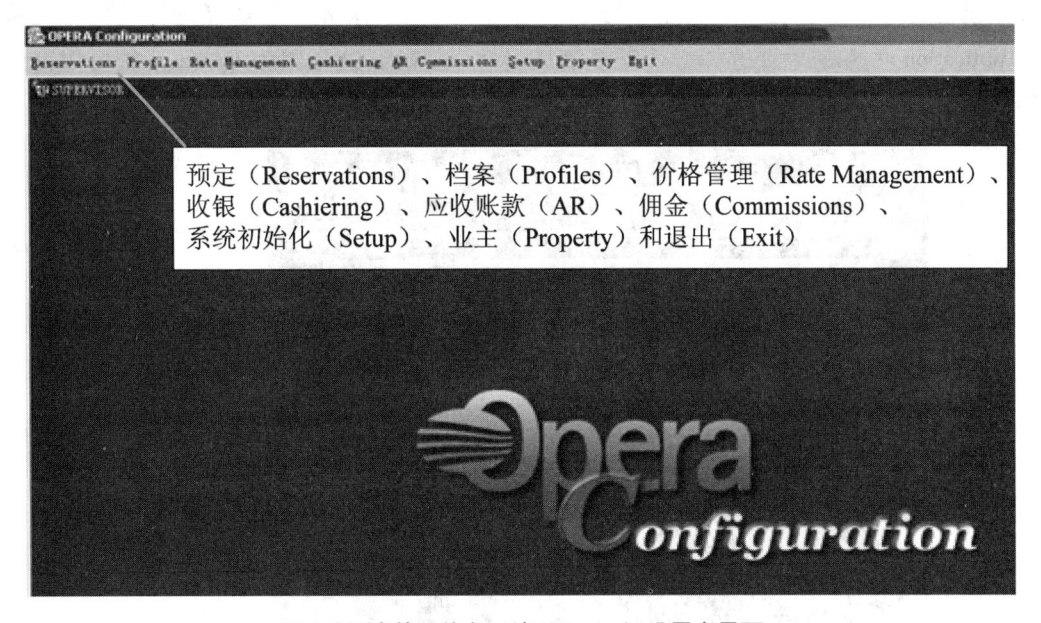

图 1　酒店管理信息系统（Opera）设置主界面

三、Oprea 系统初始化设置准备

对 Opera 系统的设置主要是在计算机系统上学习和操作的，由此可以在老师讲授的前提下，做以下学习和上机操作准备。

引言

（1）复习酒店管理模式和流程。因为 Opera 的初始化设置（Configuration）的应用和操作是相对于管理层面的，由此需要一定的酒店管理能力，特别是大型和高星级酒店的管理知识和应用能力。在上机操作之前，老师有必要和同学们一起，复习相关的酒店管理模式，特别是酒店前台的管理流程。在掌握管理流程基础上进行操作，就容易理解 Opera 系统设置的目的，并能进一步学习深层次的酒店管理知识并提升管理能力。

（2）上机操作的角色分配。由于本教材是根据 Opera 实际系统进行编写的，上机操作和实训是酒店的实际应用管理信息系统，因此我们每次上机都要根据酒店企业的实际应用，对学生进行酒店企业的角色分配，如预订经理、应收账经理、酒店信息总监（CIO）等。角色分配是根据系统的操作模块和实训内容而定的，一般是根据实训进度和教学需要进行分配。

（3）预设上机操作的账号。按照酒店管理的操作规程和软件操作流程，先由指导老师为每个上机操作的学生设置操作练习的部门，根据员工所在部门开设员工的系统"账号、姓名和密码"，这样就可以进行登录和实际操作了。第一，登录，根据你的用户名和登录密码进入，登录界面如图 2 所示；第二，进入登录界面后选择操作的应用模块（Application）；第三，要选择操作哪个酒店（Property），这是因为 Opera 系统可以对酒店集团（连锁）进行管理，因此系统设置时需要我们选择集团下属的某个酒店。

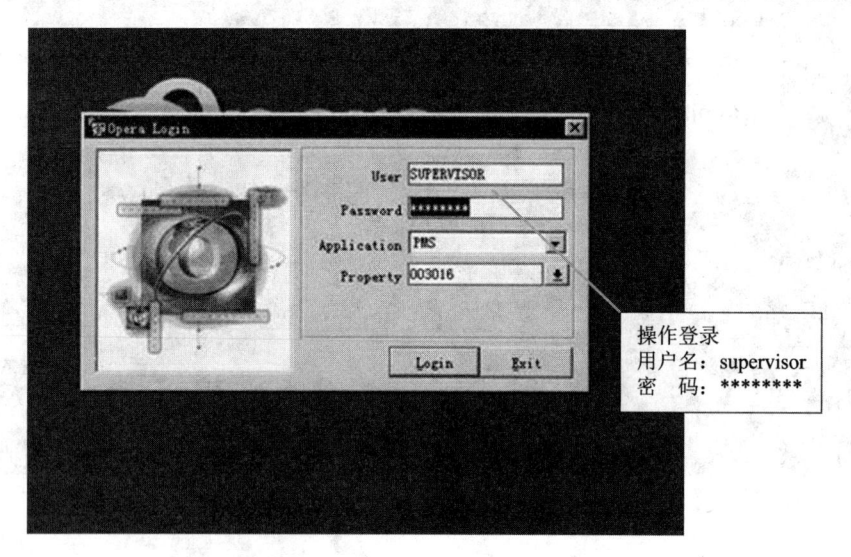

图 2　酒店管理信息系统（Opera）设置登录（Login）界面

下面就结合酒店实际情况，以案例方式对酒店 Opera 系统的设置（Configuration）按模块进行介绍，以利于学生的理解和操作。

酒店预订模块设置
(Hotel Reservation Configuration)

第七章

学习意义 通过本章的学习，使学生对酒店预订管理模块和预订操作流程有清晰的认知，对用计算机系统来完成此项工作有全面的理解和实际的操作能力，掌握酒店预订的管理模式和预订管理模块的设置操控。

内容概述 酒店的预订是客人开始和酒店之间的预约，是客人期望酒店为其预留（Reservation）客房而进行交换，计算机管理系统需要有规则的预订。由此在前面学习的基础上，我们将学习和初步操作整个预订系统的设置。预订模块的设置是后续系统设置的基础，将涉及酒店经营管理进行初始化或改变经营资源设置的数据。具体设置内容有：预订代码（Reservation Codes）、客房分类（Room Classifications）、商务团队（Business Blocks）、酒店楼层图规划（Floor Plans）、销售信息（Sell Messages）等。

知识点

知识目标
1. 了解复习酒店的预订管理模式和预订流程。
2. 理解和掌握预订模块设置的初步知识。

技能目标
1. 复习并能够熟练对散客进行预订。
2. 复习并能够初步对团队进行预订。
3. 在理解对酒店客房分类的基础上，进行分类设置操作。
4. 能够查阅酒店楼层图并对其进行相应的基本设置。

第七章 酒店预订模块设置（Hotel Reservation Configuration）

本章是在知晓酒店企业（Hotel）的一般经营模式，特别是酒店前台的运营模式和流程的基础上，通过实践操作，学习为酒店经营管理进行初始化或改变酒店经营资源设置，能够操作 Opera PMS 模块的酒店预订设置，能够初步更改并进行设置的分析和优化。具体设置内容有：预订代码（Reservation Codes）、客房分类（Room Classifications）、商务团队（Business Blocks）、酒店楼层图（Floor Plans）、销售信息（Sell Messages）等。

假如在某地新建了一家酒店，该酒店拥有 300 多间各类客房，餐厅和娱乐设施较为齐全，而您在该酒店销售部负责预订工作或者您是酒店的管理者，为此首先要思考预订管理模式并设置酒店预订的各种规则和参数，即客人想预订客房数量、类型、住店日期、房价等，而酒店需要建立（预订）客人的档案，如姓名、国籍、地区、销售渠道、消费记录、客人住店嗜好等。一个成熟的酒店计算机管理系统已经为您提供了这样设置的导向，您可以按照此初始化设置模块（Configuration）一步一步地进行设置，操作 Opera 系统将按下面步骤进行。

第一节 预订模块代码（Reservation Codes）设置

预订代码的设置主要是酒店企业根据管理的需要，通过代码设置，可以更方便信息传递、加工、处理。预订代码设置具体实训操作如下。

第一步：按照本书第二篇引言部分讲授的方法，在有授权的状况下，登录 Opera Configuration 界面，如图 7-1 所示。

图 7-1 酒店管理信息系统（Opera）主界面

第二步：登录后，在任务栏中选择"预订（Reservation）"设置模块，如图7－2所示，该模块下可以设置的子模块有：预订代码（Reservation Codes）、客房分类（Room Classifications）、床体类型（Bed Types）、可销售计划（Sales Allowance）、商务团队（Business Blocks）、楼层平面图（Floor Plans）。可以按照子模块顺序操作。

第三步：在预订（Reservations）模块下，可以点击预订代码（Codes）子模块，该子模块中列出了酒店需要设置的内容，如图7－3所示。可以根据中间列表进行设置操作。

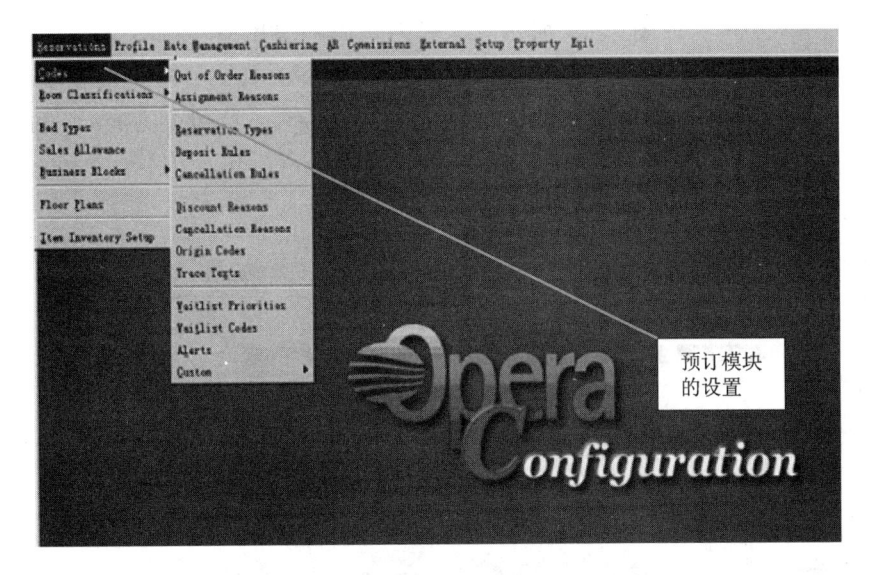

图7－2　预订（Reservation）设置模块

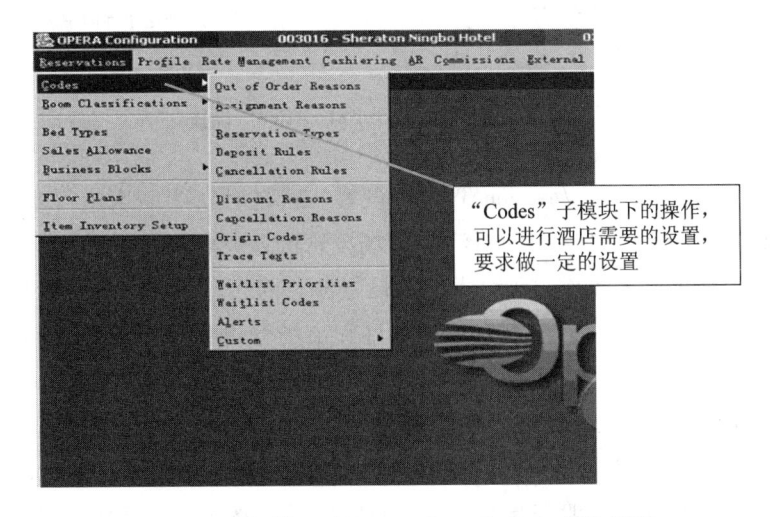

图7－3　预订代码（Reservations Codes）模块设置

第七章　酒店预订模块设置（Hotel Reservation Configuration）

　　第四步：客房退出服务（Out of Order Reasons）原因设置。从这里开始，可以按照自己酒店的管理要求进行设计和设置。一般而言，酒店会有自己的设置标准。在酒店管理中，首先需要对"待修房（Out Of Order）"和"停用房（Out Of Service）"进行设置，在酒店中"待修房（Out Of Order）"一般是指工程部将要修理的客房，OOO 房将不计入当日的可用房（VC）范围，即不计入客房出租率内。"停用房（Out Of Service）"一般是酒店因季节性原因，如节约能源等因素进行封闭楼层时而设置的停用房（Out Of Service），OOS 将计算在酒店当日的出租率中。你需要完成的任务就是对这两种代码原因进行描述，即输入原因，如图 7-4 所示。这里的代码一般用缩写的英文大写字母代表，如：FD 代码表示为家具损坏（Furniture Damaged）；DRAL 代码表示排水故障（Drainage Blocked）；FREM 代码表示地板翻新（Floor Refurbishment）。这里可以进行上机实训，输入各种代码和对应的原因，酒店前台在业务操作过程中可以知晓某个客房修理的状态和工程部修理的原因。

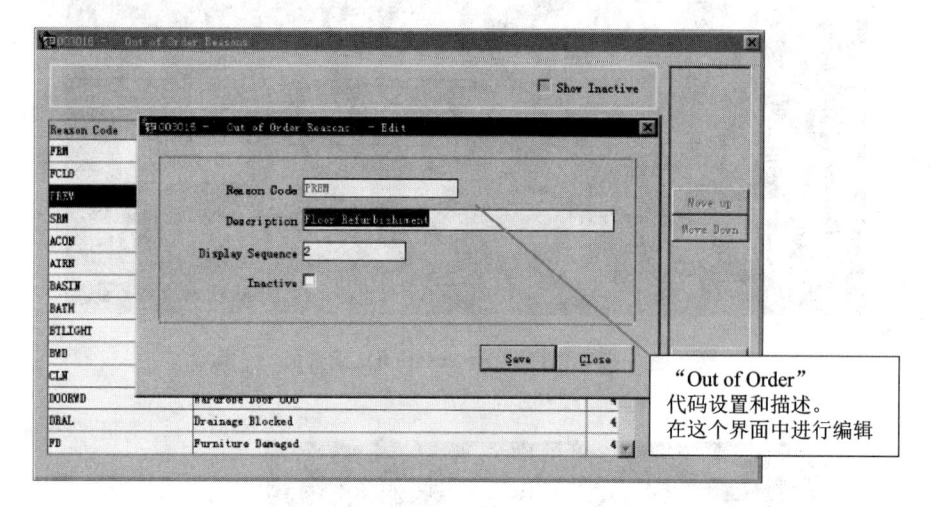

图 7-4　待修房（Out of Order）设置

　　第五步：预订类型（Reservation Type）设置。这是对新建酒店进行基础性的设置。预订类型的设置是酒店或酒店集团对酒店市场分析的基础性工作和重要环节，是营销、前台部门市场分析的必要工作。预订类型的设置涉及前厅、销售、收益管理等部门。一般酒店首先会建立较细分的预订类型，对预订和市场分析会有帮助。Opera 系统也给出了模板（Template），如图 7-5 所示，可以根据模板进行设置。可以从酒店业主（Property）管理层面上进行设置，点击客房类型，可进入预订代码的编辑，预订代码的编辑如图 7-6 所示。在这个界面上，可以操作预订各类需求，并应用于预订部门，这样预订就有了规范。这些规划一般需要符合当前酒店集团的要求，如万豪、洲际等独立经营的酒店可以根据自身的管理模式进行设置。然后，可以细化预订类型设置，如预订到达时间、信用卡需求、押金规则、取消预订规则。

图7-5 预订模块客房类型（Reservation Type）设置

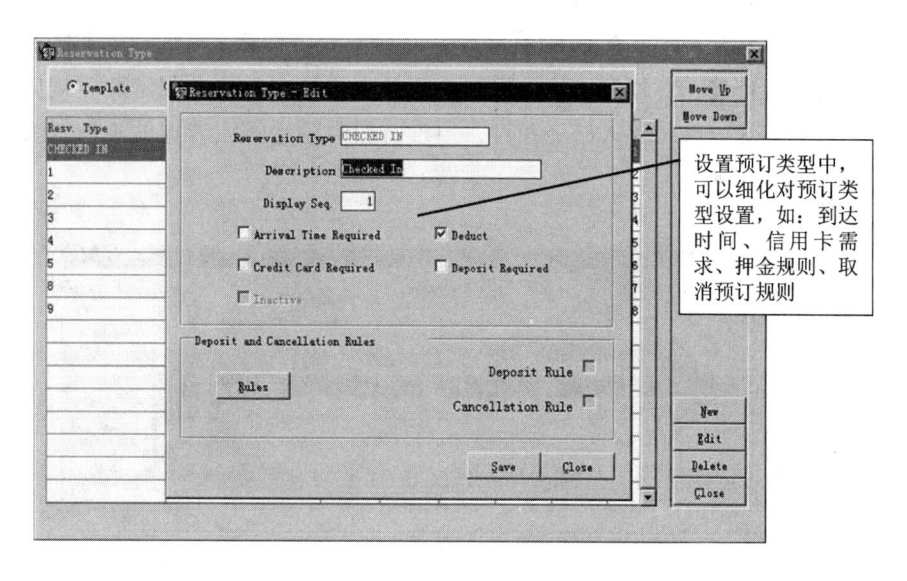

图7-6 预订设置编辑（Reservation Type – Edit）设置

第六步：定金规则（Deposit Rule）设置。对客人支付定金进行规范化设定，具体设置和编辑如图7-7所示。客人支付定金（押金）规则的制定是酒店依据行业的普适原则进行的，酒店根据行业通则和酒店市场的情况制定支付定金的方式，如预付50%定金、预付48小时定金、预付49小时定金的50%等。酒店的销售、财务、前厅等部门会

169

第七章 酒店预订模块设置（Hotel Reservation Configuration）

参与该规则的制定。

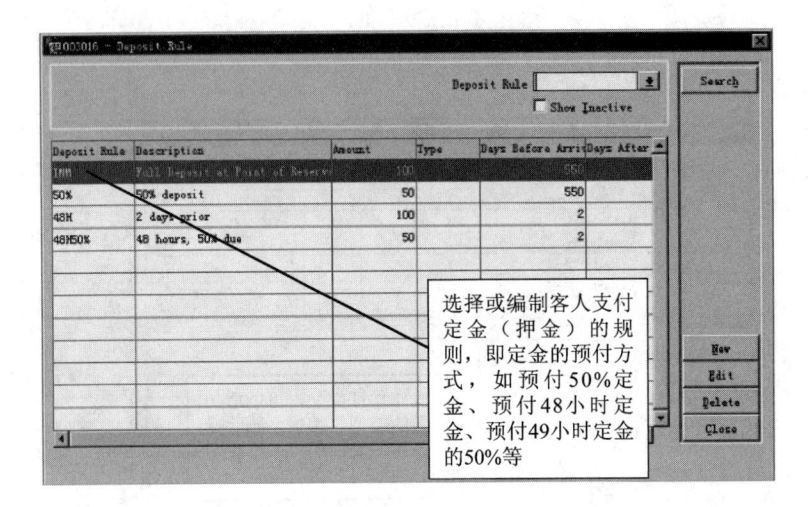

图 7-7 定金规则（Deposit Rule）的设置

第七步：预订取消规则（Cancellation Rule）设置，客人由于各种原因会取消已经预订的客房，酒店需要制定相应的取消规程，设置方式如图 7-8 所示。客房预订取消是前厅操作的重要环节，对预订取消的规则也要预先告知客人。在制定此类规则时，应尽可能考虑多种情况，如对客人已经预订，但没有按时到达，或者提前到达、取消预订的提前时间等。

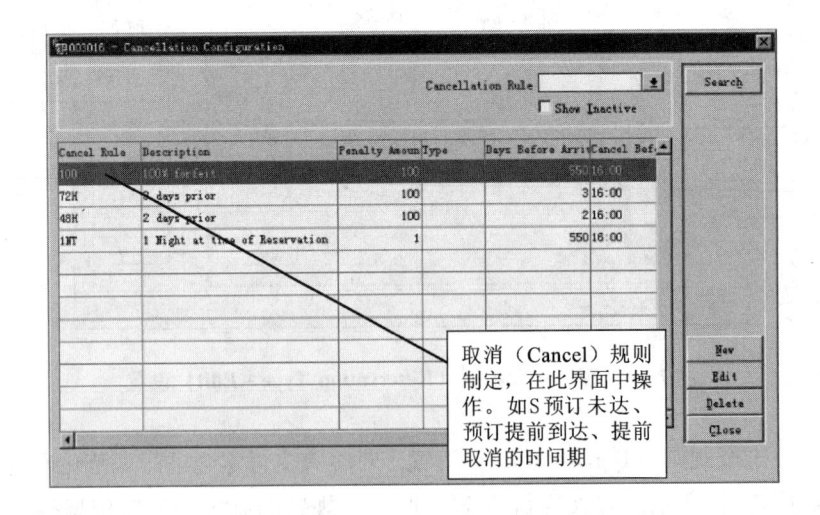

图 7-8 取消预订规则（Cancellation Rule）设置

第八步：客房折扣原因（Discount Reasons）设置，客房折扣制定是酒店市场营销和销售的重要工作，酒店会根据市场情况，依据收益管理的分析及时调整房价。客房的折扣（Discount）会随着季节、市场和营销活动等因素而变化。但折扣的原因代码需要预先制定，制定操作如图7-9所示。图7-9中列举了一些折扣代码，如销售经理（DOS）批准、销售部经理（DOSM）批准、总经理（GM）批准、预订经理（RES）批准、夜值经理（NIGHT）批准、前厅经理（FOM）批准、住店经理（RESMGR）批准、投诉原因（PDOM）的折扣、汇率调整（RATE AJUST）折扣等。新建折扣原因在如图7-10所示的界面操作。

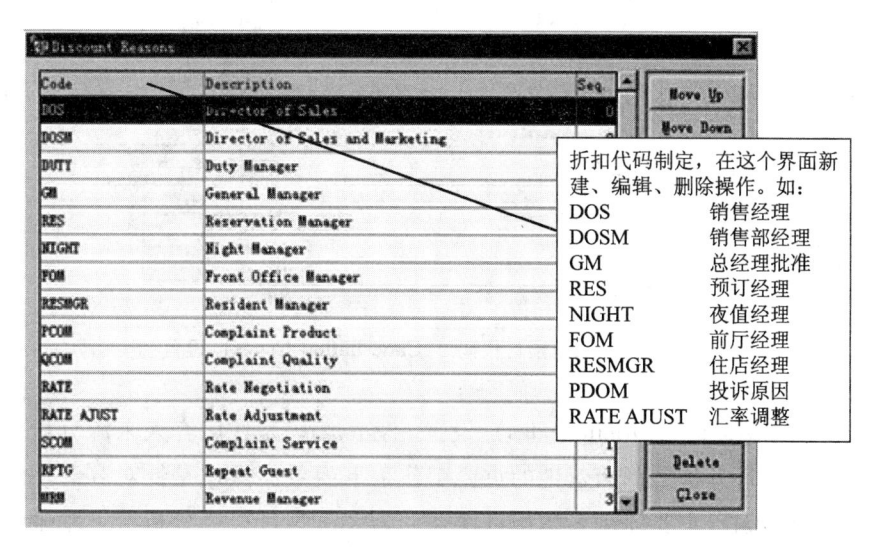

图7-9 房价折扣原因（Discount Reasons）设置

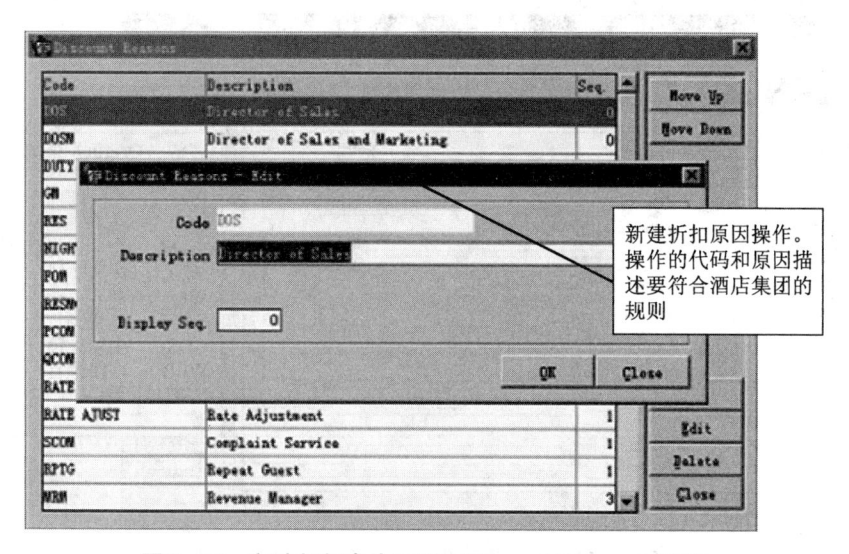

图7-10 新建折扣房价原因（Discount Reasons）设置

第七章 酒店预订模块设置（Hotel Reservation Configuration）

第九步：取消预订原因编码（Cancellation Codes）设置，取消预订原因代码操作，如图7-11所示。这个操作和前面的操作有相似的地方。

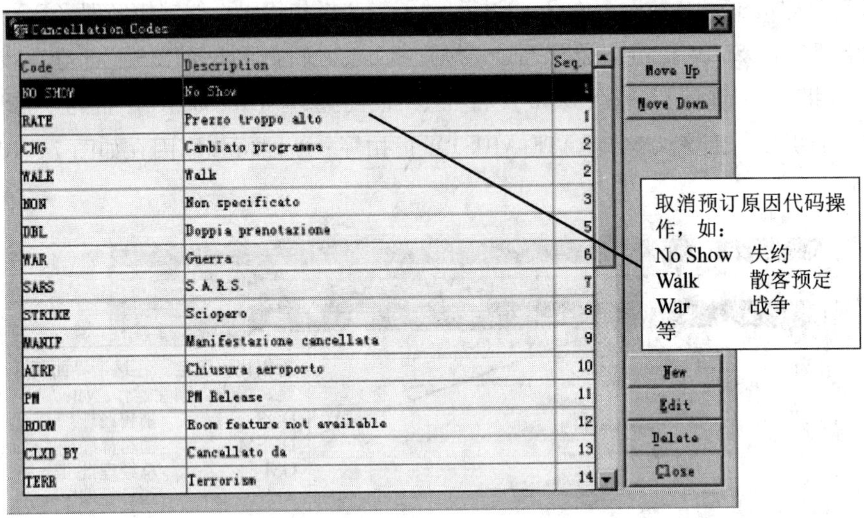

Code	Description	Seq.
NO SHOW	No Show	1
RATE	Prezzo troppo alto	1
CHG	Cambiato programma	2
WALK	Walk	2
NON	Non specificato	3
DBL	Doppia prenotazione	5
WAR	Guerra	6
SARS	S.A.R.S.	7
STRIKE	Sciopero	8
MANIF	Manifestazione cancellata	9
AIRP	Chiusura aeroporto	10
PM	PM Release	11
ROOM	Room feature not available	12
CLXD BY	Cancellato da	13
TERR	Terrorism	14

取消预订原因代码操作，如：
No Show　失约
Walk　　散客预定
War　　战争
等

图7-11　取消预订代码（Cancellation Codes）设置

第十步：客源编码（Origin Codes）设置。客源编码是住店客人来源分析基本数据设置，对客源进行分析是酒店营销的重要工作，下面界面操作是针对客源预订方法的来源分析。这个编码主要体现客源预订途径，为客源预订渠道分析打下基础，具体设置如图7-12所示。

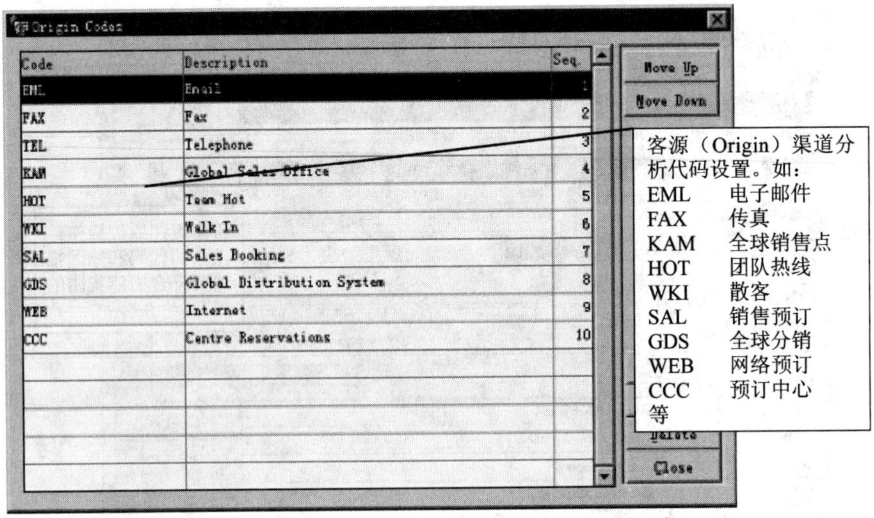

Code	Description	Seq.
EML	Email	1
FAX	Fax	2
TEL	Telephone	3
KAM	Global Sales Office	4
HOT	Team Hot	5
WKI	Walk In	6
SAL	Sales Booking	7
GDS	Global Distribution System	8
WEB	Internet	9
CCC	Centre Reservations	10

客源（Origin）渠道分析代码设置。如：
EML　电子邮件
FAX　传真
KAM　全球销售点
HOT　团队热线
WKI　散客
SAL　销售预订
GDS　全球分销
WEB　网络预订
CCC　预订中心
等

图7-12　预订客源代码（Origin Codes）设置

第一节　预订模块代码（Reservation Codes）设置

第十一步：预订候补优先级别（Waitlist Priorities）设置，酒店对候补预订进行分类和级别排序，预订候补优先级别设置代码操作和上面类似，具体操作如图 7-13 所示。

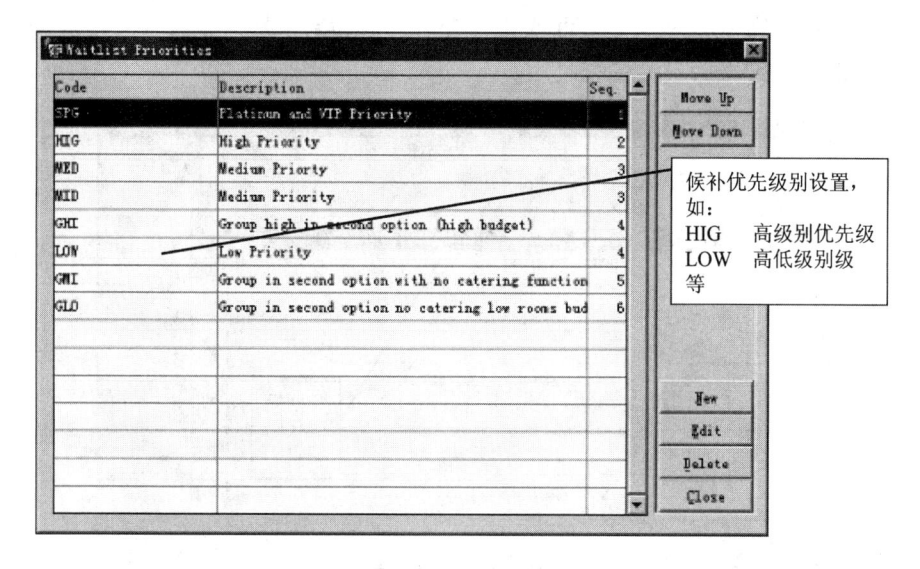

图 7-13　预订候补优先级别（Waitlist Priorities）设置

第十二步：客人类型代码（Guest Type）设置，可以对客人类型进行新建、编辑与修改，如图 7-14 所示。这为客人市场分析打下基础。

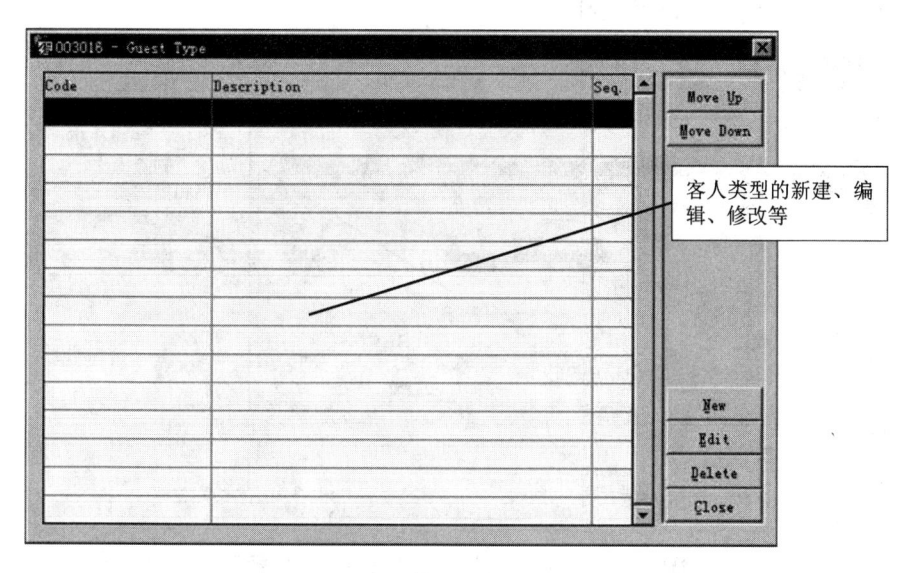

图 7-14　客人类型代码（Guest Type）设置

第七章　酒店预订模块设置（Hotel Reservation Configuration）

第十三步：特别信息提示（Alerts）代码设置，为了更好更精准地为客人服务，Opera 系统中设立了信息提示，提示代码需要预先设置，具体设置如图 7-15 所示。例如设置客人的特殊需求，再如为临近或正在办理入住/离店手续时进行操作提醒，操作提醒代码可以作为细微服务的备忘之用。

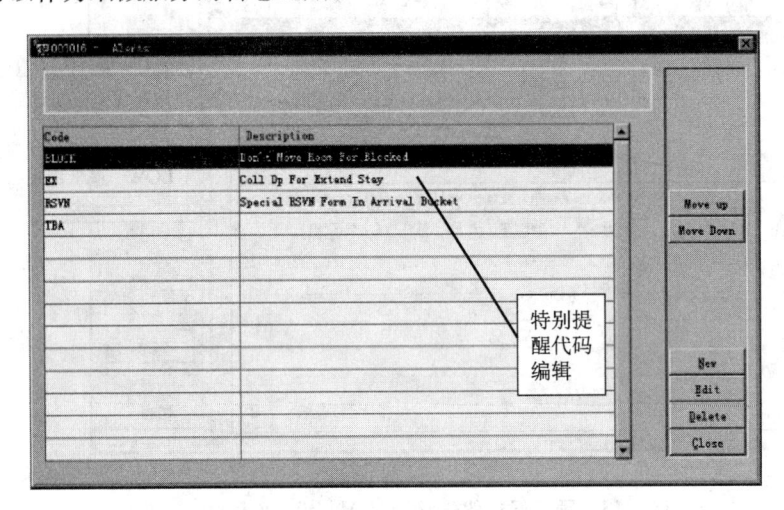

图 7-15　特别信息提示（Alerts）代码设置

特别信息提示（Alerts）的编辑界面如图 7-16 所示，酒店为客人服务的细微提示可以根据酒店自身服务的特点编辑。

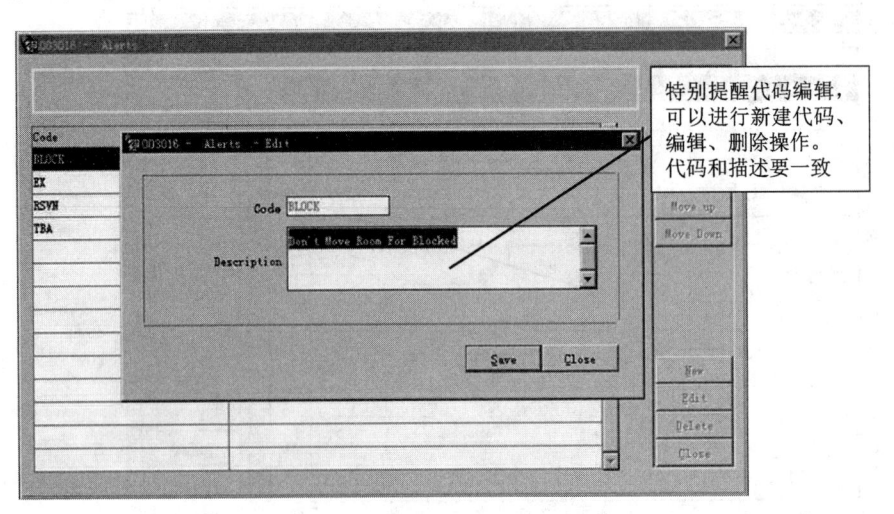

图 7-16　特别提示编辑（Alerts - Edit）界面

以上对前台操作代码设置进行了介绍，这些代码为前台操作提供了方便，同时也需要操作人员对代码熟悉，便于操作。这些代码的设置为酒店市场分析打下了基础。根据上面的操作步骤和管理思路，可以完成本章后面的操作练习。

第二节　客房分类（Room Classifications）设置

根据本章节开始假设的新建或改造酒店的思路，我们已经先对预订系列的管理代码进行了设置，按照流程我们将对客房进行分类设置，设置步骤如下。

第一步：在进入预订（Reservation）设置模块后，选择客房分类（Room Classifications）子模块，如图 7 – 17 所示。在进入该模块之前，建议先将酒店的客房预先分类，如标准房、大床房、套房、豪华套房、总统套房等。

图 7 – 17　酒店客房类型（Room Classifications）设置

第二步：客房分类（Room Classes）设置，是根据酒店建造时设计确定的，但方案的确定也需要根据市场的需要，有时酒店会根据市场而进行客房类型的改造。由此，这个设置会有变动，但变动不是很频繁的。具体设置操作见图 7 – 18，可以对客房分类设置进行新建、编辑、修改等。其中包括对客房面积、楼层的安排（高、中、低区）、区域的安排（如行政区、主楼区等）、床的大小、客房类型的数量等。这些设置是酒店拥有客房的大类，下一步再按每一类进行设置和细化。

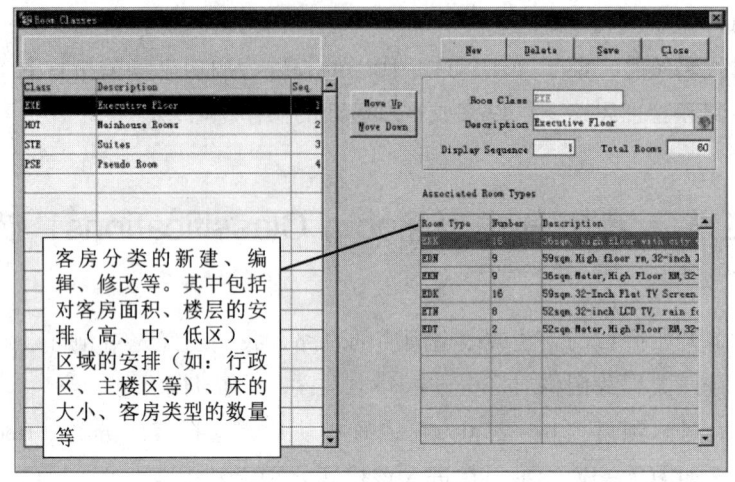

第七章 酒店预订模块设置（Hotel Reservation Configuration）

图7-18 酒店客房类型（Room Classes）设置

第三步：进行客房类型（Room Types）设置，在前一步的基础上，按照客房分的大类，对每一间客房进行类型设置，这个设置要求细化，如每间客房进行类型全面的设置——客房级别、客房类型、客房数量和客房的具体运营参数描述，如房价码、床的类型、公开房价、有效期等，具体操作如图7-19所示。这项设置比较烦琐，要对酒店拥有的客房逐一进行。如果酒店改造也需要对应进行修改，使Opera系统中的客房数据和酒店实际运营的情况完全一致。高星级酒店还需要对酒店客房的图形进行输入，使前台操作可以看见销售的客房平面图（房型），具体操作如图7-20所示。

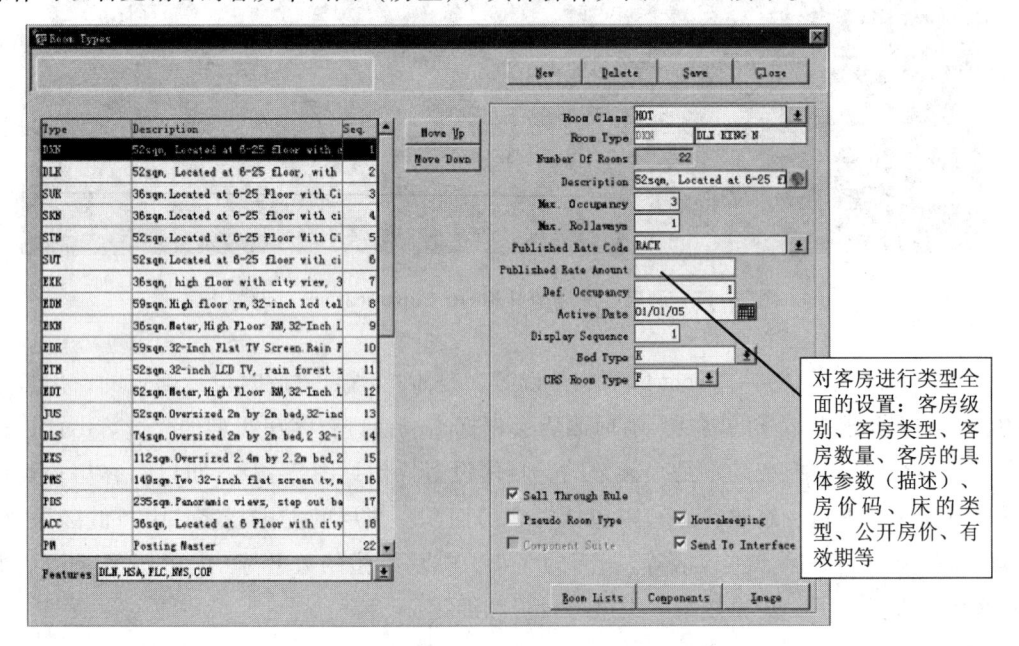

图7-19 酒店客房类型（Room Types）设置

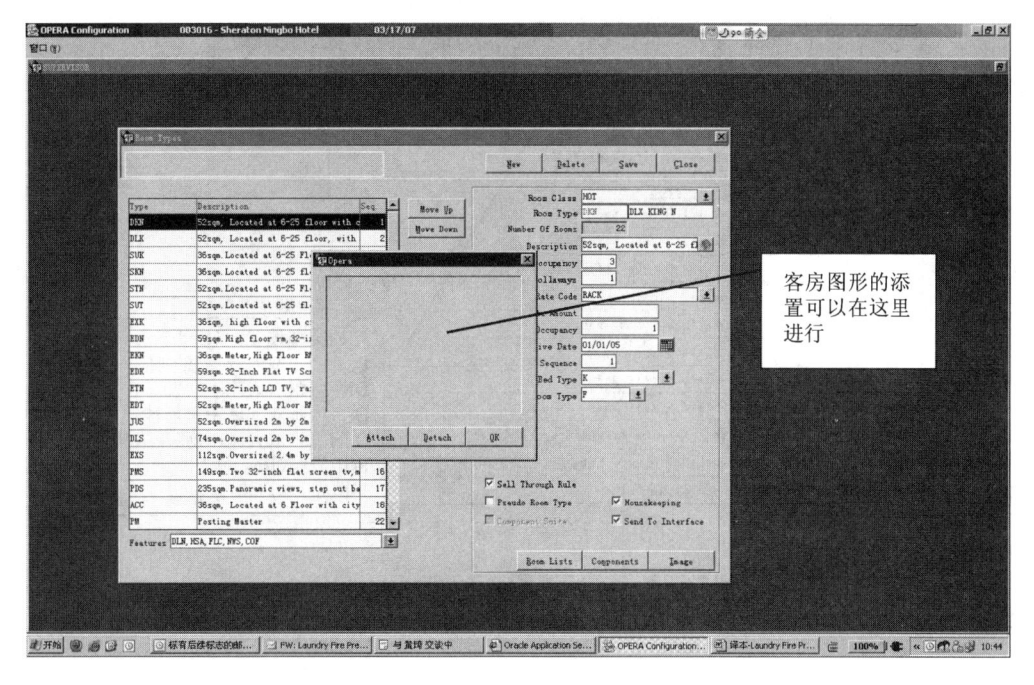

图 7-20　酒店客房房型图（Room Types）添置

第三节　客房床的类型（Bed Types）设置

对酒店客房的设置是按照从客房区域到客房类型、从客房类型到每间客房、从客房到客房精细的设置。客房的床是一个重要的精细设置，由此 Opera 系统单独给了一个子模块进行设置。客房床的类型设置直接涉及市场定位和销售，这个设置和原先建造酒店的结构有关，也和酒店为迎合市场进行改造有联系。例如，现在较流行的大床房，酒店在新建或改造时应该多增加些此类房型，以迎合市场和客人的需求。客房床的设置操作，要先进入客房类型模块（图 7-17），在选择床设置的选项进行操作，如图 7-21 所示。对床的设置（Bed Types）一定要根据酒店客房的实际情况，如下面是一家酒店客房床的设置代码。

D = 一张双人床、DN = 一张双人床 + 沙发床、DQ + = 一张双人床 + 皇后沙发、D2N = 一张双人床 + 两张单人床、FHB = 法式床（单人）、JSF = 日本风格床等。

177

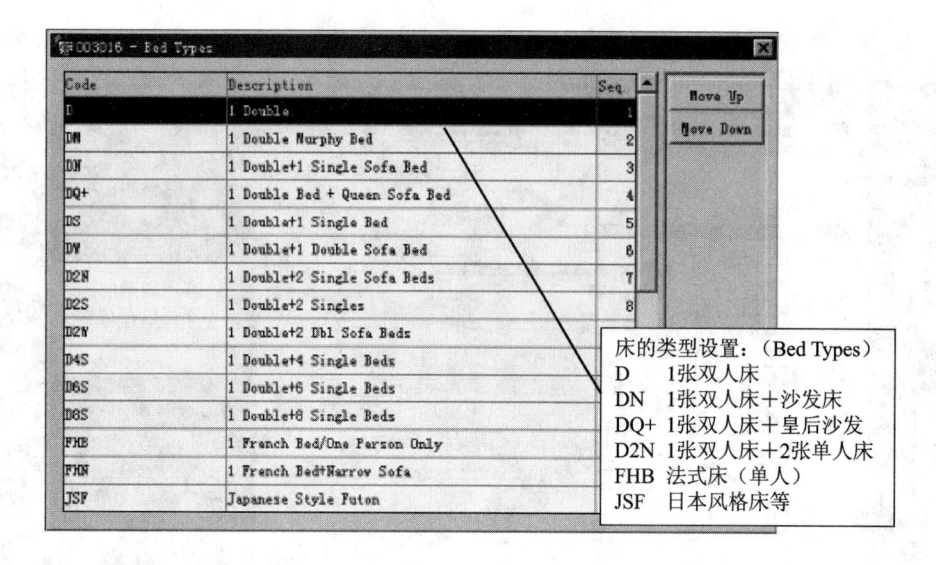

第七章 酒店预订模块设置（Hotel Reservation Configuration）

图 7-21 客房床类型（Bed Types）设置

第四节 销售津贴（Sales Allowance）设置

Opera 系统中设置了销售津贴子模块，目前酒店应用这个模块的较少。酒店销售津贴设置操作如图 7-22 所示。

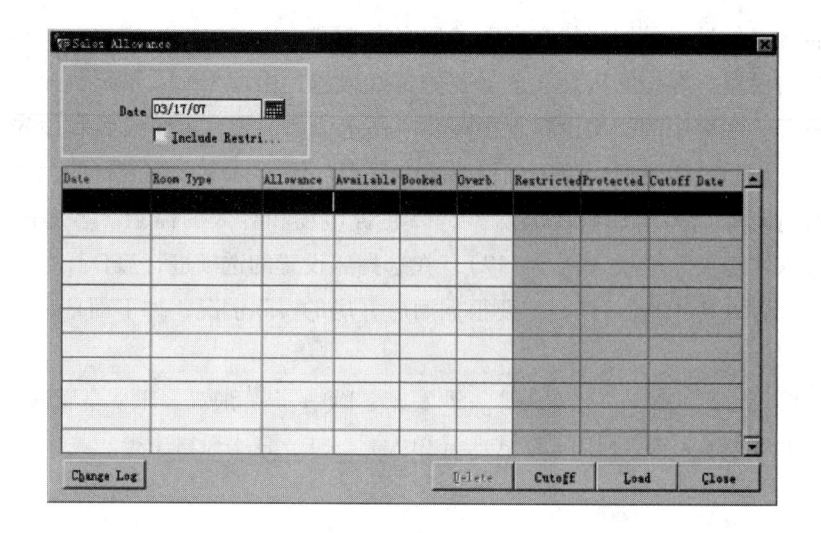

图 7-22 销售津贴（Sales Allowance）设置

第五节　商务团队（Business Blocks）设置

商务团队是酒店重要的客源，Opera 系统对商务团队进行了单独的设置。商务团队（Business Blocks）代码设置子模块为商务团队的销售和管理进行必要的设置，设置应按照酒店集团的要求和营销策略进行。设置内容有：预订类型（Booking Types）、预订方法（Reservation Methods）、预订取消原因（Block Cancellation Reasons）、团队预订丢失的原因（Block Lost Reasons）、酒店拒绝客人预订的原因（Block Refused Reasons）、客人取消预订而另外选择的酒店（代替的目的地）代码（Destination Codes）、按合同的付款内容（Contract Billing）、团队状态代码（Status Codes）、合同状态代码（Contract Status Codes）（图 7 – 23）。

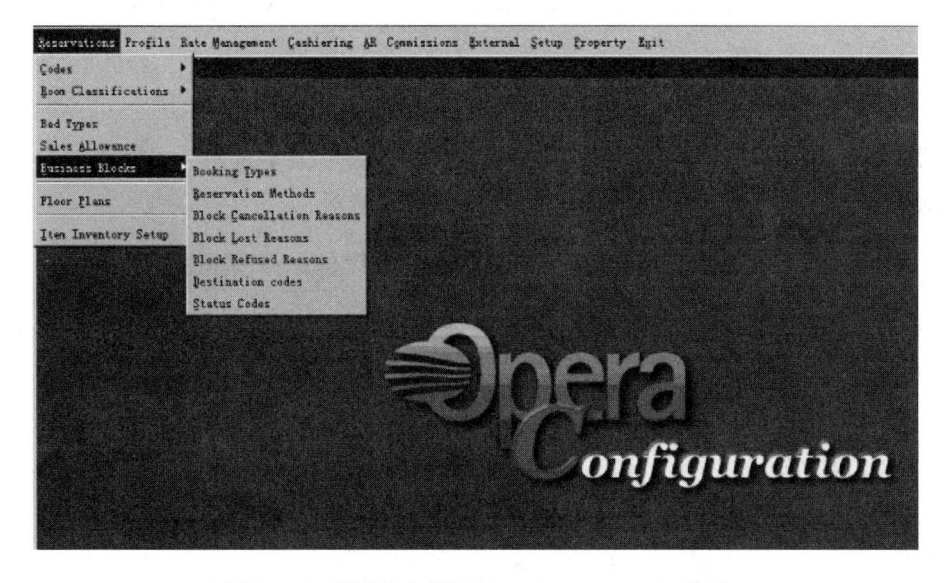

图 7 – 23　酒店商务团队（Business Blocks）设置

根据酒店的经营情况，可以进行下面的商务团队的设置操作：

第一步：商务团队预订类型（Booking Types）。先进入预订设置模块，按目录顺序进入，预订模块（Reservation）/商务模块（Business Blocks）/商务团队预订类型（Booking Types），具体操作如图 7 – 24 所示。由于商务团队比散客服务的内容多，并且具有规模效应，因此预订商务散客的代码比较多。酒店行业普遍认为做商务团队的预订比散客预订复杂，容易出现差异，预订代码记忆也较多。商务团队代码的设置既是难点也是重点。

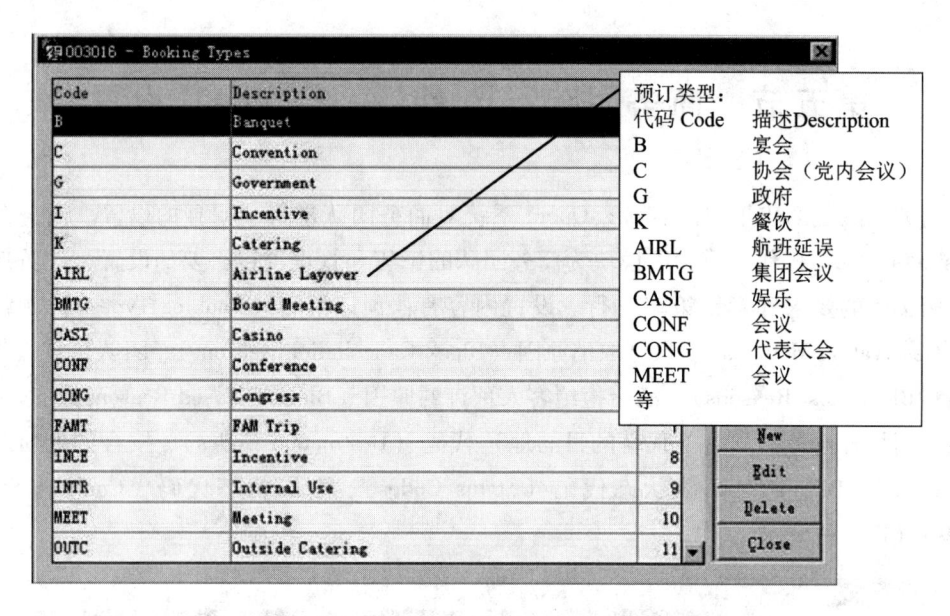

第七章 酒店预订模块设置（Hotel Reservation Configuration）

图 7-24 预订类型（Booking Types）设置

第二步：预订方式（Reservation Methods）设置如下：在完成第一步设置后，要对商务团队预订方式进行代码设置，具体操作如图 7-25 所示。

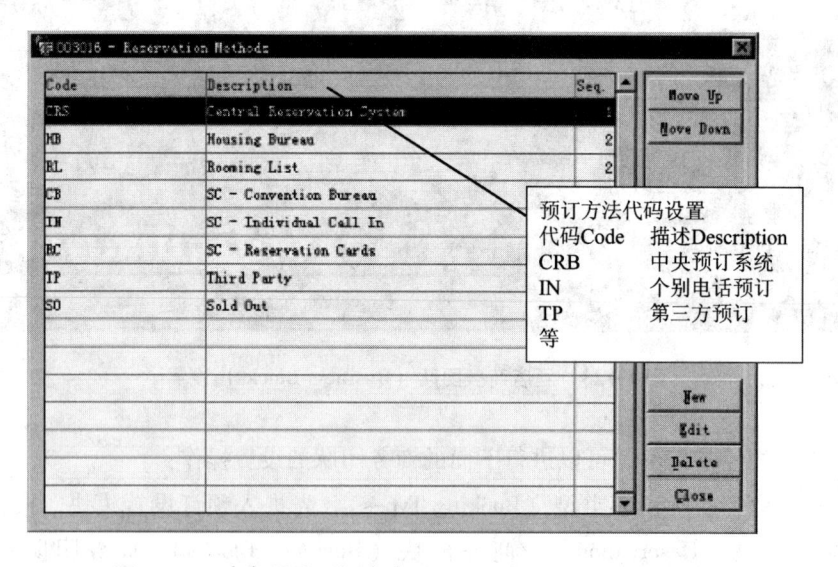

图 7-25 商务团队预订方式（Reservation Methods）设置

第三步：商务团队预订取消原因（Block Cancellation Reasons）代码设置，具体操作如图 7-26 所示。

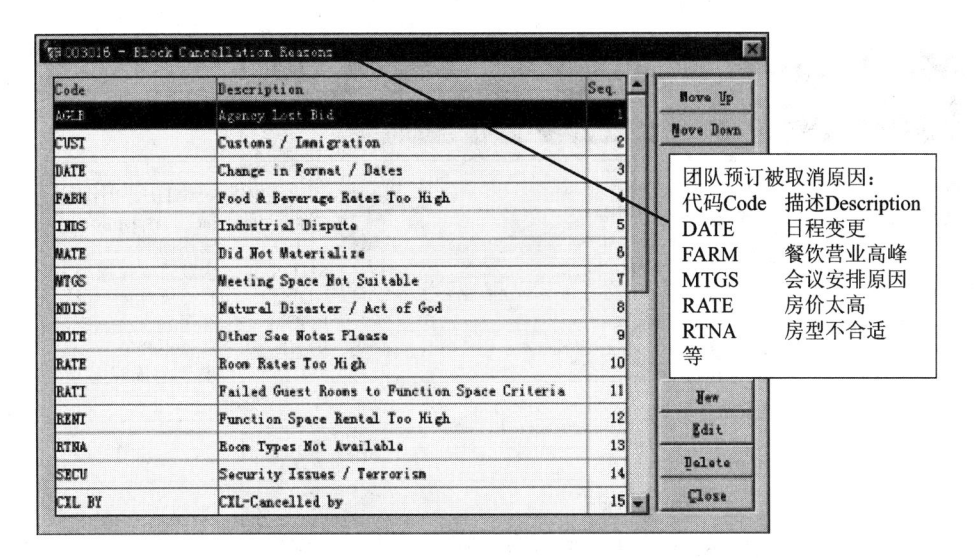

图 7-26　商务团队预订取消原因（Block Cancellation Reasons）代码设置

第四步：商务团队预订丢失的原因（Block Lost Reasons）代码设置。团队预订取消一般较多为外部不可抗拒等因素，酒店不希望发生此类事件。由此酒店会非常细致地设置这些代码，对商务团队进行跟踪。具体操作如图 7-27 所示。

图 7-27　商务团队预订丢失原因（Block Lost Reasons）代码设置

第五步：酒店拒绝客人预订的原因（Block Refused Reasons）。由于酒店自身原因拒绝客人，这种情况很少，但也要进行规范，具体设置见图 7-28。

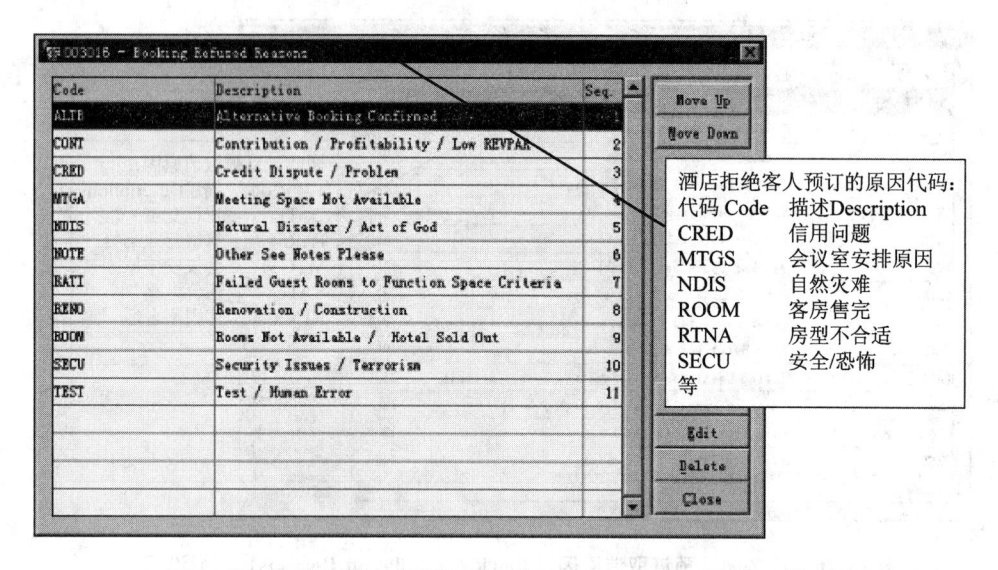

第七章 酒店预订模块设置（Hotel Reservation Configuration）

图7-28 酒店拒绝客人预订原因（Block Refused Reasons）代码设置

酒店拒绝客人预订的原因代码：
代码 Code	描述 Description
CRED	信用问题
MTGS	会议室安排原因
NDIS	自然灾难
ROOM	客房售完
RTNA	房型不合适
SECU	安全/恐怖
等	

第六步：客人取消预订而另外选择的酒店（代替的目的地）代码（Destination Codes）设置，具体操作如图7-29所示。同样，这些设置对分析竞争对手有着很重要的作用。

客人取消预订而另外选择的酒店(代替的目的地)代码：
代码 Code	描述 Description
SHA	香格里拉
MAR	万豪
OT4	其他四星级酒店
OT3	其他三星级酒店等

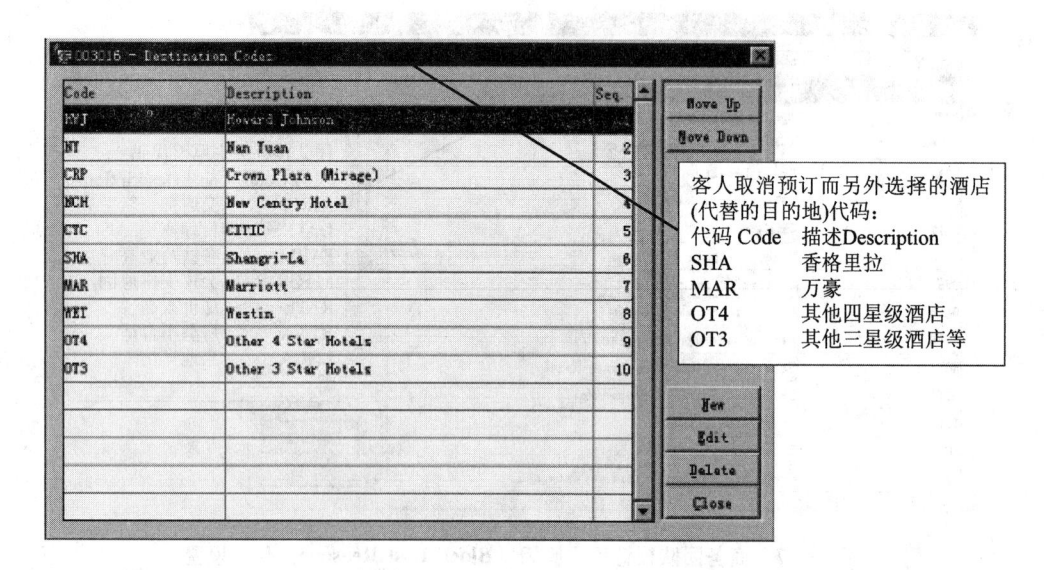

图7-29 客人寻找其他酒店（Destination Codes）代码设置

第六节 楼层图（Floor Plans）设置

从酒店建筑角度，酒店楼层不会经常变更。楼层图设置比较简单，可以根据建造好酒店的楼层图进行设置，具体操作如图 7-30 所示。

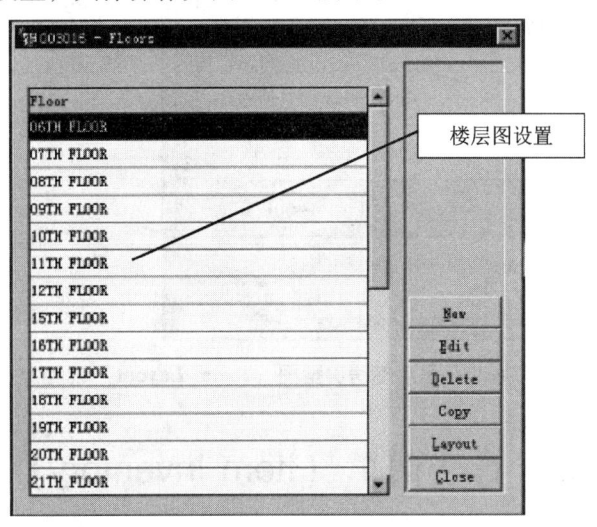

图 7-30 酒店楼层规划（Floor Plans）设置界面

第一步：楼层图设置。先进入楼层规划目录，预订（Reservation）/楼层规划（Floor Plans）进入某楼层时，也可根据酒店楼层的平面图进行设置，如图 7-31 所示。

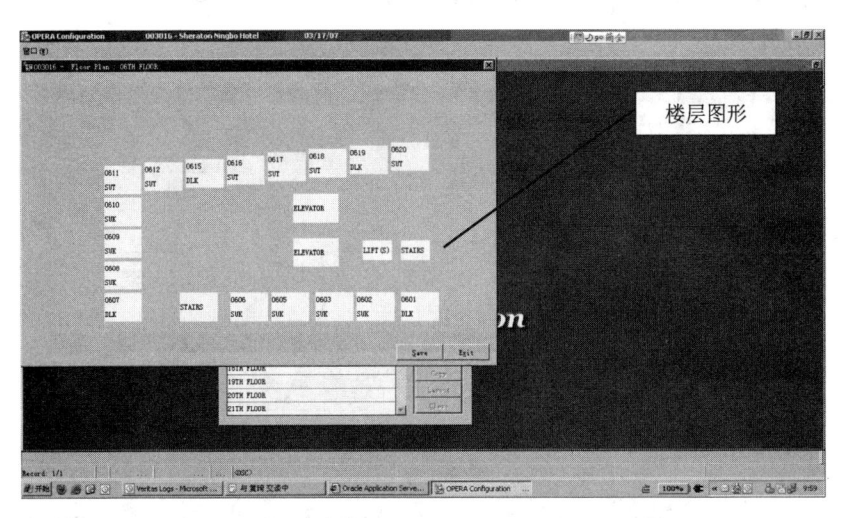

图 7-31 酒店楼层平面图（Floor Plans）设置

第二步：房间布局（Room Layout）设置。在楼层设置的基础上，对客房进行设置，这个操作相对比较简单，如图 7-32 所示。

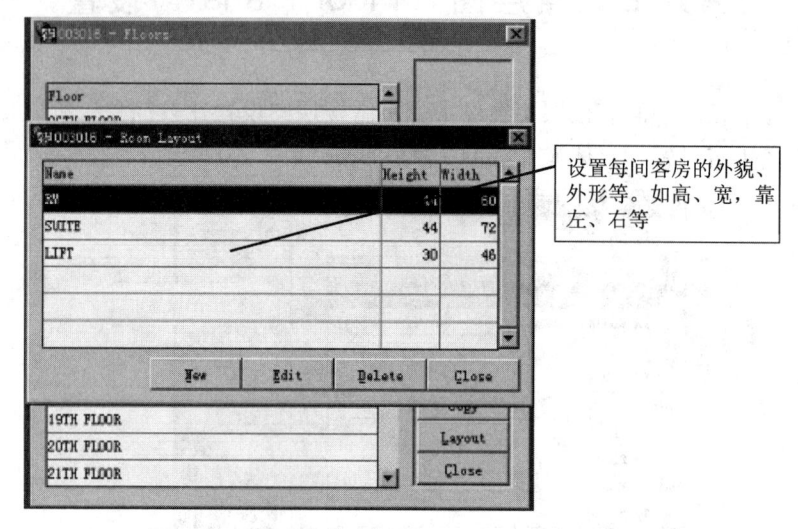

图 7-32　酒店客房房型图（Room Layout）设置

第七节　存货清单（Item Inventory）设置

存货清单（Item Inventory）设置主要用于酒店房务中心（Housekeeping）小仓库建立账目。仓库的库存物品主要用于借给客人之用。在客人结账离店时，系统会提示没有归还的物品。这个小存货清单管理上不难但比较烦琐，设置时也很花时间。具体操作如图 7-33 所示。

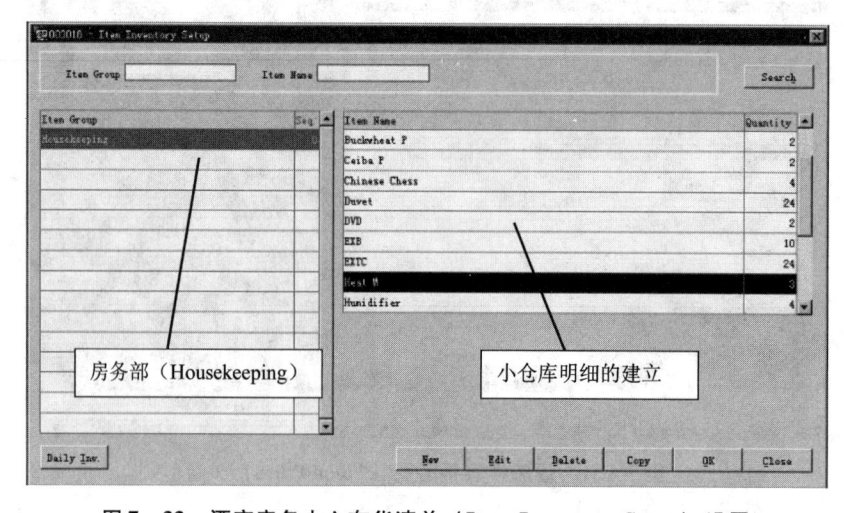

图 7-33　酒店房务中心存货清单（Item Inventory Setup）设置

练习题

1. 根据预订代码设置的操作步骤，请同学们以 4~5 人为一个学习小组，进行角色分配，对酒店预订代码进行设置。设置内容如下：

（1）客房退出服务（Out of Order Reasons）设置，设置 5 个原因。

（2）预订类型（Reservation Types）设置，这个请参考附表。

（3）定金规则（Deposit Rules）设置，要求设置 5 个规则。

（4）取消预订规则（Cancellation Rules）设置，请根据需要进行设置。

（5）客房折扣原因（Discount Reasons）设置，要求设置 8 个原因。

（6）取消预订客人原因（Cancellation Reasons）设置，要求设置 5 个原因。

（7）客源编码（Origin Codes）设置，为客源预订途径分析，请小组写出你酒店的所有预订渠道和途径。

（8）客人类型设置（Guest Types）设置，请小组写出你酒店所有客人类型的设置。

2. 以班级为单位，对习题 1 的设置进行互评，互评要求对小组设置合理性进行分析。具体步骤如下：

（1）互评打分的规则是：每小题的最高分为 10 分，共 8 小题，最高分为 80 分。总分是各个小组评分之和，按得分的高低排序。

（2）对前 3 名进行综合评价。先有小组自己讲解，再由老师评价。

（3）对好的设置方案进行普及，要求每个小组再设置一次。

评分表如下：

序号	1	2			N
1					
2					
N					
小组总分					

3. 根据客房分类的操作步骤，以 4~5 名同学为一个小组，进行客房的资源设置。假设建造了一家四星级酒店，拥有 300 间客房进行设置。设置分为：客房分类（Room Classes）、客房类型（Room Types）、客房图形。数量多少和类型的分类由每个小组根据市场分析进行，最后以设置的抓屏为依据，进行小组之间的交流。

第七章 酒店预订模块设置（Hotel Reservation Configuration）

4. 根据习题 3 的设置，以小组为单位，做一个市场预测报告，报告要求：客房出租率预测和收益预测。

5. 根据商务团队设置的操作步骤，以 4~5 名同学为一个小组，设想一个酒店，对该酒店进行描述（包括：地域、规模、性质等），在此基础上进行下面的设置：预订类型（Booking Types）、预订方法（Reservation Methods）、预订被取消原因（Block Cancellation Reasons）、团队预订丢失的原因（Block Lost Reasons）、酒店拒绝客人预订的原因（Block Refused Reasons）、客人取消预订而另外选择的酒店（代替的目的地）代码（Destination Codes）等。每个小组对其中两个设置方案进行演示、说明。

6. 如果你所在的酒店附近要新建两家五星级酒店，你怎么进行习题 5 设置的调整，说出理由。

7. 根据本章介绍的操作步骤，以 4~5 名同学为一个小组，以本章开始设定的新建酒店模式，对该酒店进行设置。

8. 建立房务中心的小仓库目录，品种不少于 20 种。

第八章 酒店客人档案（Profiles）设置

学习意义 通过本章的学习，使学生对酒店企业如何建立和管理客人的资讯有全面的理解与操作的能力，并能从酒店经营管理的高度来认识酒店档案模块设置的重要性及实际操作的专业性。

内容概述 本章学习和操作的内容，主要是对客人历史进行记录、保存、分析、挖掘之用。Opera 中的档案包括了下面设置要素：客人偏好倾向（Preferences）、客人的地理区域数据库（Geographical Data）、称谓（头衔）（Titles）、关系种类（Relationship Types）、会籍会员（Memberships）、联系类型（Communication Types）等。这些子模块的设置会影响酒店的营销。

知识点

知识目标
1. 对酒店管理信息系统中的客人档案的作用有全面的认识。
2. 对客人档案的设置有全面的认知。

技能目标
1. 掌握酒店管理信息系统中的档案设置和应用。
2. 熟练操作客人档案设置。

第八章 酒店客人档案（Profiles）设置

本章是为酒店企业在经营管理服务中建立必要的客人档案进行基础性的设置，主要是对客人历史进行记录、保存、分析、加工和数据挖掘之用，使之为整个酒店的营销服务。随着市场竞争激烈程度的提高和信息化应用的深入，这个模块在酒店的应用中越来越重要。Opera 中的档案包括了下面设置要素：客人偏好倾向（Preferences）、客人的地理区域数据库（Geographical Data）、称谓（头衔）（Titles）、关系种类（Relationship Types）、会籍会员（Memberships）、联系类型（Communication Types）等。这些子模块的设置为客人档案的有效建立做了数据收集的基础性工作，模块的设置也反映了酒店管理层的管理理念和思路。

在 Opera 系统中，客人的档案建立是在系统设置（Condiguration）/档案（Profiles）目录下进行的，如图 8-1 所示。

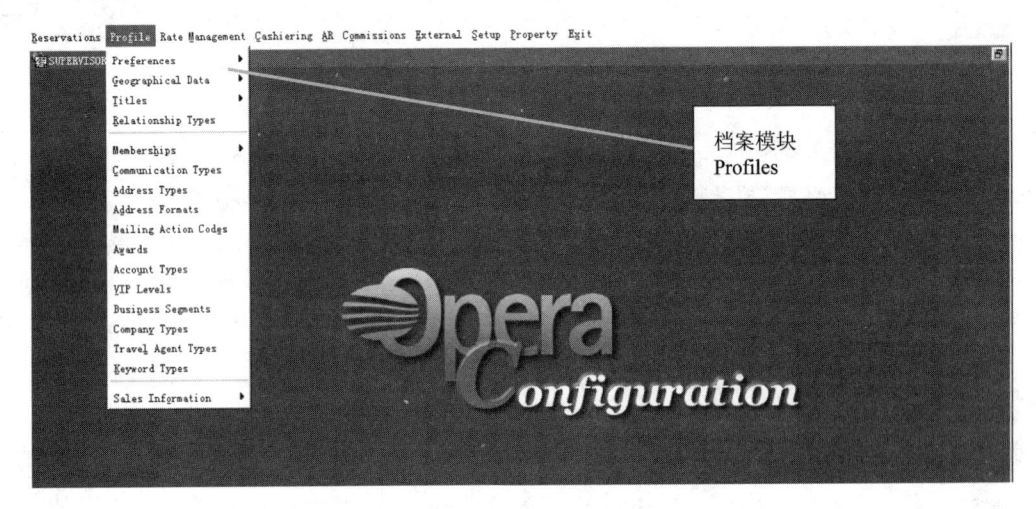

图 8-1 酒店客人档案（Profiles）设置

第一节 客人偏好倾向（Preferences）设置

酒店前台经营是围绕客人服务进行的，对客人偏好倾向的管理，是酒店细微温馨服务的一个重要基础。对客人偏好倾向进行预先代码编制，在酒店服务中加以应用，是这个模块要完成的任务。具体设置步骤如下。

第一步：客人的偏好倾向设置分个人和团队两类，如图 8-2 所示。在操作可以选择其中一类进行。

第二步：进行团队客人偏好倾向（Preference Groups）设置，具体操作如图 8-3 所示。这个设置主要是针对酒店服务的旅游团队或商务团队，如对团队浴缸的偏好（日本团队偏好泡澡）等。

第一节　客人偏好倾向（Preferences）设置

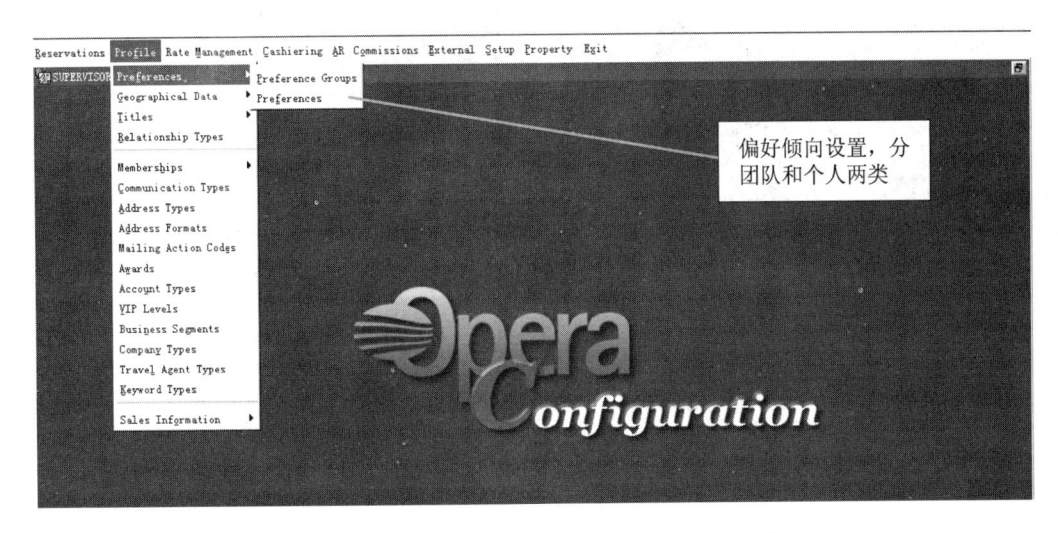

图 8-2　客人的偏好倾向（Preferences）设置

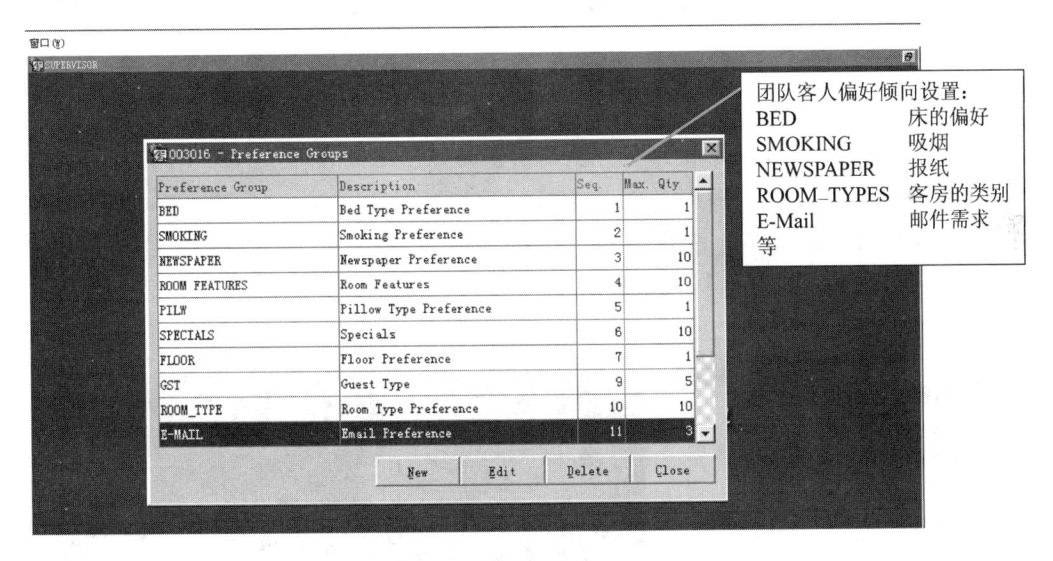

图 8-3　酒店团队偏好（Preference Groups）设置

第三步：进行客人偏好倾向（Preferences）设置，具体操作如图 8-4 所示。这些设置可以根据酒店客源具体情况而定。

189

第八章　酒店客人档案（Profiles）设置

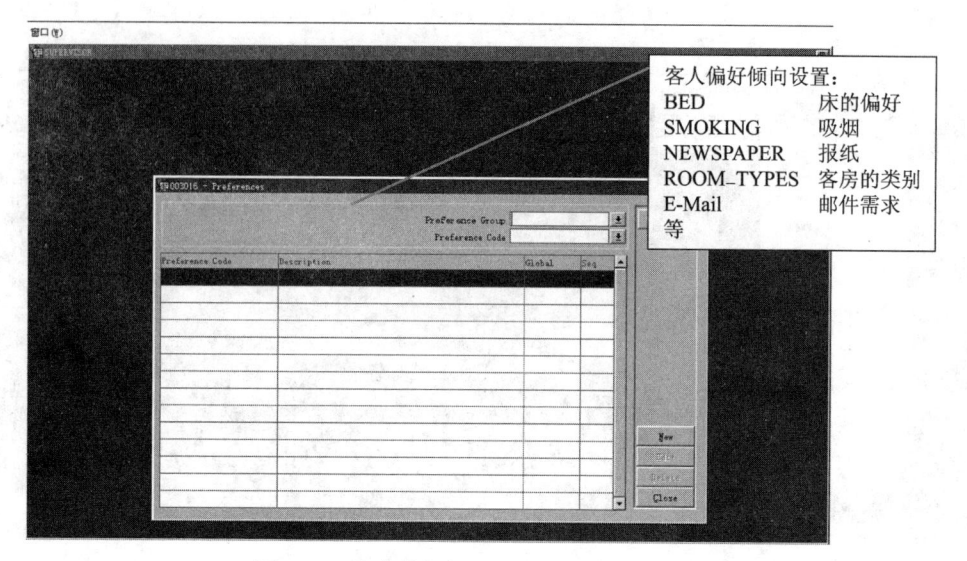

图8-4　客人偏好倾向（Preferences）设置

客人偏好倾向设置：
BED　　　　　床的偏好
SMOKING　　　吸烟
NEWSPAPER　　报纸
ROOM_TYPES　 客房的类别
E-Mail　　　　邮件需求
等

第二节　客人的地理区域数据库（Geographical Data）设置

客人的地理区域数据库（Geographical Date）的设置是对客源市场分析的基础性设置。这个子模块的建立对客源的市场分析和营销的数据挖掘起到了关键作用。设置项目包括：语言（Languages）、国籍（Nationalities）、地区（Regions）、国家（Countries）、州（States）、区（Districts）、城市及邮编（Cities and Postal Codes）、距离类型（Distance Types）和客人习惯（Custom）等，如图8-5所示。具体设置步骤如下。

客人的地理区域数据库建立，在此操作

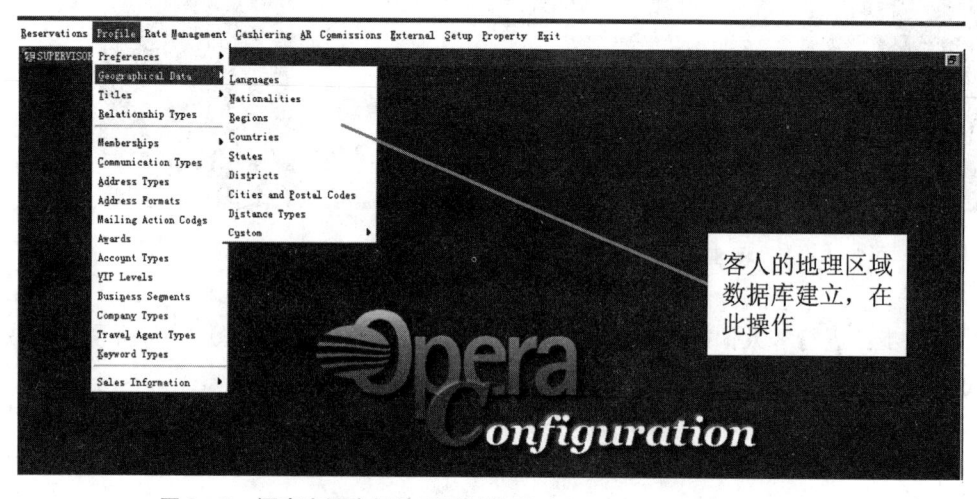

图8-5　酒店客源市场地理区域代码（Geographical Data）设置

190

第一步：对语言（Languages）和国籍（Nationalities）进行编码，具体操作如图 8－6 所示。

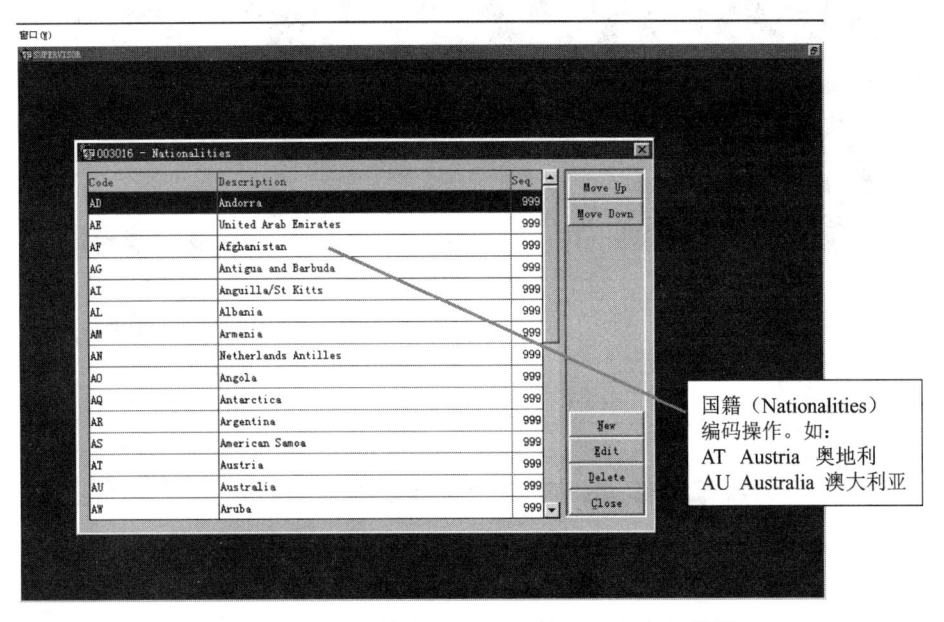

图 8－6　客源国籍代码（Nationalities Codes）设置

第二步：对地区（Regions）、国家（Countries）编码进行设置，具体操作如图 8－7 和图 8－8 所示。

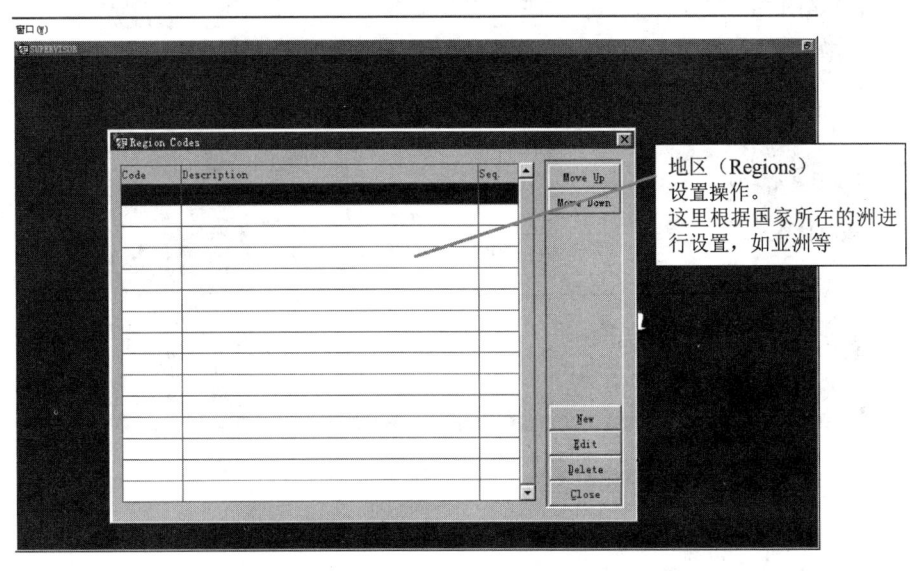

图 8－7　客源区域代码（Regions Codes）设置

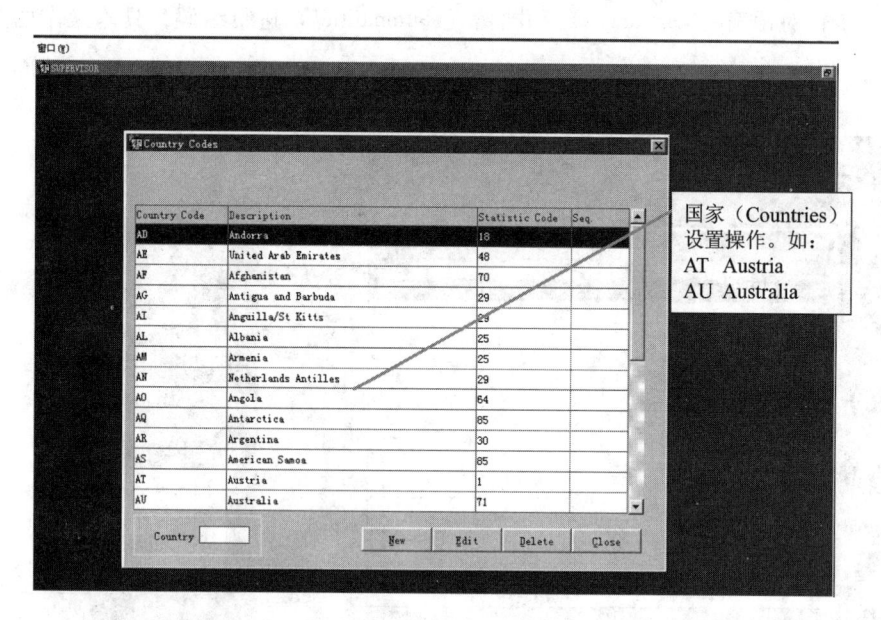

第八章 酒店客人档案（Profiles）设置

图 8-8 客源国家代码（Countries Codes）设置

第三步：对州（States）编码进行设置，具体操作如图 8-9 所示。

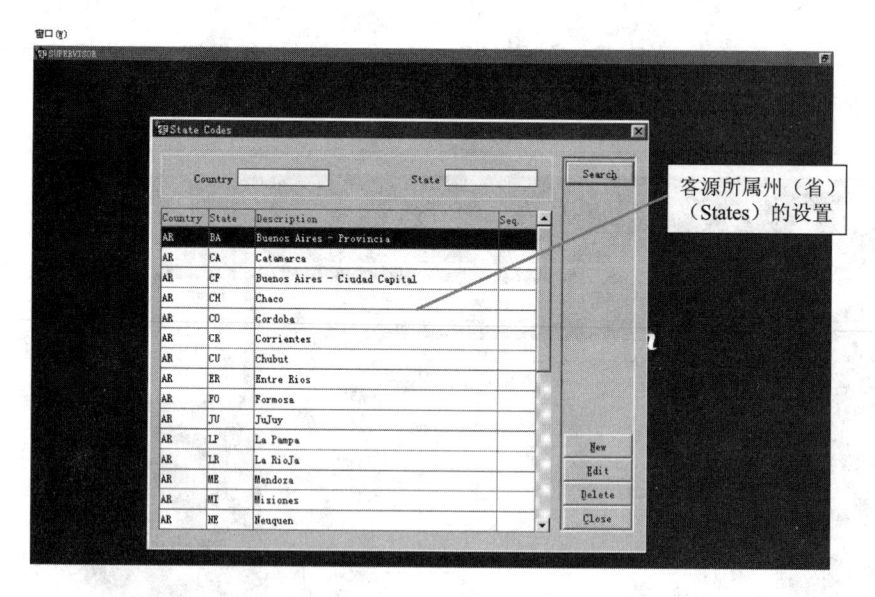

图 8-9 客源所属州（省）代码（States Codes）设置

第二节 客人的地理区域数据库（Geographical Data）设置

第四步：对区（Districts）代码进行设置，具体操作如图 8-10 所示。

图 8-10 客源大区域的代码（Region Codes）设置

第五步：对城市及邮编代码（Cities and Postal Codes）进行设置，具体操作如图 8-11 和图 8-12 所示。这些设置很重要，如此，酒店与客人之间的联系就有了基本信息，如账单往来、催款等。

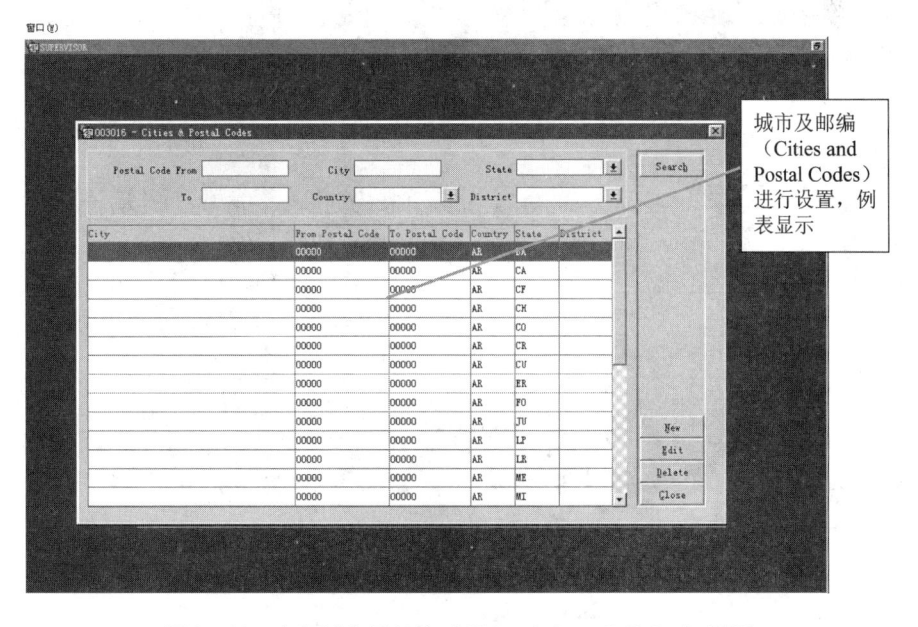

图 8-11 客源城市及邮编（Cities & Postal Codes）设置

第八章 酒店客人档案（Profiles）设置

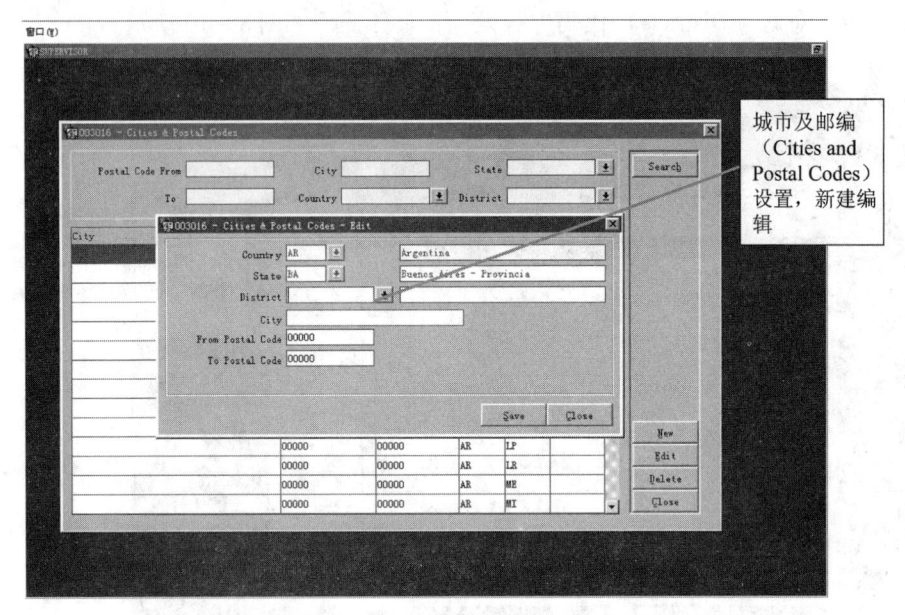

图8-12 客源城市及邮编（Cities & Postal Codes – Edit）设置

第六步：对距离类型代码（Distance Types）（用公里、英里等）进行设置，具体操作如图8-13和图8-14所示。

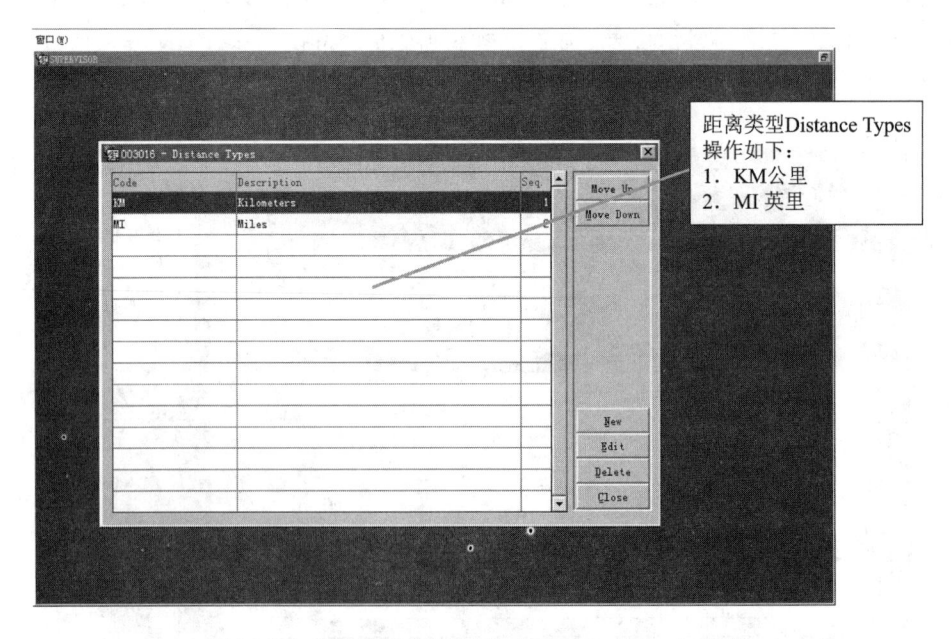

图8-13 客源距离类型代码（Distance Types）设置

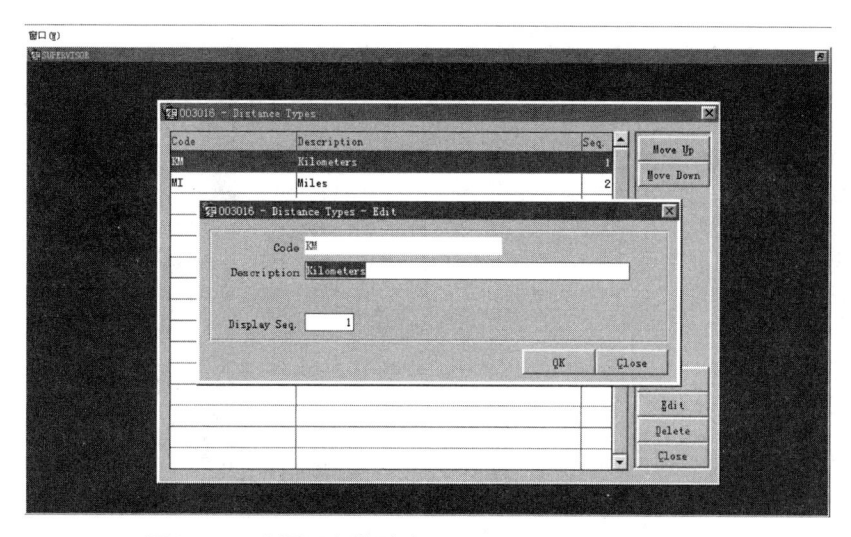

图 8–14　客源距离类型（Distance Types – Edit）设置

第三节　客人称谓（Titles）设置

客人称谓代码库的建立是酒店前台为客人服务的一个重要环节。为更好地接待客人，对客人的尊称是很重要的，这里有语言的应用问题，设置时请注意。具体设置操作如图 8–15、图 8–16 所示。

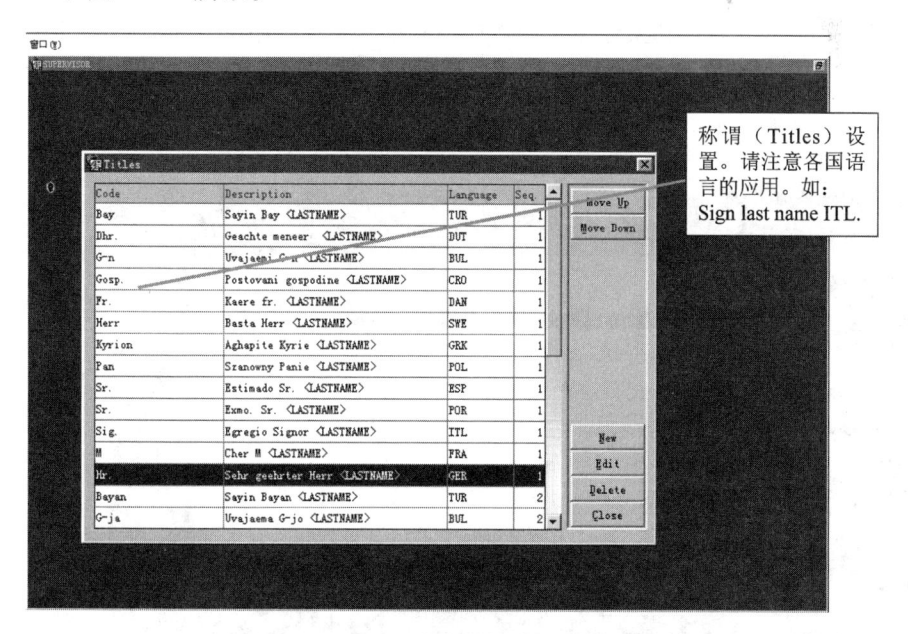

图 8–15　客人称谓代码（Titles）设置

第八章　酒店客人档案（Profiles）设置

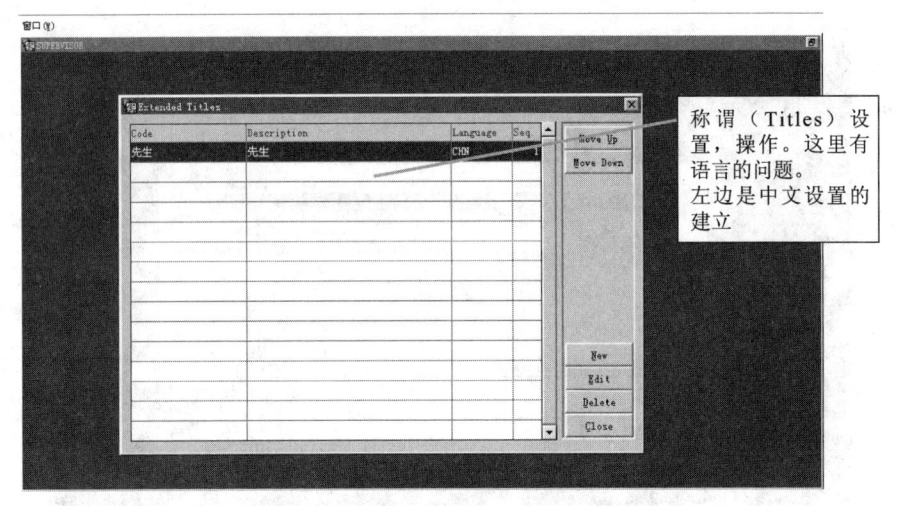

图 8-16　客人具体称谓（Extended Titles）设置

第四节　关系种类代码（Relationship Types）设置

酒店的销售渠道是多样性的，其中对第三方合作伙伴的管理，在当前旅游电子商务大发展的状况下，显得更为迫切和重要。这里关系种类的构建主要是旅行社、会展公司、OTA 等。对这些销售渠道的合同管理并建立相应的档案，是销售工作任务之一，也是客户关系管理的基础。其系统设置操作比较复杂，具体如下。

在关系会员（Relationship Memberships）目录下，进行合作来源设置，如图 8-17 所示，在合作来源中可以进行新增、编辑等操作，如图 8-18 所示。

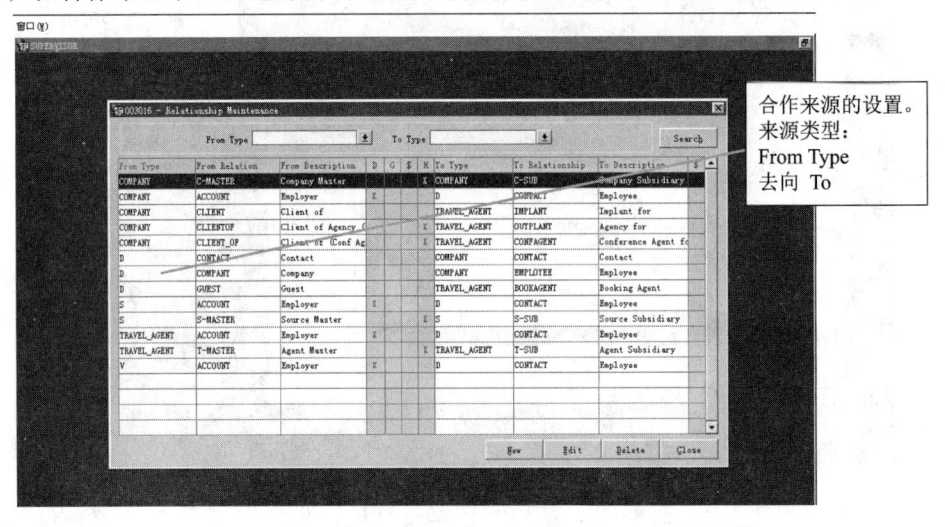

图 8-17　关系会员（Relationship Memberships）设置

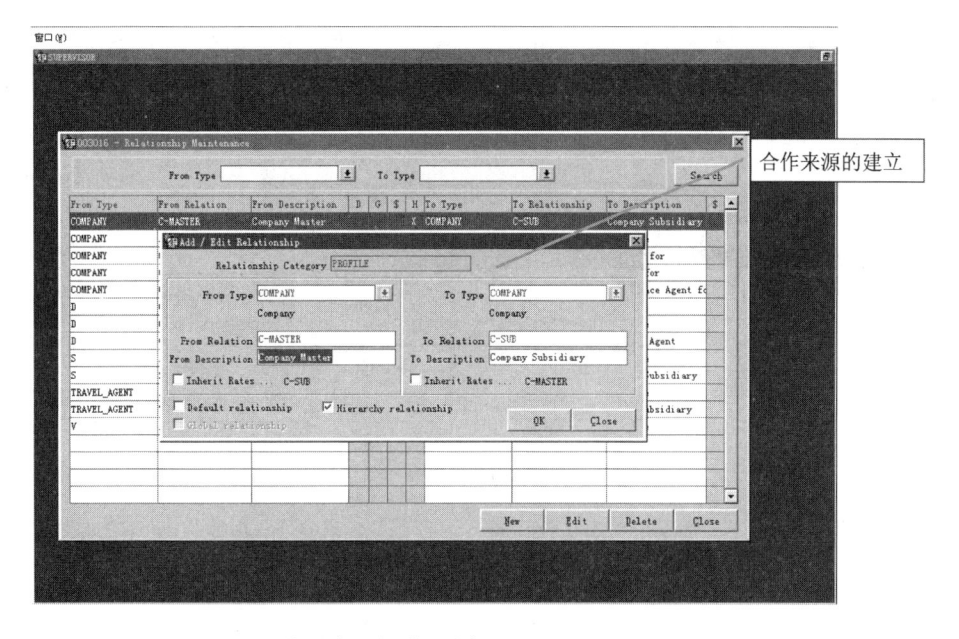

图 8-18　关系会员新增和编辑（Add/Edit Relationship）设置

第五节　会籍会员（Memberships）设置

会籍会员是酒店最宝贵的资料，是市场营销的重要对象之一。会籍会员资料的建立，方便了营销部门，提高了效率，也为酒店市场分析打下了基础。会籍会员的建立是在档案（Profiles）/会籍会员（Memberships）目录下，如图 8-19 所示。

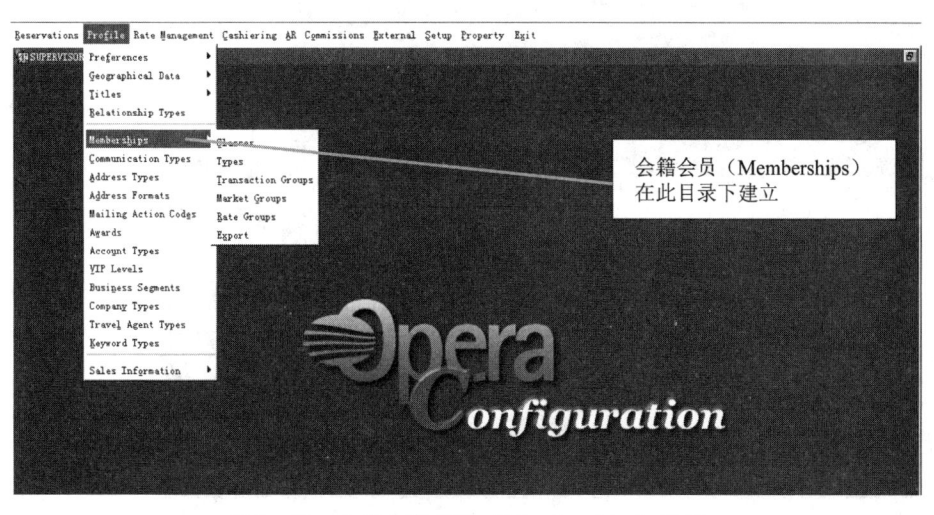

图 8-19　会籍会员档案（Memberships）设置

197

第八章 酒店客人档案（Profiles）设置

第一步：会籍会员分类（Membership Classes）。先对会籍会员进行分类设置，这里会籍会员分类主要是指航空常客公司、忠诚客人（回头客）等，是为下面客人类型而进行的大类设置，如图 8-20 所示。

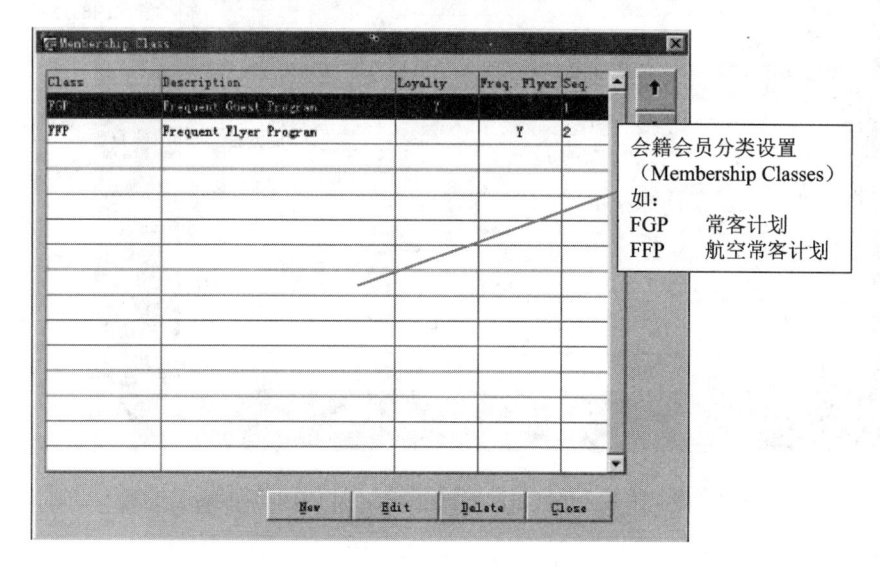

图 8-20 酒店会籍会员分类（Membership Classes）设置

第二步：会籍会员类型（Membership Types）。在上面酒店会籍会员划分大类的基础上，进行会员大类下面的细分，包括对会员实施计划等，具体操作如图 8-21 所示。

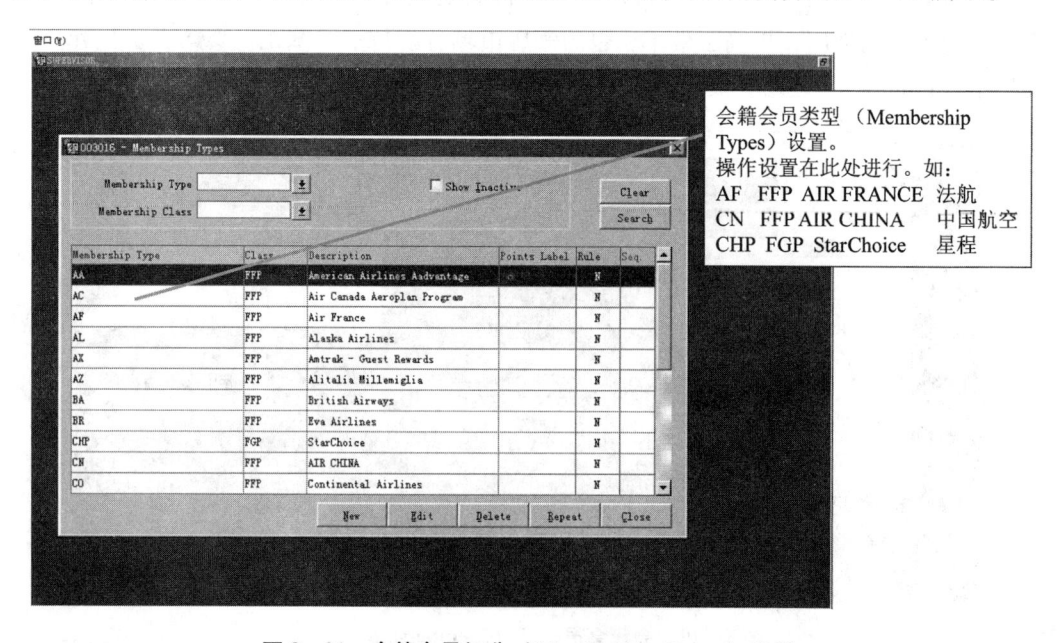

图 8-21 会籍会员细分（Membership Types）设置

第三步：对会籍会员细分进行编辑，具体操作如图8－22所示。

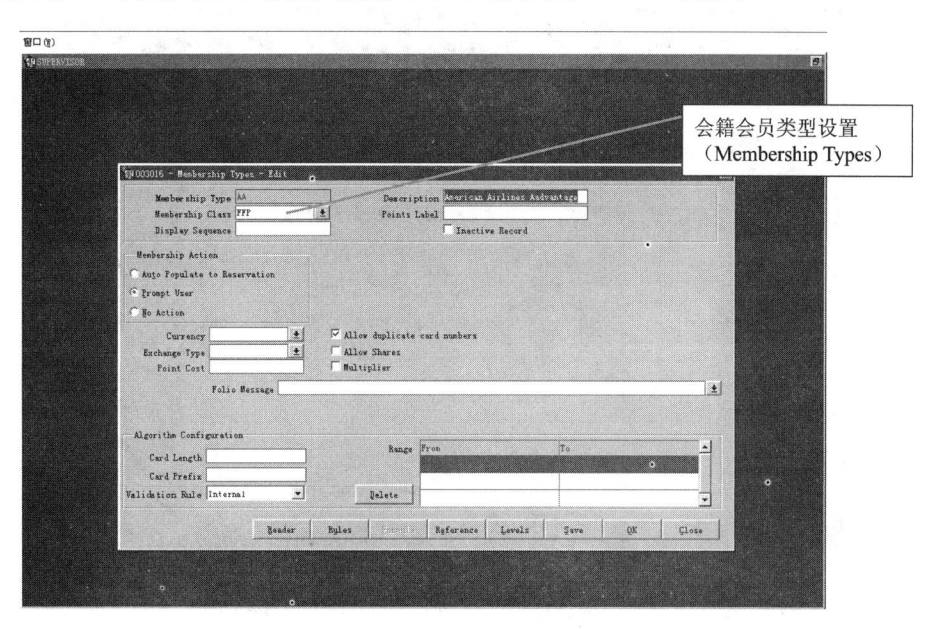

图8－22　酒店会籍会员编辑（Membership Types – Edit）状态

第四步：会籍会员报表（Membership Transaction Groups）处理。对会籍会员报表处理进行预设，具体操作如图8－23和图8－24所示。

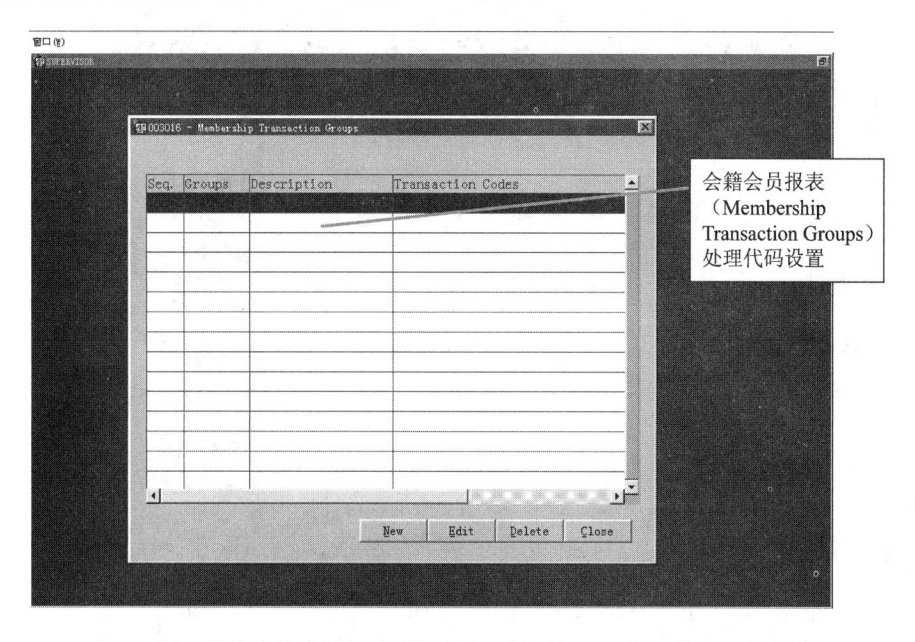

图8－23　酒店会籍会员报表（Membership Transaction Groups）设置

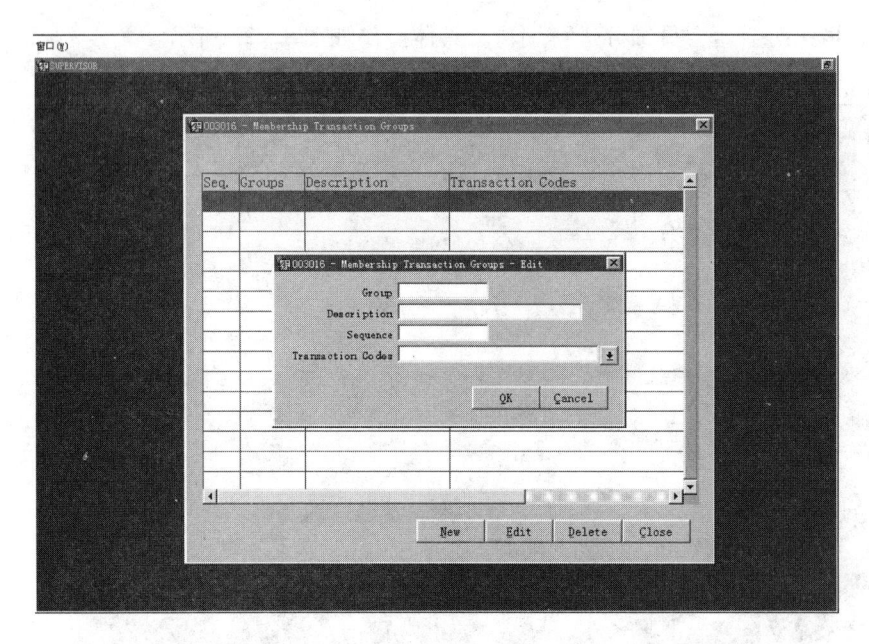

图 8-24　酒店会籍会员报表编辑（Membership Transaction Groups）状态

第五步：会籍会员市场分组（Membership Market Groups）。此操作对会籍会员市场分组，主要区分会员性质，如公司客、观光客等。具体操作如图 8-25 所示。

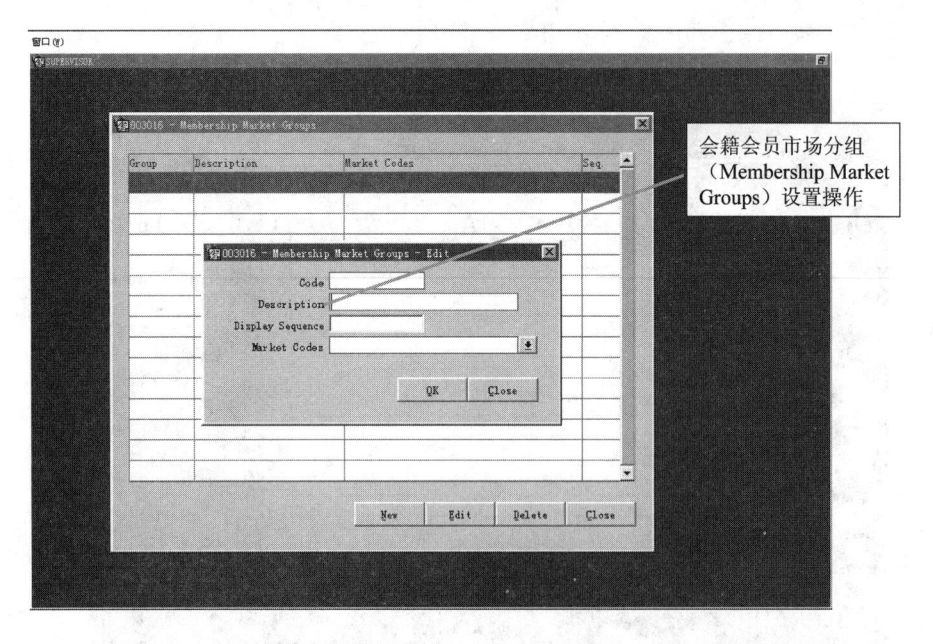

图 8-25　酒店会籍会员市场分组（Membership Market Groups）设置

第六步：会籍会员费用分组（Membership Rate Groups）。对酒店会籍会员费用消费分组，具体操作如图8-26所示。

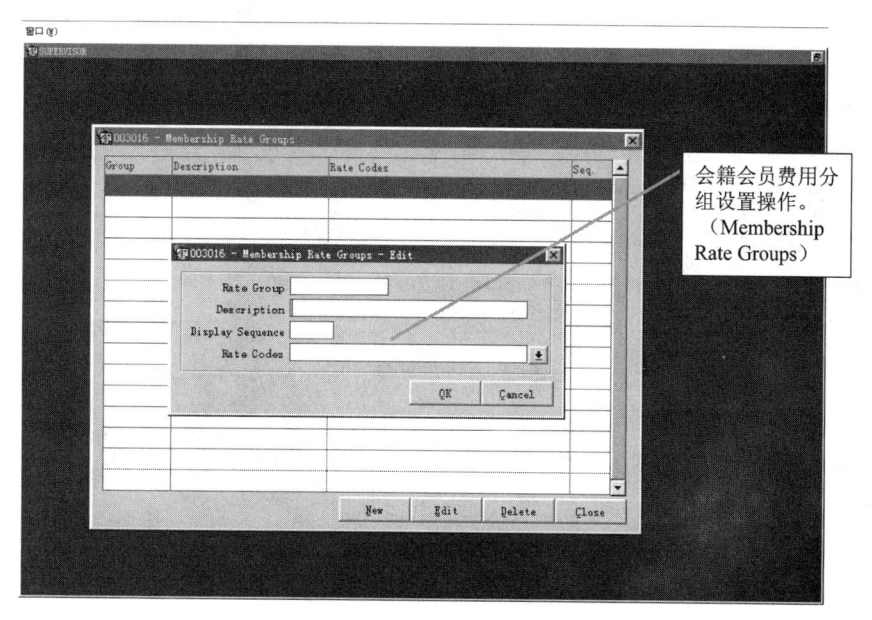

图8-26　酒店会籍会员费用分组（Membership Rate Groups）设置

第七步：会籍会员数据库输出数据（Membership Export）。这个步骤的操作主要是看设置情况，把数据输出，具体操作如图8-27所示。

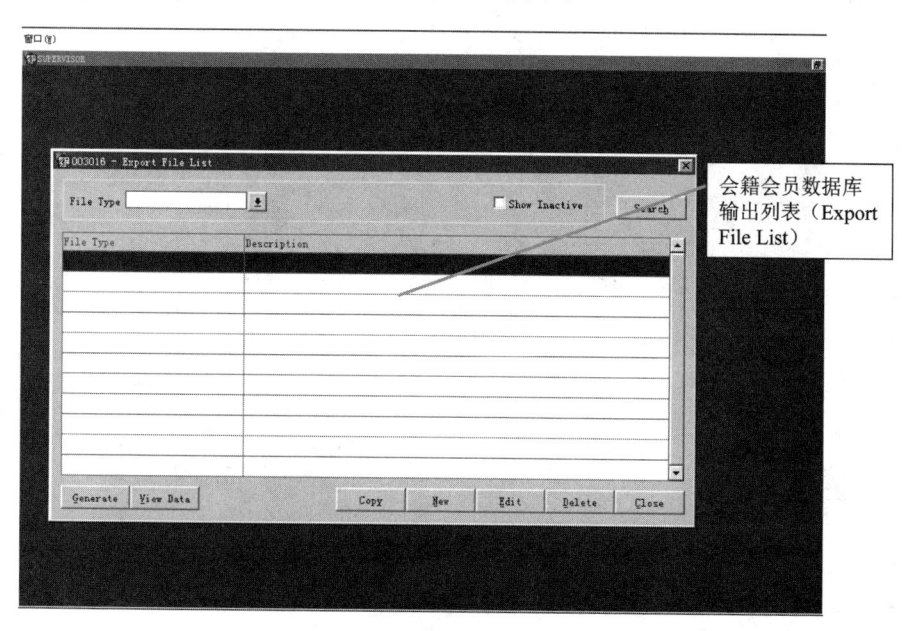

图8-27　会籍会员数据库输出数据列表（Export File List）设置

第八章　酒店客人档案（Profiles）设置

　　第八步：联系类型（Communication Types）。这个设置主要为客人设定联系类型进行分类，操作比较简单，如图 8-28 所示。

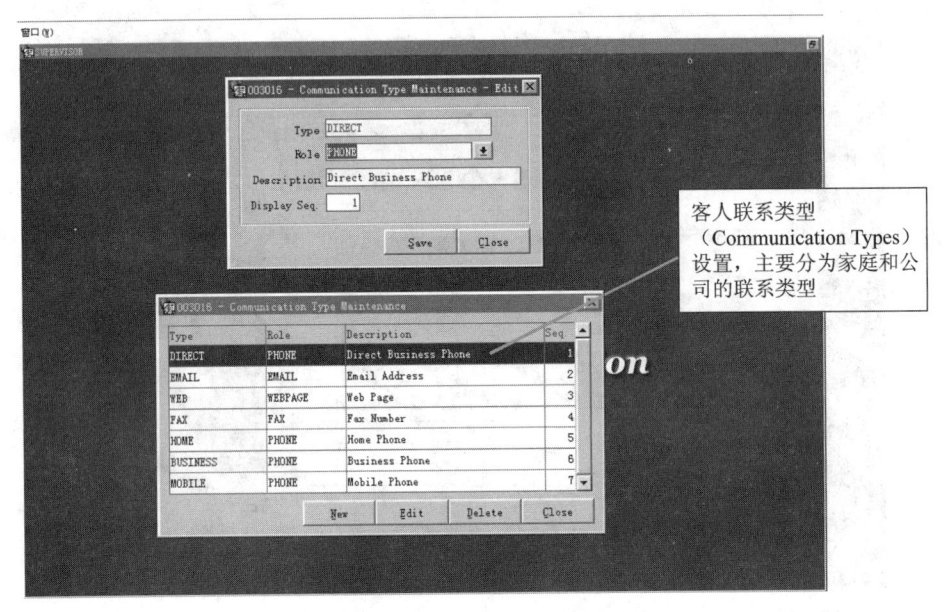

图 8-28　客人联系类型（Communication Types）设置

　　第九步：地址类型（Address Types）。这个设置是在前几项设置的基础上，对客人通信地址进行设置，操作比较简单，如图 8-29 所示。

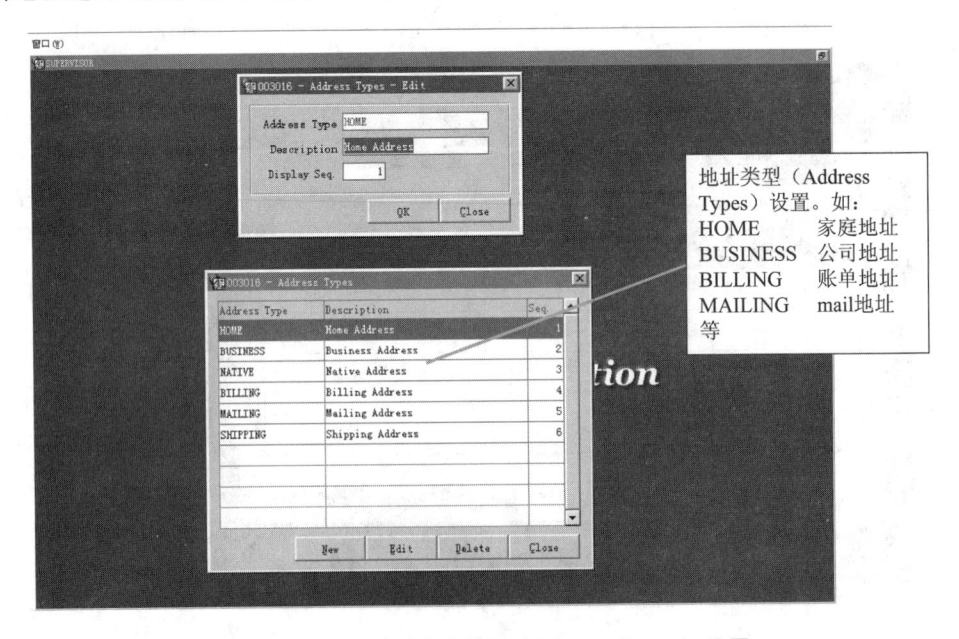

图 8-29　客人联系地址类型（Address Types）设置

第十步：地址格式（Address Formats）。这是为适应不同国家需要的信函格式而设置的。具体操作如图 8-30 和图 8-31 所示。

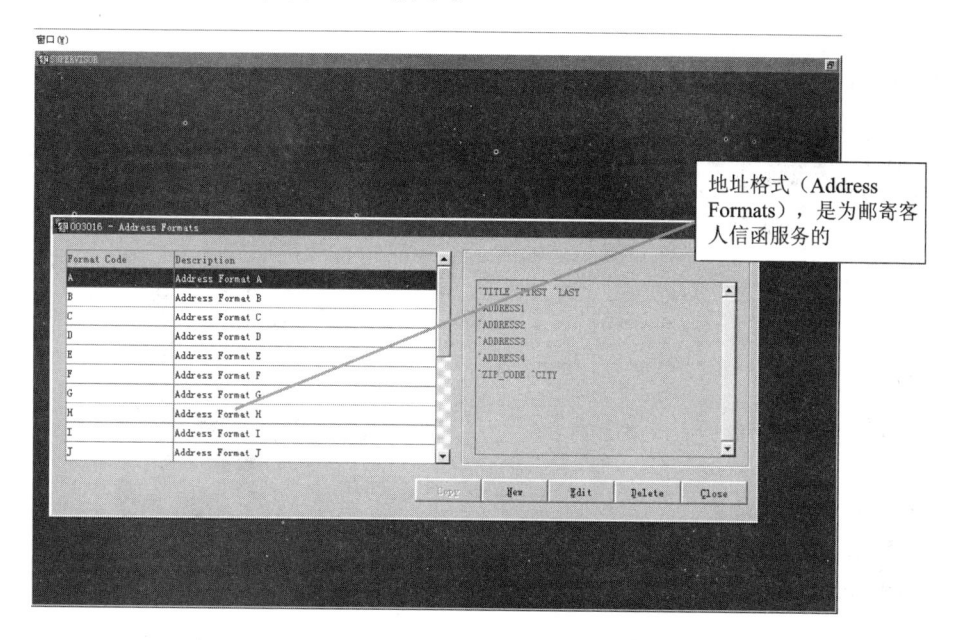

图 8-30　酒店客人地址（Address Formats）设置

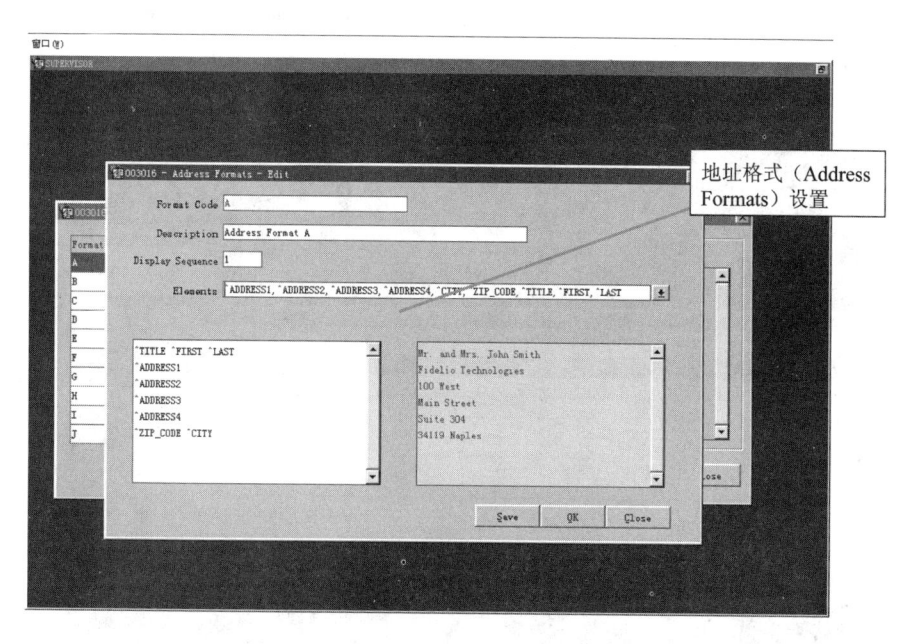

图 8-31　客人通信地址编辑（Address Formats - Edit）状态

第八章 酒店客人档案（Profiles）设置

第十一步：邮寄作业代码（Mailing Action Codes）。这是为在特殊日子，如圣诞节、元旦，给客户发公关信函而设置的邮寄代码，操作如图 8-32 所示。

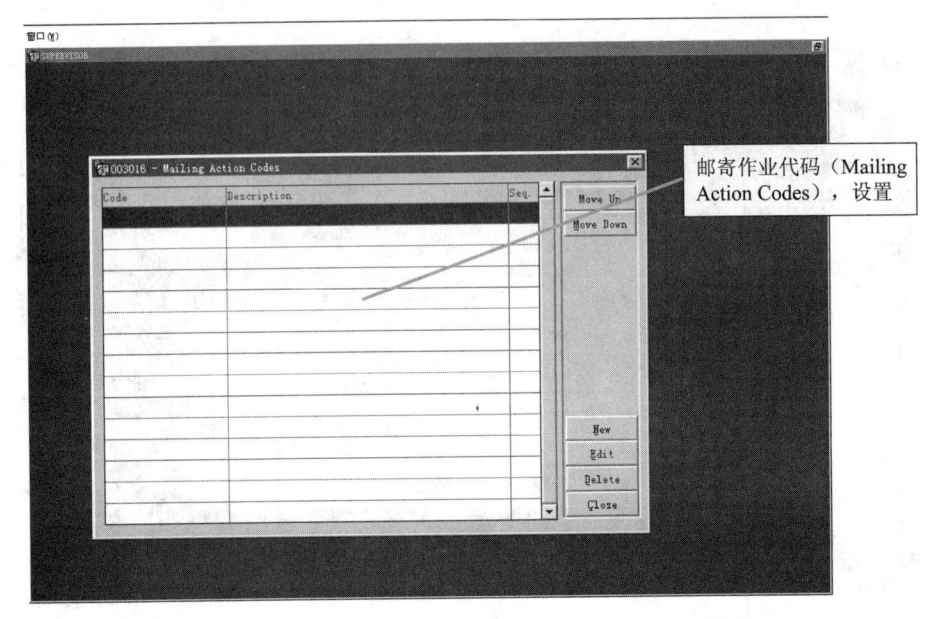

图 8-32　客人邮寄代码（Mailing Action Codes）设置

第十二步：奖励（Awards）。这个操作是为向客人发放奖励品而设置的代码，如图 8-33 所示。

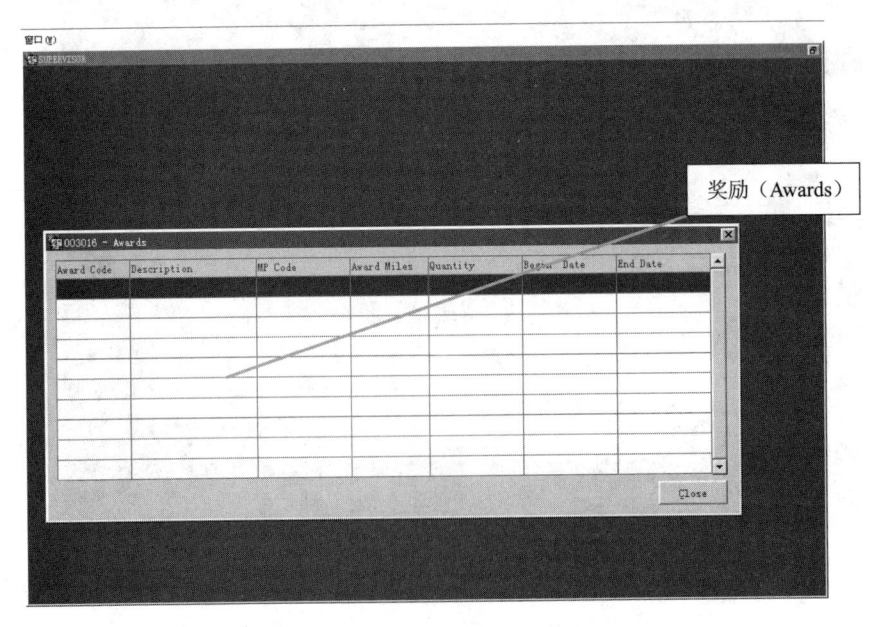

图 8-33　客人奖励（Awards）设置

第十三步：客户类型（Account Types）。客户类型是指搜集从哪来的客人、客源信息，如本地、航空公司、政府部门等，具体操作如图8-34所示，编辑界面如图8-35所示。

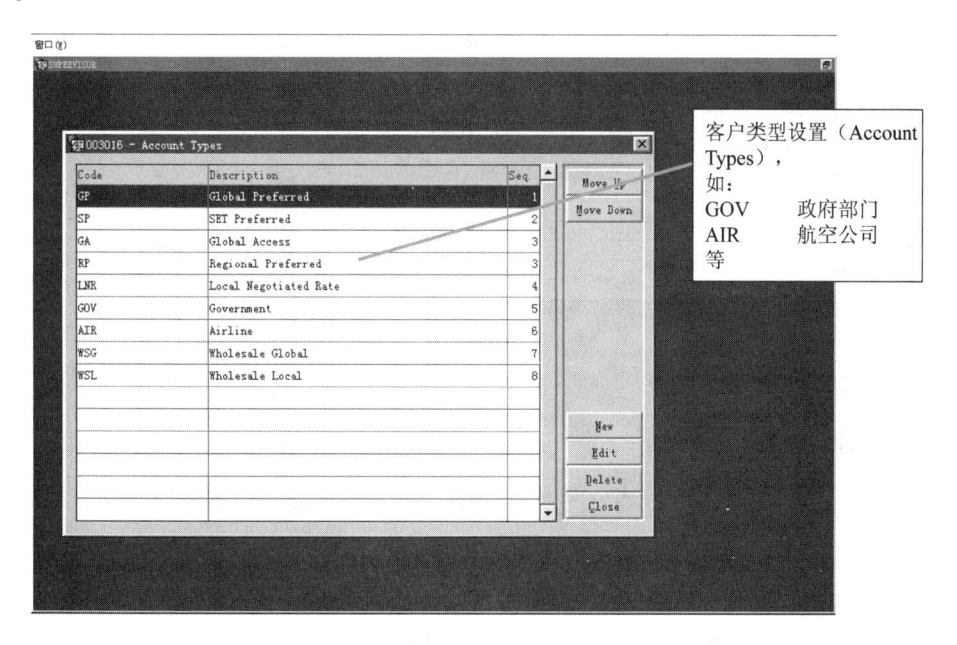

图8-34 客户类型（Account Types）设置

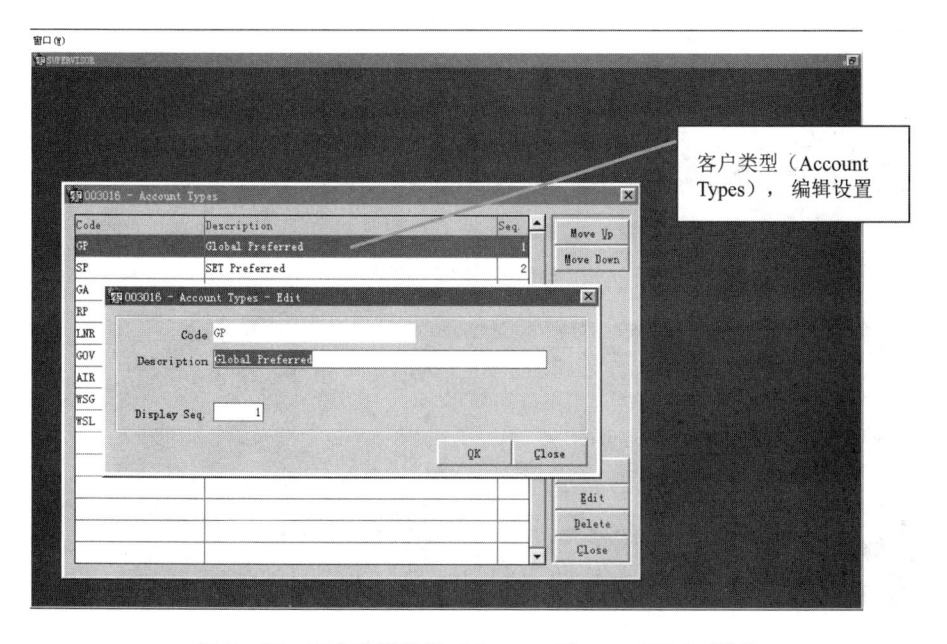

图8-35 客户类型编辑（Account Types-Edit）界面

第八章 酒店客人档案（Profiles）设置

第十四步：重要客人级别（VIP Levels）。重要客人级别（VIP Levels）设置的操作非常重要，关系到服务的各个方面。酒店前台运营一直会应用这个设置进行分类服务，具体操作如图 8-36 所示。

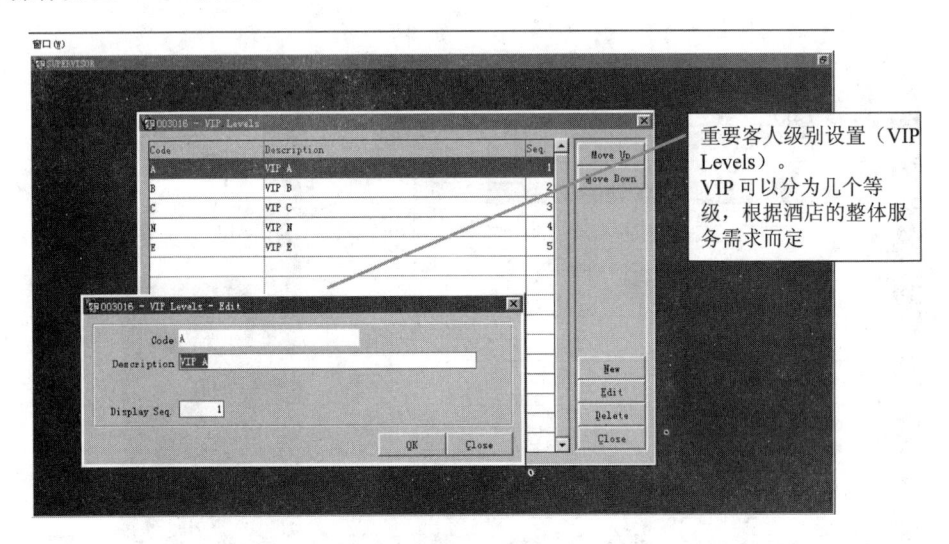

图 8-36 酒店客人 VIP 等级分类（VIP Levels）设置

第十五步：公司类型（Company Types）、旅行社类型（Travel Agent Types）。公司类型和旅行社类型的设置操作比较简单，主要是对合作公司和旅行社的分类。公司具体设置操作如图 8-37 所示，旅行社（代理）设置操作如图 8-38 所示。

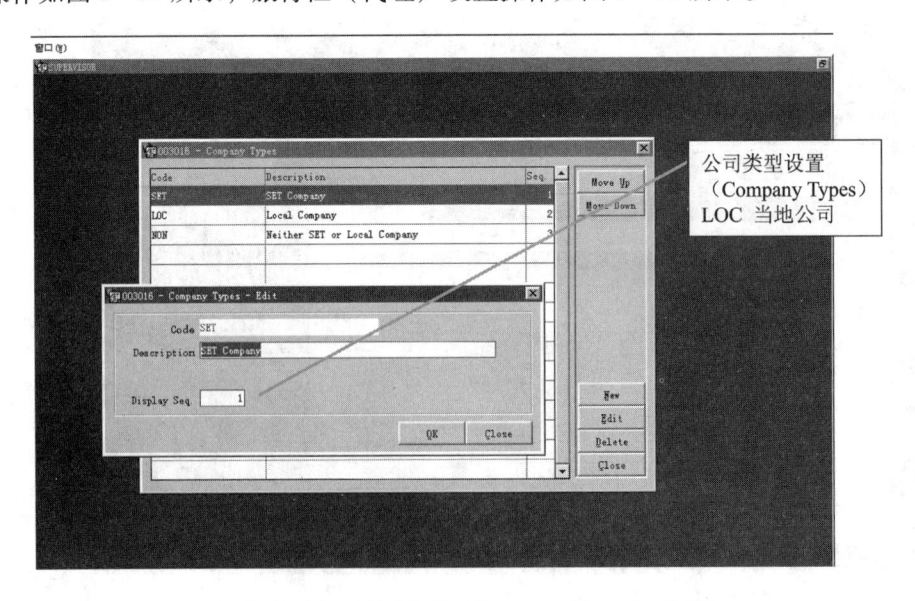

图 8-37 公司分类（Company Types）设置

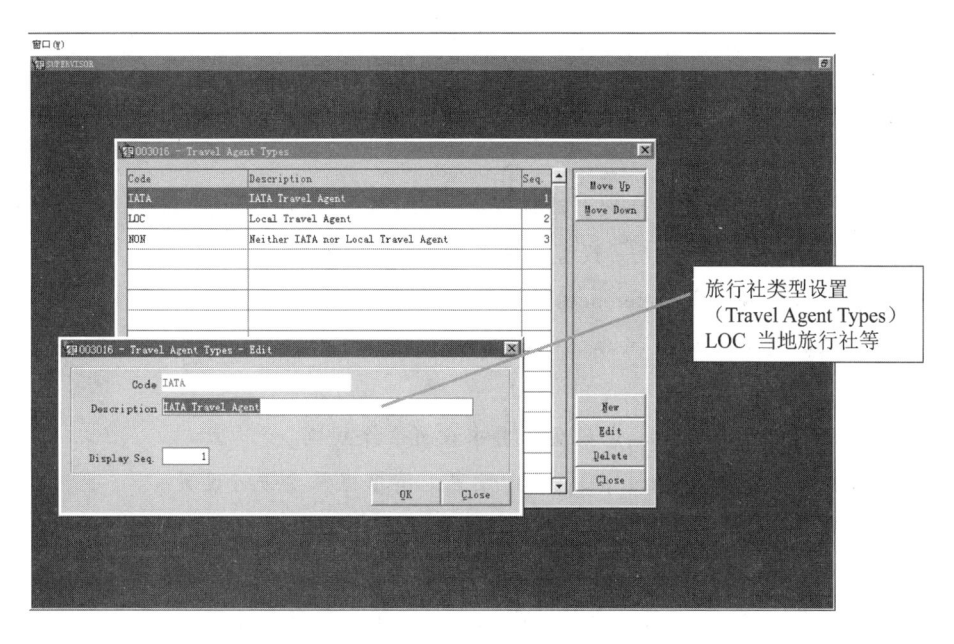

图 8-38　旅行社类型（Travel Agent Types）设置

第十六步：关键词类型（Keyword Types）。这个设置是为客人信息中的一些重要信息，如社保卡、驾照、身份证等进行代码设置。具体操作如图 8-39 所示。

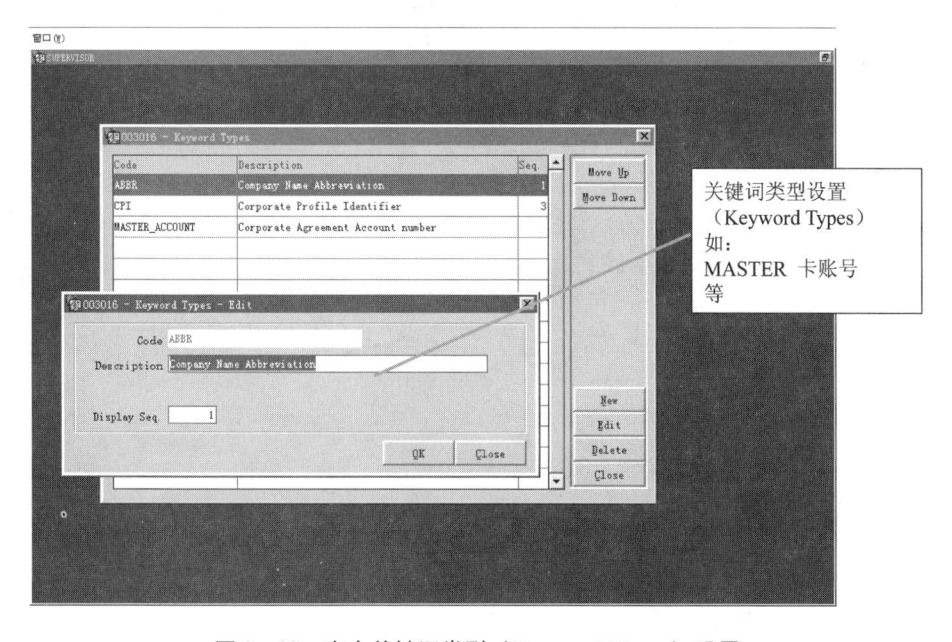

图 8-39　客人关键词类型（Keyword Types）设置

❓ 练习题

1. 根据本章学习的操作步骤，请同学们以4~5人为一个学习小组，进行角色分配，对酒店预订代码进行设置。设置内容如下：

（1）客人偏好倾向（Preferences）设置，设置3个原因。

（2）客人的地理区域数据库（Geographical Data）设置，要求每个参数要有3项设置。

（3）称谓（头衔）（Titles）设置，要求设置2个规则。

（4）关系种类（Relationship Types）设置，请根据需要进行设置。

（5）会籍会员（Memberships）设置。小组先出方案，再进行设置。

（6）联系类型（Communication Types）设置，要求设置5个原因。

2. 请同学们以4~5人为一个学习小组，对酒店重要客人级别（VIP Levels）分配进行讨论，做个级别表，说明理由，最后进行设置的操作。

3. 请同学们以4~5人为一个学习小组，对会籍会员（Memberships）建立模块进行设置操作，对会籍会员分类（Membership Classes）和会籍会员类型（Membership Types）进行区别，对会籍会员类型（Membership Types）进行设置，要求设置3种类型。

4. 要求每个同学做地址格式（Address Formats）的设置操作，设置3种格式。

酒店价格策略（Rate Management）模块设置

第九章

学习意义 现代酒店经营管理开始注重收益管理（Revenue Management）并开始实践，而酒店的价格策略是收益管理实践的组成部分，对酒店房价等设置是酒店应对市场的需求。通过本章的学习和操作，实现对酒店企业价格策略的全面认知，学习操作酒店价格策略模块设置，参与酒店实际的价格策略管理。

内容概述 本章涉及酒店的营销策略、价格策略、价格竞争方法等要素的设置。价格策略直接影响酒店的客房率、平均房价和收益。本章的内容包括房价管理模块（About Rate Management Configuration）、最佳可用房价（BAR，Best Available Rates Configuration）、房价分级（Rate Classifications）、包价销售（Packages）、价格策略（Rate Strategy）设置等。

知识点

知识目标

1. 对酒店运营中实施的价格策略有全面的认知。
2. 对酒店收益管理（Revenue Management）有初步的认识。

技能目标

1. 熟练操作酒店价格的策略设置。
2. 能够根据酒店管理层的要求，对酒店的价格进行修改。

第九章 酒店价格策略（Rate Management）模块设置

本章涉及对酒店的营销策略、房价策略、房价竞争方法等要素进行比配。价格策略直接影响酒店的出租率、平均房价和收益。在知晓酒店企业的一般经营模式，特别是酒店前台的运营模式和流程的基础上进行房价策略的设置，有助于对酒店房价的掌控、管理。这部分的实训项目包括：关于房价管理模块的设置（About Rate Management Configuration）、最佳可用房价的设置（BAR，Best Available Rates Configuration）、房价分级（Rate Classifications）、包价销售（Packages）、价格策略（Rate Strategy）、促销（Promotions）等。在登录Opera系统的Configuration主界面后，这部分的设置任务将在价格管理（Rate Management）目录下设置，如图9－1所示。

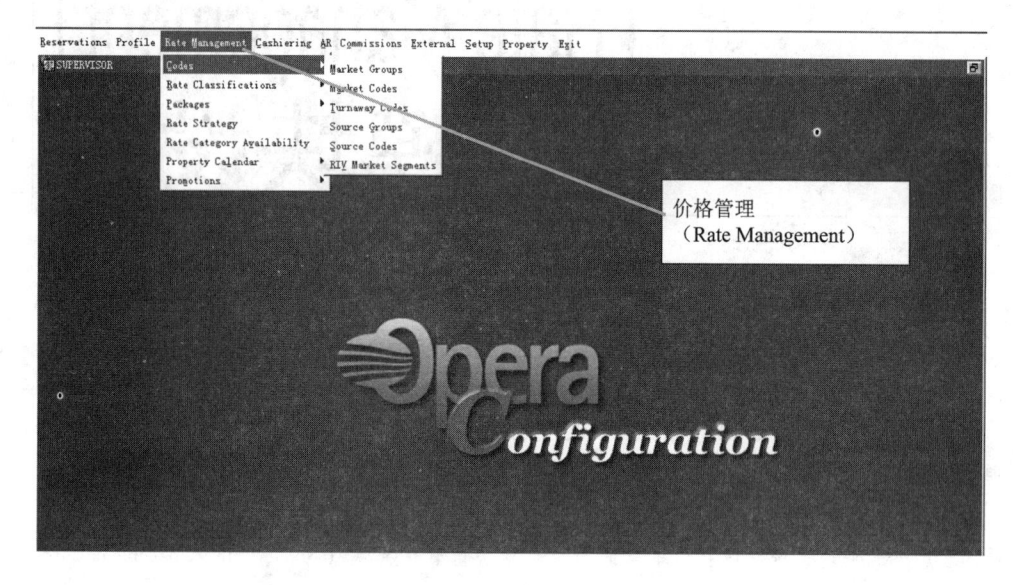

图9－1 酒店房价管理（Rate Management）设置

第一节 房价代码（Codes）设置

在酒店管理过程中，尤其是高星级酒店，使用房价代码对房价进行控制、销售、操作，是有效的管理方法，销售部使用房价代码进行房价的掌控，前台接待人员使用房价代码进行接待时的操作。某种意义上说，在高星级酒店，离开房价代码将无法实施酒店的经营目标。下面将按Opera系统的步骤进行设置。

第一步：市场分组（Market Groups）设置。和前面设置逻辑概念一样，先进行大概念的分类，这里进行市场分组，如图9－2所示。

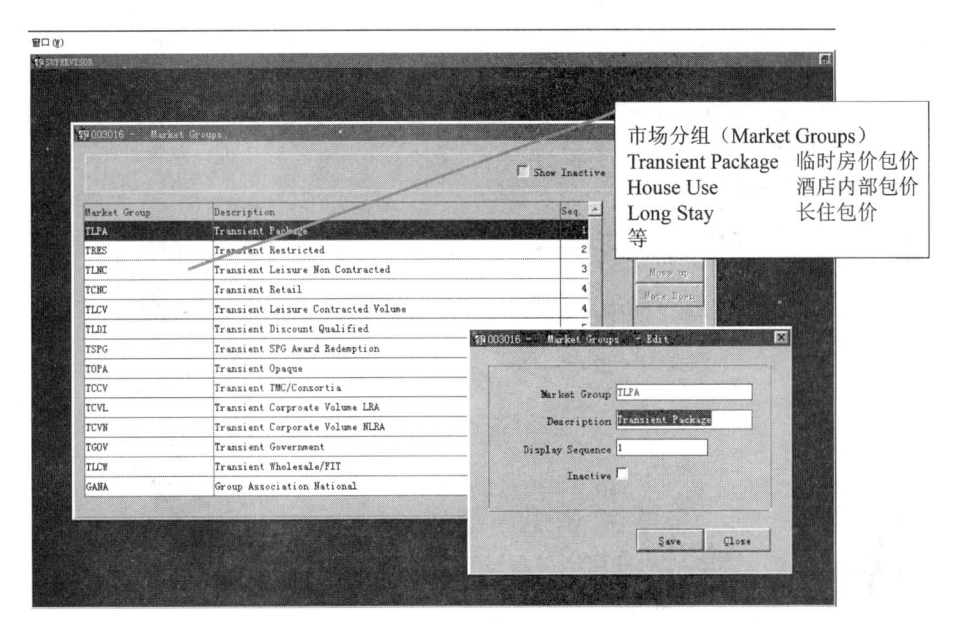

图 9-2　酒店市场分组（Market Groups）设置

第二步：市场代码（Market Codes）设置，具体操作如图 9-3 所示。

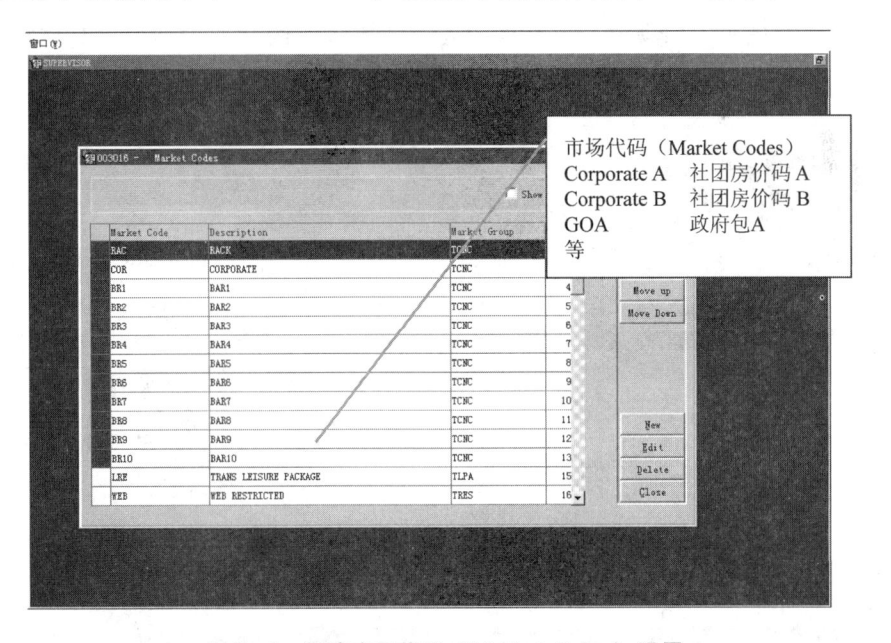

图 9-3　酒店市场代码（Market Codes）设置

对酒店市场设置进行编辑，如图 9-4 所示。

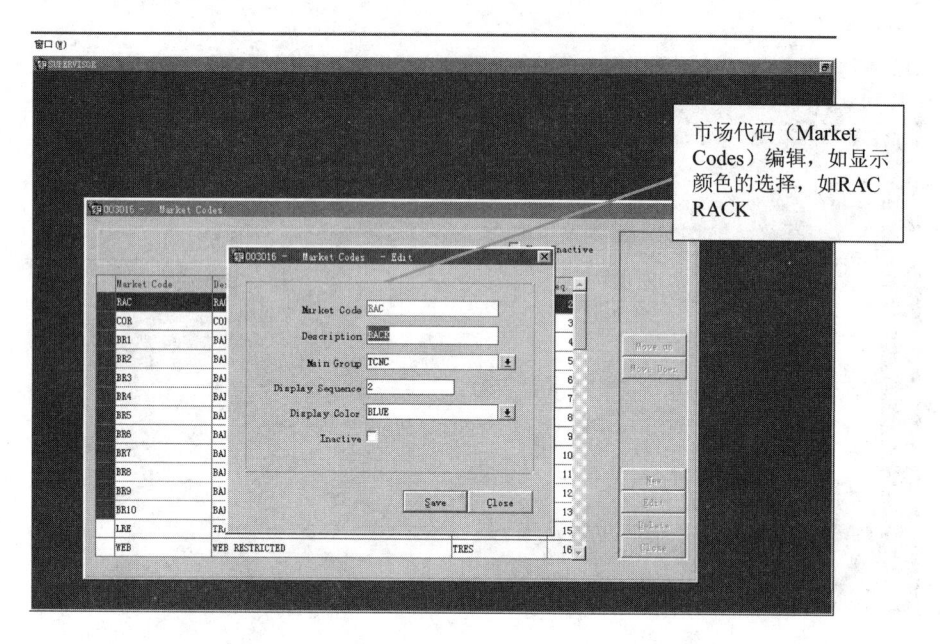

图9-4 酒店市场代码（Market Codes）编辑

第三步：拒绝预订条件代码（Turn away Codes）设置。这主要是为酒店不能满足客户要求时设置的代码。如满房，或客人的要求达不到等级状况的代码。具体操作如图9-5所示。

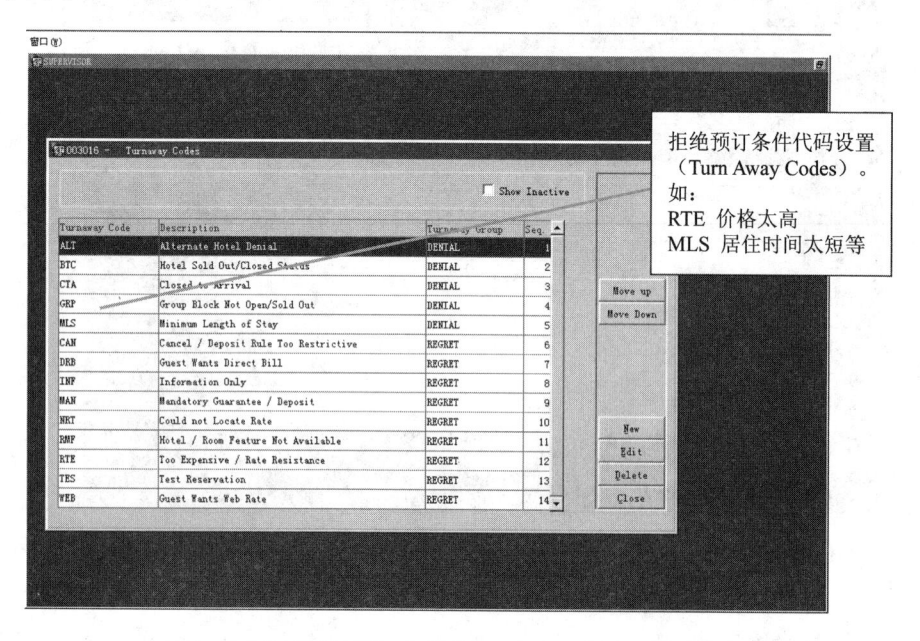

图9-5 酒店拒绝预订条件代码（Turn Away Codes）设置

对酒店拒绝预订条件代码的编辑，如图9-6所示。

图9-6 酒店拒绝预订条件代码（Turn Away Codes）编辑

第四步：来源代码（Source Codes）设置。主要用于对客源销售渠道的分析，为下一步营销和销售打下数据分析基础，操作如图9-7所示。

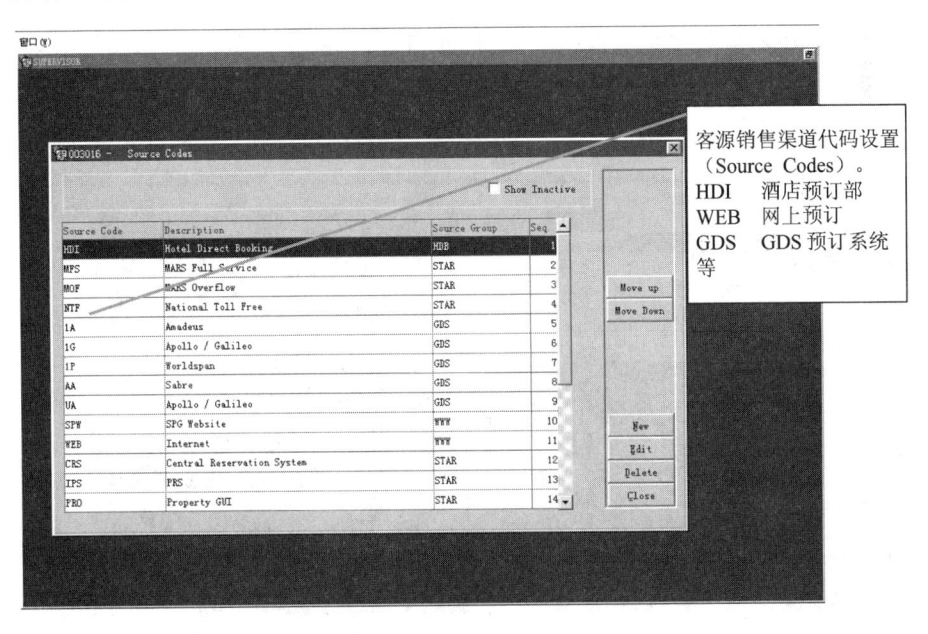

图9-7 客源销售渠道代码（Source Codes）设置

第九章 酒店价格策略（Rate Management）模块设置

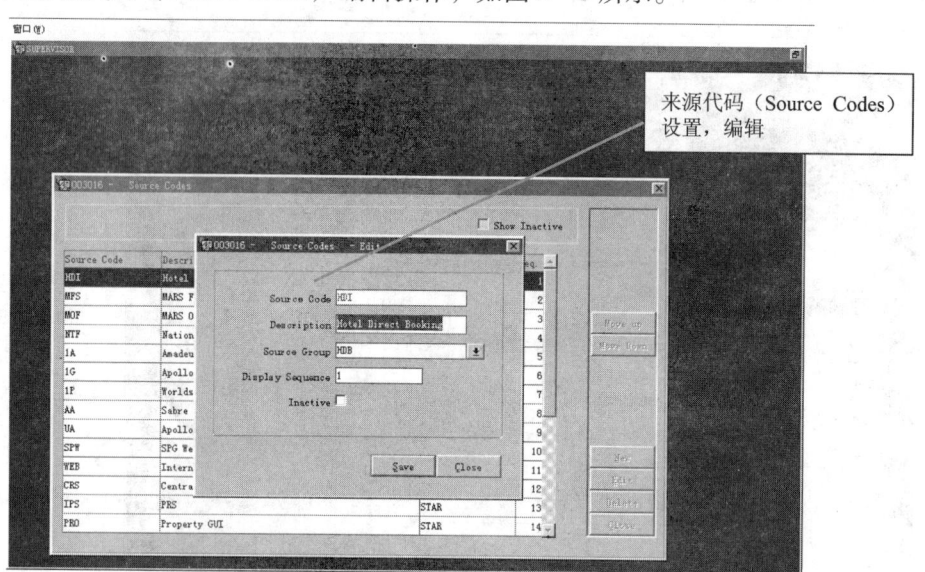

对来源代码（Source Codes）编辑操作，如图9-8所示。

图9-8 客源销售渠道编辑（Source Codes – Edit）操作

第二节 房价分级（Rate Classifications）设置

房价分级设置主要包括房价种类（Rate Categories）、价格代码（Rate Codes）、季节代码（Season Codes）、价格信息模板（Rate Info Template Rate Tiers）、价格策略（系列）等要素的设置。对房价的分级设置是在价格管理（Rate Management）/房价分级（Rate Classifications）目录下进行的，如图9-9所示。具体设置过程按下面的步骤进行。

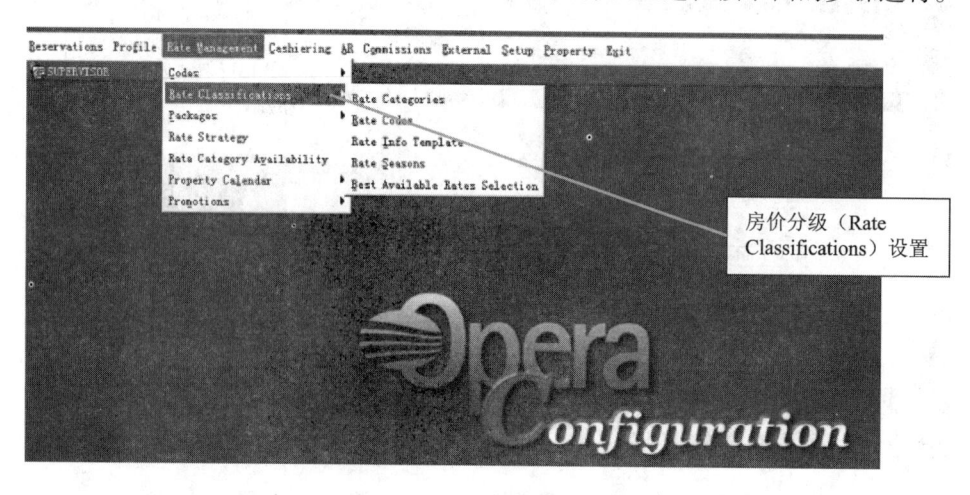

图9-9 酒店房价分级（Rate Classifications）设置

214

第一步：房价种类（Rate Categories）设置。房价种类设置是后续房价策略系列代码设置的基础，具体操作如图 9－10 所示。在此界面中可以对房价的包价等进行编辑，如 00 代码的包房价、05 代码的最佳房价 1、06 代码的最佳房价 2 等。房价种类设置包括：日期、房型、价格码。

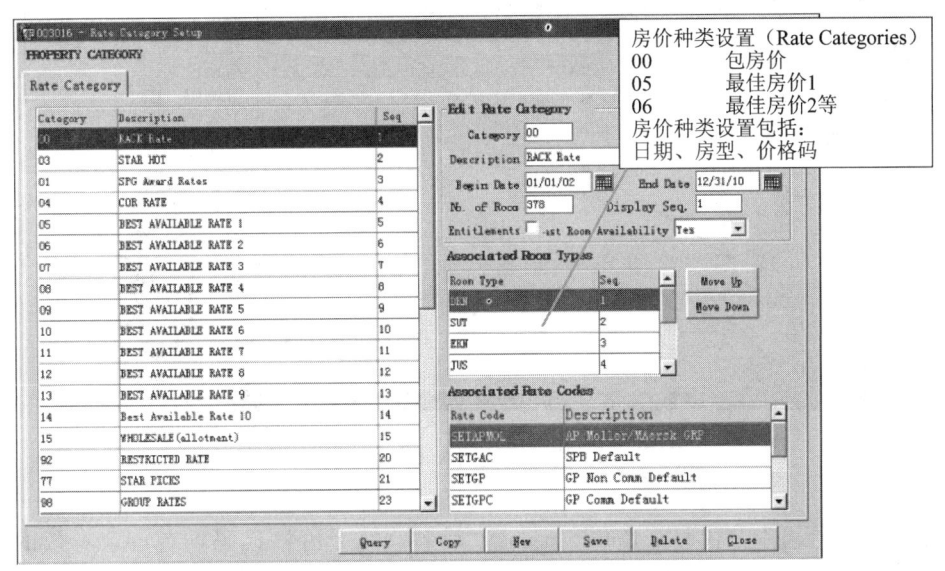

图 9－10　酒店房价种类（**Rate Categories**）设置

第二步：价格代码（Rate Codes）设置。价格代码设置比较难理解，价格代码包括某种价格的分类及房价执行开始时间、结束时间等。酒店会在不同季节和时期推出不同的房价策略和价格，设置价格代码是销售控制房价的必要途径。价格代码（Rate Codes）设置的具体操作如图 9－11 所示，价格代码（Rate Codes）的编辑如图 9－12 所示。

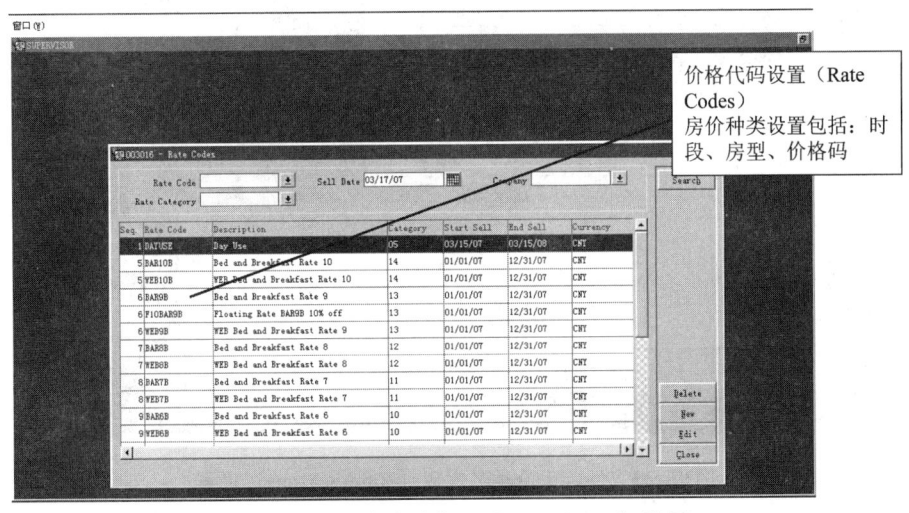

图 9－11　酒店房价代码（**Rate Codes**）设置

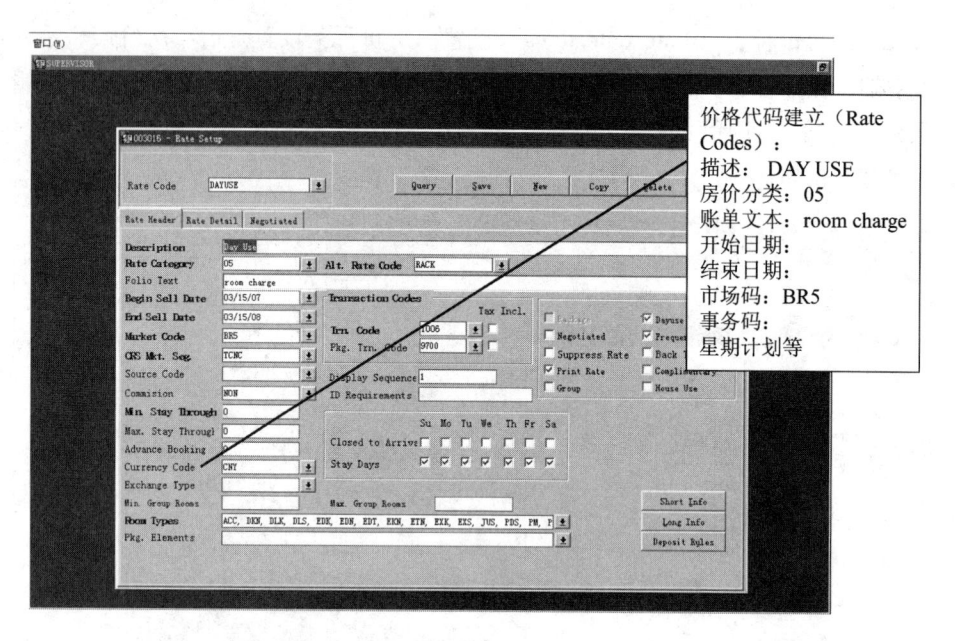

图 9 – 12 房价代码（Rate Codes）编辑

第三步：价格季节代码（Rate Seasons）设置。每个价格代码均有特定有效的日期段。当这个日期段每年都相同时，可以将其固定下来形成"季节"（非自然季节）代码，此季节代码与促销无直接关联。设置操作如图 9 – 13 所示。

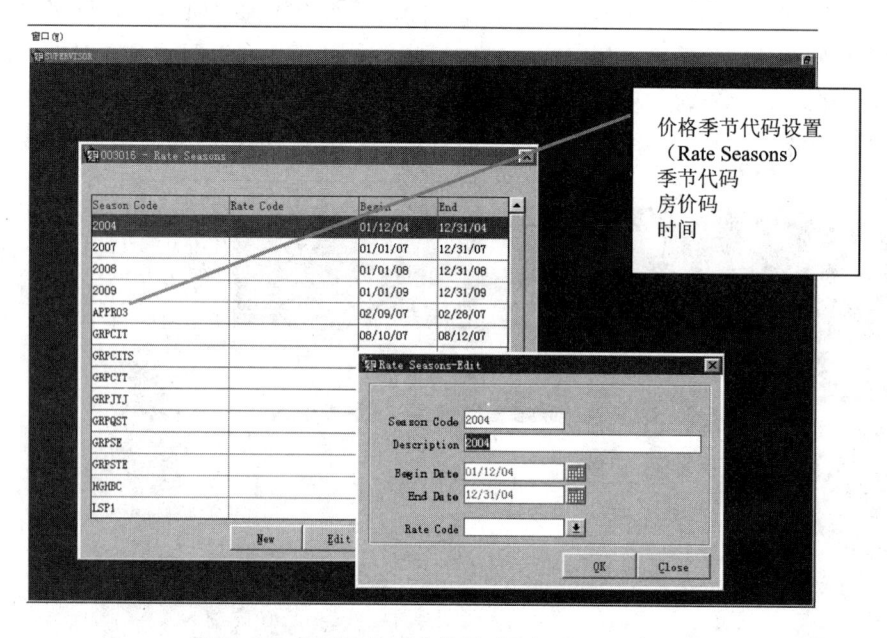

图 9 – 13 酒店房价季节代码（Rate Seasons）设置

第四步：最佳可用房价选择（Best Available Rates Selection）设置。最佳可用房价选择设置往往是酒店短期促销的产品，对前台销售很有益。设置操作如图 9-14 所示。

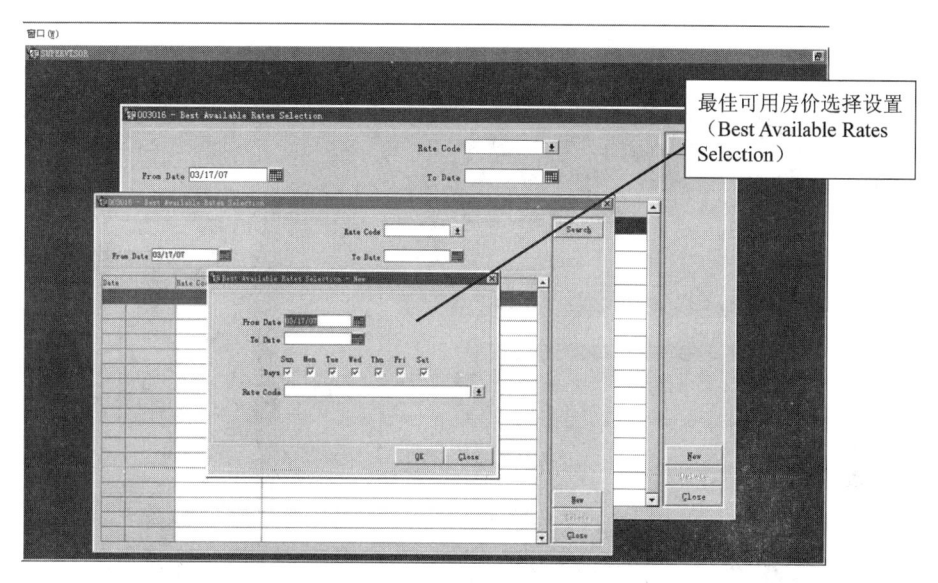

图 9-14　酒店最佳可用房价选择（Best Available Rates Selection）设置

第三节　包价销售（Packages）设置

包价销售（Packages）是酒店促销的手段之一，酒店的营销、销售和酒店收益管理等都会根据季节、节假日、会展、赛事等推出包价产品。包价销售涉及前台、销售、收益部、客房、餐饮、娱乐等部门。包价的难点在于酒店的价格策略制定，进入包价编辑界面，如图 9-15 所示。

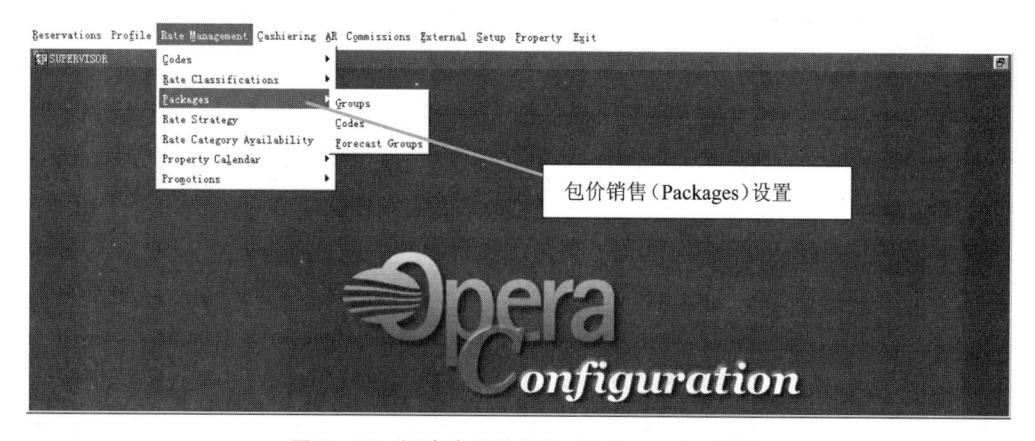

图 9-15　酒店产品的包价（Packages）设置

第九章 酒店价格策略（Rate Management）模块设置

第一步：包价销售（Packages）编辑。在上面目录中进入包价（Packages）编辑界面，如图 9-16 所示。可以从过去编辑的列表中选择，见图 9-17；也可以进行新的编辑，见图 9-18。

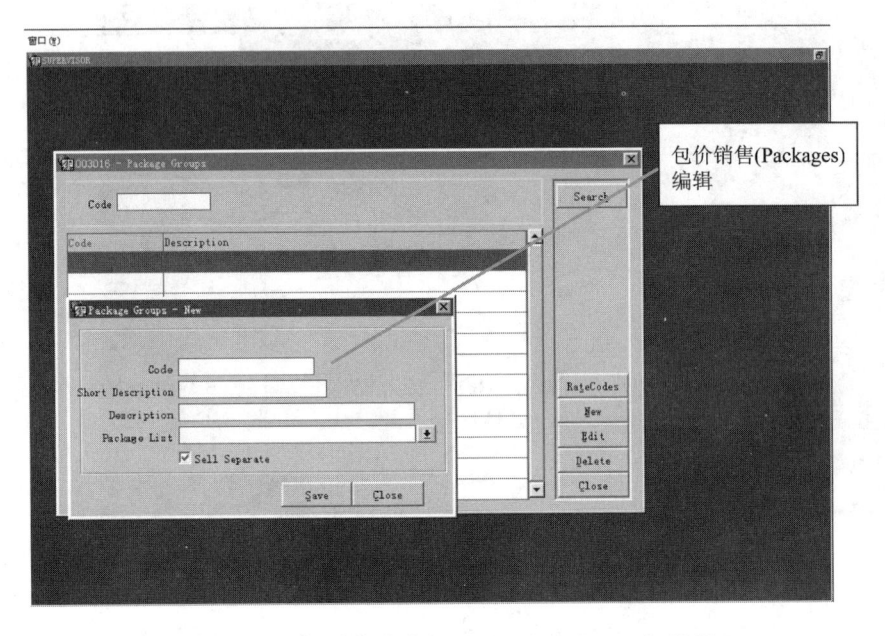

图 9-16 酒店包价产品（Packages Groups）设置

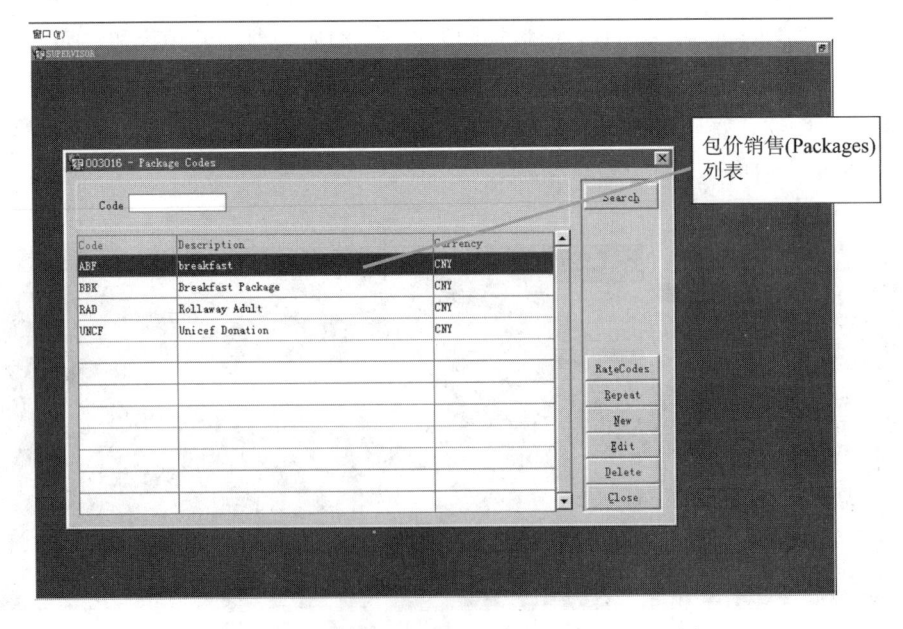

图 9-17 酒店包价代码（Package Codes）列表

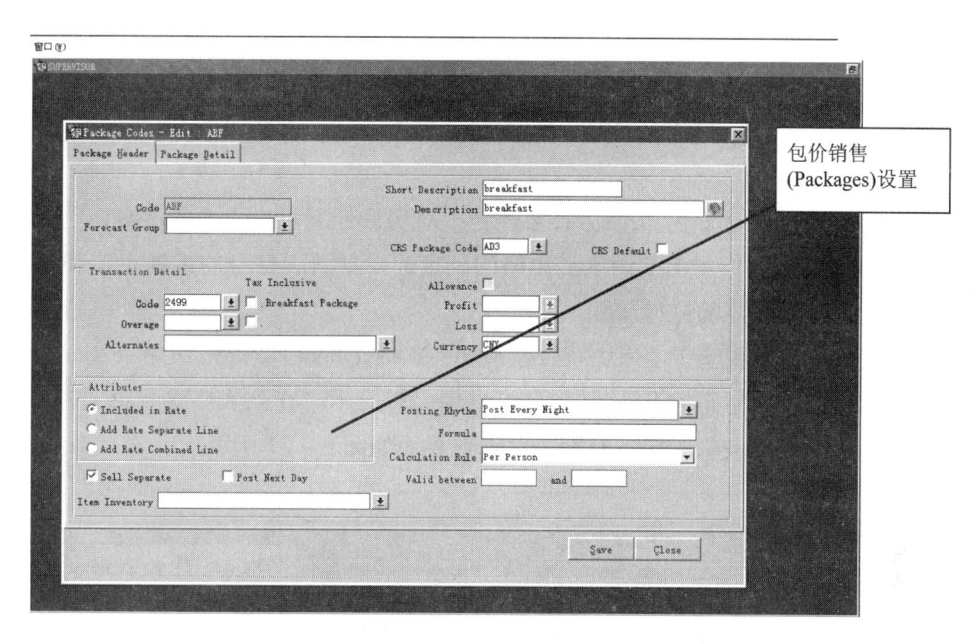

图 9-18　酒店包价代码（Package Codes）设置

第二步：包价销售预测分组（Package Forecast Groups）。包价销售预测是为了对市场进行预估，这个模块和酒店收益管理可以互动，为酒店的价格定位提供支持。设置操作如图 9-19 所示。

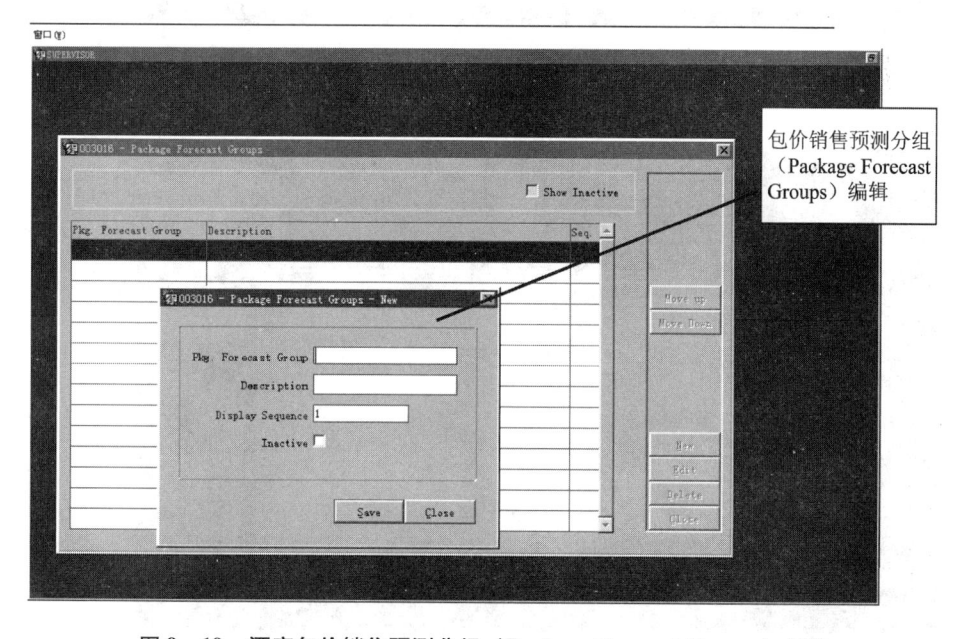

图 9-19　酒店包价销售预测分组（Package Forecast Groups）编辑

第四节 价格策略（Rate Strategy）设置

价格策略（Rate Strategy）是酒店日常经营中对房价控制可操作性的落实，这种策略往往会以日期（周期）作为考量因素。策略的制定会根据酒店自身的市场定位和市场环境而改变。下面介绍具体的操作步骤。

第一步：价格策略设置。在价格管理（Rate Management）/价格策略（Rate Strategy）目录下，先进入价格策略代码列表，如图 9-20 所示。在列表中选择并进行编辑，如图 9-21 所示。价格策略一定有时期的，编辑界面如图 9-22 所示。

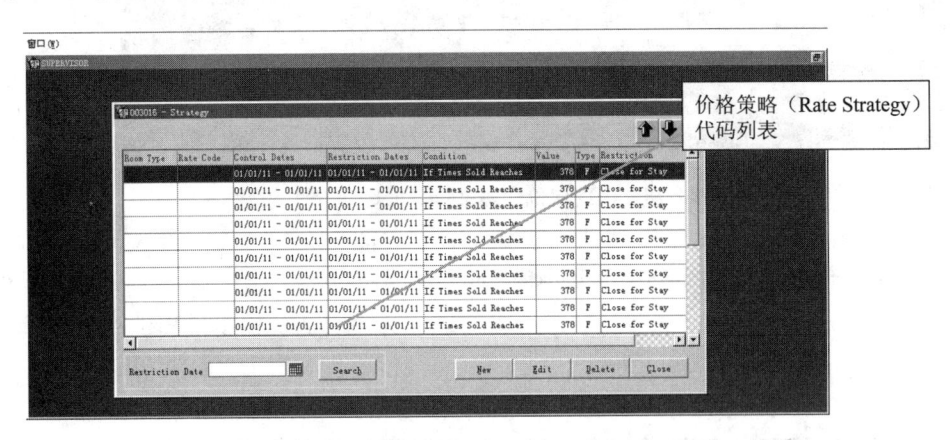

图 9-20 价格策略（Rate Strategy）代码列表

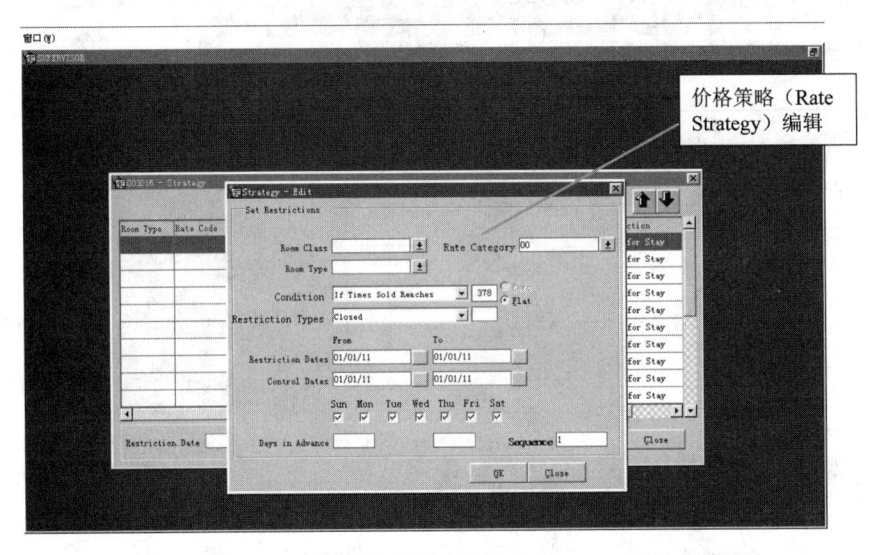

图 9-21 酒店价格策略编辑（Strategy-Edit）界面

第四节 价格策略（Rate Strategy）设置

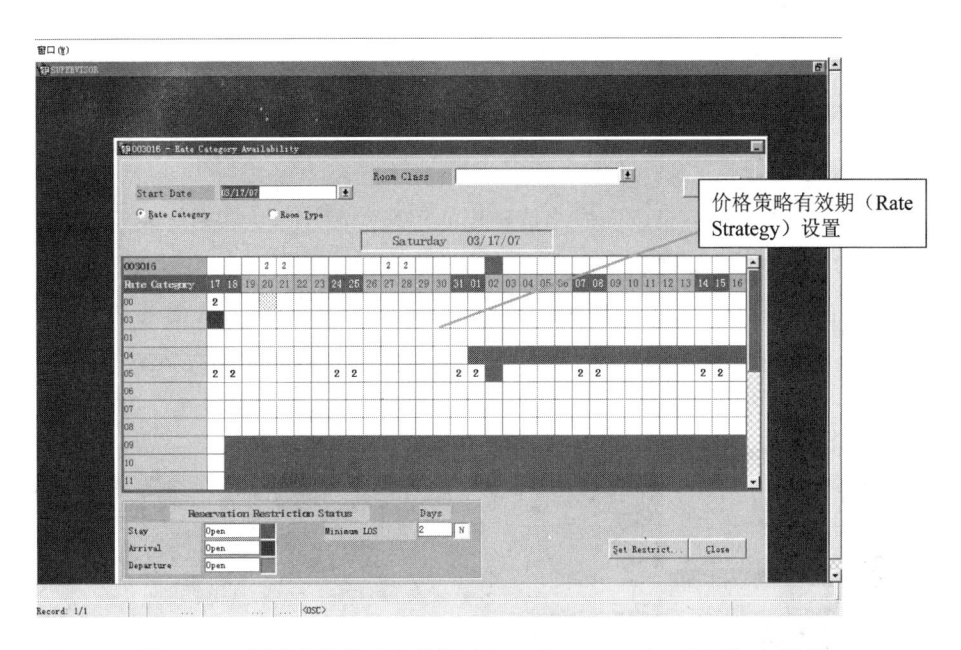

图 9-22 酒店价格策略有效期（Rate Strategy – Availability）设置

第二步：设置包价的限制条件（Rate Restrictions），如图 9-23 所示。

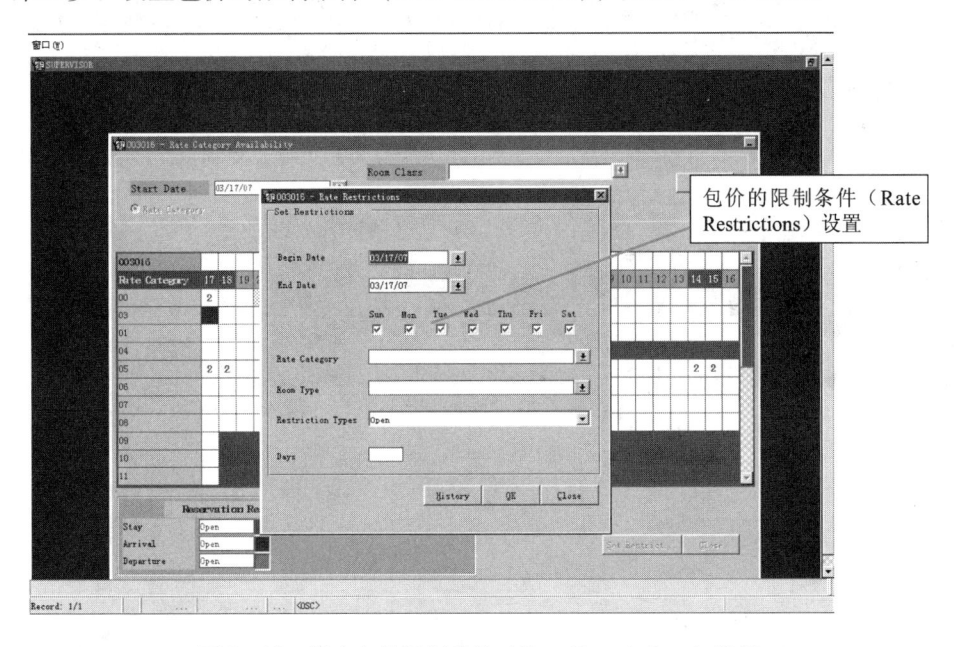

图 9-23 酒店包价限制条件（Rate Restrictions）设置

第五节　酒店活动日程表（Property Calendar）设置

酒店活动日程表设置，是酒店应用信息化的手段对酒店重大事件、活动等进行管理和运作的方式之一。酒店活动日程表设置，为酒店管理层、一线的服务人员提供了酒店最重要活动的查询和执行依据。在价格管理（Rate Management）/日程表（Property Calendar）目录下进行设置，如图 9-24 所示。对日程表编辑如图 9-25 所示。对重要事件的编辑如图 9-26 所示。

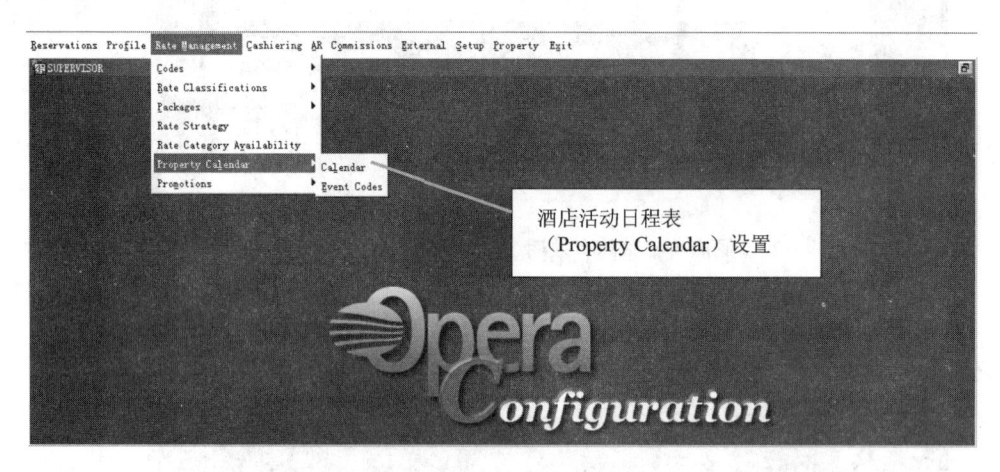

图 9-24　酒店活动日程表（Property Calendar）设置

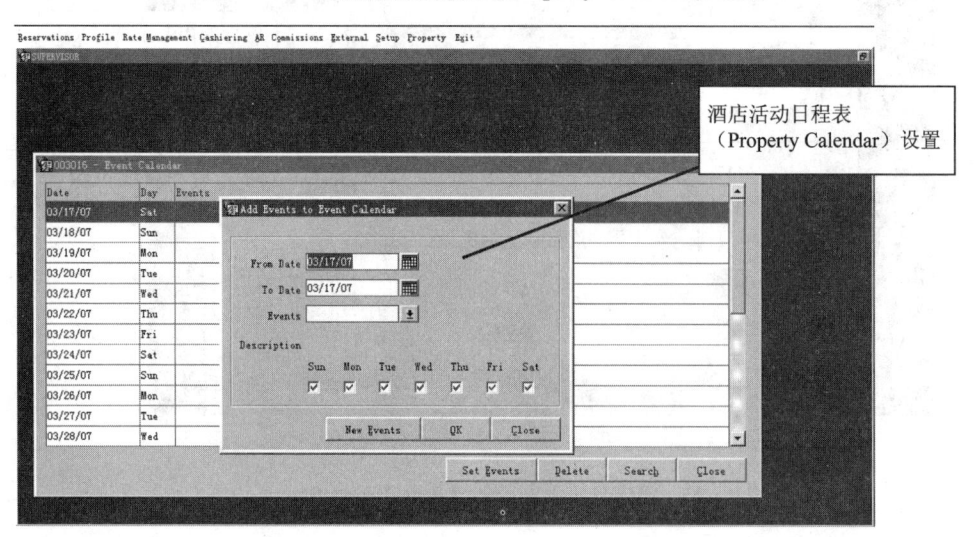

图 9-25　酒店活动日程表（Property Calendar）设置

第六节 促销（Promotions）设置

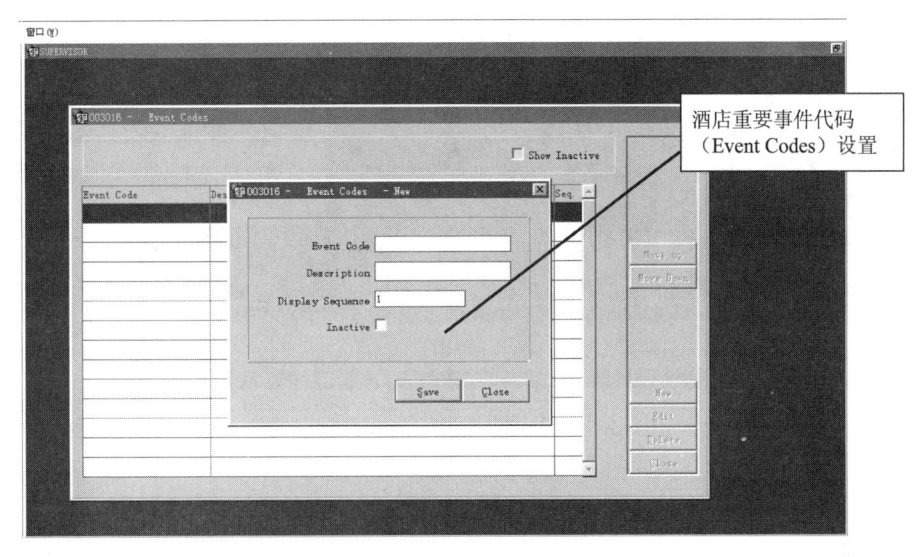

图 9-26 酒店重要事件代码（Event Codes）设置

第六节　促销（Promotions）设置

促销（Promotions）是酒店经常开展的营销活动，主要包括市场计划（Marketing Programs）、促销代码（Promotion Codes）的设置。这些设置是酒店对促销进行控制的具体操作。前台操作人员在促销代码的引导下，进行促销的具体操作。对促销代码的设置是在价格管理（Rate Management）/促销（Promotions）目录下进行的，如图 9-27 所示。

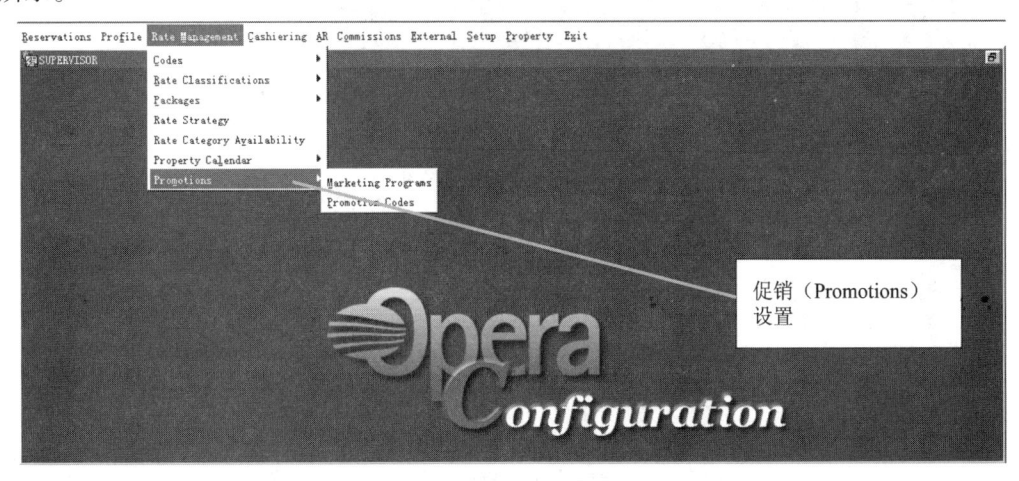

图 9-27 酒店促销（Promotions）设置

第一步：设置市场计划（Marketing Programs），如图 9–28 所示。

图 9–28　酒店市场计划（Marketing Programs）设置

第二步：设置促销代码（Promotion Codes）。促销代码是前台促销的基本依据。促销代码的设置，如图 9–29 所示。促销代码编辑，如图 9–30 所示。促销代码删除，如图 9–31 所示。

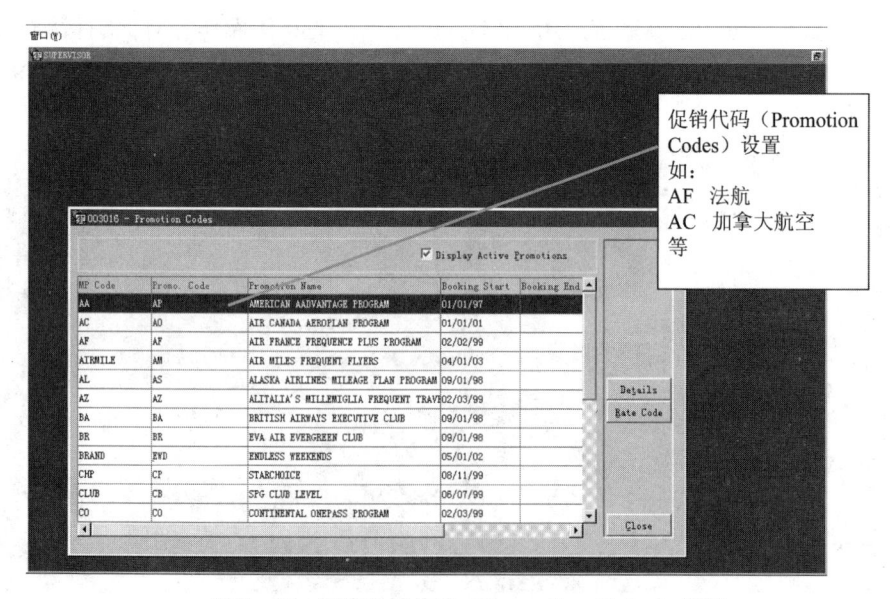

图 9–29　酒店促销代码（Promotion Codes）设置

第六节 促销（Promotions）设置

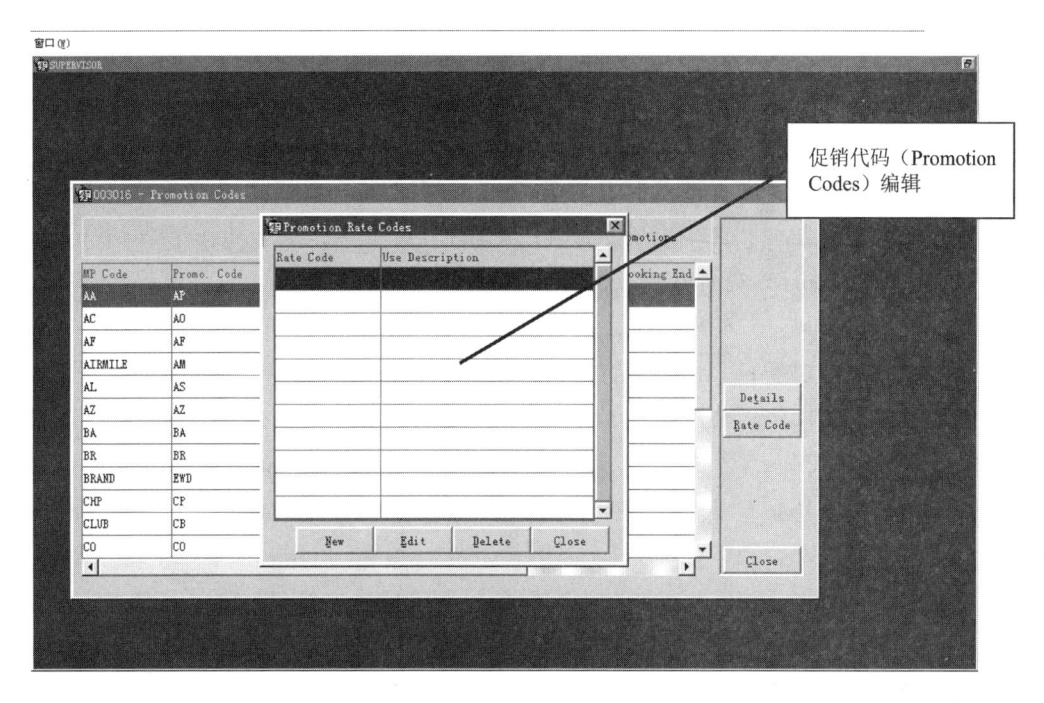

图 9-30 酒店促销代码（Promotion Rate Codes）编辑

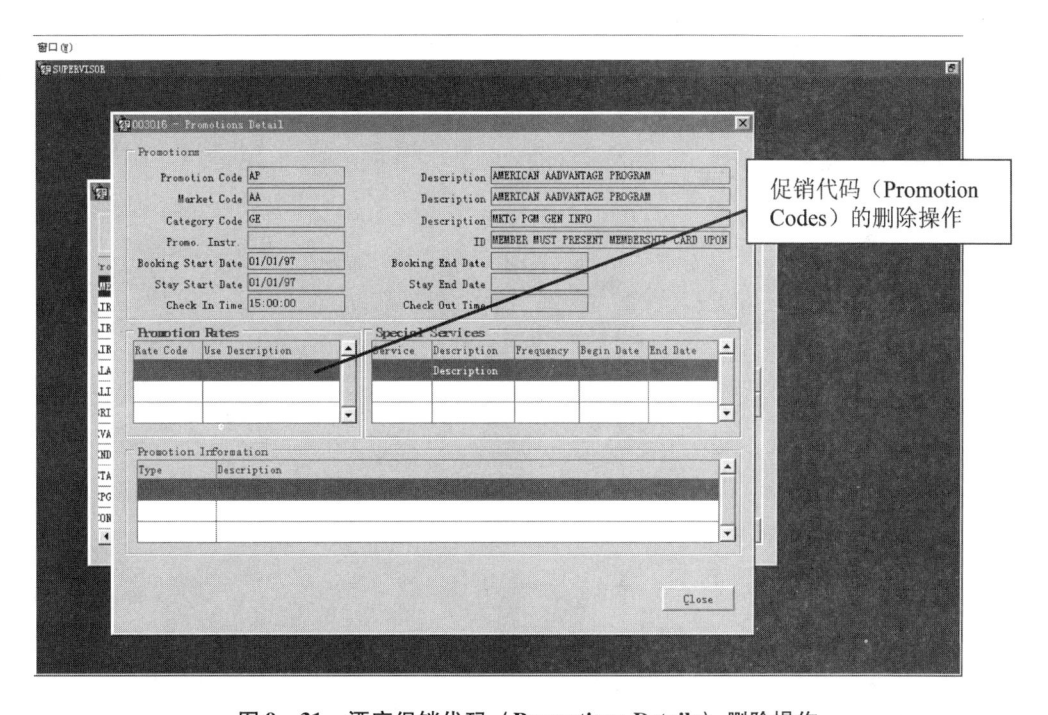

图 9-31 酒店促销代码（Promotions Details）删除操作

225

第九章 酒店价格策略（Rate Management）模块设置

❓ 练习题

1. 根据本章学习的操作步骤，请同学们以 4~5 人为一组成立酒店销售部门，进行角色分配（销售经理、区域经理、预订经理等），对市场分组（Market Groups）、来源代码（Source Codes）进行设置。

2. 请同学们以 4~5 人为一组，成立酒店销售部门，进行角色分配（销售经理、区域经理、预订经理等），对包价销售（Packages）编辑和设置。设置完成后，进行销售部门的设置方案比较。销售部门各自提出销售包价优势。

3. 请同学们以 4~5 人为一组，成立酒店销售部门，对房价种类（Rate Categories）、价格代码（Rate Codes）、季节代码（Season Codes）进行设置。每个设置要求有 3 种代码。

4. 请同学们以 4~5 人为一组，进行角色分配（销售部经理、收益部经理、餐饮经理、客房经理等），对包价销售（Packages）进行编辑和设置。对设置方案进行讲解，最后评出较优方案。

5. 请同学们以 4~5 人为一组，对酒店活动日程表（Property Calendar）进行设置，设置完毕，进行相互查询并相互评价。

酒店收银(Cashiering)模块设置

第十章

学习意义 通过本章的学习，能对酒店企业收银模块的设置有全面的了解，对酒店行业收银岗位的特殊性有所理解。在此基础上，能够初步操作该模块的设置。

内容概述 本章介绍酒店收银管理的模块，通过对收银模块的设置，使酒店企业收银工作实现信息化管理。通过学习能够初步进行收银模块的设置，并在今后的管理工作中，不断地分析和优化收银模块，为酒店经营服务。该模块的设置内容包括收银代码（Cashiering Codes）、收益管理（Revenue）、外币（Foreign Currency）、收银员管理（Cashiers）、支付代码（Payment Codes）等。

知识点

知识目标

1. 对酒店收银工作任务有较全面的了解和认知。
2. 能够从信息化管理的视角认知酒店的收银模块。

技能目标

1. 熟练操作酒店收银模块的设置。
2. 能够应用 Opera 系统的收银模块管理好酒店的收银工作。

第十章 酒店收银（Cashiering）模块设置

本章是在知晓酒店企业（Hotel）的一般收银管理模式，特别是酒店前台的收银业务基础上进行学习和实训的。由此希望大家复习一下酒店前台的收银知识和技能。通过下面的设置实践，掌握如何对酒店收银进行初始化或对收银进行管理，能够操作 Opera PMS 模块的酒店收银设置，能够初步更改并进行设置的分析和优化。具体设置内容：收银代码（Cashiering Codes）、收益管理（Revenue）、外币（Foreign Currency）、收银员管理（Cashiers）、账页代码（Payment Codes）等。酒店收银模块在 Opera 设置系统中较为独立，如图 10-1 所示。酒店收银模块的设置可以按照 Opera 中的设置步骤分步进行，下面将逐步介绍。

图 10-1　酒店收银模块（Cashiering）设置

第一节　收银交易代码（Transaction Codes）设置

收银交易代码的设置，必须在操作前做好规划。收银交易代码和酒店财务有钩稽关系，与财务统计有直接联系。代码的设置牵涉到营业额的分配、营业部门的统计数据等。因此，收银交易代码的设置是酒店需要慎重对待的初始化任务。酒店在经营过程中，一般不轻易进行该类代码的变动，因为收银交易代码的变更会带来统计上的不连续性，对其初始化必须认真设置。

按照 Opera 系统设置的逻辑概念，先进行大类的设置，具体步骤如下。

第一步：设置收银交易代码大类（Transaction Codes Group）。收银交易代码大类，一般是根据酒店的经营大部门进行设置的，如：客房收益（ROOM）、餐饮收益（F&B）、非酒店收益（NOH）、健身俱乐部收益（HEAL）、集团销售包收益（PKG）等，设置操作如图 10-2 所示。对收银交易代码的编辑如图 10-3 所示。

交易代码大类（Transaction Codes Group）设置。
ROOM　客房收益
F&B　　餐饮收益
NOH　　非酒店收益
HEAL　 健身俱乐部收益
PKG　　集团包收益
等

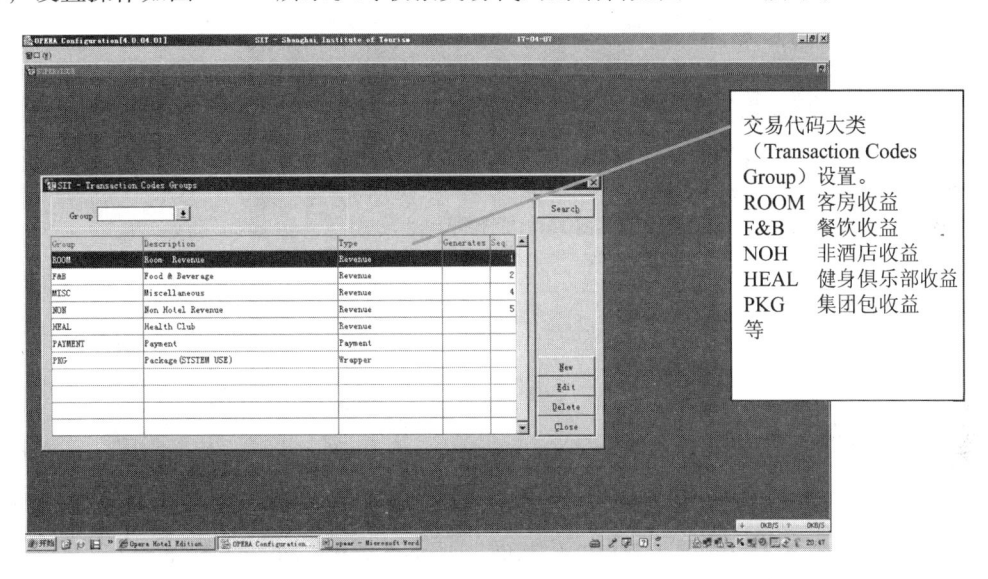

图 10-2　酒店收银交易代码大类（Transaction Codes Groups）设置

收银交易代码大类（Transaction Codes Group）设置编辑

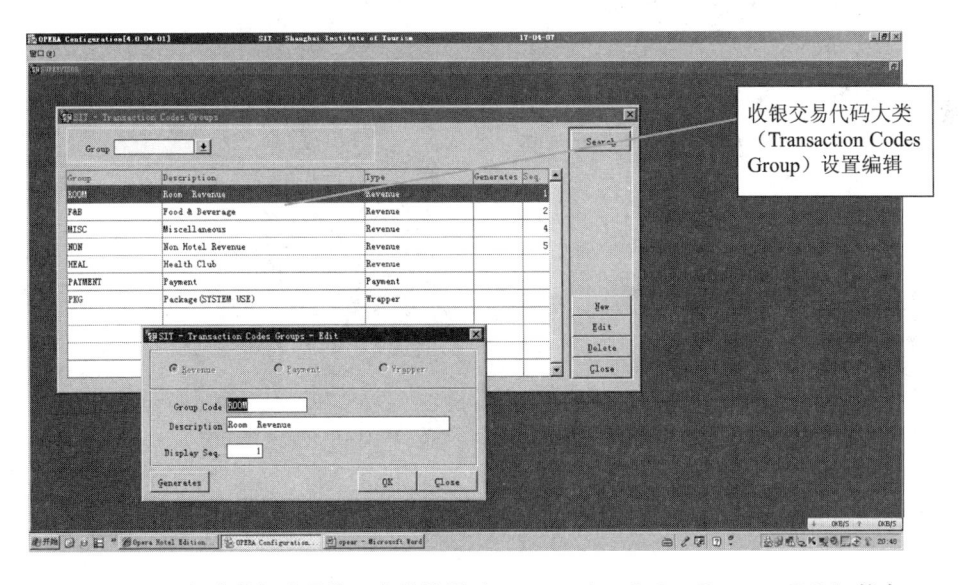

图 10-3　酒店收银交易代码大类编辑（Transaction Codes Groups – Edit）状态

第二步：设置收银交易代码小类（Transaction Codes Subgroup）。收银交易代码小类是指在酒店一个部门下的不同营业点的收银分类，如：餐饮部可以有多个中餐厅、西餐

229

厅等。因此收银交易代码设置对于营业部门相对比较重要。具体操作如图10－4所示。对收银交易代码小类的设置如图10－5所示。

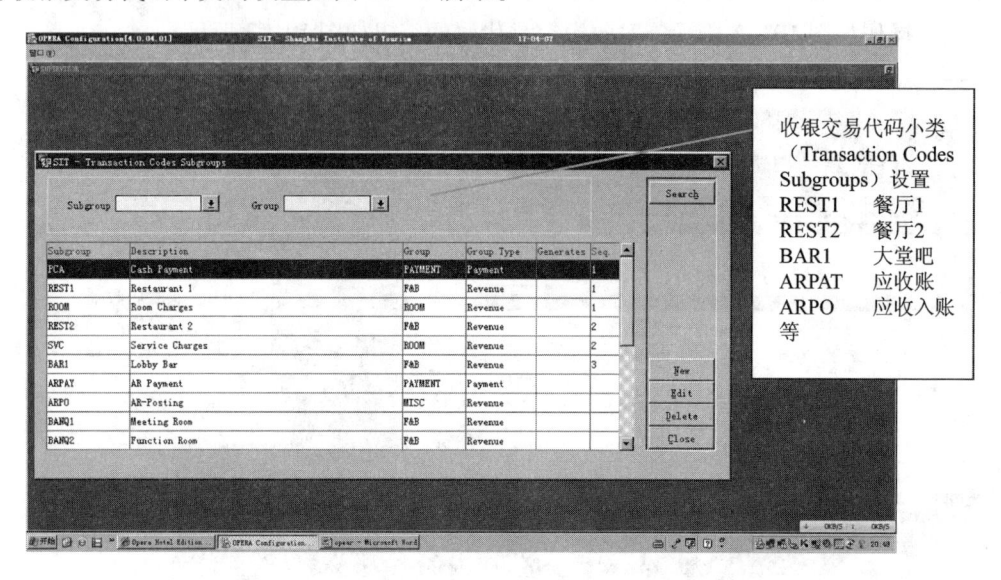

图10－4　酒店收银交易代码小类（Transaction Codes Subgroups）设置

收银交易代码小类（Transaction Codes Subgroups）设置
REST1　餐厅1
REST2　餐厅2
BAR1　大堂吧
ARPAT　应收账
ARPO　应收入账
等

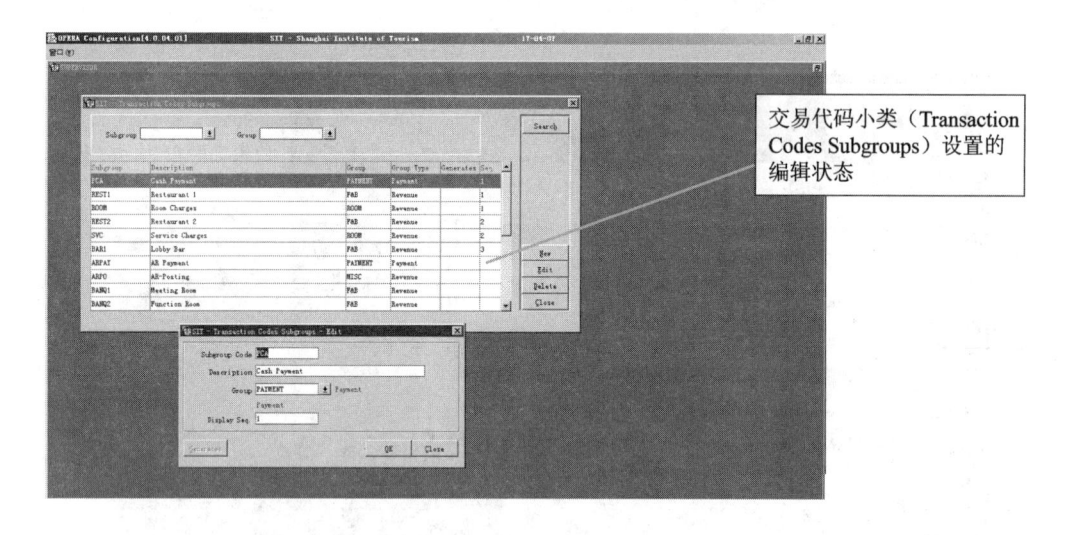

图10－5　酒店收银交易代码小类编辑（Transaction Codes Subgroups－Edit）状态

交易代码小类（Transaction Codes Subgroups）设置的编辑状态

第三步：设置收银交易代码（Transaction Codes）。收银交易代码是酒店各个收银点最基本的交易码，有的酒店称为交易事务码。收银员根据收银交易码向客人收银并记录在计算机收银系统中，计算机收银系统会自动进行分类、统计、传递、存储和分析。收银员要能非常熟练地记住这些交易代码。收银交易代码设置的操作步骤如图10－6所示。编辑如图 10-7 所示。

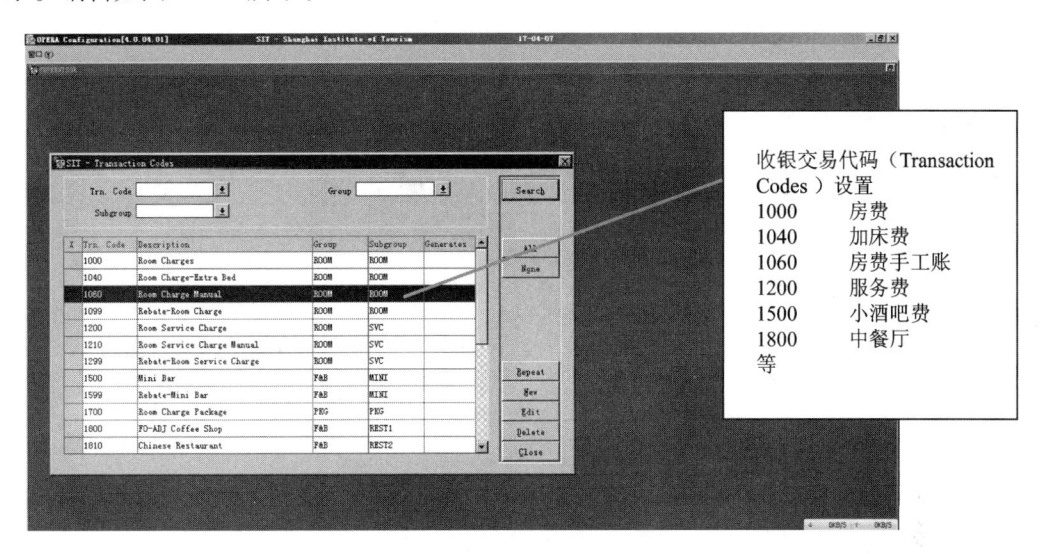

图 10-6 收银交易代码（Transaction Codes）设置

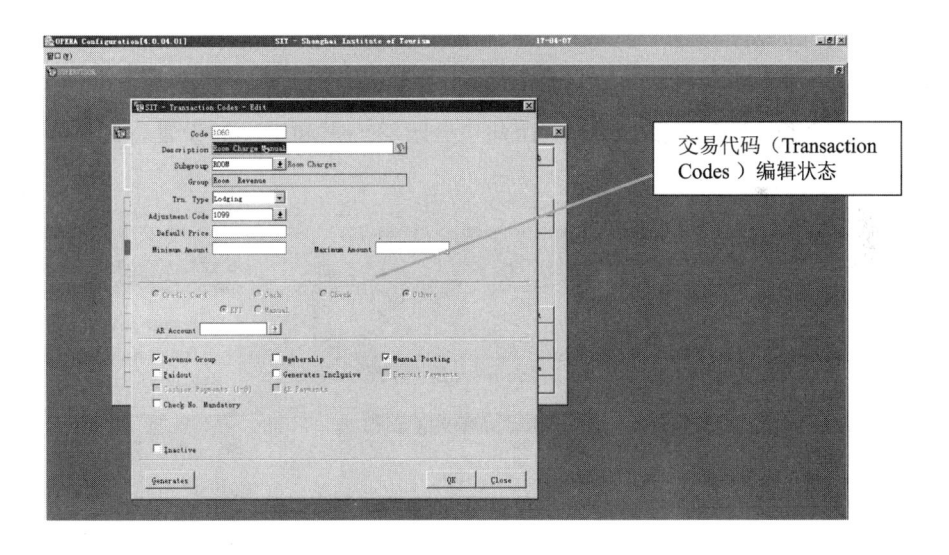

图 10-7 酒店收银交易代码编辑（Transaction Codes – Edit）状态

第二节 收益管理代码（Revenue）设置

现代酒店越来越注重收益管理，许多酒店设立了收益管理部。作为收益管理一个基

231

础性工作就是设置酒店收益管理代码,这些是经营分析的重要依据。收益管理代码设置在收银模块(Cashiering)/收益管理(Revenue)设置目录下,如图10-8所示。

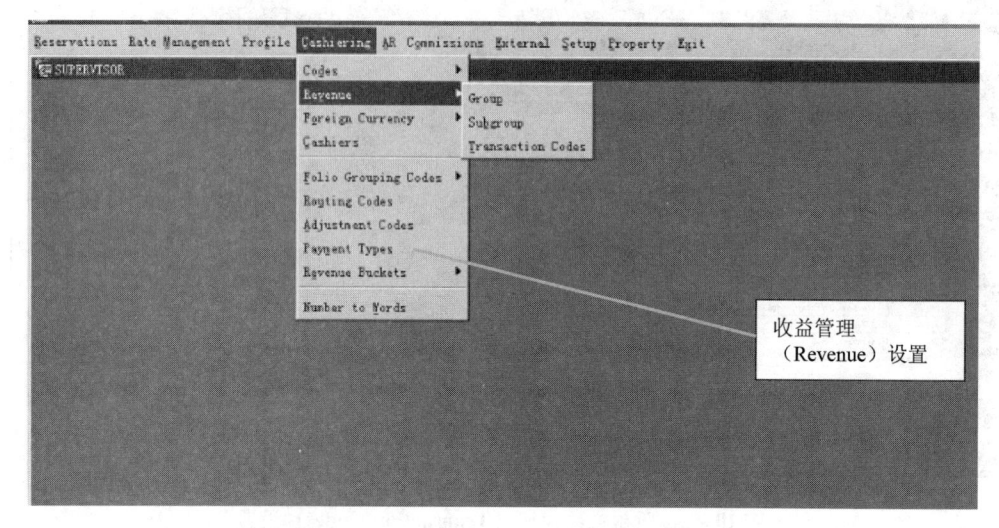

图 10-8 酒店收银管理(Revenue)设置

第一步:设置收益管理代码大类(Transaction Codes Revenue)。和前面设置方法一样,先设置收益管理代码大类,设置方法与前面收银方法相同,先进行部门收益管理代码设置,再进行部门下面的收益设置,由此也分收益大类和小类的设置。具体操作如图10-9所示。

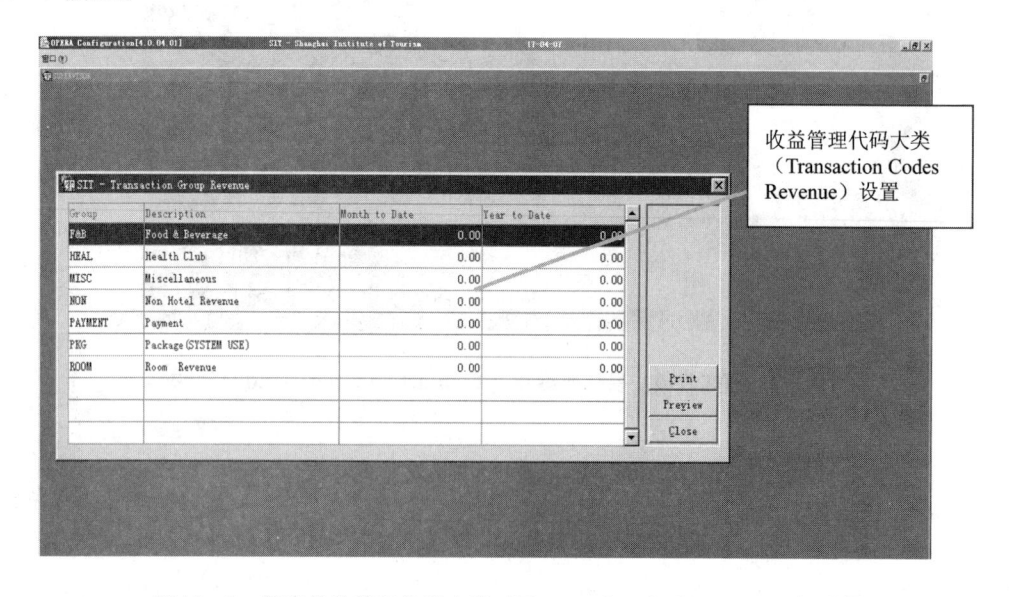

图 10-9 酒店收益管理代码大类(Transaction Codes Revenue)设置

第二步：设置收益管理代码小类（Transaction Codes Subgroup Revenue）。在收益管理代码大类设置基础上进行小类的设置，主要是设置经营部门的收益考核代码。操作如图 10-10 所示。设置代码后，可以在 Opera 中进行收益报表显示和打印，如图 10-11 所示。

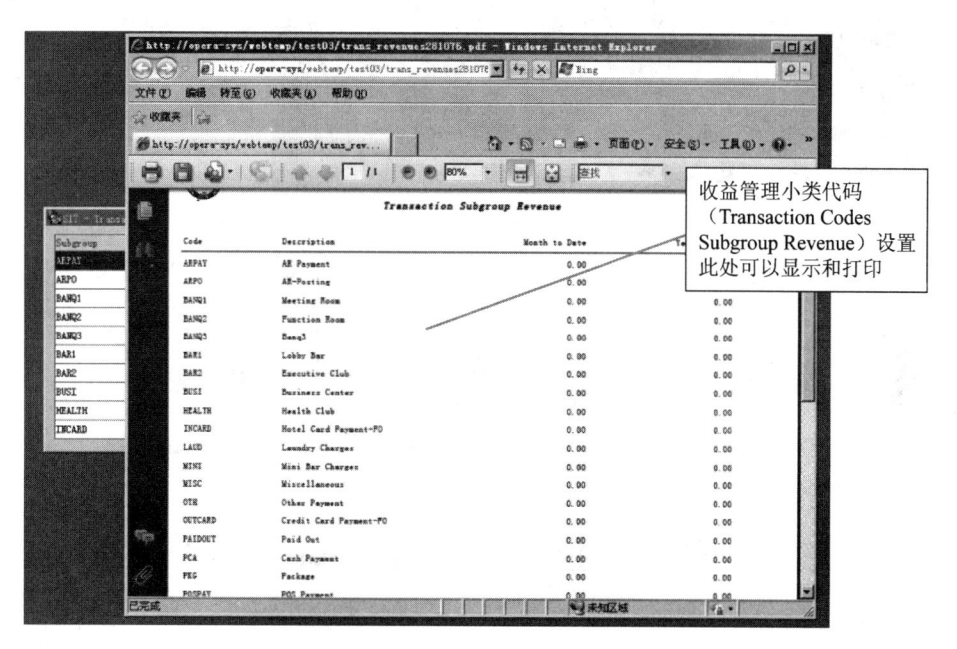

图 10-10　酒店收益管理代码小类（Transaction Codes Subgroup Revenue）设置

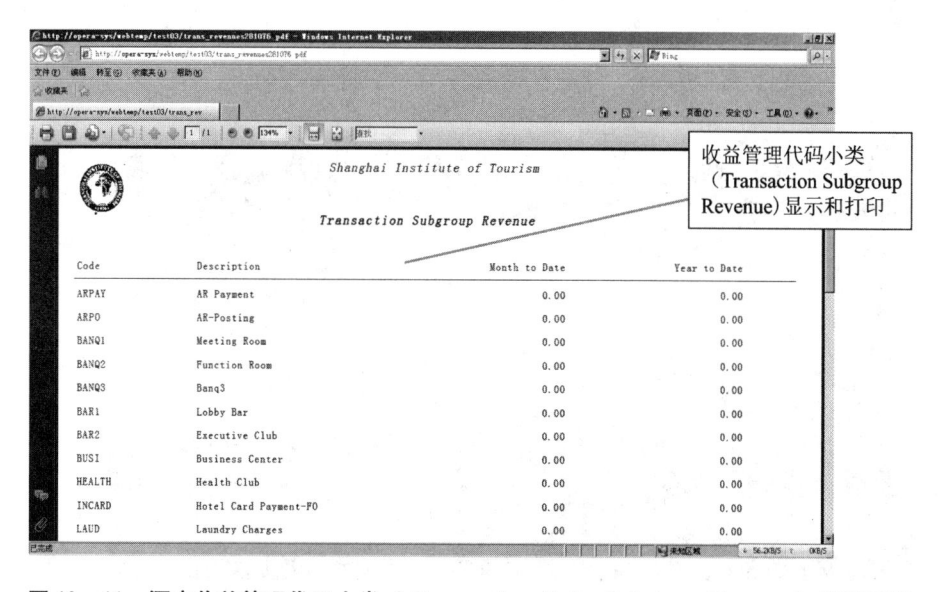

图 10-11　酒店收益管理代码小类（Transaction Codes Subgroup Revenue）设置界面

第三步：设置收益代码（Transaction Codes Revenue）。收益代码（Transaction Codes Revenue）一般情况下是酒店最基础收银交易码下的收益管理，是酒店对单项经营项目的分析，如房费、加床费、客房酒吧等，具体设置如图10-12所示。

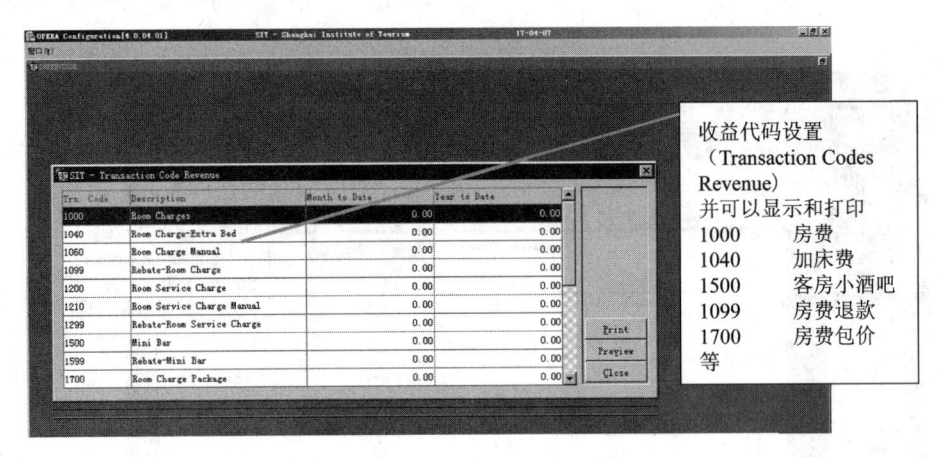

图10-12 酒店收益管理代码（Transaction Codes Revenue）设置

第三节 外币兑换（Foreign Currency）设置

在国际酒店经营中，会提供外币兑换服务，Opera系统中设置了该业务的管理模块。应用这个模块，需要先对外币兑换模块进行设置，如币种、兑换率等。这个模块的设置是在收银模块（Cashiering）/外币兑换（Foreign Currency）目录下进行的，如图10-13所示。设置过程见下面步骤。

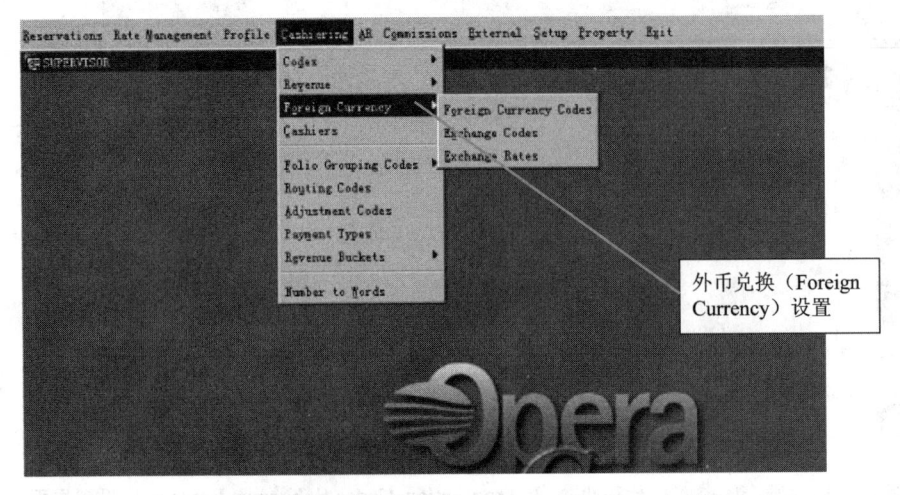

图10-13 酒店外币兑换（Foreign Currency）设置

第三节 外币兑换（Foreign Currency）设置

第一步：设置外币兑换管理代码（Foreign Currency Codes）。外币兑换管理代码设置主要是对兑换币种的管理，酒店能提供的兑换币种是要预先设定的，也需要得到银行的批准。具体操作如图 10－14 所示。

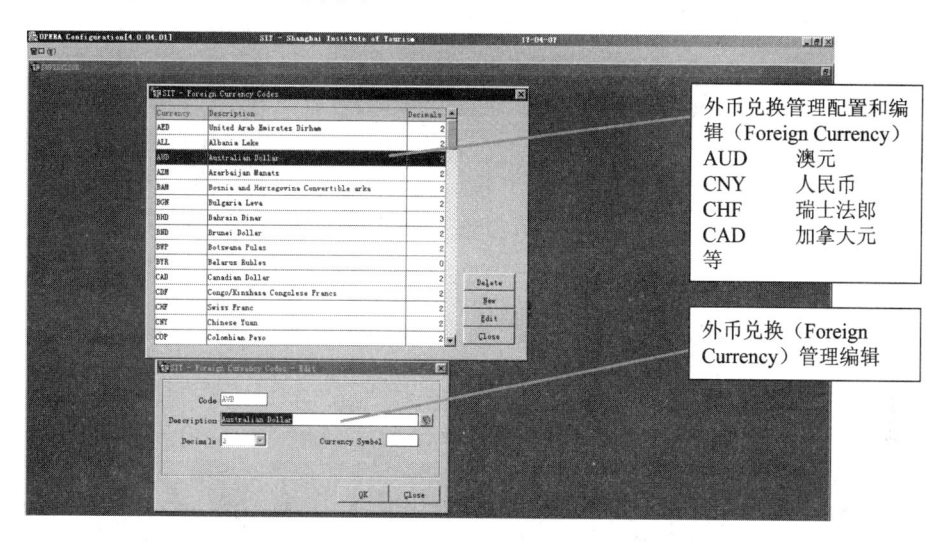

图 10－14　酒店兑换外币管理代码（Foreign Currency Codes）设置

第二步：设置兑换代码（Exchange Codes）。外币兑换码是前台外币兑换服务时必须应用的，具体设置操作如图 10－15 所示。

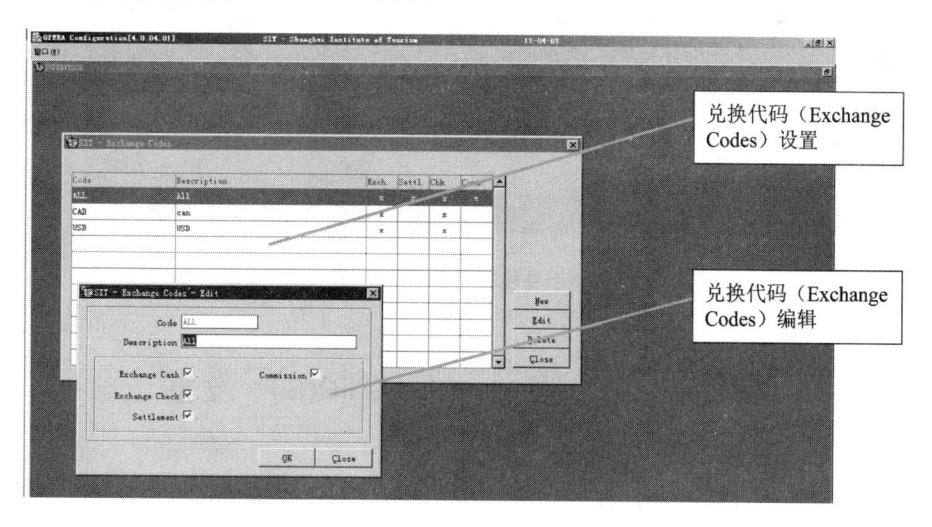

图 10－15　酒店外币兑换代码（Exchange Codes）设置

第三步：设置外币兑换率（Exchange Rates）。酒店外币兑换率设置与编辑界面如图 10－16 和图 10－17 所示。

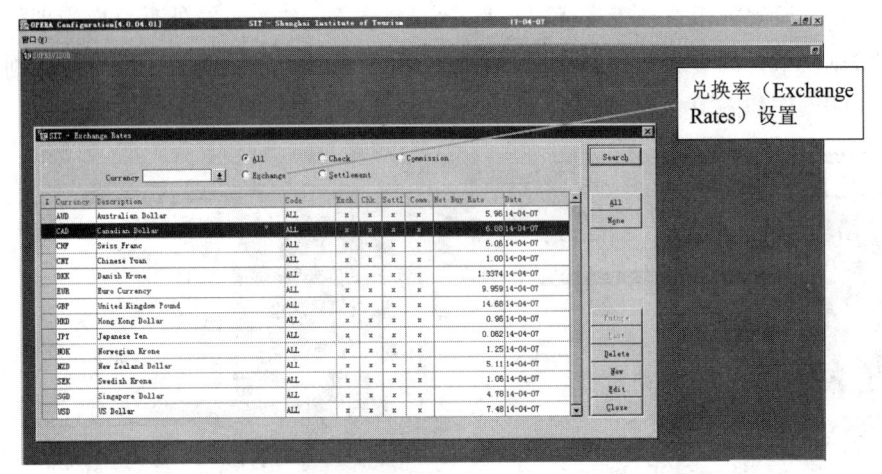

图 10-16 外币兑换率（Exchange Rates）设置

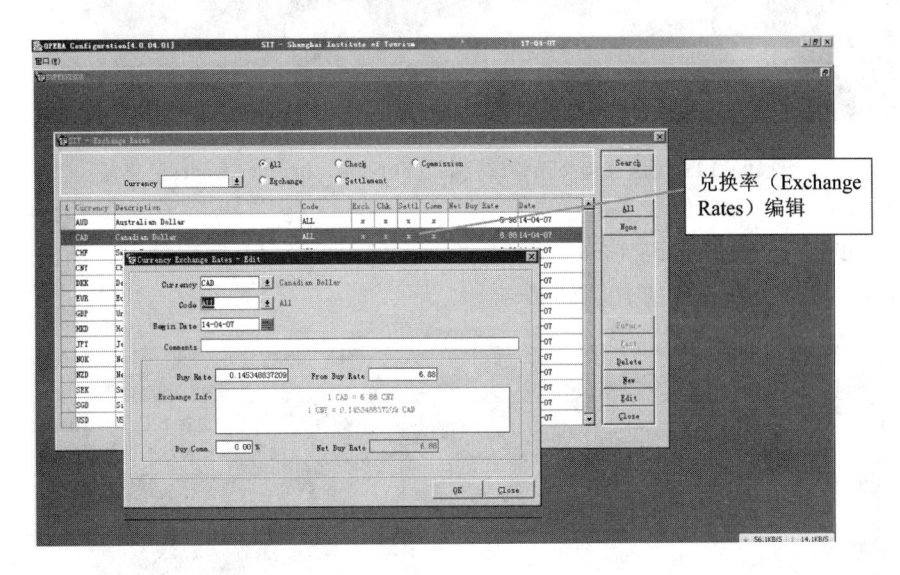

图 10-17 外币兑换率（Exchange Rates）编辑

第四节 收银员（Cashiers）设置

酒店对收银员（Cashiers）的管理是全方位的。现代酒店应用计算机系统对收银员的管理高效、规范和可控。在 Opera 系统中对每一个岗位的收银员都设定身份代码（ID），并对收银员所有操作行为进行跟踪，酒店收银员对自己的 ID 和密码有着保密和保护职责，对由于丢失密码造成的损失负有责任。这些方面的管理都建立在对收银员设置基础上。对收银员的设置也在收银模块（Cashiering）目录下。对收银员的设置和编辑

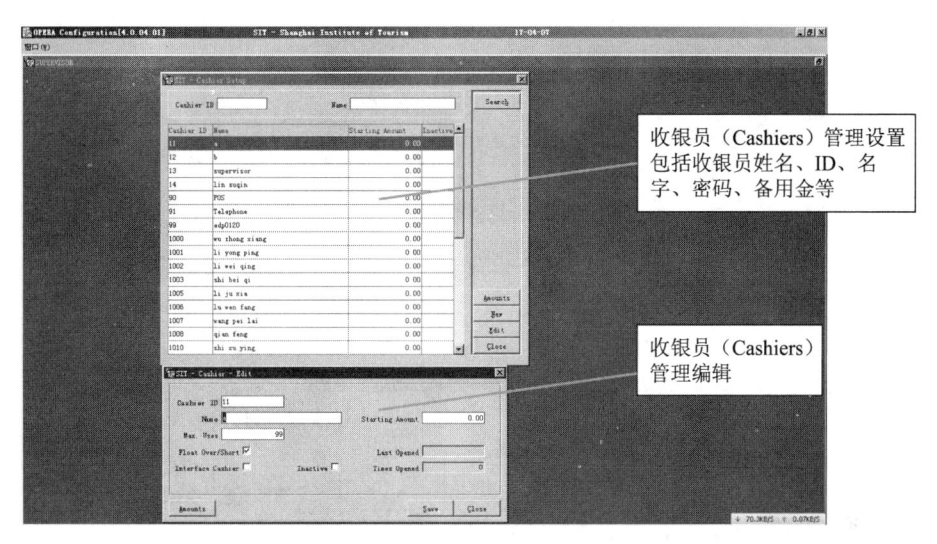

界面如图 10-18 所示。

图 10-18 酒店收银员（Cashiers）设置

第五节 账页代码（Folio Grouping Codes）设置

账页代码（Folio Grouping Codes）设置是对协议码（Arrangement Codes）等的设置。这些是酒店财务、销售等部门经常应用的对账和统计工具。其设置在收银模块（Cashiering）/账页代码管理（Folio Grouping Codes）目录下进行，具体操作如图 10-19 所示。

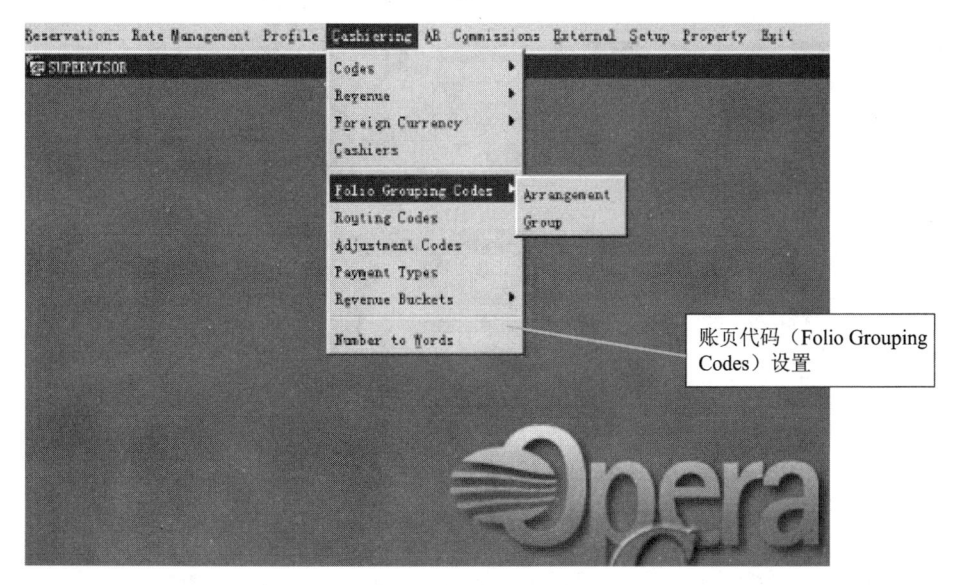

图 10-19 账页代码（Folio Grouping Codes）设置界面

237

第十章 酒店收银（Cashiering）模块设置

第一步：设置协议码（Arrangement Codes Rates）。主要是对酒店与公司客户进行协议代码的设置，操作如图 10-20 所示。

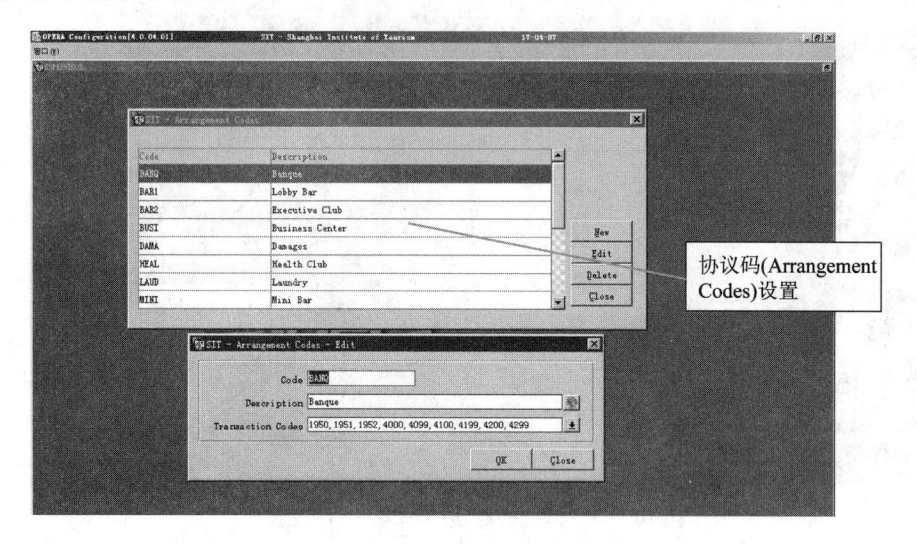

图 10-20 酒店协议码（Arrangement Codes）设置

第二步：设置协议码大类代码（Group Codes）。和之前设置一样，先对协议大类进行设置和编辑，具体操作如图 10-21 所示。

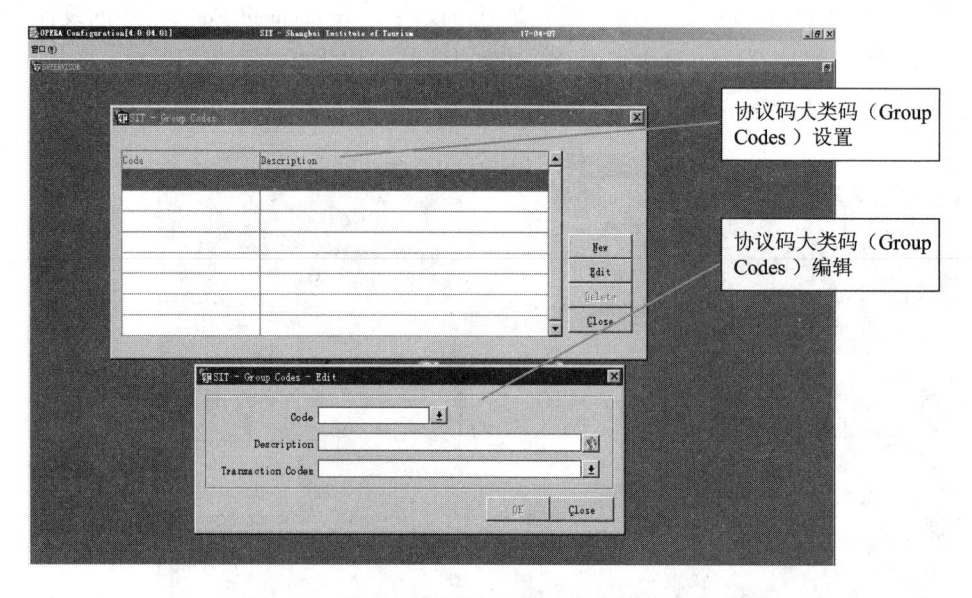

图 10-21 酒店协议码大类代码（Group Codes）设置

第六节 记包账代码（Routing Codes）设置

记包账代码（Routing Codes）设置是把相关的交易代码组合在一起，形成一个单元，以便简化操作，使得经由收银、预订、前台的账目更加简便清晰。操作在收银模块（Cashiering）/记包账代码（Routing Codes）目录下进行，具体如图 10 – 22 所示。

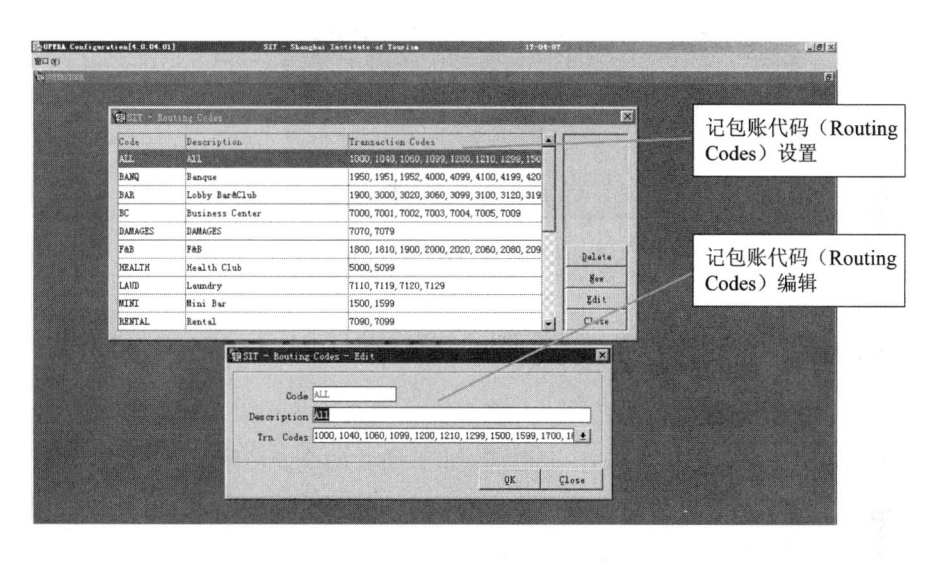

图 10 – 22　酒店记包账代码（Routing Codes）设置

第七节 调账代码（Adjustment Codes）设置

调账代码（Adjustment Codes）的设置是酒店对所有收银点调账的控制方法之一。预先设置好调账的理由、权限，酒店就能全面进行调账控制。该模块的设置在收银模块（Cashiering）/调账代码（Adjustment Codes）目录下进行，具体操作如图 10 – 23 所示。

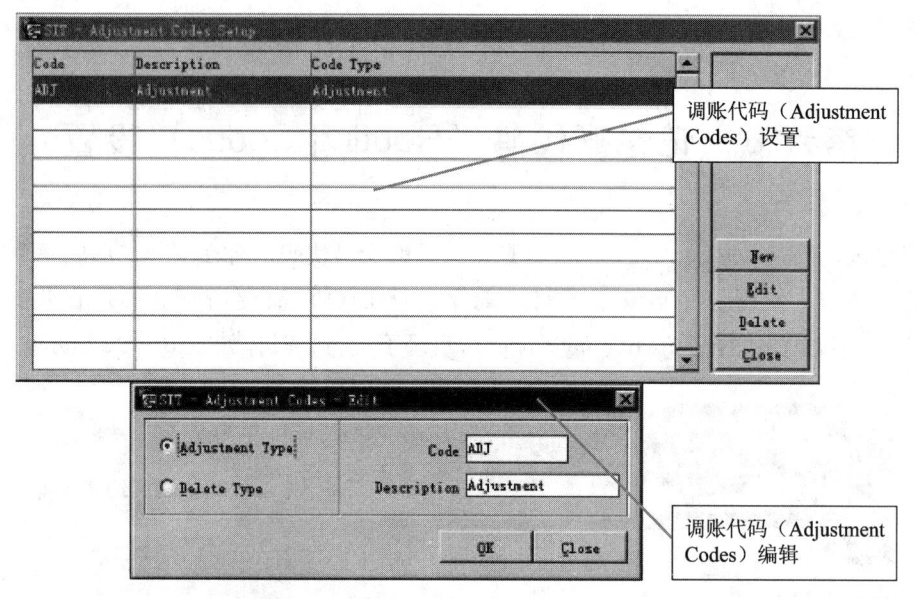

图 10-23　酒店调账代码（Adjustment Codes）设置

第八节　付费方式类型（Payment Types）设置

付费方式类型（Payment Types）是酒店对收款方式的全面控制。由于客人来自世界各地，付费方式具有多样性，为此酒店需要对客人的付费方式进行管理，此处的付费方式类型设置就是为此服务打下基础，这也是酒店的基础性工作之一。该模块的设置在收银模块（Cashiering）/付费方式种类（Payment Types）目录下进行，具体操作如图 10-24 所示。

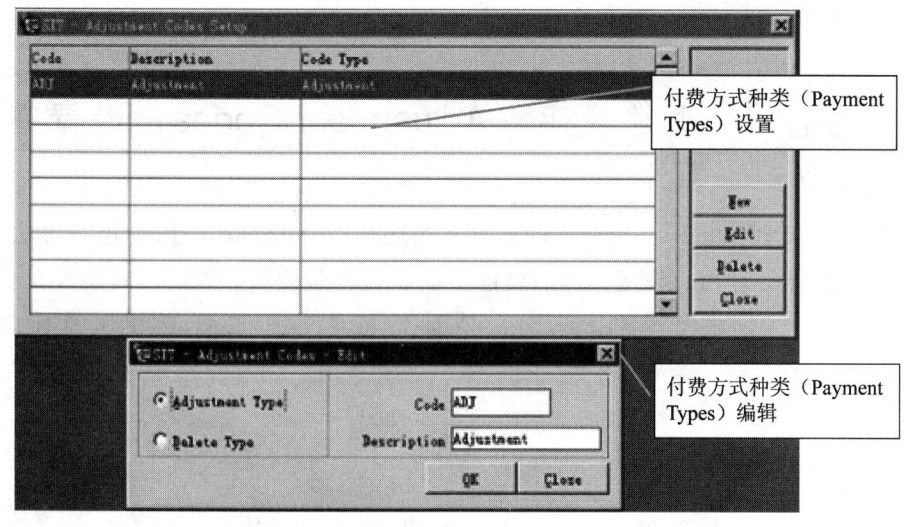

图 10-24　酒店付费方式种类（Payment Types）设置

第九节 收入批处理类型（Bucket Types）设置

收入批处理类型（Bucket Types）设置是酒店对营业收入批量处理采用的计算机处理方法之一。这些设置需要和财务部门协调，把收入自动转入到财务账户里。该操作也在收银模块（Cashiering）目录下，选择收入批处理类型（Bucket Types）目录，如图 10-25 所示。设置步骤和前面类似，先进行收入批处理大类设置，再进行收入批处理代码设置，编辑过程如图 10-26 所示。

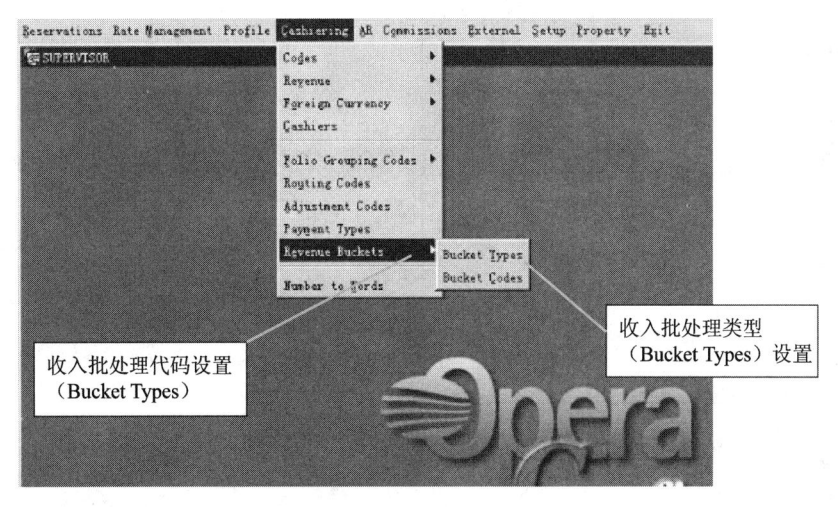

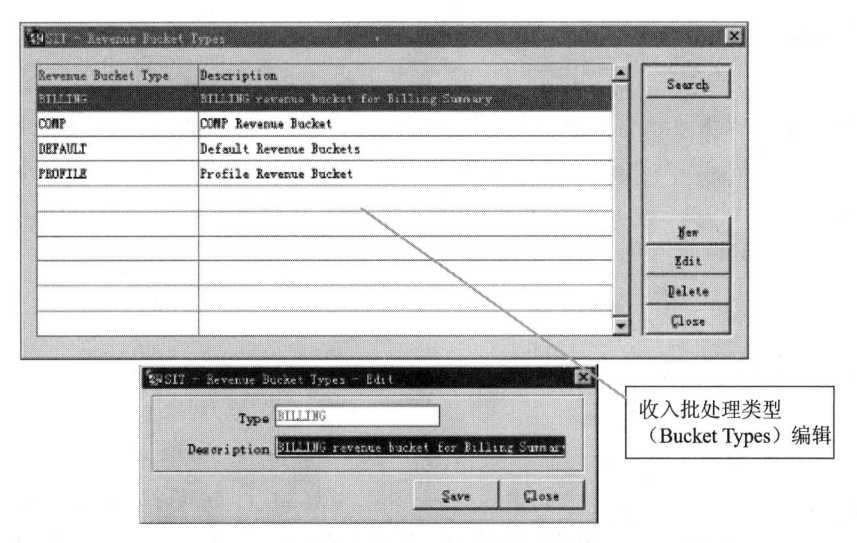

图 10-25　酒店收入批处理类型（Bucket Types）设置

图 10-26　酒店收入批处理类型（Bucket Types）编辑

第十节 财务（阿拉伯数字）数据字符（Number To Words）设置

这类设置是为前台收银开具发票所做的准备，如我国需要有汉字大写的发票，即"壹、贰、叁、肆、伍、陆、柒、捌、玖、拾"，其他语言的设置，如英语的"60"也要设置为"Sixty"等。对币种的设置同样在此进行。这些设置比较简单，也在收银模块（Cashiering）目录下，选择最后一栏进入并编辑，操作如图10-27所示。

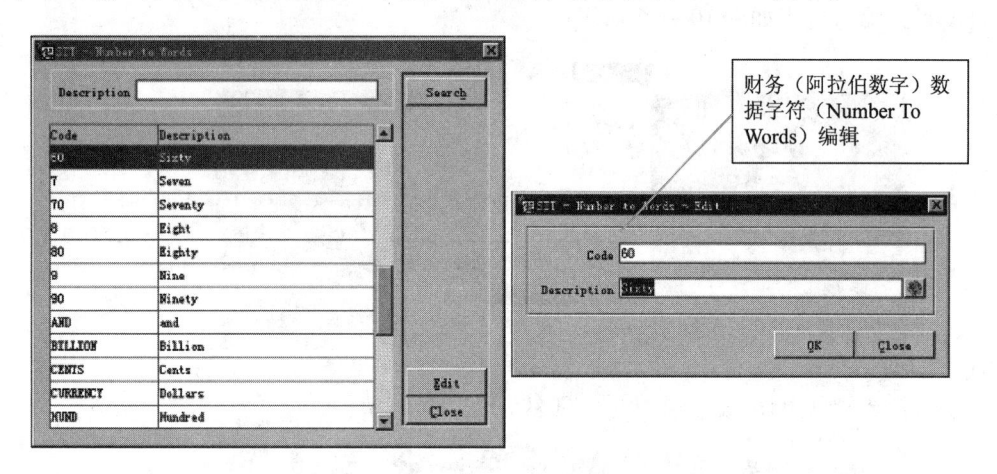

图10-27 酒店财务数据字符（Number to Words）编辑

练习题

1. 根据本章所学的操作步骤，要求4~6名同学成立酒店管理小组，对酒店营业大类进行二次分类，然后对收益管理代码大类（Transaction Codes Group）分类和收益管理代码小类（Transaction Codes Subgroup）进行设置。设置完成后，各个小组进行比对，分析各自的依据并调整。

2. 根据第1题得出的结果，每个同学进行酒店收银交易代码（Transaction Codes）的设置。

3. 每个同学进行外币（Foreign Currency）管理的操作，对兑换率（Exchange Rates）按照当天的牌价进行变更。

4. 每个同学为自己设置开始收银操作用户号码，并进行密码设置。

5. 每个同学对财务（阿拉伯数字）数据字符（Number To Words）进行设置，要求对英语的1~10、20、30、40~100大写进行设置和编辑。

酒店应收账款 (Accounts Receivable) 设置

第十一章

学习意义　通过本章的学习，对酒店企业如何管理应收账款有全面的了解，理解应收账款管理是酒店控制效益的一个重要方面。通过本章的学习，学生对应收账款的控制管理有全面的认知和掌控。

内容概述　学习对应收账款的设置，尤其针对酒店和签约合作公司的应收账款管理进行学习和操作。具体设置内容有账户类型（Account Types）、账龄期（Aging Levels）。

知识点

知识目标
1. 对酒店应收账款管理有较全面的了解和认知。
2. 初步掌握酒店应收账款的管理方法。

技能目标
1. 熟练操作酒店应收账款的设置。
2. 对应收账款的信息化应用有初步的能力。

第十一章 酒店应收账款（Accounts Receivable）设置

酒店应收账款（Accounts Receivable）的设置主要针对酒店和签约合作公司的应收账款管理，应收账款是酒店一项烦琐的工作，酒店为应收账款投入的成本也比较高。Opera 提供了一系列设置来为酒店提供信息化支持，意在对应收账款加以更好的管理。在 Opera 系统中有应收账款（AR）设置的独立模块，见图 11 – 1。下面介绍应收账款设置步骤。

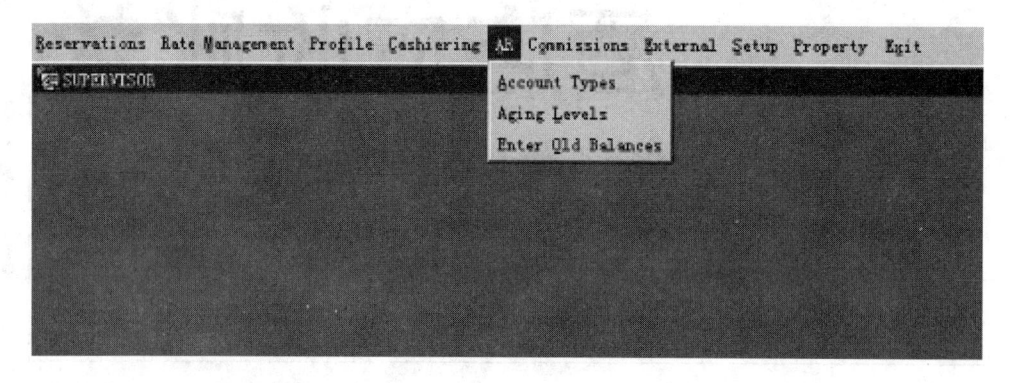

图 11 – 1　酒店应收账款账户类型（Account Types）设置

第一步：设置账户类型（Account Types）。对应收账款进行信息化管理，先要对账户类型进行设置，账户类型主要指与酒店合作（有协议）的公司、社团等分类，具体操作如图 11 – 2 所示。

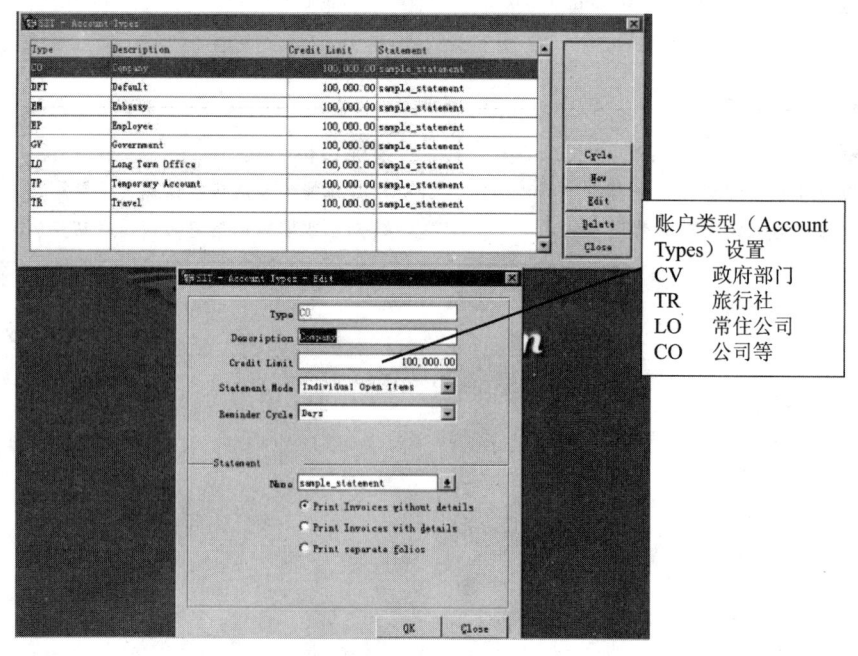

图 11 – 2　酒店账户类型（Account Types）设置

第二步：账龄期（Aging Levels）设置。账龄期限直接与酒店效益关联，由此酒店对应收账有严格的账龄期限。账龄期（Aging Levels）设置在应收账款（AR）/账龄期（Aging Levels）目录下进行，具体操作如图11-3所示。

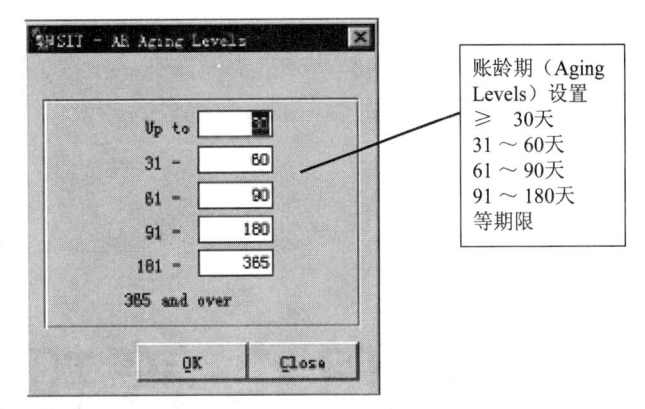

第三步：导入原先系统余额（Enter Old Balances）。这是针对从其他系统输入的应收账款余额，或计算机系统更新、升级后将原来的应收账款的余额导入到新的系统中，并启用新的账款系统。此项设置在应收账款（AR）/导入系统余额（Enter Old Balances）目录下进行（图11-4）。

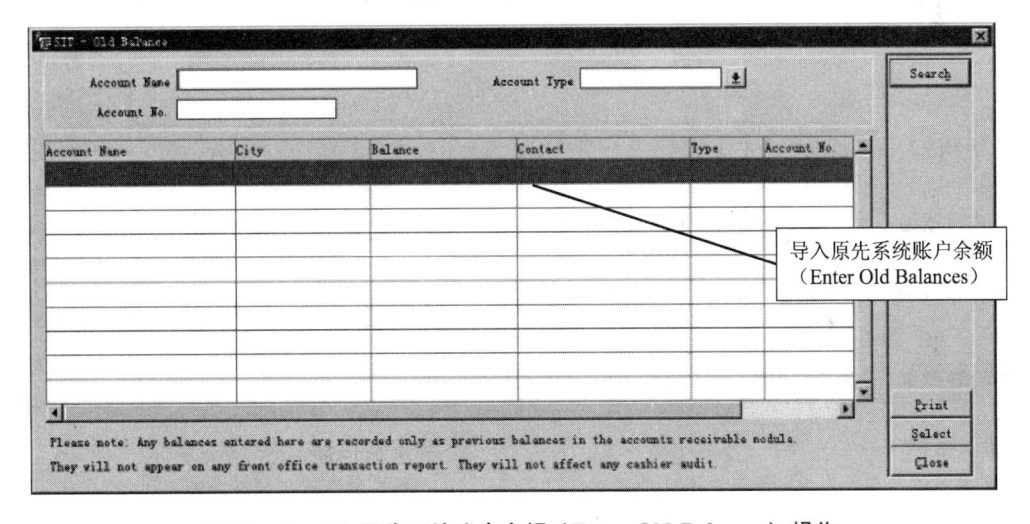

账龄期（Aging Levels）设置
≥ 30天
31～60天
61～90天
91～180天
等期限

图11-3 酒店账龄期（Aging Levels）设置

导入原先系统账户余额（Enter Old Balances）

图11-4 导入原先系统账户余额（Enter Old Balances）操作

练习题

1. 根据本章所学的操作步骤，要求4~6名同学成立酒店收银管理小组，对酒店营业账龄期（Aging Levels）进行设置，并说明设置的理由。

2. 每个同学进行输入原先系统的余额（Enter Old Balances）设置的操作，要求输入3~5个公司的余额。

第十二章 酒店佣金管理（Commission）设置

学习意义 通过本章的学习，使学生对酒店企业佣金管理有全面的了解和认知，全面掌握对佣金的设置操作。

内容概述 本章主要针对已经和酒店签订返佣合同的返佣操作。佣金管理是酒店一项比较烦琐的工作，返佣的方式和比例有按百分比、固定金额等返佣模式。本章介绍的内容有佣金代码（Commission Codes）的设置、银行账号（Bank Account）的设置等。

知识点

知识目标

1. 对酒店佣金的应用和方法有全面的了解。
2. 对酒店佣金设置及其操作流程有全面的掌握。

技能目标

熟练掌握酒店佣金的设置操作。

佣金管理是酒店与协议公司、OTA 等合作日常运作的重要内容，佣金管理（Commission）的设置主要针对已经和酒店签订返佣合同的返佣操作，包括百分比返佣、固定额度返佣等模式。Opera 设置系统中单独设置了佣金管理模块，如图 12 – 1 所示。

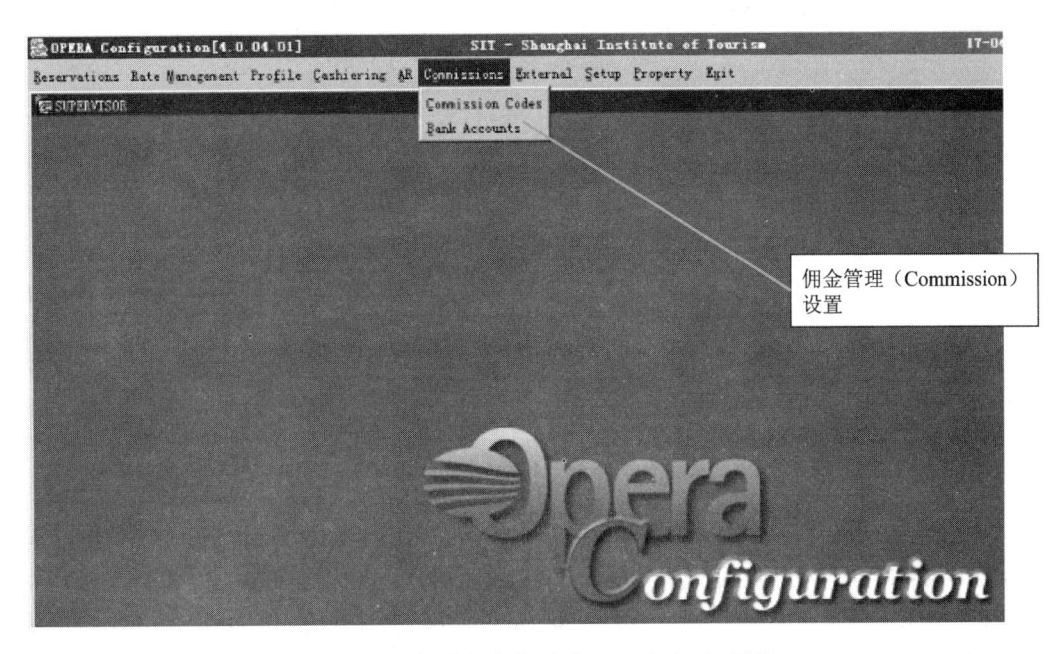

图 12 – 1　酒店佣金管理（Commission）设置

第一步：设置佣金代码（Commission Codes）。对酒店将执行的佣金进行设置，在佣金管理（Commission）/佣金代码（Commission Codes）目录下进行操作。先设置佣金代码，再对其进行编辑，具体操作如图 12 – 2 和图 12 – 3 所示。

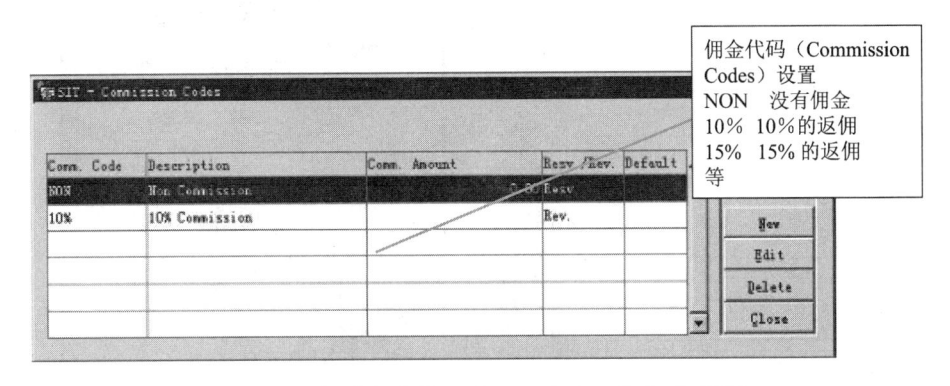

图 12 – 2　酒店佣金代码（Commission Codes）设置

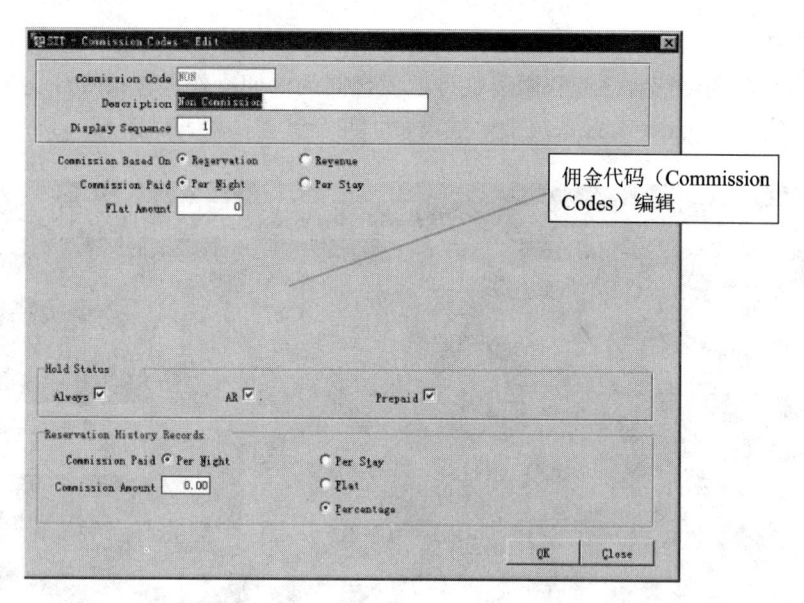

图12-3　酒店佣金代码编辑（Commission Codes – Edit）状态

第二步：设置银行账号（Bank Account）。银行账号是为佣金支付而设立的，酒店与客户企业之间的账户往来是通过开户行之间转账实现的，由此协议单位的银行账号建立是基础性的工作。此项设置在佣金管理（Commission）/银行账号（Bank Account）目录下进行操作，如图12-4所示。

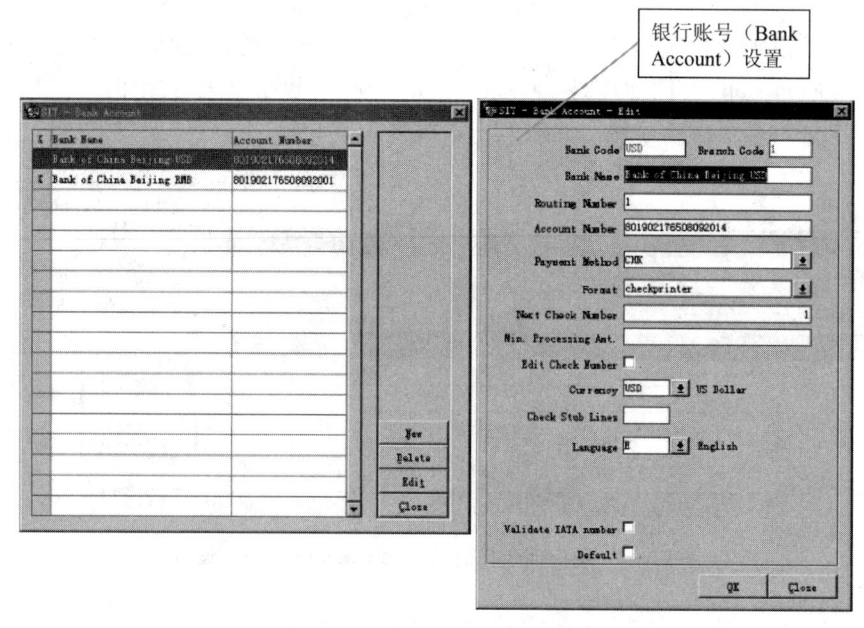

图12-4　酒店协议公司银行账号（Bank Account）设置

第十三章 酒店其他模块设置

学习意义 通过本章的学习，对酒店计算机管理系统的初始化有初步的了解和认知。酒店其他设置主要是计算机系统初始化时进行的，一般由厂商技术人员完成。初步学习和了解这部分模块的设置，能提升一定的管理能力。

内容概述 本章学习的内容是酒店企业进行计算机系统投入运行前的系统初始化。通过学习，可以提高系统的管理能力。系统初始化的内容有：外接（External）设置、定义输出报告的模板（Define Records）、计算机系统初始化（Setup）、酒店物业（Property）等。

知识点

知识目标
1. 初步理解酒店计算机管理系统的接口概念。
2. 初步了解酒店前台计算机管理系统的接口模块。

技能目标
1. 能够在专业人员指导下，初步设置酒店计算机管理系统的接口。
2. 能够对酒店计算机管理系统的外接模块进行访问和检查。

第十三章 酒店其他模块设置

酒店其他模块的设置主要是系统初始化时设置的，一般由厂商技术人员完成。本章作简单介绍，使同学们能够从更高层面认识酒店计算机管理系统的作用，并能初步掌握系统初始化的设置。

第一节 外接（External）设置

外接（External）设置是酒店计算机管理信息系统和其他系统信息交换的基础性技术工作，如接口（Interface）设置、传输码设置等。这些外接口设置一般在系统投入运行前初始化时进行，由系统技术专业人员完成，并且需要和其他对接口的系统配合。酒店管理信息系统一般需要和酒店的程控交换机（PABX）、磁卡门锁、公安登录等系统做对接。Opera 设置系统中有外接（External）设置模块，如图 13-1 所示。

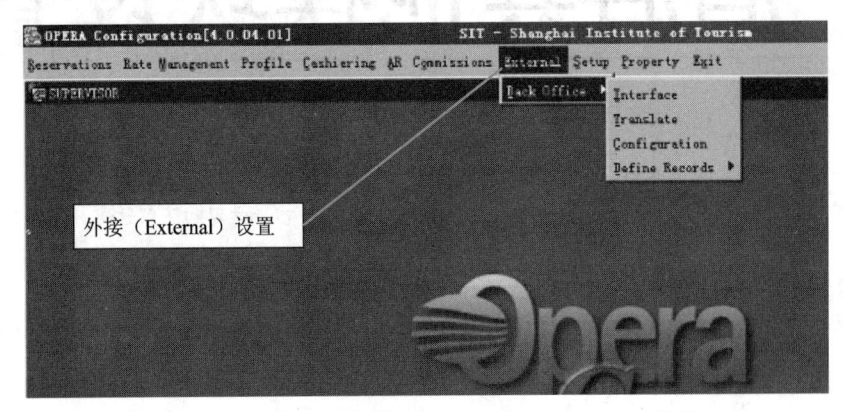

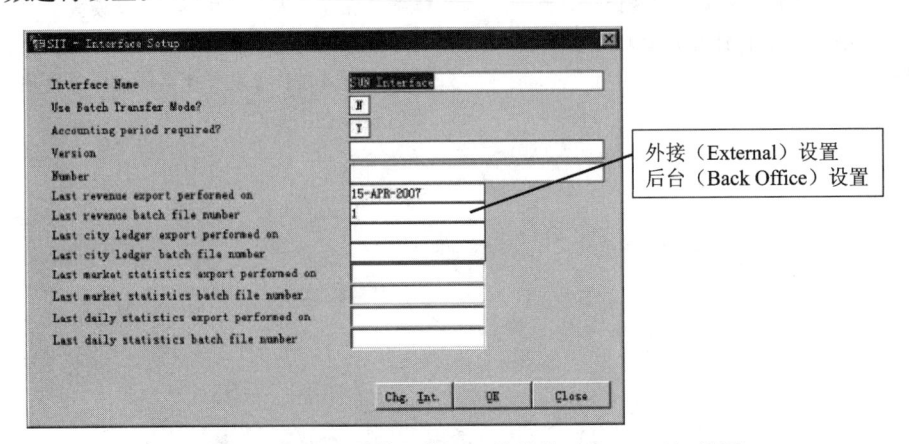

图 13-1 酒店计算机管理系统外接（External）设置

第一步：对酒店计算机管理系统 Opera 的对外接口设置如图 13-2 所示，主要对技术参数进行设置。

图 13-2 酒店计算机管理系统外接（External）设置

第二步：外接口技术参数设置。对外接口技术参数设置的操作，如图 13-3 所示。

第三步：设置外接口传输码（Transaction Codes），如图 13-4 所示。在此之后可以对系统进行状态码（Statistic Codes）等设置。

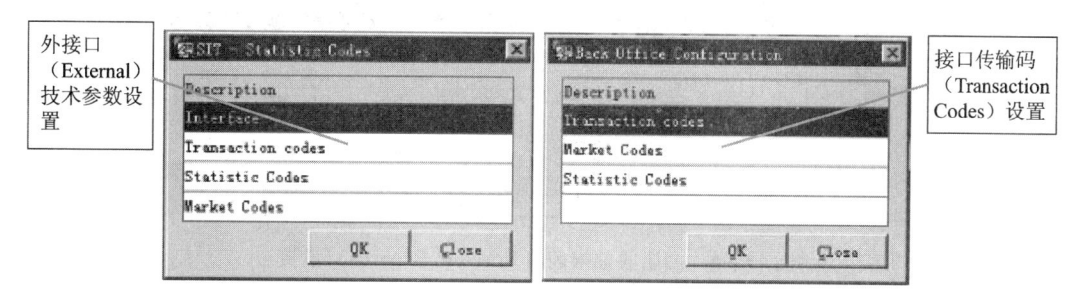

图 13-3　酒店计算机管理系统外接口（External）技术参数设置

图 13-4　酒店计算机管理系统接口传输码（Transaction Codes）设置

第二节　定义输出报告的模板（Define Records）设置

定义输出报告的模板（Define Records）操作要求比较高，不仅要有相关的计算机知识和报表设计能力，也需要酒店工作的实际经验。这里做简单介绍，大家可以在工作中不断总结，使酒店得到在经营管理上需要的各种报表。此项设置在外接（External）/定义输出报告的模板（Define Records）目录下进行，如图 13-5 所示。

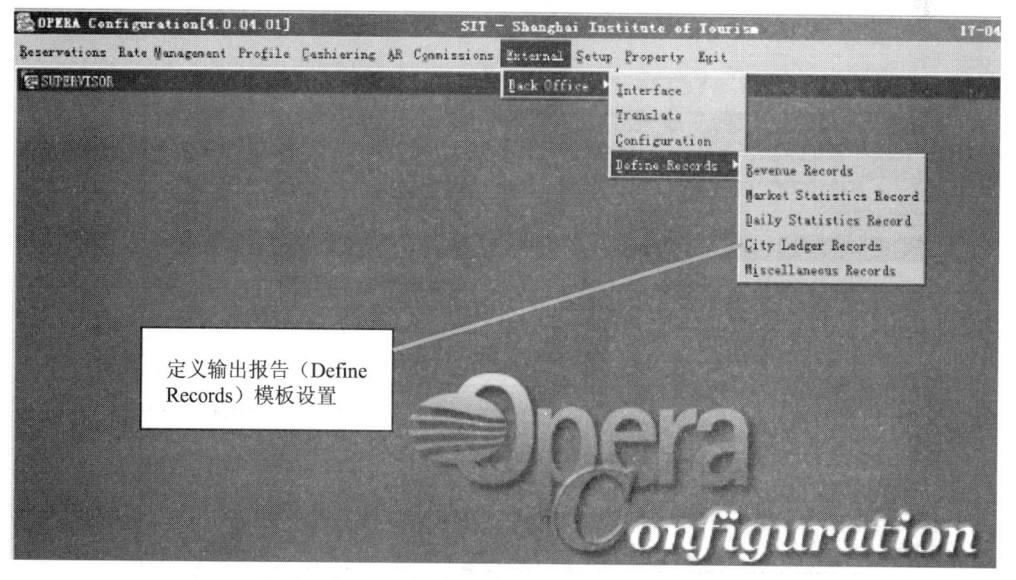

图 13-5　酒店输出报告（Define Records）设置

第一步：设置酒店收益报表（Revenue Records），如图 13-6 所示。

图 13-6　酒店收益报表（Revenue Records）设置

第二步：设置市场统计模板（Market Statistics Records），如图 13-7 所示。同样我们可以对酒店日常统计报表（Daily Statistics Records）、同城挂账报表（City Ledger Records）、杂项报表（Miscellaneous Records）进行设置。各种接口报表如图 13-8 所示。

图 13-7　酒店市场统计报表（Market Statistics Records）设置

输出接口文件列表（Export File List）设置

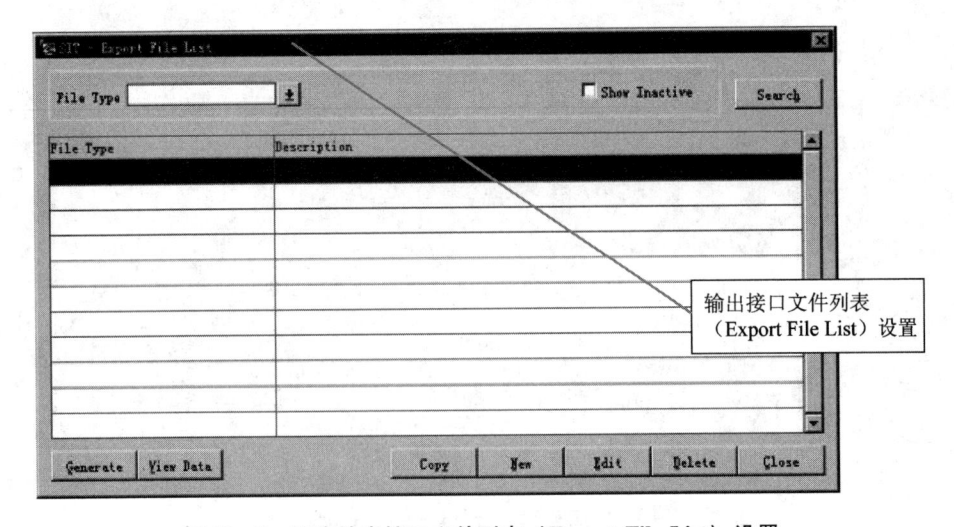

图 13-8　酒店输出接口文件列表（Export File List）设置

252

第三节 系统初始化（Setup）设置

系统初始化（Setup）的设置，一般由厂商完成，在此作简单介绍。系统初始化在 Opera 设置系统中为独立模块，日常经营中一般不会随意变更。如集团下属用户设置（User Configuration）、报表初始化（Repirt Setup）、信息格式化（Message Format）、打印格式（Printers）、日期定义（Date Definition）、计算机屏幕（显示）设置（Screen Design）、软件认证码设置（License Codes）等。下面介绍几个系统初始化的设置。

一、酒店报表初始化（Reports Setup）

酒店报表初始化中包括集团报表（Reports Groups）初始化、酒店报表（Reports）、交接班报表（Shift Reports）。具体设置操作如图 13 -9 和图 13 -10 所示。

图 13 -9　酒店报表（Reports）初始化设置

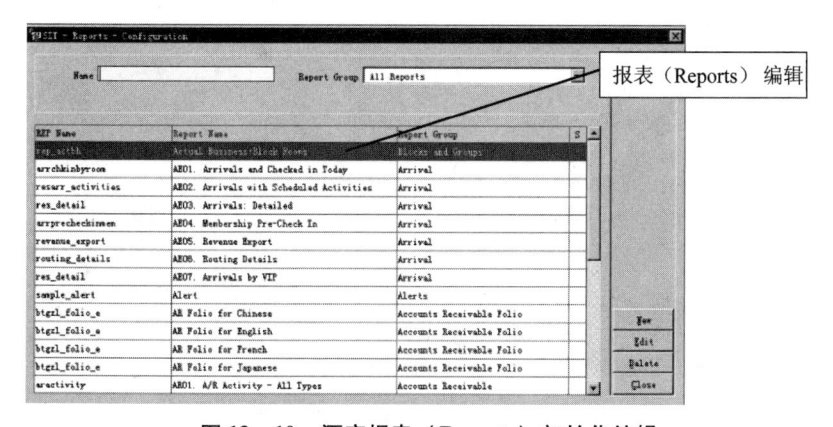

图 13 -10　酒店报表（Reports）初始化编辑

二、Opera 系统终端报表（Final Reports）

Opera 系统终端报表（Final Reports）设置操作如图 13-11 所示。

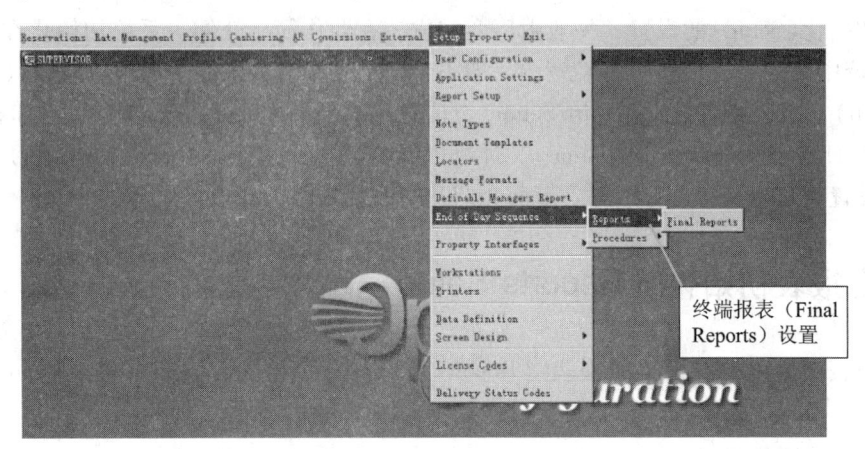

图 13-11　Opera 系统终端报表（Final Reports）设置界面

第四节　酒店业主（Property）设置

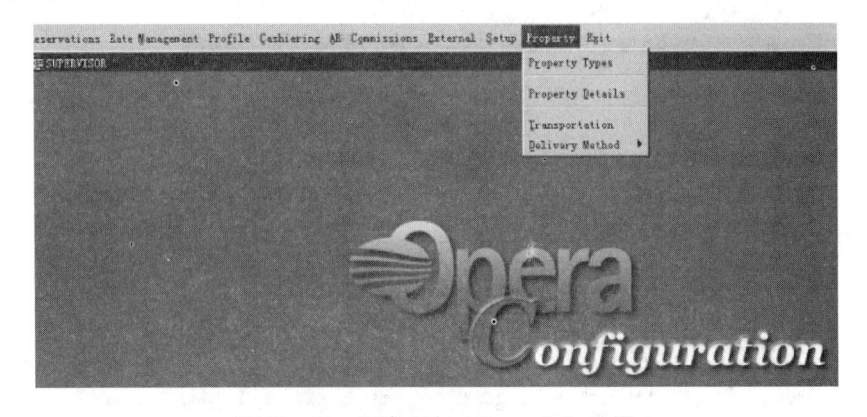

酒店业主（Property）设置是酒店业主或者酒店集团管理层的需求，包括酒店类型（Property Types）、酒店的市场定位（Property Detail Function）、邮件（Mail）传输方式等。这些设置是在系统初始化时进行的，并且由系统专业技术人员设置。

第一步：设置酒店业主（Property）。酒店业主（Property）设置项目一般有物业类型（Property Types）、酒店市场定位（Property Detail Functions）等，如图 13-12 所示。

图 13-12　酒店业主（Property）设置

第二步：设置酒店与业主确认传送方式（Confirmation Delivery）。酒店与业主确认传送方式（Confirmation Delivery）设置和编辑如图 13 – 13 和图 13 – 14 所示。

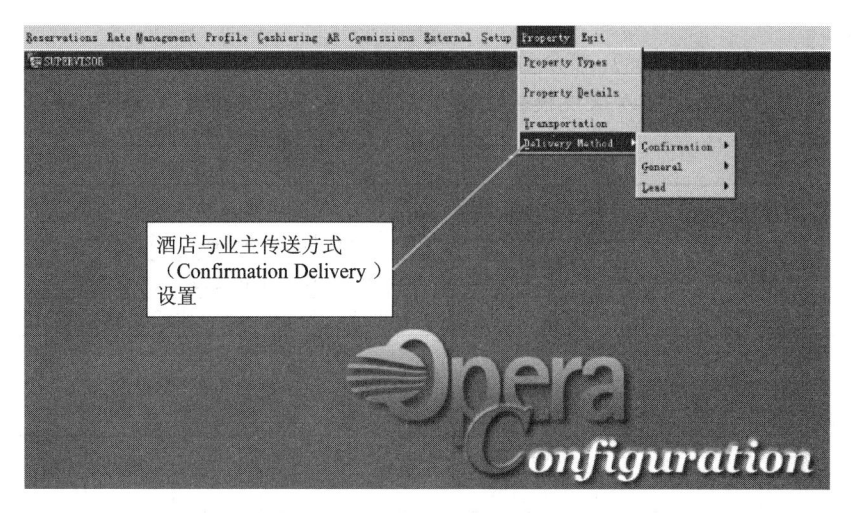

图 13 – 13　酒店与业主传送方式（Confirmation Delivery）设置

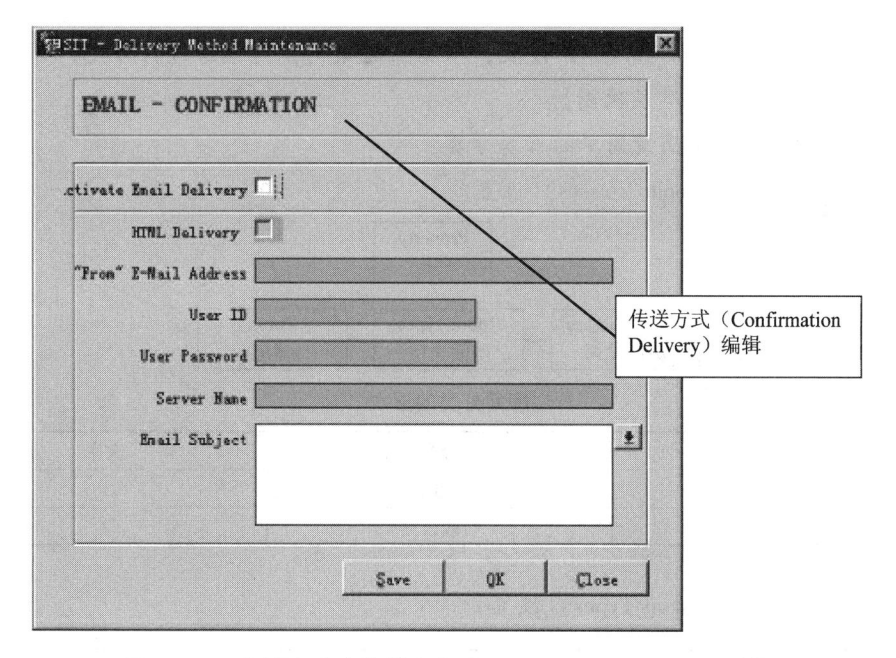

图 13 – 14　酒店与业主传送方式（Confirmation Delivery）编辑

练习题

1. 预订（Reservations）部分的设置，可参考教材中相关案例，对预订（Reservations）部分进行设置，可以从规模较小的酒店设置入手，具体要求如下：

（1）待修房/待清扫（Out of Order / Out of Service）设置

Reason Code（代码）	Description（描述）
15	Air Conditioner broken（冰箱坏）
5	TV broken/No Signal（电视机坏或电视无信号）
6	Telephone broken/No Signal（电话坏或电话无信号）

（2）预订类型（Reservation Types）设置

Resv. Type（预订类型）	Description（描述）	Arr. Time	CC	Deposit	Address	Phone
6	Group-Series（团队系列）					
8	Check-in					
9	Group-6pm Hold（团队—保留到18:00）					

2. 房间分类（Room Classes）设置，根据上述案例，对客房进行分类，分类按下面逻辑划分（见房间分类层次图）。

要求同学们先做下面最简单的客房分类：

（1）客房分类（Room Classes）设置

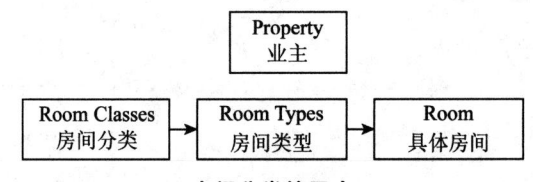

房间分类的层次

房间分类	房间分类描述	次序
STD	标准房	1
EXE	行政公寓	2

（2）房间类型（Room Types）设置

房间分类	房间类型	该类型房间数	房间类型描述
STD 标准房	SNK	30	标准无烟套房
STD 标准房	SSK	20	标准可吸烟套房
EXE 行政公寓	EES	30	行政公寓

(3) 具体房间（Rooms）设置

房号	房型	周围房号	楼层设置	无烟情况	具体设施	Turndown Service（夜服）
1001	SNK	1002	10st Floor	NS	AC, CN, LF, NE	Y
……	……	……	……	……	……	……
1030	SNK	1029	10st Floor	NS	AC, CN, LF, NE	Y
1101	SSK	1102	11st Floor	S	AC, CN, LF, NE	Y
……	……	……	……	……	……	……
1120	SSK	1119	11st Floor	S	AC, CN, LF, NE	Y
0101	EES	0102	High Floor	NS	AC, CN, LF, NE	N
……	……	……	……	……	……	……
0130	EES	0129	High Floor	NS	AC, CN, LF, NE	N

3. 预订方式（Reservation Methods）代码设置，可参考教材中相关案例进行简单设置。具体要求如下：

Code（代码）	Description（描述）
HDI	Guest Direct/Walk – in（散客）
HCO	Company Direct（公司直接预订）
HTA	Travel Agent Direct（旅行社直接预订）

4. 团队预订被取消/丢失/拒绝的原因/团队预订被取消原因（Block Cancellation/Lost/Refused Reasons）设置。可以参考本书中的相关案例进行设置。具体要求如下：

Code（代码）	Description（描述）
MTGCXL	Meeting Cancelled（会议取消）
NATCAL	Natural Calamities（自然灾害）
DATCHG	Dates Changed（日期变更）

5. 团队预订丢失原因设置，可参考教材中相关案例进行简单设置。具体要求如下：

Code（代码）	Description（描述）
ATT	Could Not Arrive on Time（不能按时到来）
CIT	Selected Another City（更换城市）
RAT	Rate High（价格高）

第十三章 酒店其他模块设置

6. 团队预订拒绝原因设置，可参考教材中相关案例进行简单设置。具体要求如下：

Code（代码）	Description（描述）
ROO	Room Not Available（没有足够的房间）
MTG	Room Not Big Enough（房间空间不够大）
BUD	Budget too Low（预算太低）

7. 折扣原因（Discount Reason）设置，可参考教材中相关案例进行简单设置。具体要求如下：

Code（代码）	Description（描述）
FAM	Family Plan（家庭计划）
CPL	Extended Due to Complain（投诉）
TXE	Tax Exemption（免税）

8. 取消预订原因（Cancellation Reasons）设置，可参考教材中相关案例进行简单设置。具体要求如下：

Code（代码）	Description（描述）
OTHTL	Guest Found Cheaper Hotel（客人找到价格更便宜的酒店）
DBLNKG	Double Booking（重复预订）
NATCAL	Natural Calamities（自然灾害）
APCLOS	Airport Closed（机场关闭）

9. 房间特征（Room Features）设置，可参考教材中相关案例进行简单设置。具体要求如下：

Code（代码）	Description（描述）
SU	South Side（朝南房）
NR	North Side（朝北房）
NL	Near Lift（靠近电梯）
CO	Corner Room（拐角房）

10. 吸烟房（Smoking），可参考教材中相关案例进行简单设置。具体要求如下：

Code（代码）	Description（描述）
NS	Non Smoking（无烟房）
S	Smoking（吸烟房）

11. 特殊要求（Special Request）设置，可参考教材中相关案例进行简单设置。具体要求如下：

Code（代码）	Description（描述）
FLA	Flower A（鲜花－A 套）
FLB	Flower B（鲜花－B 套）
FRB	Fruit Basket A（水果篮－A 套）

12. 地域（Regions）设置，可参考教材中相关案例进行简单设置。具体要求如下：

Code（代码）	Description（描述）
NAM	North America（北美洲）
CEA	Central America（中美洲）
CDN	Canada（加拿大）

13. 国家（Countries）设置，可参考教材中相关案例进行简单设置。具体要求如下：

Code（代码）	Description（描述）
AT	Austria（奥地利）
CDN	Canada（加拿大）
AO	Angola（安哥拉）

14. 语言（Language）设置，可参考教材中相关案例进行简单设置。具体要求如下：

Code（代码）	Description（描述）
C	Chinese Simplified（中文简体）
E	English（英语）

15. 称呼（Salutations）设置，可参考教材中相关案例进行简单设置。具体要求如下：

Code（代码）	Description（描述）
Mr	Dear Mr.（先生）
Mdm	Dear Madam（女士）
Professor	Dear Professor（教授）

16. VIP 等级（VIP Level）设置，可参考教材中相关案例进行简单设置。具体要求如下：

Code（代码）	Description（描述）
A	VIP A
B	VIP B
C	VIP C

17. 公司（Account）设置，可参考教材中相关案例进行简单设置。具体要求如下：

Code（代码）	Description（描述）
COD	Domestic Company（国内公司）
COI	Internatinal Company（国际公司）
LOA	Local Agency（本地机构）
INA	International Agency（境外机构）

18. 价格管理（Rate Management）设置，可参考教材中相关案例进行设置。设置模式参考下图。

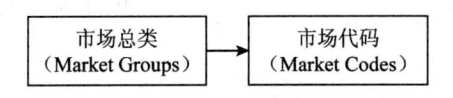

市场总类（Market Groups） → 市场代码（Market Codes）

市场代码结构

（1）市场总类（Market Groups）设置

Market Groups（市场总类）	Description（描述）
LSG	Long Stay（长住房）
GCM	Group Corporate Meeting（公司团体会议）
PKG	Packages（包价房）
HSE	House Use（酒店用房）

（2）市场代码（Market code）设置

Market Code（市场代码）	Description（描述）
COA	Corporate A（公司 A）
COB	Corporate B（公司 B）
DAY	Day Use（日用）

19. 客源分析代码设置，可参考教材中相关案例进行设置。设置模式参考下图。

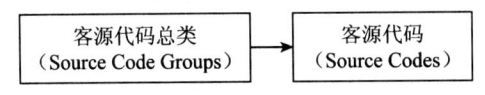

客源代码总类（Source Code Groups） → 客源代码（Source Codes）

客源代码层次

（1）客源总类（Source Groups）设置

Groups Code（总类代码）	Description（描述）
AP	Asia Pacific（亚太地区）
EA	Europe and America（欧美地区）
WWW	Web/Internet（线上）
DM	Domestic（国内）

（2）客源代码（Source Codes）设置

Source Codes（客源代码）	Description（描述）
CN	China（中国）
JP	Japan（日本）
ZJS	Zhejiang Province（浙江省）
WEB	Internet（网络）

20. 房价季节代码（Season Code）设置，可参考教材中相关案例进行设置。具体要求如下：

Season Code（季节代码）	Description（描述）	Begin Sell（起始日期）	End Sell（终止日期）	Rate Code
2012	2016 Rate 2016年房价	01/01/12	12/31/12	
FALL01	Fall Rate（秋天房价）	09/01/12	11/30/12	
HIGH01	Peak Rate（高峰期房价）	01/15/12	31/3/12	
LOW01	Low Rate（低谷期房价）	1/8/12	30/9/12	

21. 价格代码（Rate code），设置要求如下：

Rate code（价格代码）	Description（描述）	Begin Sell（起始日期）	End Sell（终止日期）
ROD2-B	Walk in Rate（上门散客）	01/01/12	12/31/12
CORAB	Corporate Rate（公司房价）	09/01/12	11/30/12

22. 房价等级（Rate Classes）设置，可参考教材中相关案例进行设置。设置模式参考下图：

房价等级（Rate Classes） → 房价类型（Rate Types） → 价格代码（Rate Codes）

价格代码层次

（1）房价等级（Rate Classes）设置

Rate Class（房价等级）	Description（描述）	Begin Date（起始日期）	End Date（终止日期）
GRP	Group（团队）	01/01/16	12/31/18
OTH	Others（其他）	09/01/17	11/30/18

（2）房价分类（Rate Types）设置

Rate Types（房价分类）	Description（描述）	Rate Classes（房价等级）	Begin Date（起始日期）	End Date（终止日期）
GRP	Group（团队）	GRP（团队）	01/01/16	12/31/16
COM	House Use（酒店用房）	OTH（其他）	09/01/16	11/30/17

（3）价格代码（Rate codes）设置

Rate Codes（价格代码）	Description（描述）	Types（类别）	Begin Sell（起始日期）	End Sell（终止日期）
ROD2-B	Walk in Rate（散客价）	BAC（门市价）	01/01/12	12/31/12
CORAB	Corporate Rate（协议价）	GRP（团队价）	09/01/12	11/30/12

23. 包价类（Package Element Groups）设置

Package Element Groups（打包总类）	Description（描述）	Brief Description（简短描述）	Package Types（打包类型）	Package Subgroups（细分服务内容）
F&B	餐饮	F&B	Group	BFI, XBF
OTH	其他打包	Others	Group	PAR

第三篇

理论篇

第十四章 酒店管理信息系统（HMIS）原理和应用

学习意义 本章是理论篇的学习部分，通过前面的学习和实操实训，我们对酒店管理信息系统的实际应用已经有了全面的了解和掌握，在此基础上需要进一步提炼和提高，从理论的视角去认识酒店管理信息系统（HMIS），了解应用信息化；知晓"互联网+"技术对行业的影响和引领作用；对刚兴起的智慧酒店业有所触及，为今后的职业生涯发展打下基础。

内容概述 本章的主要内容包括：管理信息系统的定义和工作原理、管理信息系统的发展方向、管理信息系统在酒店管理中的作用、酒店管理信息系统的发展趋势、酒店信息管理系统的前后台各项应用，最后介绍在"物联网+"大发展背景下的智慧酒店应用。

知识点

知识目标

1. 掌握管理信息系统的定义和原理。
2. 了解管理信息系统的架构。
3. 了解管理信息系统在酒店中的各项作用。
4. 了解酒店管理信息系统的发展趋势。
5. 了解智慧酒店并推广应用。

第一节　酒店管理信息系统原理

一、管理信息系统基本概念

我们首先讨论酒店管理信息系统的定义，酒店应用的管理信息系统是管理信息系统在酒店行业的具体应用。管理信息系统（Management Information System，MIS）是计算机技术较早应用于企业管理的系统（工具）之一，是各类企业信息处理的基本方法和途径。管理信息系统存在多种定义，下面结合酒店行业对管理信息系统的基本概念介绍如下。

从管理信息系统自身存在的客观角度可以定义为：管理信息系统是一个由人、计算机及其他外围设备等组成的能进行信息的收集、传递、存储、加工、维护和使用的系统。管理信息系统的运行基础目标就是实测（映射）企业的各种运行情况（数据）。系统的主要任务是利用现代计算机和网络通信技术，对企业的经营各类信息进行处理，以求得相对应要求处理事务的正确、高效、存储、再使用等。企业通过对管理信息系统的投入，期望达到信息（事务）处理的科学性，提高企业的效率和效益。

从企业管理的需求角度可以定义为：管理信息系统是企业或组织对要管理的事务、流程、产品等生产要素进行信息化处理，它通过程式化、架构化的程序从各种相关的资源（公司外部和内部的）收集相应的信息，为企业的运作提供各层次的需要功能和信息。这个表明管理信息系统的本质是一个关于内部和外部信息的数据库，这个数据库可以完成企业对信息处理的功能性需求，因此管理信息系统是从信息收集、传递、运算、处理、保存到再使用、挖掘等一系列的行为过程，其中收集、传递是管理信息系统的基础，目标是处理复杂、烦琐的信息，期待提高企业的整体运行效率。

如果从人是应用系统的第一要素的视角可以定义为：管理信息系统是以人为主导，利用计算机硬件、软件、网络通信等资源，进行信息的收集、传输、加工、存储、更新和维护，以利于企业提高效率和效益、竞争占优，为企业决策打基础的管理体系。这里有一个在认识上的提高，就是将最关键的人纳入系统中，成为系统的主角。由此管理信息系统不仅是一个技术工程系统，更是包括人在内的人机系统，它是一个管理系统，也是一个社会系统。从这个定义认识，可以把信息管理系统最直接表示为如图 14-1 所示：信息管理系统（MIS）就是各种用户（人或组织）用设计好的计算机网络系统，为他们做信息服务的系统。

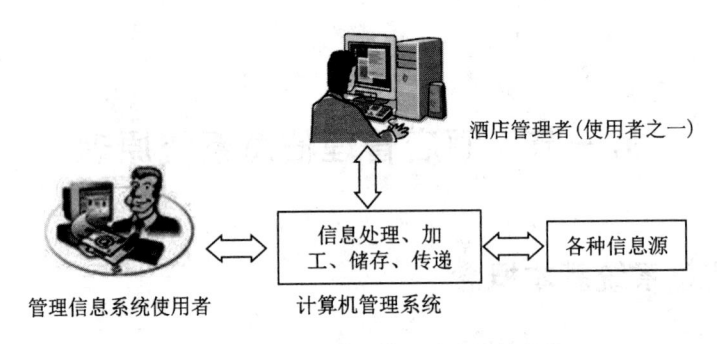

图14-1　酒店计算机管理信息系统示意

例如，本书前文介绍的 Opera 系统就是管理信息系统应用的典型案例之一，酒店在设置预订时，就要建立宾客基本信息（profile），这个过程就是信息的收集，当预订完成后信息会自动传输（传递）到系统的服务器中，供前台等有关部门查询之用，经过预先设定好的程序，计算机系统会对刚收集的信息进行加工（运算），酒店管理信息系统的信息加工主要是指在对该宾客个人信息存储的基础上，提供按各种方法的检索，即应用 Opera 系统进行宾客信息的查询，在宾客住店的过程中，系统会对宾客的信息进行实时更新，最典型的就是对宾客消费记账，如拨打长途电话（IDD、DDD）的自动计费，在24：00点，Opera 系统进行过房费（对宾客房费自动累加）等。这些操作从管理信息系统的定义层面上认识，就是对信息的加工、更新和维护。从对一个宾客的信息维护，到酒店层面对整体宾客信息进行维护、储存，有了这些基础信息，酒店销售部门就可以对储存宾客的信息（尤其是客史）再使用，进行查询、统计，有的会对宾客历史数据进行挖掘等操作。这一系列的行为是符合企业的经营管理目标的，更是建立酒店管理信息系统的目标。

二、酒店管理信息系统工作原理

前文中从多种视角定义了管理信息系统，但从用户（使用者）的角度，还必须具体认识管理信息系统的工作原理，从而为酒店企业管理信息系统的建构及有效使用提供思路和方法。可以从以下几个角度来认识管理信息系统的工作原理。

（一）酒店管理信息系统的体系架构

酒店管理信息系统的体系架构是指信息系统的组成成分以及组成成分之间的关系，有时可以称为信息系统的工作原理模型。这是从酒店管理信息系统工作运行目标的高度来分析系统的工作原理的。如果是酒店企业构建管理信息系统的话，那么一定是最高决策层要认识的问题。酒店管理信息系统和其他企业管理信息系统一致，体系架构由五个部分组成，即人员、管理、数据库、计算机软件、计算机硬件，如图 14-2 所示。一个管理信息系统一定是由人员、管理、技术系统（硬件、软件）组成，有的专家提出，这个信息系统是一种全面反映社会—技术系统特征的系统架构体系。这种更全面的分析，强调了人员和管理对系统运行最终的影响及效果。任何的管理信息系统都和人员密切相关，离开人员，系统将一事无成或者效果极差。由此我们在管理上，尤其在高层管理上必须充分认识到这个原理。从这个原理可以引申出，一个酒店要应用好管理信息系统并创出效益，酒店企业的高层领导对管理信息系统的行为是成功与否的关键所在。应该认识到，管理信息系统是企业管理者进行经营管理最基本、重要的工具和手段。

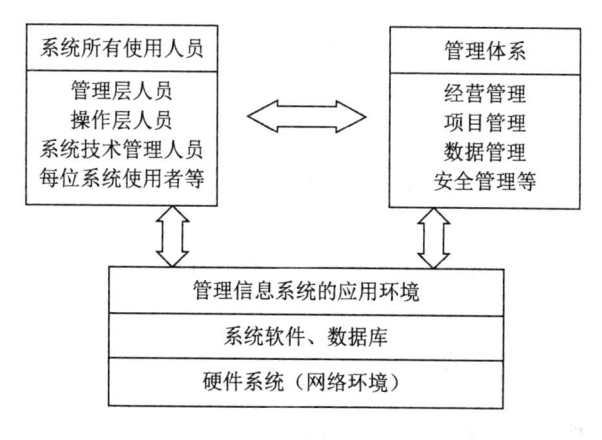

图 14-2 管理信息系统的体系架构

在酒店应用中，管理信息系统的体系架构也非常明确，这里以 Opera 系统应用为例。

系统的使用人员：酒店的管理层人员，包括从总经理到部门总监/经理，到领班主管，他们需要利用系统进行标准工作流程设计、管理控制（如房价、应收账款）、查询经营状态（如房态、各种经营信息）等。操作层人员包括预订、前台和餐厅等各营业点及提供服务保障的后台等部门的员工。他们使用系统进行日常服务工作，如为客预订、档案维护、排房、入住、消费记账、经营情况记录、结账和服务信息查询等。系统技术管理人员基本为计算机部或工程部的技术人员，他们主要进行系统日常正常运转的软硬件技术保障和根据使用部门的要求进行系统的参数设置维护。各类用户主要为客人，可以利用各类预订系统与 Opera 的接入直接进行预订、利用客房终端设备进行个人信息查询和自动结账等。

系统的管理体系：酒店的经营管理包括一线服务操作，如预订、入住、客人服务信息传递、消费入账、结账、档案维护、营收管理、价格管理等，都需要通过管理信息系统进行监控。项目管理可以进行诸如宴会、会议和大型活动等的运行管理，可以利用系统的项目管理功能进行统筹管理，进行项目的策划、计划安排、各部门协调的管理。数据管理主要是应用数据库的技术对企业经营活动数据进行有效的收集、存储、处理和应用。例如，通过档案资料中的客人抵离日期、预订房间类型、人数、国籍、年龄、性别、公司、来源、消费等数据进行收集、存储和处理，可以提供客人入住信息，可以产生市场分析报告。又如，通过客房的数据管理，如房型、位置、房价、房态等的数据收集、存储和处理，可以即时进行客房状态的报告，可以提供客房产品销售及效益分析等。安全管理是为数据处理系统所采取的技术的和管理的安全保护，保护计算机硬件、软件、数据不因偶然的或恶意的原因而遭到破坏、更改、显露。一个管理信息系统可以说是企业运转的中枢神经系统。一旦出错，如客人预订和入住信息丢失或出错、经营信息丢失和出错、系统停运等，对酒店来说，都是灾难性的。因此，系统的安全管理是重要的。酒店常用的安全管理手段有：杀（防）病毒措施；权限设置和密码管理；屏幕保护措施；备份管理；安全日志管理；设备维护保养等。

管理系统的应用环境：酒店管理信息系统的应用环境和其他行业一样，是以硬件为基础，如包括服务器、各终端及输出设备、网络设备等。软件包括系统软件、数据库等。应用软件有 Opera 及其他一些与之接口的应用软件，如电话计费系统、门锁系统、预订系统、财务系统等。

只有在上述系统架构齐全的情况下，酒店管理信息系统才能运行。

（二）酒店管理信息系统的功能架构

酒店管理信息系统最直接的层面，就是描述系统的功能架构，这也是使用者或企业最关心的问题。按照管理信息系统的一般规律，我们可以把系统分为信息收集、信息存储、信息加工、信息交流、信息管理的功能架构，功能架构是从系统的工作功能上来描述其工作原理的。图 14 – 3 表达了这个功能模块。

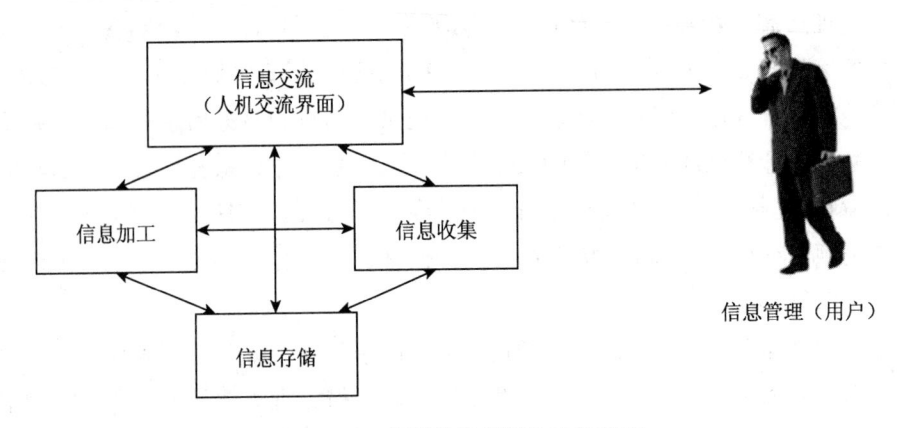

图 14 – 3　管理信息系统的功能架构

通过上面的功能架构图，对管理信息系统的功能模块做一下简述。

1. 信息收集

信息收集是整个系统运行的基础，使用者不但从内部收集信息，还要从外部收集信息。信息收集包括原始数据的收集、信息的分类、信息的结构等环节。信息收集工作占信息处理全部工作量的很大一部分时间和成本。在信息收集的工作中，要充分重视人的作用，必须按照统一的规范、操作要求来收集和输入信息。收集信息的人员要参加相关的培训和操作达标。只有正确、及时地收集信息，才能使管理信息系统有效地运作。

以 Opera 系统为例，第一大类是对客户资料的搜集，客人的各种信息，包括住店期间的消费特征都可以通过系统，利用档案的功能进行搜集及处理。档案对酒店来说是一项非常重要的资源和财富，可以为酒店提供市场的信息、有针对性服务的信息等。第二大类是对经营活动的信息收集，包括各类服务及其收入。各个营业点的终端，如前台、餐厅酒吧、商场、康乐部门及电话总机等终端的服务信息录入，是形成经营成果报告的基础资料。

2. 信息存储

信息存储是信息系统的特征，是区别于手工管理的最优特性。计算机工具能存储大容量的信息，并通过搜索技术（工具），快速找到所需要的相关信息。随着计算机技术的进步，存储技术得到空前的发展，存储、检索手段也不断提升。这是信息管理系统的最大优势。

以 Opera 系统为例，它有档案的庞大数据库。这个数据库可以是集团共享的中央数据库，所有集团下属的酒店提供的客人资料都统一存储在这个集团的中央数据库中，在世界各个角落的集团下属酒店都可以分享此数据库的客人资讯。

3. 信息加工

信息加工是计算机系统替代人加工的最有效工具。信息加工包括查询、检索、分析、计算、提炼、优化、预测、评价、报表处理、综合等工作。信息加工是管理信息系统的核心，是业务运行的关键所在。信息加工涉及数据收集、模型、方法、经验、知识等要素。信息加工对各个行业有不同的侧重点，这是行业特征所决定的。加工的要求是使用者提出的，如企业各个层面的管理者，更确切地说，行业管理软件的要求（需求）是该行业管理者要求的集合。加工的方法可以由使用者和 IT 技术人员通过软硬件系统来完成。

以 Opera 系统为例，一个最基本的信息加工的成果是酒店的营业报告，可以反映酒店经营情况。由于计算机超强的信息处理能力，这种反映可以是即时的。另一个重要的信息加工成果是市场分析报告，它可以反映各个细分市场的经营表现，是酒店进行经营决策的重要依据。它与酒店财务系统的连接，可以产生酒店的损益表（P&L 报表）等。

4. 信息交流

信息交流对任何管理信息系统而言都是基本的需求，没有交流功能，就没有使用者。信息的输入、输出是面向广大的使用者（特别是一线的操作者），由此信息交流的界面要清晰、简练、具体、易懂、方便。管理信息系统的最终用户就是各类管理人员、操作人员，对于计算机技术，他们是非专业人员。由此，一个良好的管理信息系统，一定要具备功能强、易操作的特点。随着计算机技术的发展，信息交流能方便、正确地输入输出文字、图像、声音、影像。网络技术的发展使信息交流上进一步突破了时空的限制，可以通过各种手段、渠道、空间向信息系统交流信息。信息交流最大的表现力是经营管理过程中的信息实时查询和报表输出，一个好的管理信息系统会输出有价值的各种报表，该系列的报表是信息系统有效性的显现。

以 Opera 系统为例，可以在相关服务岗位的终端上查询客人及服务信息，如客人预订预测、入住情况、服务要求、消费情况等；也可以在相关运营管理岗位上查询运营信息，如出租预测、实时房态、营业报告等；还可以在经营决策管理岗位上查询市场分析报告、损益表等。

5. 信息管理（用户）

信息管理（用户）是管理信息系统的使用者和组织结构，负责制定和实施管理信息系统的各项操作规程、标准和制度，并对该系统的运作进行监督、操控、协调等工作。信息管理者（用户）对应用系统日益完善的要求也是管理信息系统发展的原动力。为了实现企业的整体目标，信息管理已经成为企业管理者的重要工作之一。在目前网络经济大发展的状况下，信息管理成为许多企业营销的手段和工具，信息资源管理成为战略资源管理。这可以说明：在管理信息系统的诸多要素中，用户是最重要的要素。

第二节　酒店管理信息系统应用

酒店业是较早应用管理信息系统的行业，特别在高星级酒店，由于服务的即时性、随意性、动态性、实时性等，对管理信息的要求和依赖性也高。酒店的服务和经营信息又很庞杂，所以类似 Opera 系统这样的酒店管理信息系统一经问世，就被酒店业普遍使用，并不断完善提高。现在的酒店业，无论国际品牌酒店还是国内管理酒店，从大酒店到小客栈都会使用酒店管理信息系统来经营管理。下面我们讨论酒店计算机信息技术的应用。

一、酒店计算机技术应用环境

酒店要应用计算机信息技术进行管理，首先需构建酒店企业的综合布线网络。其中综合布线系统是基础。综合布线是一种模块化的、灵活度极高的建筑物信息传输通道，它既能使语音、数据、图像设备和交换设备与其他信息管理系统彼此相连，也能使这些设备与外部连接。综合布线还包括建筑物外部网络或电信线路的连接点与应用系统设备之间的所有线缆及相关的连接部件。综合布线系统由不同系列和规格的部件组成，其中包括传输介质、相关连接硬件（如配线架、连接器、插座、插头、适配器）以及电气供电和保护设备等。这些部件可用来构建各种子系统，它们都有各自的具体用途，不仅易于实施，而且能随需求的变化而平稳升级。

综合布线系统最早由美国电话电报公司的贝尔实验室于20世纪80年代末期率先提出，后由计算机工业协会、美国电子工业协会和美国电信工业协会一起制定了ANSI/EIA/TIA 568，即《商业大楼电信布线标准》，国际标准化组织（ISO）也制定出相应标准ISO/IEC/IS 11801。制定这些标准的目的是：首先，建立一种支持多供应商环境的通用电信布线系统；其次，可以进行商业大楼结构化布线系统的设计和安装；最后，建立各种布线系统配置的性能和技术标准。在国内，2000年国家标准化委员会颁发了国家标准GB/T 50311—2000，对布线系统规定了各种国家标准，并将其命名为综合布线，2007年又以GB 50311—2007的新标准替换了原标准，以适应日新月异的计算机技术发展以及互联网技术的发展。

综合布线系统虽然进入中国的时间不长，但是应用范围广泛，从酒店到医院、写字楼、机场、政府办公大楼，几乎所有的大楼在设计建造时都会考虑综合布线系统。特别是酒店业，一直以来都是站在新技术应用的前沿，对于综合布线系统的应用也更广更深。

（一）酒店综合布线系统的需求分析

酒店综合布线属于建筑综合布线的范畴，也就是说，酒店的综合布线是建筑综合布线在行业中的具体应用。综合布线同传统的布线相比较有着许多优点，是传统布线所无法相比的。它的特点主要表现在兼容性、开放性、灵活性、可靠性、先进性和经济性六方面。而且综合布线在设计、建造和维护方面也给人们带来了许多便利，维护成本也远比传统布线低。

1. 兼容性

综合布线的首要特点是它的兼容性。这是指综合布线系统本身是完全独立的一套系统，与应用系统相对无关，可以适用于多种应用系统在这个平台上的应用。

过去，为一幢大楼的语音或数据线路布线时，往往是采用不同厂家生产的电缆线、配线插座以及接头等。例如，语音交换机（通常是指电话交换机）通常采用双绞线，计算机系统通常采用粗同轴电缆或细同轴电缆。这些不同的设备使用不同的配线材料，而连接这些不同配线的插头、插座及端子板也各不相同，彼此互不相容。一旦需要改变终端机或电话机位置时，就必须铺设新的线缆，以及安装新的插座和接头。

综合布线系统将语音、数据设备的信号线经过统一的规划和设计，采用相同的传输媒体、信息插座、连接设备、适配器等，把不同信号综合到一套标准的布线中。在使用时，用户不需要事先定义某个工作区的信息插座的具体应用，而只要把某种终端设备（如个人计算机、电话、视频设备等）插入这个信息插座，然后在管理间和设备间的交接设备上做相应的跳线操作，这个终端设备就被接入到各自的系统中了。在综合布线过程中也无须考虑以后用户采用哪家厂商的交换设备，使用哪种品牌或不同型号的终端设备，因为各家厂商提供的设备，接口都是统一标准的，都可以直接与布线系统相连接。

2. 开放性

对于传统的布线方式，只要用户选定了某种设备，也就选定了与之相适应的布线方式和传输介质。如果更换另外的设备，那么原来的布线就要全部更换。对于一个已经完工的酒店建筑来说，这种更换是十分困难的，不但增加了投资，也影响了酒店的正常运行。例如，如果酒店采用小型计算机作为计算机管理系统的主机，而一旦更换成服务器，那么就得重新布线。

综合布线由于采用开放式体系结构，符合多种国际上现行的标准，因此它几乎对所有著名厂商的产品都是开放的，如计算机、交换机、打印机设备等，并支持所有通信协议，如 ISO/IEC8802－3，ISO/IEC8802－5 等。

3. 灵活性

传统的布线方式是封闭的，其体系结构是固定的，若要迁移设备或增加设备是相当困难而麻烦的，甚至要变动整个系统的架构。

综合布线采用标准的传输线缆和连接硬件，采用模块化设计。因此所有的通道都是通用的。每条通道不但支持语音终端，也支持数据终端以及视频终端。所有设备的开通及更改均不需要改变布线，只需增减相应的应用设备以及在配线架上进行必要的跳线管理即可。另外，组网方式也灵活多样，甚至在同一房间可有多用户终端，以太网工作站、令牌环网工作站并存，为用户组织信息流提供了必要条件。

4. 可靠性

传统的布线方式，由于各个应用系统互不兼容，因而在一个建筑物中往往要有多种布线方案。因此建筑系统的可靠性要由所选用的布线可靠性来保证，当各个应用系统布线不当时，还会造成交叉干扰。

综合布线采用高品质的材料和组合压接的方式构成一套高标准的信息传输通道。所有线槽和相关连接件均需要通过 ISO 认证，每条通道都要采用专用仪器测试链路阻抗及衰减率，以保证其电气性能。应用系统布线全部采用点到点端接，任何一条链路故障均不影响其他链路的运行，这就为链路的运行维护及故障检修提供了方便，从而保障了应用系统的可靠运行。各个应用系统往往采用相同的传输媒体，因而可互为备用，提高了备用冗余。

5. 先进性

综合布线一般都采用光纤与双绞线混合布线方式，极为合理地构成了一套完整的布线。所有的综合布线均采用当前最新的通信标准，主干部分采用光纤进行传输，以保证速度。而水平链路均按 8 芯双绞线配置。5 类双绞线带宽标准可达到 100MHz，6 类双绞线带宽可达 200MHz，可以实现百兆到桌面或者千兆到桌面，对于特殊用户的需求甚至可以实现光纤到桌面。语音干线部分用铜缆，数据部分用光缆，为同时传输多路实时多媒体信息提供了足够的带宽容量。

6. 经济性

综合布线比传统布线具有经济性的优点，综合布线可适应相当长时间的需求，一般都要求超过 10 年的寿命。传统布线的改造不但浪费时间，还会影响到酒店的正常运行，由此造成许多酒店不愿更换新的计算机系统。

通过综合布线的 6 个特点可以看出，综合布线较好地解决了传统布线方法存在的诸多问题。随着现代科学技术的迅猛发展，人们对信息资源共享的要求越来越迫切，以电话业务为主的通信网正逐渐向综合业务数字网过渡，人们越来越重视能够同时提供语音、数据和视频传输的集成通信网。综合布线系统可以把整个酒店（大楼）的所有线路集成在一个布线系统中，统一设计，统一安装，这样不但减少了安装空间、改动费用、维修和管理费用，而且能够轻易地以较低的成本及可靠的技术接驳最新型的系统。因此，综合布线取代单一、昂贵、复杂的传统布线，是信息时代的要求，是历史发展的必然趋势。

（二）酒店综合布线 6 个子系统

按照综合布线标准，行业专业人士把酒店综合布线系统划分为 6 个子系统，分别是：酒店工作区子系统、酒店综合布线水平子系统、酒店综合布线垂直子系统、酒店综合布线管理子系统、酒店综合布线设备间子系统和酒店综合布线建筑群子系统。

1. 酒店工作区子系统

工作区是一个独立的需要设置终端的区域（图 14-4），如酒店的一个客房、商务中心、办公室等就是一个工作区。工作区子系统由水平子系统的信息插座、信息插座到终端设备处的连接电缆及适配器组成。工作区子系统中所使用的信息插座必须具备国际 ISDN 标准的 8 位接口，这种接口能接受大楼智能化系统所有低压信号以及高速数据网络信息和数码音频信号。工作区是综合布线使用面和应用点最多的区域，如酒店客房就是一个使用点，或者说工作区。

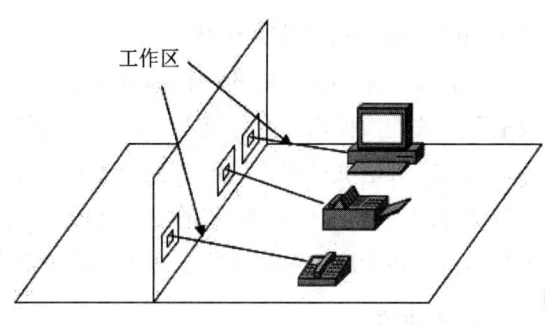

图 14-4　酒店综合布线工作区子系统示意

2. 酒店综合布线水平子系统

水平子系统，也称为配线子系统，由使用点的信息插座（如酒店的客房或销售部等）、楼层配线设备到信息插座的配线电缆、楼层配线设备以及跳线等组成（图 14-5）。水平子系统由 8 芯网线组成。某些特殊需要高带宽的场合，如酒店会议中心，也可以由光缆组成，即实现光纤到桌面的布置，用光缆还需配置相应的光端机。

3. 酒店综合布线垂直子系统

垂直子系统，也称为干线子系统，由酒店设备间的配线设备和跳线以及设备间至各楼层配线间的连接电缆组成（图 14-6）。它用于实现计算机设备、程控交换机（PABX）、监控或者消防控制中心等与各管理子系统间的连接，常用介质是大对数双绞线电缆、光缆等。大型酒店会使用垂直走光缆的方案，经济型酒店可以根据自己的需求，特别是规模较小的酒店，垂直使用 6 类线的技术方案。这种方案投资少，但对于一个层面有较多客房的酒店而言，宾客在客房使用网络的速度会比较慢，尤其是在高峰时段。

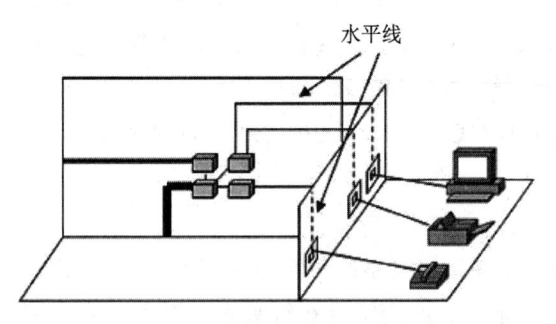

图 14-5　酒店综合布线水平子系统示意

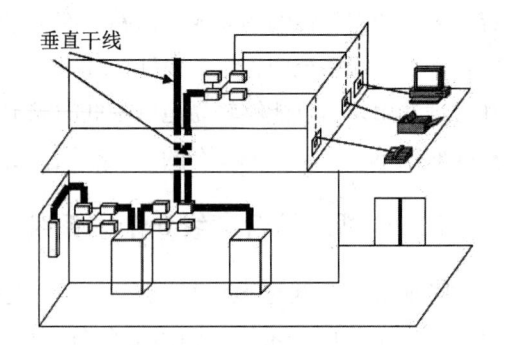

图 14-6　酒店综合布线垂直子系统示意

4. 酒店综合布线管理子系统

管理子系统设置在楼层配线内（图 14-7）。管理子系统由交连、互连配线架组成。

交连和互连允许将通信线路定位或重新定位到建筑物的不同部分，以便能更容易地管理通信线路。它是垂直子系统和水平子系统的桥梁，同时又可为同层组网提供条件。一般包括双绞线、配线架和跳线等。在有光纤需要的布线系统中，酒店还应有光纤配线架和光纤跳线。当终端设备位置或局域网的结构变化时，只要通过管理子系统改变跳线方式即可解决，而不需重新布线。如果是一栋式的酒店建筑，该系统可主要分布在酒店的各个楼层，然后汇总到酒店计算机网络机房，即设备间。如果是庭院式或者分布式酒店建筑群，管理子系统则可分布在每一个建筑单元内和每单元的楼层中，最后汇总到酒店的计算机网络机房（设备间）。

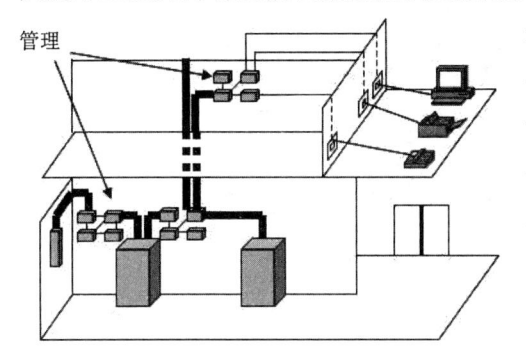

图14-7 酒店综合布线管理子系统示意

5. 酒店综合布线设备间子系统

设备间主要配置酒店综合布线的进入电缆、设备的工作区，一般设置在建筑物适当的进线、通信入口端设备、酒店技术人员值班的工作区域（图14-8）。设备间子系统由综合布线系统的建筑物进线设备、程控电话交换机、网络交换机、计算机设备、防雷击保护装置等各种主机设备及保安设备等组成。酒店典型的设备间放置在计算机机房和程控交换机房。

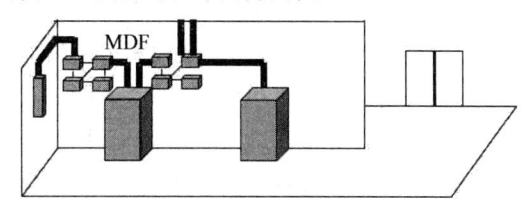

图14-8 酒店综合布线设备间子系统示意

以上酒店综合布线水平子系统、垂直子系统、管理子系统和设备间子系统的日常技术管理、维护、更新等工作，一般由酒店的计算机技术人员承担。一旦这些子系统遇到故障，酒店工作人员就会报工程部进行处置。

6. 酒店综合布线建筑群子系统

当酒店建筑的综合布线系统覆盖两个或两个以上的建造物时，就形成建筑群子系统。建筑群子系统由连接各建筑物之间的缆线和配线设备组成（图14-9）。通过它来实现建筑物之间的相互连接，常用的通信介质是光缆。如果是单建筑构成的酒店，该建筑群子系统会和当地的通信公司连接，日常的运维也由当地的电信部门负责，酒店的技术人员配合。一般状况下，这个子系统维护率并不高。

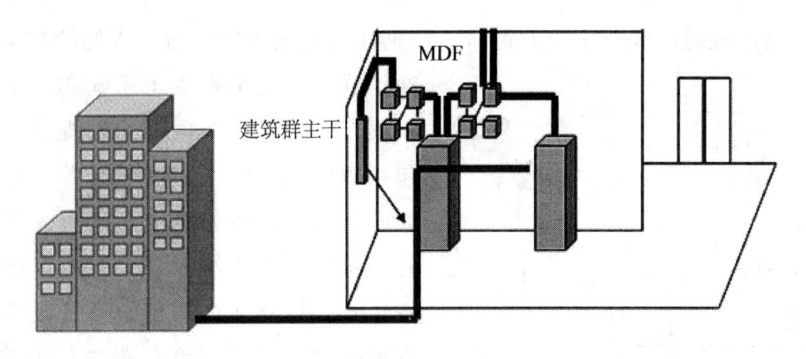

图 14 - 9　酒店综合布线建筑群子系统示意

综上所述，酒店综合布线系统的各个子系统既相互独立，完成独立的功能，又相互有机链接，成为一体。其目标就是将酒店数据、语音、视频等信息在各个子系统内依次传递，最终完成宾客和酒店使用者对于业务的处理要求。综合布线是酒店信息化的基础，酒店综合布线将融入酒店每时每刻、无处不在的信息处理之中。图 14 - 10 所示为某五星级酒店计算机机房内的综合布线配线机架，该机架安置在该酒店的计算中心内。酒店的综合布线和其他酒店工程设备一样需要运维，运维的主体是酒店的计算机（IT）技术人员，当出现故障时，故障仅存在于本子系统内，不会扩大到其他子系统，因而技术人员能够容易地将故障定位并加以排除。综合布线接入口之外是由当地电信部门负责运维的。

图 14 - 10　某五星级酒店综合布线配线机架

（三）酒店综合布线系统的规划需求分析

酒店业对于综合布线系统应用具有该行业特殊性，在为酒店设计综合布线规划时，应该充分考虑酒店综合布线系统的特殊需求。在系统设计、布点密度、布点方式上做一些特殊处理，以满足酒店日常经营的需求。同时，酒店对于新技术的应用一般较为积极，应充分考虑在综合布线系统生命周期内（一般为 10 ~ 15 年）的可扩充性，以满足酒店引进新技术时对综合布线系统的要求，避免重复投资。

1. 综合布线系统在酒店起到的作用

在酒店运行过程中，综合布线系统占据基础和关键的作用，如图 14 - 11 所示。其他的系统，如计算机管理系统、通信系统等都依靠综合布线系统进行工作。如果综合布线系统出现问题，势必影响计算机管理和各种计算机应用、通信等系统的正常工作，给酒店的正常运行造成障碍。所以，综合布线系统必须是高质量和稳定可靠的，建议将 IT 系统预算的 10% 作为综合布线系统的投入。有的业主认为可以使用廉价网线，这为酒店今后经营埋下了工程隐患。酒店的综合布线是隐蔽工程，要和其他隐蔽工程一样，引起高度重视，按工程规范进行设计、施工和验收。

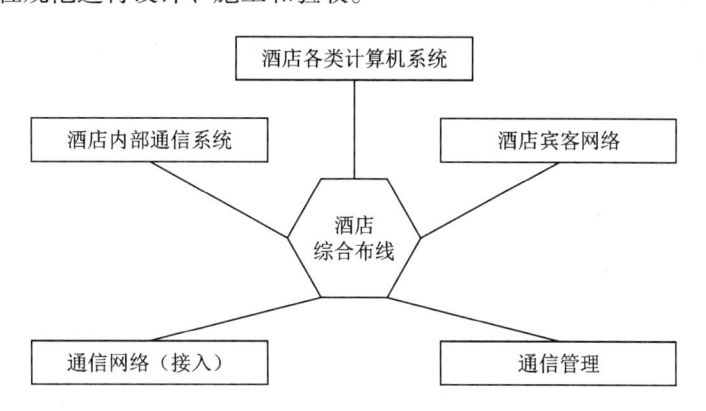

图 14-11 酒店综合布线系统占据基础地位

2. 酒店综合布线系统的特殊性

酒店区别于普通居民大楼。普通居民大楼用户对象较统一，功能要求较单一，对综合布线系统的要求相对比较简单。而酒店则要复杂得多，在酒店的日常运行中，既有酒店员工对网络和通信系统的需求，也有住店宾客、参会人员对网络和通信系统的需求。并且，随着科技的进步，宾客对于网络的依赖度越来越高，而酒店面临的网络安全风险也越来越高。所以，在为酒店进行综合布线系统设计的时候，应考虑到酒店日常办公和住店宾客对于网络的不同需求，既要确保使用者正常使用，又要保证酒店内部各系统的运行安全。为确保酒店办公网络的安全，酒店办公网络和客房网络必须进行物理隔离，以避免酒店办公网络受到来自客房网络的攻击和病毒威胁。这就要求对某些既有客房又有办公室区域综合布线的酒店，垂直子系统采用设置两套线路，管理子系统也需要设置两套，这样才能确保这些区域对于办公网络和客房网络的物理隔离。另外，对于某些区域，还需要考虑实际运行中会碰到的各种问题，因此，酒店在规划设计时应适当进行冗余设计，以满足日后运行需求。

3. 酒店各个关键区域的布点规划

酒店各个重要区域的数据点规划和设计，是根据酒店的经营管理而设定的。

（1）总台区域的布点

总台是酒店的门户，是住店宾客入住登记、结账离店、宾客服务信息交会的地方，是酒店的重要岗位。总台的数据点配置是根据酒店的规模设定的（表14-1），是根据酒店客房规模对总台数据点和语音点配置的建议。酒店配置时，可以根据自身类型（客源）进行调整。总台除了每个点位一个数据点（计算机终端）、一门语音（电话）的基本配置外，还要安装磁卡门锁系统制卡机、网络打印机、国内银行POS刷卡机、公安登入系统等设备。同时，为保证总台区域的网络和电话工作正常，设置一些备份点位也是必需的，备份数一般为前台数据点配置数，即备份翻倍，这是考虑到今后应用和业务发展的需求及维护的保障。当然前台也可以采用无线网络的配置。从系统稳定性认定，还是建议总台采用有线网络进行实施，无线网络作为辅助技术手段。酒店的总台是综合布线的重点区域，数据点相比普通区域密度应该更高一些，一定要按技术标准规划好。

表14-1　酒店总台数据和语音点的设定

酒店规模（客房数/套）	前台数据点配置（点）	语音点配置（点）	备注
<100	2~3	2~3	包括磁卡门锁、公安登录
200~300	3~5	3~5	包括磁卡门锁、公安登录
400~500	5~8	5~6	不包括磁卡门锁、公安登录
600~800	5~10	5~8	不包括磁卡门锁、公安登录

（2）酒店会议室区域的布点

酒店承接的会议形式多种多样，既有一般的工作会议、谈判会议，也有新闻发布会、视频会议、电话会议等。有的酒店在会议室还举办讲座、培训班、研讨会等各种活动。由此，不同形式的会议对于会议室网络和语音的要求是不一样的。为了能确保大多数会议对于网络和语音的要求，会议室应该安装尽可能多的点位，不但周围墙面要安装，还应该在适当的地面也安装一定数量的地插，以备不时之需，满足不同形式会议的需求。为了满足视频会议或其他对于带宽要求较高的应用，在高标准的会议室还应该为一个座席配置一个数据点。在通信电缆的规划上，必要的时候为宾客提供光纤到桌面的应用。

（3）酒店餐厅区域的布点

为酒店餐厅进行综合布线规划时，必须考虑到酒店餐厅的运行模式。根据不同的模式会有不一样的布点规划：

第一，传统的点菜模式。该模式是餐厅服务生到餐桌旁为宾客进行点单服务，服务生将完成的宾客点单提交餐厅收银台操作员，由收银台的服务员（收银员）将点单信息输入到餐厅计算机管理系统，该系统根据菜品进行分单并完成各个厨房（出品点）的出单打印，各个厨房工作人员根据打印出的单菜进行加工、出品。这里要求每个出品区域必须设置一台厨房打印机，一般包括：热菜厨房、冷菜间、点心间、酒水吧（台）等。这种模式的数据点一般敷设到各个餐厅的收银台。目前此模式应用较多，适用于高端西

图 14-12 酒店餐厅使用的无线点单机（PDA）

餐厅、中餐厅。

第二，无线点单模式。随着无线网络的发展，许多餐厅采用无线点单机（Personal Digital Assistant，PDA）。采用无线点单机（图 14-12）进行点单服务更加便捷和时尚，一般餐厅中每 20~40 个餐位就需配置一个无线点单机，在餐饮收银台附近架设无线路由器，一旦点单完成，服务生按点单最后确认键，点单信息就会通过无线路由器传入到餐厅计算机管理系统并进行后续的服务。

上述两个模式，要求厨房预设统一的打印机电缆管道，将信息电缆接入一个电缆管道中，以便在配置打印服务器的时候综合利用，使维护便捷并降低运维成本。

第三，如果餐厅采用"明档"点菜模式（图 14-13）这种运行方式，需要在点菜区域架设足够带宽的无线路由器，来满足宾客集中点菜时的通信需求。餐厅的收银台和各个厨房的布点及电缆管道设计，与上面两种模式要求是一致的。

以上餐厅运行模式的综合布线要求应该根据酒店的实际需要而规划和设计，具体如表 14-2 所示，供规划时参考使用。

图 14-13 某些酒店餐厅的点菜区（明档）

表 14-2 餐厅不同点单模式数据语音点的配置要求

餐厅的运行模式	餐厅数据点配置（点）	计算机配置建议	语音点配置（点）	技术说明
餐桌点单服务	1~2	PC 终端或触摸屏终端	1~3	各个出品点需配置厨房打印机并敷设从餐厅收银点到各个厨房的电缆
无线点单服务	1~2	PC 终端	1~3	满足上述技术要求的同时，需在餐厅收银点附近或合适的区域架设无线路由器
明档点菜模式	1~2	PC 终端	1~3	需在明档区域架设足够带宽的无线路由器

（4）酒店客房内的布点

酒店的客房是宾客逗留时间较长的区域，现代酒店客房至少配置1个数据点和1~3个语音点。目前酒店数据点的设定有两种模式：第一种方案为有线接入，数据点一般设置在写字台上即可；第二种方案采用无线网络。这两种方案，到目前还存在着争论，有宾客认为无线接入设置在客房对人体有伤害，希望采用有线网络，对此种观点目前没有定论，酒店可根据自己需求而定。有的高星级酒店在电视机上增加一个数据点，以便网络电视（IPTV）与数据网络的相互联网，这个点位必须与写字台的数据点走不同的垂直主干线路，因为网络电视对带宽要求很高，如果和写字台的数据点共享同一条垂直主干线，将会影响客房内的网络质量，也会对网络电视的信号质量产生影响。

酒店语音点设置可以根据客房的等级进行规划，一般客房没有必要把3个语音点全部放线缆到楼层配线间，因为每个房间设置在写字台、床头柜、卫生间的号码都是同号的，即对这3个点在房间里选择合适的位置进行并接，然后通过一根总线连接到楼层配线间。这样既节约了水平线缆的投资，也节约了楼层配线架的数量。如果是高级别的套房，则需要大于1个语音点的配置，可以在客厅设一个语音点，在卧室配一个语音点，在卫生间设一个语音点。

酒店其他区域数据点，如酒店咖啡吧、酒吧、娱乐和康乐等场所的布点，现在一般会使用无线网络覆盖并在收银点配置有线网络点，这样的配置将满足宾客移动信息交换的需求。

4. 酒店无线网络

随着信息技术的持续高速发展，各种手持终端、平板电脑层出不穷，如iPad、iPhone、pda等设备已经成为宾客的随身之物，这些终端设备需要使用无线网络接入。因此，对客房区域、会场区域和公共区域进行无线覆盖，为住店宾客营造良好的体验环境，已经成为现代酒店的必备配置。

在酒店架设无线网络环境，一般将其并入客房网络拓扑中，这样即可以利用原有的网关设备，对宾客上网账号等信息进行统一管理，又可以减少投资成本。无线网络的设备必须支持IEEE 802.11a/b/g/n等标准，无线频段为2.4G或5.8G，无线网络的速度可以从11M到150M不等，传输距离从几米到100米不等。速度和传输距离受无线设备的发射功率、阻挡物（墙体）的材料、客房的布局等因素影响，所以，架设无线网络不能简单地凭经验，随意放置无线访问点（Access Point，AP），而是要对现场进行无线信号测试，确保无线访问点能够覆盖到所需要的区域，信号强度能够达到正常工作的范围。

无线信号还存在干扰的问题，相邻的无线访问点之间会产生电波串扰，导致接收设备无法正常连接无线访问点，影响网络访问。所以，有必要在系统中设置无线控制器，通过无线控制器，可以对所有的无线访问点设备进行统一管理、统一配置。在无线访问点参数需要改动的时候，只需要在控制器上进行修改，由控制器通过网络将配置下发到所有的无线访问点，无须对无线访问点进行逐个修改，大大地减少了网络管理员的工作量。同时，无线控制器还能对无线访问点的无线信号进行优化，适当调整无线访问点的发射功率和频道，使相邻的无线访问点不会产生干扰现象，确保无线网络工作正常。为了方便宾客使用无线网络，酒店内的无线网络一般为开放式访问模式，不设置访问密码。如果设置密码，要通过一定安全渠道告诉宾客。酒店还需培训会进行密码设置的服务生，提供这类技术支持。

（四）酒店各区域网络拓扑图

这里主要介绍两个主要区域的网络拓扑图。一般在规划酒店网络系统时，设计单位会提交酒店各个区域的网络拓扑图，给酒店管理方（甲方）审阅，管理方根据拓扑图提出自己的意见。

1. 客房区域网络拓扑图

酒店客房区域网络的规划，既要配置传统的有线接入方式，又有无线网的入口端。这样可以满足宾客各种智能手机、平板电脑、笔记本电脑、台式电脑等设备的网络接入，并通过网络处理各种事务。目前在客房区域网络配置中，一般会有有线与无线两套系统同时配置，这样才能满足不同层次宾客的不同需求，为宾客提供网络服务。另外，为了满足一些宾客对特殊网络的访问需求，如访问虚拟专用网络（Virtual Private Network，VPN），不得设置防火墙设备（Firewall），避免防火墙拦截这些特殊的网络访问，给宾客带来不便。根据相关部门和酒店自身对网络管理的需要，酒店会配置专用网关设备。网关设备将完成动态主机配置（Dynamic Host Configuration Protocol，DHCP）的管理功能，同时为宾客提供即插即用功能，宾客计算机设备无须更改网络设置，即可以通过网关设备访问外网。网关的设计既可以对客房网络端口进行管理，也可以对宾客的上网账号进行管理。网关设备还可以对客房网络活动按照预先定义的计费规则进行计费，并实时传送到酒店管理信息系统（PMS）中，记入到宾客费用数据库中，以便在退房时统一结账（要收费的酒店）。同时，网关设备还能够对所有端口的网络活动进行日志存档，以便在必要时调用日志，审核网络行为，确保其网络行为的安全性与合法性。图 14-14 所示为典型的客房网络拓扑图，该系统完成了客房的有线和无线接入、动态主机配置（DHCP）和客房日志记录等功能性管理。

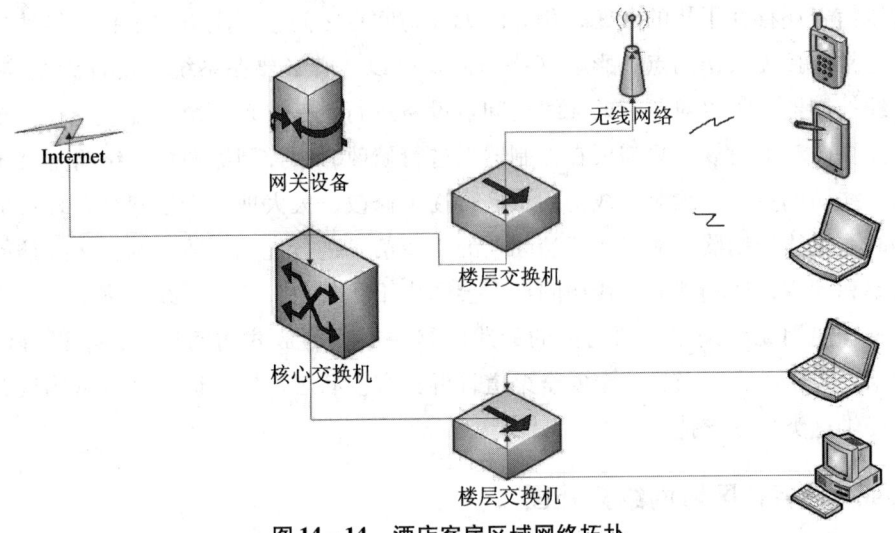

图 14-14　酒店客房区域网络拓扑

2. 办公区域网络拓扑图

办公区域网络与客房区域网络的配置要求正好相反，为了保障办公设备及各酒店管理系统的安全运行，必须在互联网访问前端设置防火墙，以避免来自网络的各种攻击。而内部办公无须计费，计算机设备大多也采取配置静态地址的做法，专用网关设备也可以省略。图 14-15 所示为一个典型的办公网络拓扑图，酒店会把面向宾客直接服务的网络分为前台区域，如总台、餐饮、娱乐、客房等。酒店把财务、采购、人事等部门划归"后台"部门，这样在网络配置时可以进行域控管理，目的就是安全可靠地运行各个计算机系统。

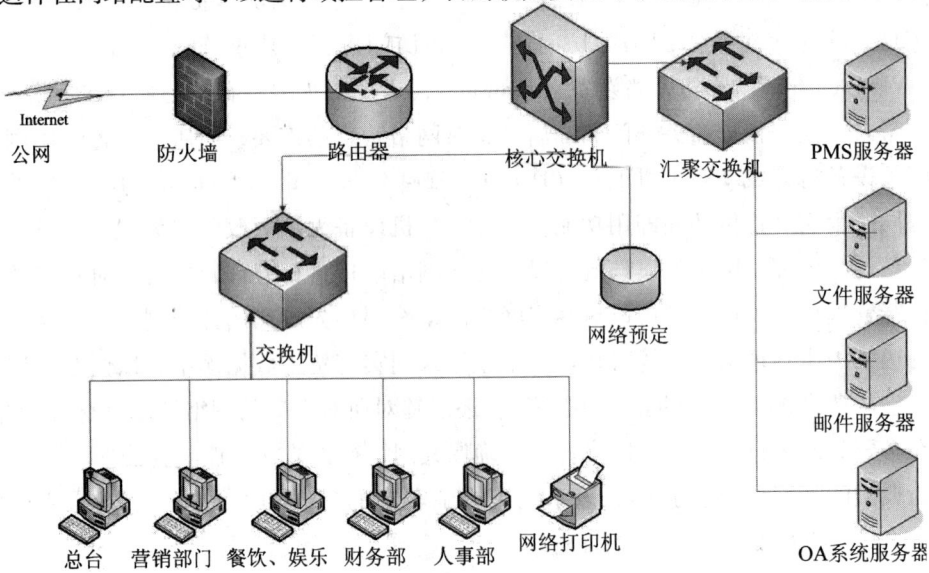

图 14-15　酒店管理办公网络拓扑

二、酒店管理信息系统的技术架构

酒店管理信息系统是计算机技术的具体应用，可以和其他领域应用计算机类似，把酒店管理信息系统（HMIS）的构成分为网络架构和软件两大部分。

（一）酒店计算机系统应用硬件基础

酒店计算机硬件是看得见的物品，包括网络结构、计算机服务器、终端（PC）和一系列基础设施，如网线（图14-16）、网络配线架、桥架（图14-17）、电源、管道、网络交换机（图14-18）等。这些构成了计算机系统的硬件，同时也完成了酒店计算机应用环境构建，即酒店计算机综合布线，为酒店信息化打下了基础。

图14-16　某酒店计算机机房中的网络电缆（网线）

图14-17　某酒店计算机网络机架、桥架

图 14-18　通信器件（网络接口、网络交换机、无线路由器）

软件包括操作系统、桌面软件、数据库及各种应用的专业软件等。

（二）酒店计算机系统组网模式

计算机网络目前一般采用客户机/服务器（Client/Server，C/S）和浏览器/服务器（Browser/Web Server，B/S）两种组网模式。

1. 客户机/服务器（Client/Server，C/S）模式

客户机/服务器（C/S）模式是目前酒店应用比较多的管理信息系统的架构模式。酒店网络架构上，计算机系统分成客户机和服务器两类，服务器是运行的关键部件。图 14-19 是典型的 C/S 模式的酒店计算机网络结构图。

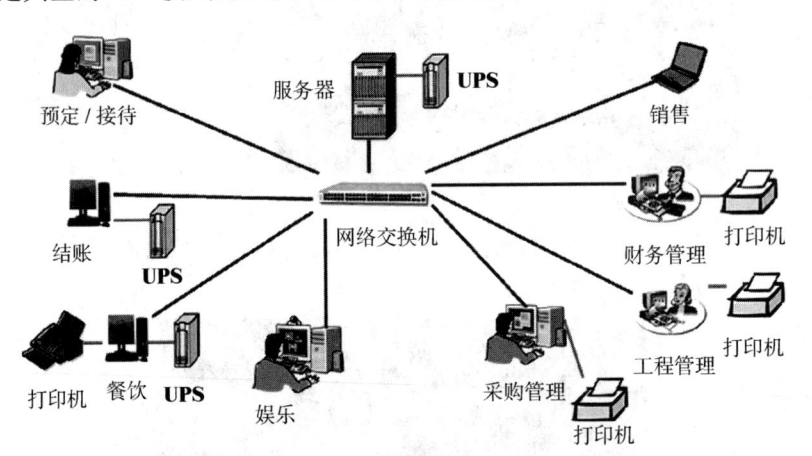

图 14-19　酒店计算机网络 C/S 模式结构

酒店常用的 C/S 模式有两层结构和三层结构。两层结构相对比较简单（图 14-20），适用于一些小型酒店，一台服务器既承担应用软件的运行，又承担数据库的运行。对于容量大、有一定规模的酒店，需要把应用软件和数据库运行分开，这

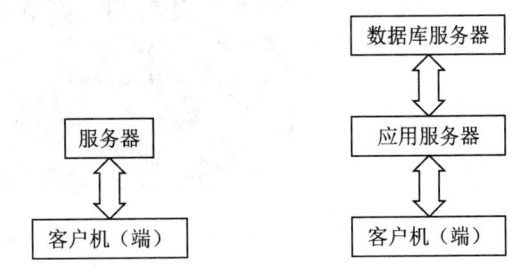

图 14-20　C/S 两层结构

图 14-21　C/S 三层结构

样就形成了三层结构（图14-21）。所有这些结构的形成，一定是为系统高效的运行而产生的。当然，具体的技术方案要根据酒店的实际情况而定。

2. 浏览器/服务器（Browser/Web Server，B/S）模式

随着互联网技术的发展，技术上和使用上有了新的需求并产生了新的模式。浏览器/服务器（B/S）架构由此产生（图14-22），这里客户端是采用浏览（器）方式登录到服务器端进行一系列工作的。浏览服务器是以"页面"形式给浏览器（客户端）提供信息，在B/S三层和四层的结构中，浏览服务器与数据库服务器进行协议接口并实现数据交换。酒店应用B/S架构有以下优点：①由于采用基于超文本协议的Web服务器和可以对Web服务器上超文本文件进行操作和信息交换，使得酒店管理信息系统的信息交换实现了文本、图像、声音、视频信息为一体的交换功能；②由于采用Web服务器，使得酒店客户端可以跨越更大的时空进行登录，处理信息；③对酒店应用端而言，整个系统的维护和更新，尤其是软件的更新或升级变得方便，维护可以不到酒店现场进行，效率更高、更便捷。

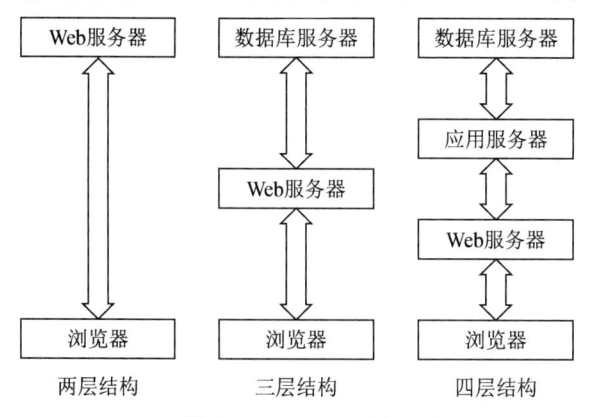

图14-22 B/S架构模式

上述的网络架构模式，或是网络架构模式下的两层、三层架构，在实际使用时，要根据企业的应用情况，采用相应的方案。笔者提倡的选择原则是：只要合适就是最好的。

（三）酒店管理信息系统的软件架构

管理信息系统是依靠多种软件系统进行工作的，软件应用是全方位的，存在于数据的输入、处理、加工、输出、存储、显示等一系列工作中，是和硬件完全融合在一起工作的。

计算机软件总体上可以分为两类：一类是系统软件，另一类是应用软件。计算机系统软件是系统运行的软件基础，应用软件是针对具体任务目标的，可以说是专业或者说专用的。例如，前面学习和使用的Opera酒店管理信息系统就是典型的应用型软件，这款软件是针对酒店行业的。再如，餐饮管理软件就是针对餐饮业开发的应用软件，在餐饮软件中，还分中餐和西餐管理应用软件。应用软件的针对性很强，即使是同一行业的软件，也因经营模式不同而有所不同。系统软件要管理硬件资源（如处理器、存储器、通信、输入输出设备等），而应用软件则在系统软件提供的环境中工作。管理信息系统中，用户（使用者）会较高频率直接与应用软件进行"人机交互"。图14-23可以形象地说明系统软件和应用软件的关系。

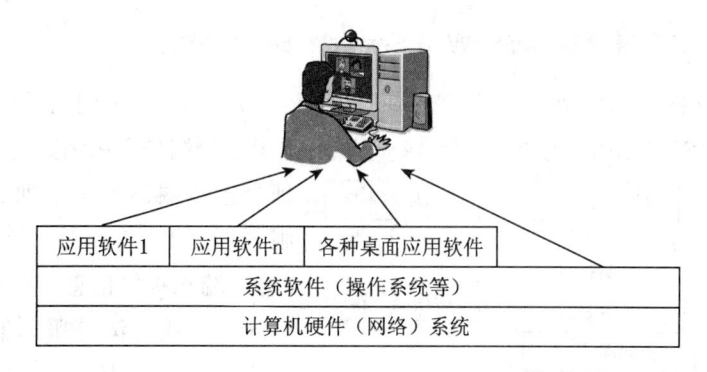

图 14-23　系统软件和应用软件的关系

（四）酒店计算机管理系统的硬件配置

酒店需完成各种经营管理业务数据处理的需求，在构建上述综合布线基础上，还必须配置各种计算机系统的硬件。

1. 酒店计算机系统的服务器配置

酒店计算机系统的应用经历了小型计算机、诺威尔网络（NOVELL）和服务器/客户端结构（Clients/Servers）的三个主要阶段。第一阶段是改革开放初期，我国引进了国外的酒店管理模式，在当时计算机背景下，应用最多的是小型计算机。这种架构简便、技术管理模式方便，但价格高、业务变动困难。第二阶段是过渡阶段，为诺威尔网络（NOVELL）的应用。这个阶段很短，运维也比较复杂。随着视窗（Windows）操作系统的普及，目前应用最多是服务器/客户端结构（Clients/Servers）。酒店企业的很多业务在这个架构上运行，因此，酒店服务器的配置需要有一定的规划。表14-3所示为对不同规模酒店服务器配置的建议，供参考。

表 14-3　酒店计算机系统服务器配置

酒店规模	服务器配置	建议	特点
小规模	1台	备用1台	投入少，但系统风险较大
中等规模	≥2台	采用域控	要求稳定，服务器可采用冷备份或热备份技术方案
大规模	≥3台	不同业务服务器分开运行	服务器应该采用热备份技术方案

在服务器选型上，建议采购机架式服务器（图14-24），将服务器统一安装在计算机机架内，这样既符合规范又便于管理。当然，小型酒店也有采用台式服务器作为主服

务器的，具体应该根据酒店的规模和管理要求而定。

图 14 – 24　酒店应用较多的机架式服务器

随着计算机技术和运行模式的发展，酒店的管理软件也有了"软件即服务"（Software – as – a – service，SaaS）的运作模式。这种模式中酒店业主不用购买计算机服务器，只要有网络就可以运行。许多酒店软件厂商推出了适合酒店管理的云平台软件，这使酒店的硬件配置发生了变化，具体在下面章节中介绍。

2. 酒店应用点计算机终端的配置

酒店应用计算机的部门和业务点越来越多，根据酒店的业务特点，每个使用点的计算机终端配置都会不一样，如总台使用台式 PC，可以适应较多、频繁的数据录入，具体配置建议参见表 14 – 4。

表 14 – 4　酒店计算机终端采用形式

使用点	计算机终端的建议配置	特点
前台	台式 PC	适应较多数据录入
餐饮	触摸屏终端	操作简便、快速
娱乐	触摸屏终端	操作简便、快速
客房	台式 PC	适应较长时间使用
销售	笔记本	携带便捷
财务	台式 PC	适应较长时间使用
人事	台式 PC	适应较长时间使用

上文介绍了酒店管理信息系统的技术架构。酒店的管理层和技术人员一定要了解管理信息系统的技术架构工作原理，使系统的投入得到高效回报。

三、酒店管理信息系统在管理中的作用

随着社会向高度信息化方向发展，酒店的信息价值成为继人员、物品、资金之后的第四个经营资源，重要性迅速提升。众所周知，今天在管理能力及信息处理能力方面的差别是影响产品及服务品质的重要因素。酒店必须掌握经营管理、统计分析以及信息处理等要素，具有应用信息技术对包括信息在内的经营资源进行应用管理的能力。酒店行业是最早应用信息技术的行业之一,早在20世纪80年代,酒店行业就引进了酒店管理信息系统为本行业服务。正因如此,酒店行业无论在应用信息技术上,还是在信息技术建设的标准上,都是起步比较早的行业之一。接下来就介绍一下酒店管理信息系统在整个行业发展上起到的作用。

(一)酒店管理信息系统要解决的问题

酒店管理信息系统要解决的问题,也是酒店企业要解决的问题。酒店企业要解决以下几大问题:

(1)提高酒店的服务质量,提高酒店业务运作的效率和准确性。由于计算机信息管理系统在管理上处理速度快,对酒店行业每天重复的预订、登记、结账、信息查询等工作尤显突出优势。信息交换和加工是计算机系统的强项,用计算机管理系统处理酒店信息是目前最好的工具和方案。例如,用 Opera 系统处理酒店的宾客预订、接待、结账、查询等,是应用计算机管理信息系统拓宽管理范围的典型成功案例。

(2)扩展酒店服务项目。酒店企业是以营利为目的的,不断扩大和增加新的服务项目是追求利润的手段之一。这个过程中,无论在管理上,还是在新的项目应用上,往往会涉及信息技术,特别是酒店管理信息系统,因为酒店管理信息系统会管理(如项目的录入、营运的数据等)项目的运行,由此一定会和管理信息系统关联。例如,酒店会经常增加新的服务项目(如娱乐项目等),减少不符合酒店发展的项目(如减去 VOD 点播系统等)。这些项目的增减在酒店管理信息系统中要做相应的操作(如初始化等)。

(3)拓展客源市场,扩大销售。酒店业之间竞争是激烈的,怎样才能在市场中增加自己的客源,提高市场的占有率,是每个经营者要思考的问题。旅游电子商务的发展,为酒店提供了新的途径和方法。有些酒店在这方面很有作为,取得了骄人的成绩,有的酒店还没有在这方面下功夫,需要进一步跟上这个应用领域的发展。例如,计算机网络的兴起,使酒店销售手段发生了变化,相对应的,酒店管理信息系统要适应销售渠道、销售员、市场分析上的变化,为酒店企业提供新的统计方法和报表。有的网络预订系统可能会和酒店 MIS 系统做相应的预订接口。这些都是酒店 MIS 系统应用的新任务和新课题。

(4)提高酒店的经济效益。应用计算机管理信息系统会提高管理的效率和准确性,也可以控制资金和物资等资源要素,因此,管理信息流已经成为各级管理层的最主要手段(图14-25)。酒店需要对各种信息进行处理,如酒店资金信息、客源信息、人才信息等。在没有计算机技术的时代,也要管理和控制上述信息,但手段是落后的、速度是慢的、信息查询是不方便的,数据统计正确性不高并且慢,服务往往是跟不上宾客和市场需求的。只有到了信息时代,用计算机网络处理信息,才充分解决了这个问题。

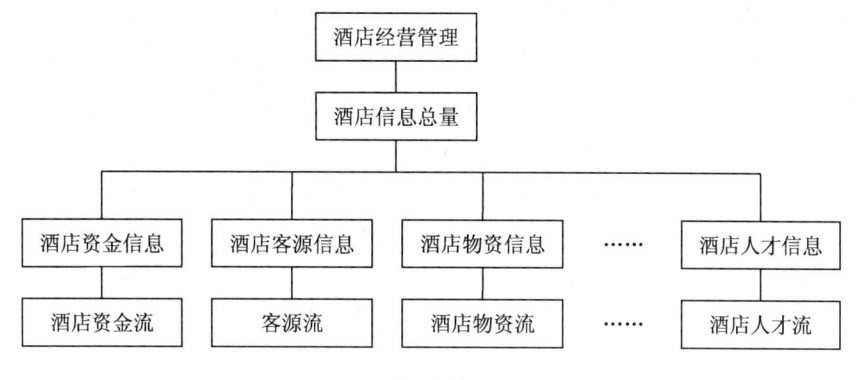

```
                    酒店经营管理
                         │
                    酒店信息总量
   ┌────────────┬────────┴────┬────────┬────────────┐
酒店资金信息   酒店客源信息   酒店物资信息   ……   酒店人才信息
   │            │            │                    │
 酒店资金流     客源流       酒店物资流    ……      酒店人才流
```

图 14-25　酒店管理信息示意

由此，酒店的管理层，特别是高层管理人员，一定要掌握和运用信息技术，只有这样，才能管理应掌控的资金流、物流、人流等企业经营要素，才能提高管理水平、提升经济效益。

（5）完善酒店经营决策水平和对市场的综合分析能力。如今，酒店经营管理中的各种信息很多，有外部和内部的，有市场经营数据，也有很多管理数据。在众多数据中，如何为经营管理层提供有力和有用的决策数据，一直是学术界和技术人员探索的课题。计算机技术发展到今天，有很多这方面的解决方案，如智能（BI）系统、决策支持（DSS）系统、收益管理（Revenue Management）等。在这里要强调，信息技术的发展一方面为运用层面提供了引领性的理念、思路、方法，另一方面应用者应该积极提需求。需求驱动是科研的原动力之一，酒店行业要完善经营决策水平和对市场综合分析能力要靠多方努力，使整个行业的综合分析和决策能力有较大的提高。例如，集团（连锁）酒店应用计算机管理信息系统后会产生大量的数据（特别是客源数据），这些数据可以用智能系统（BI）进行数据挖掘，为酒店集团提供高层次的决策数据。这方面的工作需要科研人员努力，更需要酒店集团的高层领导提出需求。

上述的酒店需要解决的问题，往往就是经营管理者一直要解决并为此努力的方向，酒店管理信息系统就是为解决这些问题而产生和发展的。酒店管理信息系统是经营管理者最好的工具，是最好的支持系统之一，要会使用和应用这个系统为酒店的经营管理服务。

（二）酒店管理信息系统应用领域

酒店管理信息系统的应用，一般是从应用的功能模块上进行描述的。在整个酒店行业的发展过程中，酒店的管理信息系统应用范围和应用模块也是不断地发展和扩大的。下文从软、硬件两个方面，来描述酒店行业 HMIS 系统的应用。

酒店计算机管理信息系统（HMIS、PMS）的应用模块：按照酒店行业管理划分的惯例，可以将酒店管理分为前台和后台，根据目前酒店应用管理信息系统的情况，一般包括如图14-26所示的功能模块。这些功能模块会在其他文献或课程中表述、学习，在此不再赘述。这里要说明的是，随着信息化程度的提升，酒店管理信息系统会和很多的信息系统有接口，这个发展趋势使得酒店管理信息系统越来越与外部网络结合，应用的范围在扩大，数据交换变得频繁，酒店管理信息系统也会因此不断发展。

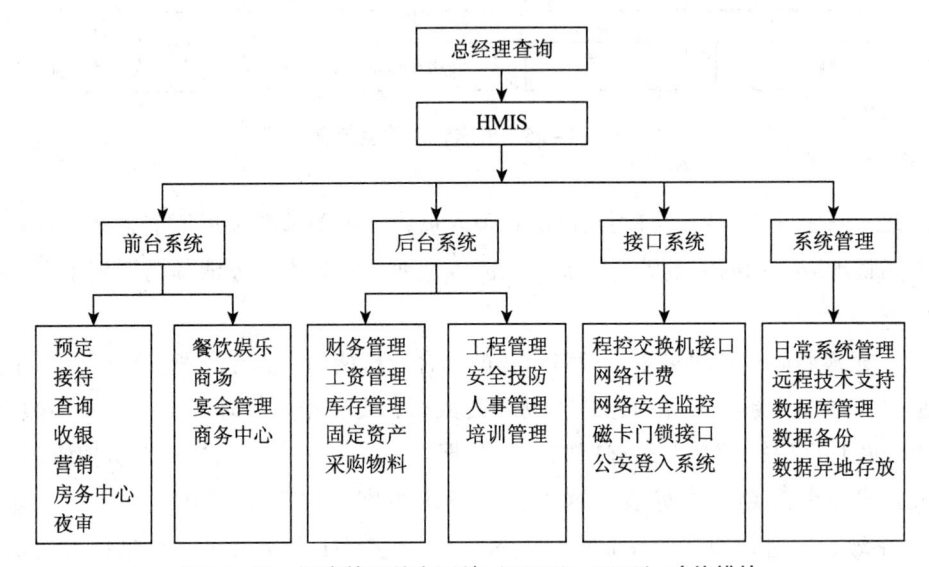

```
                       总经理查询
                           │
                         HMIS
          ┌────────────┬──┴──────┬────────────┐
        前台系统      后台系统    接口系统      系统管理
    ┌──────┬──────┐ ┌──────┬──────┐ ┌──────┐ ┌──────┐
    预定   餐饮娱乐  财务管理 工程管理  程控交换机接口 日常系统管理
    接待   商场     工资管理 安全技防  网络计费     远程技术支持
    查询   宴会管理  库存管理 人事管理  网络安全监控  数据库管理
    收银   商务中心  固定资产 培训管理  磁卡门锁接口  数据备份
    营销            采购物料          公安登入系统  数据异地存放
    房务中心
    夜审
```

图14-26 酒店管理信息系统（HMIS、PMS）功能模块

四、管理信息系统的发展趋势

管理信息系统是20世纪80年代才逐渐形成的，由人和计算机网络集成，能提供企业管理所需信息以支持企业的生产经营和决策的人机系统。管理信息系统在实际应用中逐步得到发展和完善。管理信息系统的发展很大程度上是需求驱动的，如Opera（其前身为Fidelio）就是适应酒店业管理的需要而开发的。酒店在经营管理的系统应用中不断提出要解决的问题，软件开发商根据企业需要不断进行完善提高，并在适应企业应用的基础上，综合各企业的管理精华，将先进的管理方法体现在系统中，从某种程度上也提升了酒店行业的经营管理水平，起到了先进管理理念和方法的引领作用。从目前的应用层面看，管理信息系统有下面几个发展方向。

（一）向网络化方向发展

"互联网+"时代的最大特征，是网络化技术的使用范围迅速扩大，应用的行业越来越多，目前已渗透到各个领域。管理信息系统作为计算机应用领域之一，也不能远离这个互联网发展的大环境。在过去，管理信息系统应用有过与外网分离的技术管理模式，其中原因之一，就是为了避免计算机病毒和网络攻击。但到了今天，我们不仅用微软产品，更使用谷歌、百度。前几年有线网还没有普及，但今天不仅有线网普及家庭，无线网络覆盖也在迅速扩张，智慧小区、智慧城市不断涌现。我们有微博、微信等新型网络传递交流方式和系列新产品，更有第三方平台（销售、支付等）产业的兴起，谁也不能阻挡网络（有线和无线）的迅猛扩张和渗透。因此，管理信息系统必须和网络连接，这个连接不仅在软件上，更在功能上。作为 Fidelio 升级版的 Opera 就是应用网络技术，适应酒店业集团化管理的新一代管理信息系统。它可以将分布在世界各地的本集团的酒店通过 Opera 这个网络化的信息系统，进行信息交流共享，集团通过系统即时掌控下属各酒店的经营动态。

管理信息系统要迎合、拥抱网络技术的发展。在这方面，管理信息系统要完成计算机系统的各种接口，这些接口主要是针对功能性的。例如，企业要和外部交换信息，有的信息会直接录入到企业管理信息系统中，再进行后续的工作。同样，企业的管理信息系统会把加工后的信息向外输送。例如，有的酒店管理信息系统（如西软、中软等）会和当地公安住店录入系统做接口，将客人入住信息传递给当地的公安部门。再如，酒店管理信息系统（如 Opera 等）会和酒店的程控交换机（PABX）做接口，完成对酒店所有电话的计费任务，或与集团的全球销售系统做接口，以高效地销售酒店产品。在系统接口领域必须注意计算机系统的安全问题，这是永久的工作。由于管理信息系统要与外界交流信息，因此，安全问题比过去更加突出和重要。管理信息系统的安全包括：计算机病毒的防范和清除、防攻击、数据备份（灾备）和恢复、硬件维护和恢复等。

图 14-27 所示为管理信息系统在目前的状况下，和外部网络链接（接口）的情境。

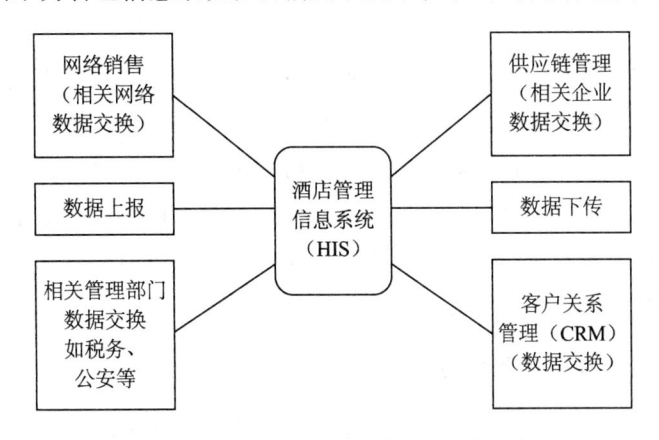

图 14-27 管理信息系统数据交换示意

前文简单描述了管理信息系统在当今网络化的时代下，再也不是一个封闭系统，该系统会和外部链接，和许多系统做接口，和更多的第三方平台进行数据交换。在此要明确的是，这种状况会不断扩大，系统任务变得更加繁重，维护和安全任务更加重要。

（二）向智能化和非结构方向发展

前文从网络化的发展趋势来讨论管理信息系统的发展，这是横向的扩张应用。随着计算机技术和经营管理的结合，许多新的计算机应用领域被开拓出来，如计算机智能技术（BI）、决策支持系统（DSS）等，这些可以看作是管理信息系统纵深发展的结果。接下来就管理信息系统纵深发展的决策支持领域做介绍。

计算机问世不久就被运用于管理领域，开始人们主要用它来进行数据处理和编制报表，其目的是想实现办公自动化，通常对这一系统所涉及的数据由计算机进行运算，人们把该系统称为数据处理系统（Electronic Data Processing，EDP）。EDP系统虽然大大提高了工作效率，但是任何一项数据处理都不是孤立的，而是必须与其他工作层面进行信息交换或资源共享，因此有必要对企业的信息进行整体分析和系统设计，从而使整个管理工作协调一致。在这种情况下，管理信息系统（Management Information Systems，MIS）应运而生，使信息处理技术进入了一个新的阶段，并迅速得到发展。信息管理系统应用到各行各业，产生了较好的社会效用和经济效益。在管理信息系统发展过程中，出现了封闭式、数据利用率不高的状况，要突破就必须有新的应用和需求。在这种状况下，酒店决策支持系统应运而生，这为酒店经营提供了科学支持。

1. 决策支持系统产生的背景

20世纪70年代，美国麻省理工学院的学者Michael S. Scott Morton和Peter G. W. keen首次提出"Decision Support System"这一概念。经过几十年的发展，决策支持系统（DSS）已经取得了巨大的成绩。国内外许多专家、学者的不断探索和研究，使决策支持系统的概念内涵和理论基础以及与相关技术的关系已经明朗并走向成熟。正是因为如此，决策支持系统越来越被广泛地应用到各行各业中，并为各行各业的决策者提供了崭新的决策辅助工具。但应用决策支持系统有一个前提条件，就是企业有可供决策的数据，数据积累是决策支持的基础，特别是经营数据。目前，有些领域或者企业在管理信息系统的应用基础上，开展了决策支持的工作。

2. 酒店计算机决策支持系统的内涵

所谓决策是人们为实现一定目标而制订行动方案，并准备组织实施的活动过程。这个过程也是一个提出问题、分析问题、解决问题的过程。

例如，某酒店在一年中已知前几个月的数据，想对下一个月的数据进行预测，在预测过程中要用到前面真实的经营数据,也要选择具体的数学模型,这里用较简单的加权平均模型来运算和说明。加权平均预测方法是一种简单、实用的趋势分析法之一,它考虑到客观事物的近期变化趋势,而且所取的数越多,对实际变化的反应越灵敏,因此准确度较高,适用于稳定而略有变化的市场类型的预测对象。

具体预测过程如下:

已知某酒店 2012 年 1 月、2 月、3 月、4 月的客房出租率情况分别是：78%、85%、80%、87%。将 4 月、3 月、2 月、1 月的出租率分别乘以 1.3、1.2、1.1、1 的权数,再除以权数之和。利用不同的权数强调"重近轻远",权数必须为等差数列(即前后两个数的差是相等的),则预测 5 月份的客房出租情况为:

Y(5月出租率) = (1.3×87% + 1.2×80% + 1.1×85% + 1×78%) / (1.3 + 1.2 + 1.1 + 1) = 82.74%

权数的选择可以根据预测者的需要自行任意选择制定,只要体现"重近轻远"即可。把上面的决策过程进行提炼和抽象,可以用图 14-28 来形象地描述。

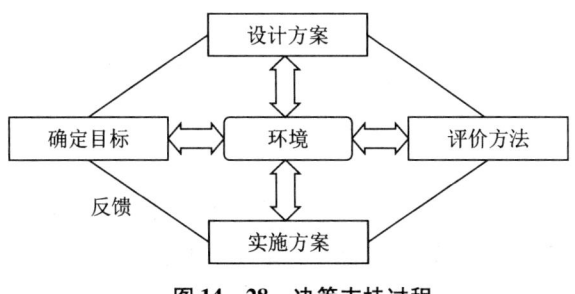

图 14-28 决策支持过程

在上述过程中,一旦目标确定,分析问题就成了关键,把问题分析清楚了,解决问题就容易了。企业经营中决策的主要任务就是经营目标的确定以及为达到这一目标所确立的管理模式,把复杂的经营问题用支持系统帮助分析,便于达到较理想的决策结果,帮助企业追求最大的利润。鉴于此,决策支持系统就是帮助或支持决策者用系统提供的各种工具和企业自身的数据来预测经营走势、确立管理模式,从而提高决策者的决策质量。

决策问题的分类一般用"结构"这个概念来区分。目前学术界普遍能接受的提法是：把问题分成结构化、半结构化和非结构化。这是对决策问题结构化程度的 3 种不同描述。所谓结构化程度是指对某一决策问题的决策过程、决策环境和规律,能否用明确的语言(数学的或逻辑学的、形式的或非形式的、定量的或定性的)给予说明或描述清晰、准确。

结构化问题是指相对比较简单、直接,决策过程和决策方法有固定的规律可以遵循,能用明确的语言和模型加以描述,并可依据一定的通用模型和决策规则实现决策过程的基本自动化。例如,酒店工程年度维修计划、酒店客房服务员用工计划等。

非结构化问题是指决策过程复杂,决策过程和决策方法没有固定的规律可以遵循,没有固定的决策规则和通用模型可以依据,决策者的主观行为(学识、经验、直觉、判断力、洞察力、个人偏好和决策风格等）对各阶段的决策效果有相当影响，往往是决策者根据掌握的情况和数据临时做出决定。例如，聘用高级管理人员、为酒店企业制作广告等。

半结构化问题介于上述两者之间，决策过程和决策方法有一定规律可以遵循，但又不能完全确定，即有所了解但不全面，有所分析但不确切，有所估计但不确定。这样的决策问题一般可适当建立模型，但无法确定最优方案。例如，酒店市场预测、酒店开发市场经费预算等。

上述结构化的描述，正是企业应用计算机管理发展过程的写照。企业应用计算机进行管理，经历了数据处理系统、管理信息系统的发展阶段。这两个阶段给企业带来了很好的社会效用和经济效益。这些系统的应用模式往往是结构化的，操作规程也是程式化的。这一操作模式把大量客观的管理数据记录到计算机系统里，为酒店经营运转起了关键的作用。但随着管理需求的发展，酒店必须对未来的经营进行预测。也就是说，企业欲知在当前的市场环境和目前的管理模式下，预测下个月或明年的各种经营数据，通过这些数据来进行人事、资金、设施、设备等的控制、调配和组合，以实现企业经营的最大效益。这一过程往往是半结构化或非结构化的。

操作者在一般情况下应该是企业的高层管理人员，他们必须学会用系统提供的各种数学模型、酒店积累的数据和自身经验来预测，根据不同的数学模型和被预测对象的不同，预测的结果往往是不同的。要根据不同的结果来指导企业实际工作流的调配，以达到确立的目标。

3. 酒店决策支持系统（HDSS）的系统结构

决策支持系统（DSS）可采用如图 14-29 所示的三角式结构。这种结构是把决策支持系统的三大构件组成一个三角式的网络结构，用户通过对话管理部分，以各种形式直接与数据管理和模型管理部分对话，查询或操作数据库，或运行模型来获得结果。在查询数据库时，根据对话管理部分送来的命令信息，由数据管理部分进行查询，然后再把结果经由对话管理部分送回用户。在运行模型时，或者直接从外界（用户）获得输入参数，或者从数据库中查出数据作为输入，模型运行后产生的结果通过对话管理部分直接送给用户，或先放入数据库中以便继续处理，或作为其他模型的输入。所以，三个管理部分都有直接联系，而且两两之间应有互相进行通信的接口。

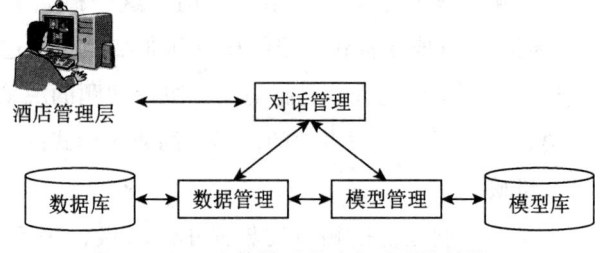

图 14-29 决策模型的三角式网络结构

下面对酒店各系统部件做一下介绍：

(1) 酒店对话管理。决策支持系统的环境最常见、最基本的单元是人，对话管理部件体现了系统与用户交互所必需的特殊功能。酒店管理者与系统间的对话确立了既有输出又有输入的交互框架结构。这样可以设定三个不可缺少的对话管理能力：用户接口、对话控制功能和设定请求交换器。数据管理部件保持了决策支持系统的事实基础，反映了决策支持系统作用的基本特点，所用决策层次都基于数据集的存取。

(2) 酒店数据管理。所需要的特殊功能包括以下几方面：DBMS 与数据库，提供存取库中数据的机制；查询设施，解释数据请求，确定如何满足这些请求。

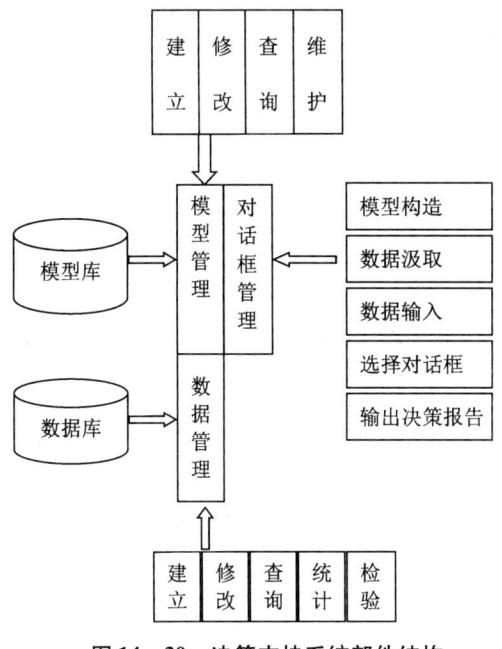

图 14-30 决策支持系统部件结构

(3) 酒店模型管理。功能需从决策支持系统执行的任务性质得出，这些任务只是部分可结构化的，因此需要处理，可以不断提出新的模型。调用、运行组合和检查模型是 DSS 中的关键能力，也是其核心技术应用。以上三大部件可以用图 14-30 所示。

4. 关于酒店决策支持系统应用的几点说明

酒店决策支持系统的应用还刚刚起步，一个应用较成功的决策支持系统应该具备几个基本条件：首先，酒店已较成功地应用了企业管理系统；其次，酒店自身应积累了一定量的被决策对象的数据；最后，酒店高层管理者有这方面的意识和需求。

酒店决策过程是一个对今后管理模式思考、设计的过程，是对今后酒店管理的启发过程。酒店决策支持系统是：帮助管理者在半结构化或非结构化的任务中做决策；支持管理者的决策，显然无代替管理者的判断力和决策的意图；改进决策效能（effectiveness），而不是提高它的效率（efficiency）。

例如，酒店集团要对下一年度的经营指标进行决策，如年营收、年平均房价、出租率等。如果需要计算机系统进行决策支持，首先要求该酒店集团已经应用了管理信息系统，并且运行了一段时间（新建酒店只能用市场数据进行分析），有一定量的数据积累，酒店集团老总也有这方面的需求。在这个前提下，计算机决策系统通过对数据挖掘和数学模型运算进行决策支持，由于决策的数学模型不止一个，决策输出是半结构化的，最后要酒店集团老总做判断和选择，这个过程提高了酒店集团最高领导层决策的效能，而非效率。

酒店决策支持系统的推广和应用还有较长的一段路要走，这个领域的应用会对酒店经营管理提供较强的科学支持力度。

（三）新业务层面需求的变化

这里说的业务层面的变化，是指酒店管理信息系统供应商们的变化。过去酒店要搞计算机管理系统，只有一个模式，那就是在购买计算机硬件的基础上，购买相应的酒店管理软件，如 Opera 系列产品或西软、中软产品等。但今天的计算机软件服务模式发生了变化，云计算的兴起使得许多公众计算机平台进入了寻常百姓家。所谓的云计算，是分布式处理、并行计算和网格计算等概念的发展及商业实现，其技术实质是计算、存储、服务器、应用软件等信息技术软硬件资源的虚拟化，云计算在虚拟化、数据存储、数据管理、编程模式等方面具有独特的技术。

个人和企业将享受各种公众云的服务，酒店管理信息系统也不例外。酒店管理软件的供应商们在运行模式上发生了变革，他们推出了"软件即服务"（Software－as－a－Service，SaaS）的经营模式。所谓的软件即服务模式，他是一种通过互联网提供软件的模式，用户不用再购买软件，而改用向提供商租用基于 Web 的软件，来管理企业经营活动，且无须对软件进行维护，服务提供商会全权管理和维护软件。对于许多小酒店而言，"软件即服务"是采用先进技术的最好途径，消除了酒店企业购买和后续维护的烦琐。例如，有公司推出的基于"软件即服务"模式的酒店管理软件（图 14-31），已经在许多地区的多家酒店应用。

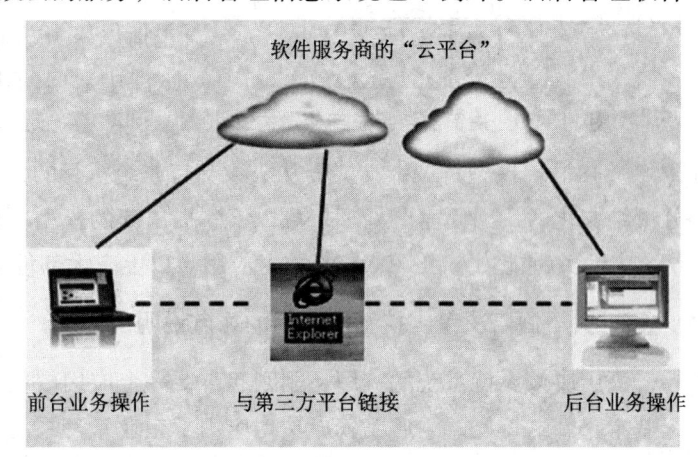

图 14-31　SaaS 模式下的酒店管理信息运行原理

（四）向集团化管理模式方向发展

酒店业的发展，在经营管理模式上有着向集团化迈进的快速进程。高端的国内外酒店集团（雅高、万豪、锦江、洲际、金陵等），商务型的连锁酒店（如家、7 天等）无不向集团化的经营模式扩张。酒店管理信息系统是为这样的企业服务的，由此必定向这个领域推进。酒店管理信息系统的集团运行模式（图 14-32）有着重大的突破，主要表现为规模效应，如集团预订平台、集团采购、集团的人才管理库、集团财务预决算中心、集团会员管理、集团收益管理等。

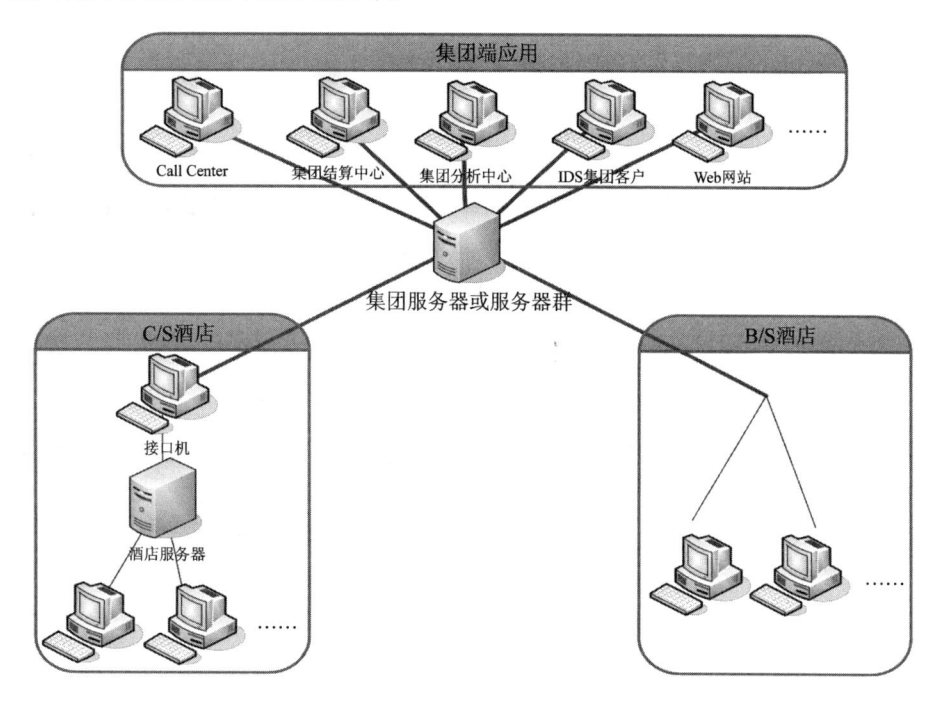

图 14-32　酒店集团管理信息系统的运行模式

针对酒店集团（连锁）管理的新需求，酒店管理信息系统必将走上集团化管理的运行框架和运行模式。这里主要从酒店集团管理的功能模块进行讨论，如图 14-33 所示。功能模块分三个部分：第一是酒店集团的营销模块，该模块包括中央预订管理系统、集团会员管理系统、集团决算管理系统、集团客户关系管理系统，主要构建了酒店集团直销的营销体系和客户关系管理系统（CRM）；第二是集团数据分析系统，这是通过对市场的数据分析，运用数学模型进行科学决策的模块，该模块包括对基本市场面的分析、收益管理、预订分析等，这个模块是集团酒店应用的发展趋势；第三是集团数据接口系统，该模块主要是酒店集团针对第三方的在线预订和在线支付系统，在线预订和支付包括有线和无线网络。上述系统是酒店集团运行和市场竞争的必要手段和工具。国内集团酒店已经在应用这些系统。这些系统的投入运行为酒店集团发展起到了关键的作用。这样的酒店集团数据处理中心有几个特点：数据处理量大，具备了大数据处理的标准；数据需求实现实时处理的要求；数据运作在集团统一的平台上；数据存储的科学管理；为数据挖掘和商务智能打下基础。

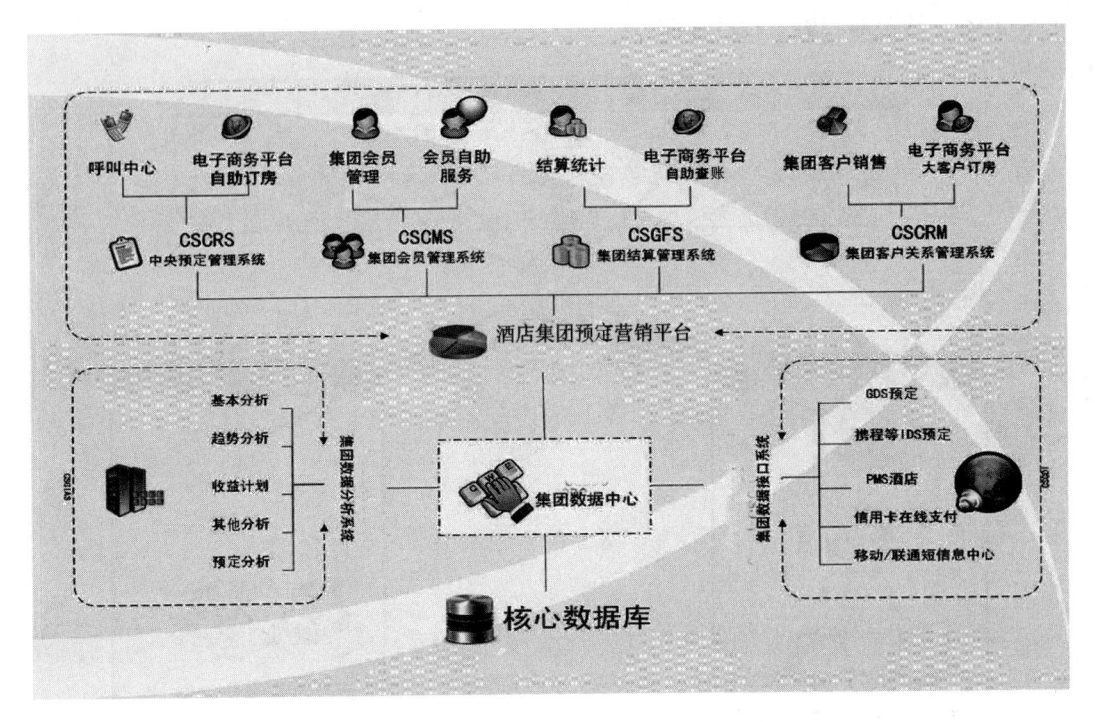

图 14-33　酒店集团计算机运行数据中心平台

（五）向信息资源管理型方向发展

过去开发的酒店管理信息系统主要是满足基本的日常管理，是事务型的，如收银、房务处理、电话计费等。但酒店的经营及发展更依赖于对各种资源的调配和管理，也就是说，酒店的管理信息系统要把客户资源、技术资源、信息资源、人文资源、社会环境资源等集成在一起，以发挥信息资源的综合效益。新的酒店管理信息系统能更好地重视信息资源在组织管理决策中的作用，更好地支持酒店管理决策层在经营过程中做出决策。酒店管理信息系统会向资源管理发展，可以改变人们对信息资源作用的认识、理解，帮助酒店进一步提高管理效率，增强对市场的反应能力，使信息资源得到有效和充分的使用。酒店行业近几年的发展表明，集团的运行模式越来越依靠对信息资源运作的依赖。例如，上海的某酒店连锁集团每天通过集团预订平台的客房数为1万间次/晚，下属酒店对预订平台有一定的依赖性，提高了整个集团的信息资源利用率和竞争力。

（六）向物联网（The Internet of Things）技术应用方向发展

物联网就是把所有物品通过射频识别等信息传感设备与互联网连接起来，实现智能化识别和管理。物联网在酒店方面的应用更是前景广阔，使用物联网技术更能体现优势，如 RFID 停车管理系统、具有物联网技术的酒店监控系统、带电子标签（RFID）的酒店库存管理系统、具有无线射频识别的磁卡门锁系统（如杭州黄龙饭店应用的宾客磁卡模式引路系统）等。无论是高星级宾馆还是经济型连锁宾馆，物联网应用都是全面的、全方位的。物联网的应用将和酒店原来的计算机网络联网形成新的经营管理系统。例如，酒店中的客房保险箱，安装上传感器与酒店管理信息系统链接，这样，宾客使用保险箱的状态就完全在可控范围内；如果宾客离店时忘记了把保险箱中的物品拿走，收银员也可以马上提醒宾客，这种服务状态的提高是新技术带来的。物联网可以应用到对宾客的服务中，也可以对酒店实施对设备的控制和管理。由此，酒店管理信息系统将进入新一轮的发展空间，即和物联网结合，控制酒店的实施和设备，为服务质量提高及酒店节能减排做出贡献。

五、酒店后台综合计算机管理系统

酒店行业习惯将为宾客直接服务的部分称为前台，如餐饮、房务等，与此对应，把间接为宾客服务的部门称为后台。前台的计算机技术应用起始于为宾客服务的前厅、客房，构建在宾客收银的主干业务上。随着酒店行业管理的发展，酒店企业逐步开始在后台应用计算机进行管理，后台管理的核心业务是企业的财务管理、人事管理等。从表现形式看后台的管理系统，既要实现部门之间的文档流转，也要完成每个职能部门管理的信息化。其目标就是：减轻事务性、重复性的工作，提高效率，更为企业整体效益提高服务。目前酒店主要在以下几大领域使用计算机系统：财务管理系统、人力资源管理系统、仓库成本管理系统、酒店工程信息系统。

（一）酒店财务计算机管理信息系统

我国酒店财务管理信息系统起步于 20 世纪 80 年代末，随着国家财政部推行新的会计制度，会计电算化得到迅速发展。先后经历了单机版、网络版，到目前多人多部门协作处理的系统。系统也经历了从 DOS 操作系统，到 Windows 平台下 C/S 结构，再到集团层面应用的 B/S 结构的发展历程。经过 20 多年的发展，已经形成了一个标准化、通用化、商品化、专业化的酒店财务管理软件产业。酒店行业的财务管理信息化和其他行业一样，迅速普及并向智能化和数据挖掘方向发展。

最初的财务管理系统是为了解决财务工作人员工作量大、重复劳动、易出错等问题而产生的，只有记账和报表处理等单一而简单的功能。经过软件技术人员对系统的不断深化和对新功能的开发，目前酒店财务管理信息系统包括：总账、报表、工资、固定资产、现金流量表、资金管理、应收账款、应付账款、成本核算、存货核算、预算控制、财务分析和相关的采购管理、库存管理、销售管理等近20个功能模块。现在的财务管理系统，是以财务控制为核心，进行销售、客源、成本控制等管理要素配置的系统。财务系统可以帮助酒店完成从部门级应用向企业级应用的跳跃式发展，实现财务业务一体化管理的要求，在酒店管理中实现事前预测、事中预警控制，帮助酒店有效降低财务风险，进行收益管理，以获取最大效益。

目前市场上的财务管理系统种类繁多，大部分都是以生产制造企业为模板，虽然能够满足酒店财务运行中记账、凭证、报表、固定资产、应收应付等方面的需求，但是真正能够满足酒店个性化应用的产品不多。究其原因，财务管理系统主要还是以账务管理为基础的，多数功能的设计开发是围绕着账务来进行的，如工资模块，虽然可以很方便地进行工资计算、发放、统计等账务方面的操作，但是对于酒店更关心的人力资源管理方面并没有涉及。又比如库存管理，通用的财务管理系统更关心存货的账面金额，而酒店运行中则更关心物品的采购比价、领料的审批流程、使用部门的最终成本核算。在日常使用中往往会出现捉襟见肘的现象。所以，酒店在选择财务管理系统的时候，一般仅选择一些常用易用的模块，而通过另外的系统来进行补充操作，再通过数据接口将需要的数据导入到财务系统中，以完成最终账务集中管理的需求。酒店财务管理系统主要模块配置和与相关酒店管理各个系统的信息交换如图14-34所示。随着酒店管理的集约化、网络化、协同化、平台化推进，酒店财务管理信息系统与其他管理信息系统的信息交流不断增加，财务管理系统会实时性、预见性、全局性和精准性地为酒店高层管理和决策服务。

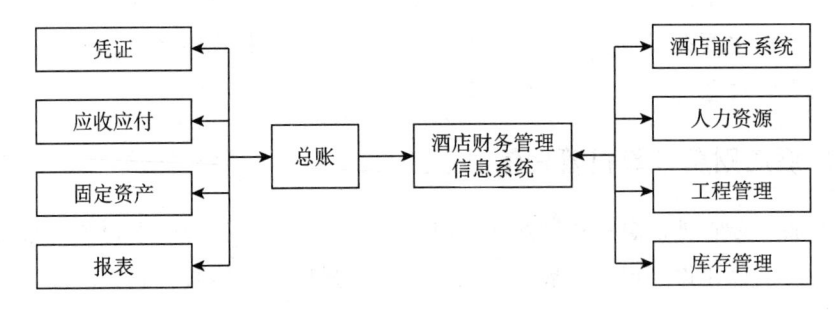

图14-34 酒店财务管理系统常用管理模块

（二）酒店人力资源管理系统

酒店之间的竞争往往是人才的竞争。再好的酒店产品设计、服务标准，如果没有人去执行、管理，都不能达到预期的目标。我国的酒店业一直存在着专业人员缺少、人员流动率高的困境。那么，怎样才能在现有状态下找到好人才，留住好人才，并且根据不断变化的人力资本市场情况和投资收益率等信息，及时调整管理措施，从而获得长期的人才投资价值回报呢？这就要求酒店能够对各部门员工进行统一管理，在部门之间共享员工信息，以实现对员工的优化管理，择优使用，充分发挥专业人员的特长。为此，在酒店（集团）层面应建立人才库，整合、调用专业人员资源，是高层管理者所需要的。酒店人力资源管理系统能在这个领域帮助和支持酒店的高层管理者。

酒店行业最初使用人力资源计算机管理系统，是为了解决手工管理存在的烦琐、劳动强度大、易出错等问题。随着技术的进步、管理理念的更新，现在更多地加入了"人才经济"的管理概念，以实现对人力资源这类特殊资源的优化管理和综合利用。酒店人力资源管理系统应该包括以下这些功能：招聘管理、员工管理、薪资管理、考勤管理、培训、知识管理等。这样，整个系统才能涵盖员工在酒店工作期间的各个环节，为酒店人力资源的调配发挥作用。

1. 招聘管理信息模块

使用部门在员工离职或者因为岗位调整，需要增加员工时，通过招聘管理功能，进行人员申请。使用部门发出人员申请时，应根据系统设定，对于员工岗位描述、岗位职责、学历要求、定编人数、拟招聘人数等逐一进行说明。

人事部门在收到使用部门的招聘申请后，对岗位、部门定编进行核定。如果是正常的招聘申请，则审核通过，发布招聘信息，进入市场操作；如果是特殊的招聘申请，则需要上级部门对招聘申请进行再次审核，在系统中进行同意或拒绝的操作。

人事部门在收到应聘者发来的求职申请时，也需要将其录入到系统中，一方面可以通过系统进行初步筛选，另一方面可以让应聘者公平竞争，避免暗箱操作。同时，对于未录取者还可以建立备用人才库，下次需要相关人员时可以直接从备用人才库中选取，降低了招聘成本。

2. 酒店员工日常管理模块

这是日常使用最多的功能之一。在员工进入酒店开始工作之时起，人事部门就应该将员工信息录入到系统中，建立员工档案，从而将其纳入到日常管理中。在这里可以对员工信息进行基本信息修改、员工入职、试用期转正、劳动合同签订、职位工资调整、离职等操作。同时，可以录入奖惩记录、考评记录、年假、调休等信息，并对这些信息进行跟踪管理。

员工管理是为了共享、完善和实现对人员信息的跟踪管理而建立的。人事部门应当授权各部门经理查看本部门所管辖人员的适当信息，以方便各部门了解员工的动态。同时，各部门也可以根据需求生成各种系统自带的或者自定义的报表，必要时可以导出到

Excel 表进行二次加工利用。

在员工管理功能中，还可以根据酒店的需要，配合不同的打印设备，调用预先设计好的打印格式，实现员工铭牌、员工卡等的套打设计。这类的设计不但可以调用固定的文字字段，而且可以调用员工照片、酒店 Logo 等图片资源，既美观又方便快捷。

3. 酒店员工薪资管理模块

在薪资管理模块中，人事部薪资管理专员可以对酒店薪资项目进行增加、修改、减少等操作，对工资计算过程可以自行定义计算公式进行计算。计算公式要简易明了、易懂，能够符合酒店的运行需求，满足日常操作要求。所有的修改都是立即生效的，也不影响过去已发放月份的薪资。系统对上月及以前的薪资数据是锁定的，一旦薪资生成报表，进行发放后，就禁止任何形式的修改，避免产生漏洞被非法利用。系统还要能够满足酒店要求的工资单、工资统计表、银行划账电子报表、个人所得税报税表、社保缴纳明细表等，以减轻工作人员的工作量，保证计算准确。所有对员工薪资相关的修改都要保留电子存档记录，记录操作时间、操作人、操作过程等信息，以便在需要时对这些记录进行检查、审计，确保数据的安全。

4. 酒店员工考勤管理模块

作为对员工上下班时间的管理措施之一，打卡考勤制度是酒店通行的做法。利用非接触式 IC 员工证，配合考勤机，就可以实现电子打卡。考勤机必须是离线式的，打卡数据可以存储于考勤机内，记录数可以达上万条，不会因为掉电而丢失数据，也不会因为与系统的通信线路故障而不能正常工作。考勤机的系统时间由系统统一管理，现场不能修改，确保员工打卡时间的准确性。人力资源管理系统通过接口程序定时采集员工打卡数据，并将之存入到考勤数据库中，形成考勤数据，从而实现系统数据采集、计算、存储的自动化运行，无须人工干预，大大减小了工作人员的工作量。通过与预先设定的排班信息的对比，系统还可以计算出员工的加班、缺勤、请假、迟到、早退等信息，并实现与薪资模块的挂钩，自动计算出加班费、缺勤扣款等信息。

5. 酒店企业培训和知识管理

酒店的员工流动频繁，培训部门的工作量巨大。新员工进店后不但要接受酒店的入店培训、酒店基础知识培训，使用部门还要对其进行岗位培训。进入到工作岗位后，还要不断地接受各种技能培训、知识更新的培训等。据统计，酒店员工的培训量每年为 50～100 小时。通过培训管理，建立培训体系，可以清楚地了解到每一位员工参加培训的记录以及未来的培训计划，方便使用部门管理人员掌握员工的技能储备情况。

另外，员工的流动同时也意味着知识的流失。这里的知识指的是各种工作经验、操作技能、程序规范等。这些信息大部分来自操作人员的日积月累，来自于日常工作，多保存在员工的头脑中或者以个人的形式存储在计算机里，不能很好地进行管理、分享、归档，也容易由于员工的流动而失去，从而导致酒店资源的损失。如果酒店建立一个所有员工都能访问的知识库，将知识进行集中管理，不但可以避免由于员工流失而造成的知识流失，而且可以让更多的员工分享好的经验，提高服务质量，减轻培训部门员工的工作量。同时，员工拥有了自主学习的平台，既可以学习本岗位的知识，也可以跨岗位、跨部门学习，为员工提供了"择优而栖"的机会，提高了员工对酒店的忠诚度。

人力资源管理系统解决了人事管理过程中烦琐、易出差错、档案寻找困难等难题，大大地提升了酒店管理者对于员工管理的便捷度。在选择系统时，应方便酒店管理层、用人部门及人事部门的使用。计算机系统以 B/S 结构较为合理，各种审批程序应设置合理，操作简单，必要时可以设置导航图，以向导形式带领操作者完成操作。

（三）酒店集成化的成本控制系统

酒店成本控制系统的建立并不仅仅是用计算机替代手工操作，而且是要借助信息技术对传统的成本管理模式进行科学的改革。通过成本控制系统，一方面可以构筑起合理的管理架构、优化的业务流程和完善的管理制度；另一方面可以把管理科学的各种方法，如运筹学、控制论等运用到管理决策和实际中去，以帮助酒店有效地控制采购成本，增加企业效益。

成本控制系统可以帮助酒店实现事前控制、事后分析的要求，自动比价体系可以帮助采购经理选择最有竞争力的供应商进行下单；各种预警功能可以帮助仓库管理人员对物品进行有效管理，保证常用物品不缺货、易变质食品不过期，确保对客服务部门的服务质量；丰富的统计报表可以帮助各营运部门及时掌握部门的运行成本，及时调整经营策略，保证效益。

酒店成本控制系统一般由这些模块构成：酒店采购管理、酒店库存管理、酒店部门申购管理、酒店供应商管理、酒店成本核算管理等。

1. 酒店采购管理

酒店采购部是成本控制的源头部门，物品的采购价格直接影响到酒店的运行成本。通过采购管理，可以对多家供应商的价格进行对比定价，选择最优报价，还可以根据使用部门的采购申请单和供应商的报价生成订单，通过 EFAX（电子传真系统）或者 E-mail 直接将订单发给供应商。在设计采购流程时，既要考虑到常用物品的定价，也要考虑到非常用物品的比价、报价问题。

对于酒店日常采购的物品，如蔬菜、水果等，一般通过每月两次的定价来决定采购价格和供应商。酒店将物品清单和要求以电子文档形式发给供应商，供应商根据清单进行报价。采购部经理对收到的报价单进行审核，选定供应商及定价，整理成电子格式，直接导入到系统中，从而形成新的采购定价。电子文档导入功能可以大大减少采购部输入定价的工作量，同时可以保证输入的正确性。而对于非常用物品的采购，一般采用一单一定价的策略。采购部收到使用部门的"物品采购申请单"后，就向意向供应商发出询价函，进行报价，所有的报价都应该输入到系统。通过比价系统，决定供应商及价格。再由财务部和总经理对价格进行审核，形成最终定价。为保证公平性，应选择两家以上的供应商进行报价。采购部在确定供应商和价格后，可以通过系统直接生成订单，完成采购过程，减少工作量。

2. 酒店库存管理

酒店仓库是物品流通环节的中心，供应商送来的物品都是先要经过验货然后进仓，使用部门再从仓库领走所需要的物品。仓库日常管理中需要用到的功能是"入仓"和"发货"。通过入仓功能，将供应商送来的物品输入到系统中，其中包括供应商、价格、数量、批次号、生产日期、有效期等信息，最后打印出收货确认单，反馈给供应商，作为供应商向酒店进行结算的凭据。使用发货功能，则是首先调出使用部门的"物品领用申请单"，在申请单上填写各领用物品实际的领用数量，再打印出发货单，由领用者签字确认实际领用的物品数量。通过程序化的操作流程和相关单据，配合仓库盘存，可以严格控制物品的进出，确保实物和账目的一致性。

仓库管理的另一项重要工作就是确保常用物资的备货，这些工作可以通过系统的相关报表来协助完成，如超低库存物品统计表可以列出已经低于常规储备数量的物品清单，以及时补货；物品的保质期报表，可以列出即将超过有效期的物品清单和相关信息，从而及时使用或处理物品，避免浪费，也避免使用部门由于使用过期物品而引起服务事故。

3. 酒店部门申购管理

这是提供给各个使用部门的功能。在这里，使用部门可以提交"物品采购申请单""常用物品日常采购申请单""物品领用申请单"等，而部门负责人则通过审批程序对本部门提交的申请单进行复核和批准，只有经过部门批准的申请单才会进入到下一个流程。

各使用部门特别是餐饮部，每天都需要采购数量不小的原材料，如果每天的原材料采购都从空白申请单开始填写，那势必会影响工作效率。使用部门可以建立日常采购模板，将日常采购的物品清单加入，这样每天填写采购申请单的时候，只需要填写数量就可以了，从而大大减轻了使用部门的工作量。

使用部门可以根据需要打印相应的报表，以掌握本部门的物品采购和使用情况，了解运行成本，切实帮助使用部门控制成本。

4. 酒店供应商管理

凡是与酒店有物品往来的单位都需要建立供应商档案，以方便了解供应商的供货、付款等情况。为方便管理，对供要商要进行编码，同时具有历史物品供应跟踪功能，这样可以清楚地知道每一批次的供货物品清单，其中包括价格、数量、批次号、生产日期等信息，还可以查询出这些物品的领用情况和库存情况。

5. 酒店成本核算管理

这是系统最重要的功能之一，所有的采购单、领料单等单据最终将汇总到成本核算，以便财务部门最终核算出各使用部门所领用物品的成本，计入使用部门的运行费用。还可以计算出各供应商的应付账款。由于同一种物品是滚动采购和领用的，不可避免地存在价格变动，对于这些价格变动，系统提供两种核算方式，即先进先出法和移动平均法。

先进先出法：使用部门在申领物品时，系统根据先入库的物品先出库的原则，将最早入库的物品优先出库，同时将本批次物品的进货价作为出库单价，保证每次领出的物品肯定是存货中最先进货的物品。对于食品等有保质期要求的物品，宜采用此方法进行核算，防止过期后造成损失。

移动平均法：物品领出时，系统根据现有存货的总价和数量，计算出单件物品的价格，以此价格作为领出物品的价格。

两种核算方法各有优缺点，选用哪种核算方法，应由酒店财务部进行选择，只要选择的方法适合酒店自身的运营状况即可。

酒店成本控制模块在酒店集团层面应用更具有经济和社会效应，对集团的成本控制、产品质量、供需时间节点的管控、采购商品的性价比等均可达到很好的效果，同时对规范供应市场也能起到很好的作用。

（四）酒店现代工程管理信息系统

酒店的工程技术管理是行业管理的弱项，虽然酒店使用的为较高端的工程设备和系统（高星级酒店更是如此），但在管理上并没展现高明之处，这和酒店的经营氛围有关。随着酒店集团化、集约化的发展进程，酒店的工程管理也应该走上信息化、规模化、集约化的发展之路。

1. 酒店工程的日常技术管理

酒店工程的日常技术管理主要是为完成对酒店硬件设备设施的维护保养，确保酒店正常运行，这个领域的技术管理是必需的、传统的、被动的。各个使用部门报修设备时，由工程部分配相对应的技术员工进行维修，这个工作量在传统的工程技术管理中占90%。但随着酒店行业的发展，这种被动的模式将被更好的管理模式取代。不过，现场维护和维修是必需的，怎样使现场维修质量提高、速度更快，值得探究。

2. 酒店工程的运维计划管理

酒店的所有设备设施和工程系统都有自身的运行规律，酒店工程部应该运用产品生命周期、酒店营运规律、工程控制、项目管理等理论，来实践酒店工程技术管理的新模式。新的模式应该充分应用信息化和物联网技术（图14-35），来管理酒店的设备设施，做好酒店年度维护保养计划，使得酒店工程技术管理具有预见性、计划性、科学性和前瞻性，在酒店经营管理上具有主动权。因此，酒店工程技术管理应用信息化是必由之路，酒店工程信息部应该规划好工程管理信息系统的应用，完成对酒店工程系统的实时监控、运维预见报点、工程维护计划、设备设施更新规划、工程技术人员培训、技术更新等新型酒店工程管理模式。

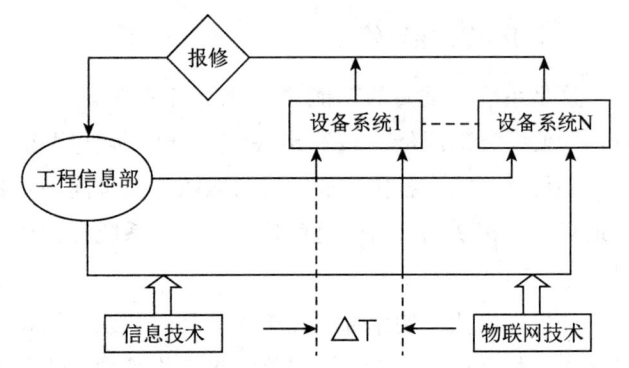

图14-35　酒店工程部运维应用信息和物联网技术的新模式

3. 酒店综合能耗管理

酒店能耗主要管理部门是工程（信息）部，酒店的运行每时每刻都消耗着大量的能源，因此，酒店的节能减排任重道远。酒店可以从各种渠道，采用各种方法，来实现节能减排，但酒店能耗的重点是能源消耗，工程部是担负此责任的关键部门。为此，工程部要应用信息技术来完成酒店的能耗监控，为酒店的节能减排服务。

4. 集团连锁酒店的工程技术管理

集团性连锁酒店的工程技术管理要靠规模化、集约化的运行模式。集团层面将监控每个酒店的运维状况：第一，可以对集团酒店的重要设备进行实时监控，掌控其运行状况，做到集约化管理；第二，实施酒店工程系统的预警机制，做好控制点的维修和维护；第三，与酒店工程技术支持厂商联动，做到维护的及时性、预见性和可靠性的同步管理。

第三节 智慧酒店

一、智慧酒店概述

随着"互联网+"、物联网技术的不断发展和推广应用，在旅游产业链上，不断有计算机新技术、新方法、新渠道和新的运行模式出现，智慧旅游概念随之产生，并得到迅速提升和应用。与此同时，智慧酒店也呼之欲出。谈及智慧酒店，要先介绍智慧旅游。

（一）智慧旅游概念

"智慧旅游"是正在探索的一个应用性课题或领域，有的命名为"智能旅游"，它是以互联网、通信网、物联网三网为基础，应用新的IT技术在旅游体验、产业发展、行政管理等方面的应用，使旅游物理资源和信息资源得到高度系统化整合和深度开发激活，并服务于公众、企业、政府等的面向未来的全新的旅游业态。这些新技术包括：云计算、大数据、高性能信息处理技术、智能数据挖掘、物联网技术等。这些技术的应用将会不断被发展并随时加入新的技术应用。

智慧旅游的发展是以游客互动体验为中心，借助各种终端上网设备（包括移动终端），主动或被动感知旅游相关信息，让游客与网络实时互动，使旅游过程进入"触摸时代"；同时，实现旅游业一体化的行业信息管理，激励产业创新、促进产业结构升级，使旅游业进入信息化的大发展时代。

智慧旅游的建设与发展最终将体现在旅游管理、旅游服务和旅游营销三个层面。

（二）智慧旅游的发展状况

江苏省镇江市于2010年在全国率先创造性提出"智慧旅游"应用性试点，开展智慧旅游项目建设，开辟"感知镇江、智慧旅游"新时空。智慧旅游的核心技术之一"感动芯"技术在镇江市研发成功。2012年年初，南京旅游局全力推进智慧旅游项目建设，项目分为六个部分，项目建成后，凡是使用智能手机的游客，来到南京后都会收到一条欢迎短信。游客根据短信上的网址，可下载"游客助手"平台，该平台分为资讯、线路、景区、导航、休闲、餐饮、购物、交通、酒店九大板块，集合了最新的旅游信息、景区介绍和活动信息、自驾游线路、商家促销活动、实时路况、火车票等信息。安装后，可以根据个人需要实现在线查询、预订等服务。目前，国内很多著名景区推出旅游景点手机端的智慧旅游，游客只要用手机下载相关的应用端软件，就可以在景区得到相应的信息和服务（图14-36）。

2012年我国有18个城市入选首批"国家智慧旅游试点城市"，这18个城市分别是：北京、武汉、福州、大连、厦门、洛阳、苏州、成都、南京、黄山、温州、烟台、无锡、常州、南通、扬州、镇江、武夷山。2013年有15个城市入选第二批"国家智慧旅游试点城市"，包括：天津、广州、杭州、青岛、长春、郑州、太原、昆明、贵阳、宁波、秦皇岛、湘潭、牡丹江、铜仁等。

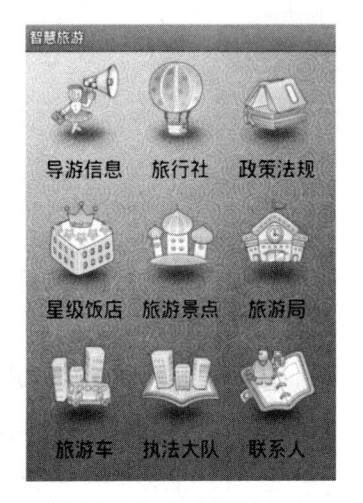

图14-36 智慧旅游在移动手机端的应用

上述这些初探、科研和行动，非常清晰地表明了智慧旅游的发展空间，同时表明了政府、行业、企业、市场的共同需求和该旅游的发展动态。

（三）智慧旅游应用界定

智慧旅游的"智慧"，体现在"旅游服务的智慧""旅游管理的智慧"和"旅游营销的智慧"这三大方面，下面进行初步分析。

1. 智慧服务

智慧旅游从游客出发，通过信息技术提升旅游体验和旅游品质。游客在旅游信息获取、旅游计划决策、旅游产品预订支付、享受旅游和回顾评价旅游的整个过程中都能感受到智慧旅游带来的全新服务体验。智慧旅游通过科学的信息组织和呈现形式让游客方便快捷地获取旅游信息，帮助游客更好地安排旅游计划并形成旅游决策。智慧旅游通过基于物联网、无线技术、定位和监控技术，实现信息的传递和实时交换，让游客的旅游过程更顺畅，提升旅游的舒适度和满意度，为游客带来更好的旅游安全保障和旅游品质保障。智慧旅游还将推动传统的旅游消费方式向现代的旅游消费方式转变，引导游客产生新的旅游习惯，创造新的旅游文化。

2. 智慧管理

智慧旅游将实现传统旅游管理方式向现代管理方式转变。通过信息技术，可以及时准确地掌握游客的旅游活动信息和旅游企业的经营信息，实现旅游行业监管从传统的被动处理、事后管理向过程管理和实时管理转变。智慧旅游将通过与公安、交通、工商、卫生、质检等部门形成信息共享和协作联动，结合旅游信息数据形成旅游预测预警机制，提高应急管理能力，保障旅游安全，实现对旅游投诉以及旅游质量问题的有效处理，维护旅游市场秩序。智慧旅游依托信息技术，主动获取游客信息，形成游客数据积累和分析体系，全面了解游客的需求变化、意见建议以及旅游企业的相关信息，实现科学决策和科学管理。智慧旅游还鼓励和支持旅游企业广泛运用信息技术，改善经营流程，提高管理水平，提升产品和服务竞争力，增强游客、旅游资源、旅游企业和旅游主管部门之间的互动，高效整合旅游资源，推动旅游产业整体发展。

3. 智慧营销

智慧旅游通过旅游舆情监控和数据分析，挖掘旅游热点和游客兴趣点，引导旅游企业策划对应的旅游产品，制定对应的营销主题，从而推动旅游行业的产品创新和营销创新。智慧旅游通过量化分析和判断营销渠道，筛选效果明显、可以形成长期合作的营销渠道。智慧旅游还充分利用新媒体传播特性，吸引游客主动参与旅游的传播和营销，并通过积累游客数据和旅游产品消费数据，逐步形成自媒体营销平台。

4. 智慧旅游发展空间

在旅游产业链上，智慧旅游涉及智慧景区、智慧酒店、智慧购物、智慧旅途等，更可以拓展到与旅游相关的所有空间和产品的跟踪等。在网络时代，传统游客的旅游需要的六要素将向 N 要素演变（图 14-37），传统的线下旅游将向线上和线下融合的旅游模式转变。

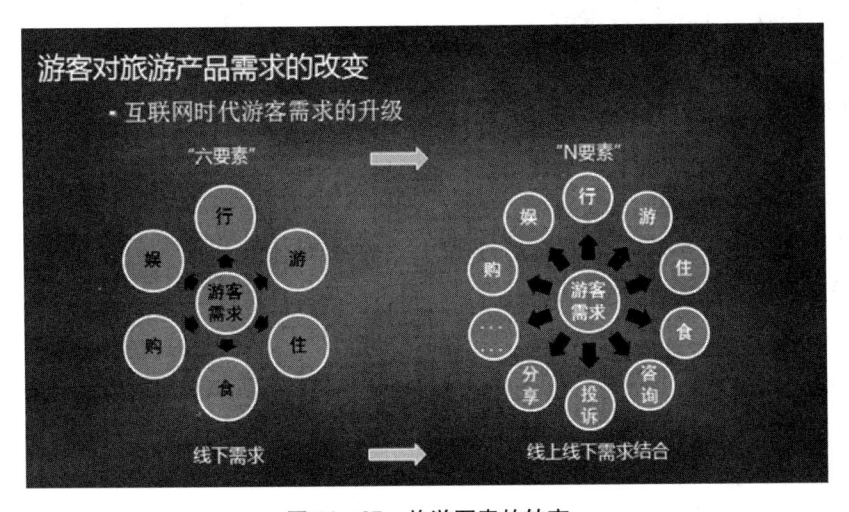

图 14-37　旅游要素的转变

（四）智慧酒店

智慧酒店属于智慧旅游的范畴，智慧酒店是一种以互联网（局域网、广域网）、通信网、物联网三网为基础，应用不断创新的信息技术，在酒店体验、产业发展、经营管理等方面的应用，使酒店企业的各种资源（包括信息资源）得到高度信息化、在酒店各种服务应用平台上进行整合，并服务于宾客的新型的酒店（Hospitality）业态。这些新技术包括：云计算、大数据、无线通信、智能数据挖掘、物联网技术等。这些技术的应用将会不断发展并随时加入新的酒店领域应用。

智慧酒店的建设与发展最终将体现在酒店智慧营销、酒店智慧管理、酒店智慧服务这三个层面，从而推动酒店业的发展，使宾客有新的体验、感知，提高舒适度，科学地减低酒店的综合能耗和成本，为社会发展做出行业性的贡献。

二、智慧旅游与智慧酒店的技术架构

（一）智慧旅游与智慧酒店的技术环境

智慧旅游和智慧酒店的兴起及初步发展，离不开信息技术及其应用的大发展，离不开信息网络（有线、无线）大发展，离不开电子商务的迅速普及。智慧旅游与智慧酒店大的环境结构如图 14-38 所示。智慧旅游基础性、技术性的架构是以互联网、通信网、物联网三网为基础。而这三个网络是靠国家和大型运营商逐步构建的，旅游行业在此基础上运行应用性业务。较早构建的通信网是以国家级的大型通信企业为基础形成的综合通信网络。这个网络是信息交换的基础，智慧旅游与智慧酒店离不开该网络。互联网的发展

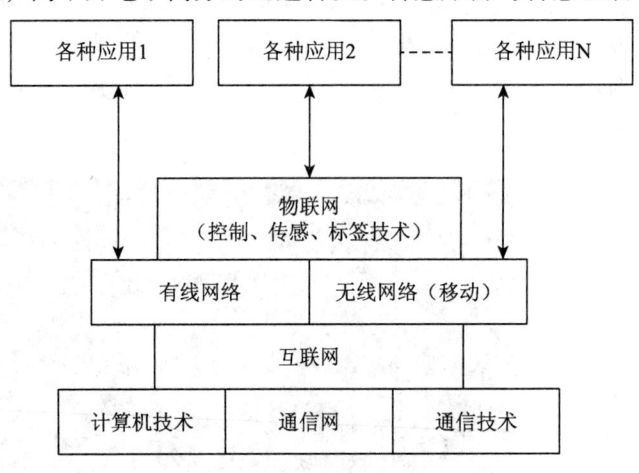

图 14-38　智慧旅游技术架构示意

和普及已经使各个行业、各个应用领域在此网络上运行各类业务，如电子商务、网络营销等。物联网正在发展中，各个层面的应用正在探究中，还有许多技术需要解决。这三个网络将相互融合、相互支撑、相互应用，为"智慧地球"构建技术性框架。

上述三个基础性网络的构成，使得智慧旅游更为可行。目前许多旅游企业提出新应用和设想，这些需求是智慧旅游与智慧酒店发展的动力。在此基础上，技术厂商不断推出新的技术应用，各地政府大力支持智慧旅游的拓展，游客也正逐步享用这些高科技的应用成果。图 14-39 所示为智慧旅游展现的三个层面，其中网络层是关键，在不断发展

中日趋成熟，感知层则正在逐步形成，由此，智慧旅游将逐步得到推广。

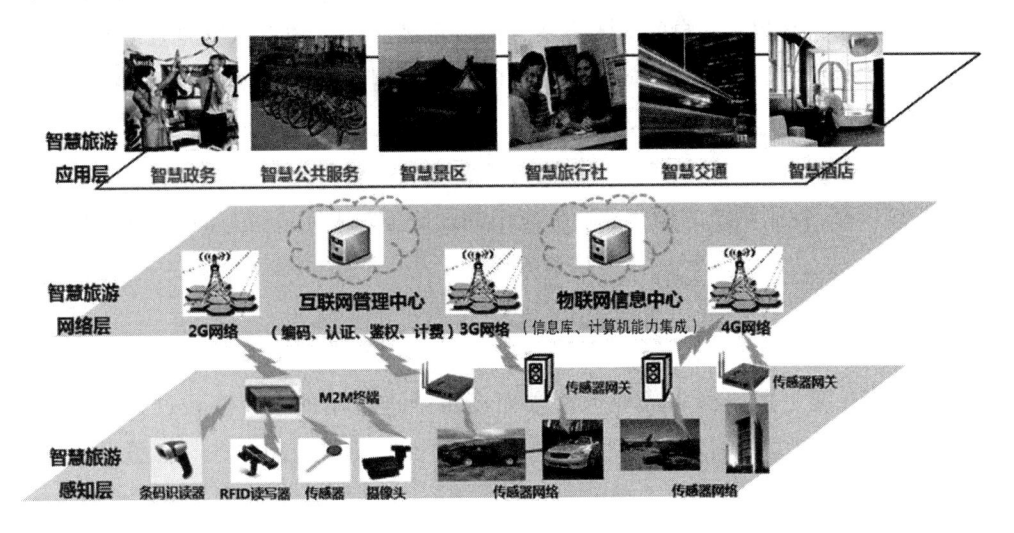

图 14-39　智慧旅游的三个层面

（二）智慧酒店的技术框架

技术架构建设是智慧酒店的基础，这不是一天能够完成的，也不是一个网络能胜任的。智慧酒店的技术框架需要各种系统的配合、联网和功能性的对接。就技术层面而言，涉及网络、计算机、通信、控制、传感、视音频、能源控制、交通控制及建筑等相关技术。由于酒店相关其他技术应用比较广泛，也比较成熟，下面仅重点介绍酒店网络技术框架。

智慧酒店首先必须构建内部局域网，该网络的建设是基础，通过内部网络的建设完成酒店局域网（有线、无线）、内部通信（有线、无线）构建。在这些基础网络结构上，酒店可以运行与自身业务相关的各种业务和应用（图 14-40）。具体如酒店管理信息系统、酒店预订系统、酒店客房智慧控制、酒店能源系统（电力、给排水、燃气等）控制、酒店设备控制、酒店宾客服务信息系统、酒店磁卡门禁系统、酒店安防系统（消防报警、安

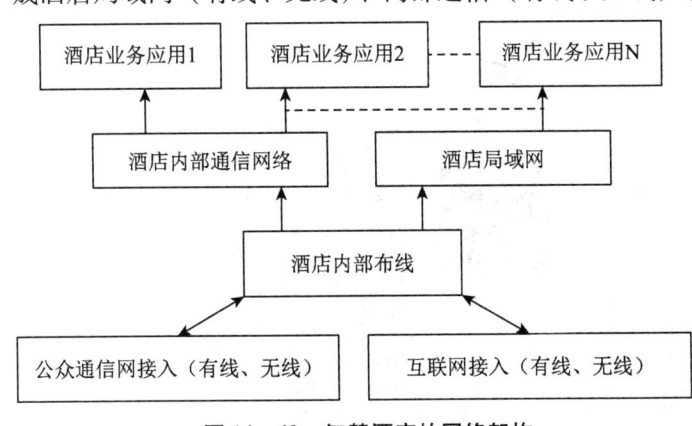

图 14-40　智慧酒店的网络架构

防监控等)、酒店视频(电视)系统、酒店音响(视频)系统、酒店收益管理系统等。当然酒店的每个系统都有各自的技术方案,但智慧酒店最大的特点就是资源整合,做到信息交换、实时控制、传感信号等技术要素的有效配置,最大限度地为酒店提供先进的服务平台,最终更好地为宾客服务。

在这个技术框架构成的基础上,需要对酒店应用的各种工程系统进行整合,形成信息交换(接口)、控制系统的构建、业务应用的设计等,来完成智慧酒店的框架建设。

三、智慧酒店的应用

智慧酒店主要是根据酒店的业务需求而逐步推进应用的。在实践过程中,酒店对"智慧"的投入,就是提高运营能力,使宾客得到更好的体验和服务。智慧酒店可以从以下三个应用层面展开。

(一) 酒店智慧营销

酒店智慧营销将构建全覆盖、多渠道的营销。从较早的网络营销,到网上订房;从酒店直销网站,到第三方订房平台;从有线网络订房入口,到移动手机终端销售。酒店的智慧营销将是立体的、全天候的、多渠道的。

1. 酒店(集团)自主网站营销模式

在网络营销方面,智慧营销可以是酒店(集团)的直销模式,许多大型酒店集团具备了网络销售的能力,为酒店的客源市场构建起了营销平台,如洲际酒店集团的自主网站(图 14-41),是酒店很好的销售渠道。自主网站配以电话预订达到了很好的效果。

图 14-41 洲际酒店集团的自主营销网站

2. 酒店第三方营销平台

目前的酒店第三方营销平台所占市场份额很大，这是市场细分的结果。酒店企业从第三方平台得到市场份额，是渠道销售途径之一。酒店与第三方的信息交换在网络技术架构上比较简单，只要酒店具备上网条件和浏览器就可以进行操作，酒店预订信息可以通过人工和部分自动进行交换。比较典型地采用这种营销模式的国内第三方酒店平台有携程、艺龙等（图14－42），但目前这种模式受到新的移动终端的挑战。

图14－42　酒店第三方营销平台

上述几个渠道的整合形成了酒店，尤其是集团酒店（连锁）在营销渠道的领先优势，是较成熟的营销模式（图14－43）。

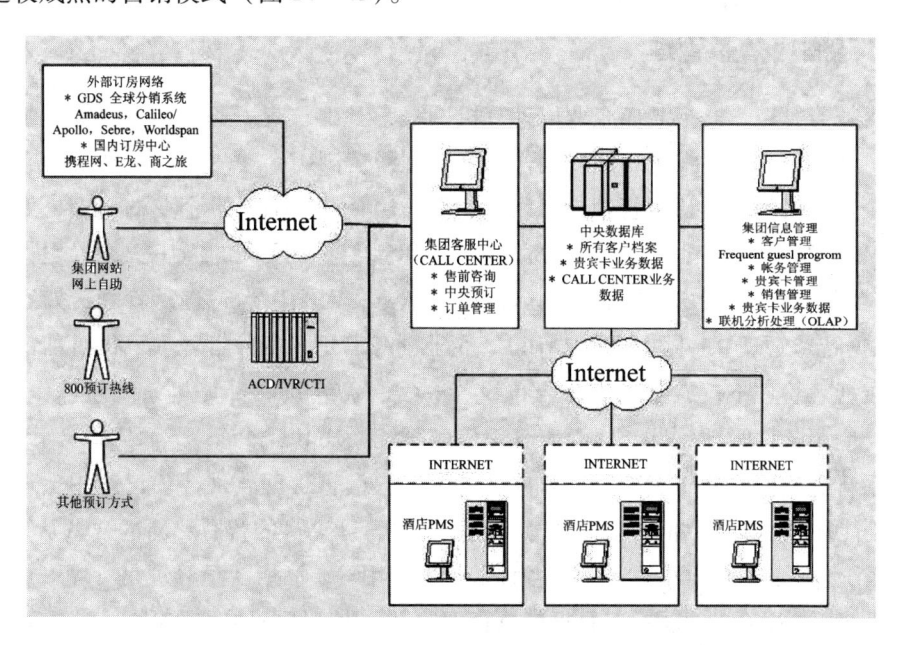

图14－43　酒店集团销售渠道

3. 新媒体酒店营销

这里的新媒体主要是指移动终端，人们使用移动终端已经到了无孔不入的程度，只要有想法，就能实现移动终端的应用（App）。例如，App 移动服务、微信或二维码订房、微博的营销、人人网的传播等（图 14-44）。这些新媒体传播渠道最大的特点就是在各种移动终端上的应用，如移动手机、平板电脑等，只要能上网（移动网络），或者有 WiFi 信号，这些移动终端就能与酒店的营销平台交流信息，进行各种互动。移动终端最大的优势就是人们可以利用"碎片时间"进行阅读，进行信息交流，随意性强（图 14-45）。对宾客而言则可以随意下单订房，酒店业也可以将剩余的客房进行"碎片销售"。

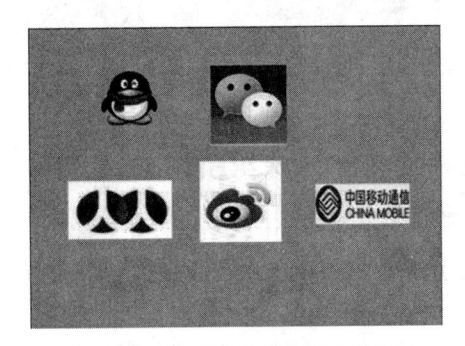

图 14-44　酒店营销新媒体渠道　　　图 14-45　酒店手机终端的预订应用（App）

（二）酒店智慧管理

酒店智慧管理，是指酒店企业以计算机网络为基础，应用各种计算机管理软件、控制技术、通信技术等，在管理团队运作下来管理经营酒店企业。酒店智慧管理有广义和狭义之分。广义的酒店智慧管理，可以包括对酒店企业的上下游企业的管理，如智慧采购（SCM）、智慧渠道销售、客户关系管理（CRM）等。狭义的酒店智慧管理，是指酒店企业应用上述综合技术，在管理团队协同组织下，对酒店运行进行管理，如经营管理（营运数据智慧管理）、人事管理（HR）、企业财务管理、安防管理、工程信息管理等。

酒店智慧管理不仅需要酒店综合布线（有线、无线）和计算机系统硬件作为支撑，而且需要应用各种管理软件，如酒店管理信息系统（HMIS、PMS）、酒店财务管理软件、客户关系管理软件、酒店安防管理软件、酒店工程信息管理软件等。仅应用上述硬件和软件是不能构成智慧酒店的，酒店智慧管理还需要管理人员的智慧和新的智慧系统，这些新智慧系统包括：大数据处理技术、各种云计算应用等。酒店智慧管理是管理人员与计算机综合系统不断融合的过程，其目标就是管理的科学化，智慧地处理各种管理事务。

智慧酒店管理目前正在积极推进中，如采用云技术模式的酒店管理信息系统的应用、酒店（集团）收益管理（Revenue Management）、市场营销数据挖掘管理、酒店决策支持系统（HDSS）等。这些智慧管理的应用需要大量的知识型管理人才，酒店行业更需要大批懂计算机技术、经济管理和旅游电子商务的专业人士，智慧酒店管理是人与智能系统的结合。

（三）智慧酒店控制

智慧酒店控制主要是指酒店各种系统的智能控制，应用这些智能控制，实现为宾客提供智慧服务，保证宾客优质体验的目的。

酒店的智能控制可以从以下几个方面加以应用。

1. 智慧服务

过去传统酒店接待模式是宾客到总台登记入住（Check – in），智能控制则可以是客服管理的智能化。宾客入住酒店过程中能享受到更便捷的服务，如从客人上网或电话订房时开始，酒店就通过远程订房系统完成对该房间的定时预留，并及时地为客人的特殊喜好做好准备，等候客人的到来。当客人到来后，在酒店大堂，只需要出示身份证，就可以立刻入住酒店预订好的客房；来到客房门前，用身份证或预先准备好的会员卡就可以打开电子门锁；打开客房的门，房间走廊的廊灯自动亮了，客人把卡插入取电开关，房间根据客人入住的时间，因为是晚间，适时地选择了相应柔和的夜景模式，床头灯亮了，小台灯亮了，电视自动打开了，柔和的背景音乐响起，客人愉快地享受着沐浴，然后轻触床头的触摸开关，选择睡眠模式，走廊的小夜灯亮，其他灯熄灭了；愉快的入住时光结束了，客人来到大堂，刷了一下会员卡，便自动在卡中扣除了费用。

如果是境外宾客，酒店接机人员可以在接机回酒店途中为宾客办理入住；宾客离店，可以到客房为宾客办理结账手续（Check – out）。

随着时代发展，酒店在大堂设置自助入住的可能性将大大增加。公安部门不必担心对宾客的控制，系统会有智能设别系统，支持公安部门进行人员的控制。年轻的宾客更喜欢的自助登记时代到来了。

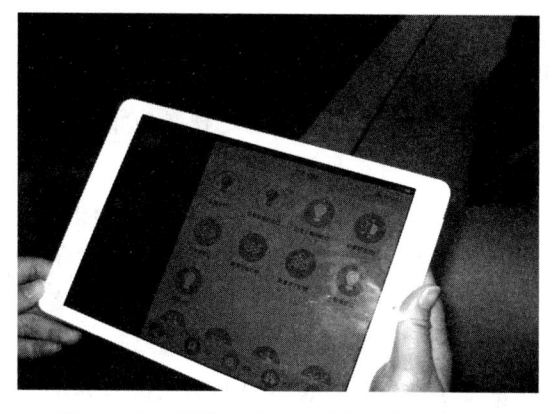

图 14 – 46　酒店客房无线终端的综合控制应用

2. 智能客房控制

宾客在酒店停留时间最久的区域是客房，由此，客房的体验是酒店产品的核心之一。目前酒店可以通过无线终端进行客房设备设施的控制（图 14 – 46）。这些设备设施的控制包括：客房区域的温度湿度控制、照片控制、客房视频音频的控制、服务的响应（叫醒、洗衣）等。

有些酒店应用客房电视机，采用综合控制技术，实现了多种系统并用的控制应用（图14-47）。这些控制包括休闲娱乐、客房智控、电视、酒店服务请求、商旅助手、计算机桌面应用等。

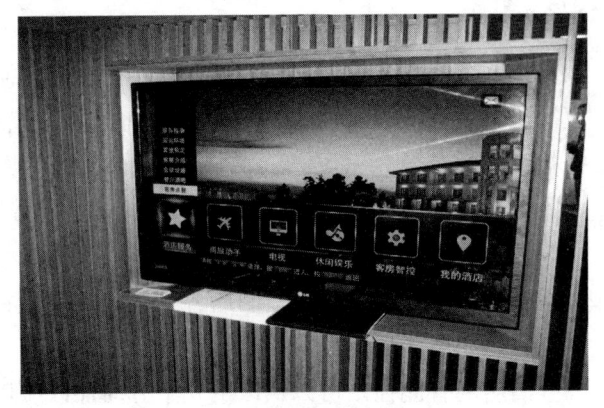

图14-47　酒店客房电视智能综合控制系统

3. 酒店智能控制

酒店智能化系统包括：酒店安防系统（监控、消防、门禁和公安入住登记）、楼宇自动控制系统、客房智能化控制系统、智能通信系统、酒店视频音频系统、智能商务系统、酒店交通系统（电梯）、设备能源管理系统、智能会议系统和娱乐控制系统等。这些酒店工程系统在前面章节做了介绍，这里重点介绍其智能控制应用和发展趋势。

酒店安防系统：这些系统的智能控制主要体现在安防数据挖掘、智能设别、智能跟踪、云计算的数据比对等领域。这些新技术的应用大大提升了酒店安防的智能化程度，为酒店安防起到积极作用。

酒店楼宇自控系统：该系统用于酒店客房及公共场所的环境参数自动控制，如温度、湿度、新风、气味、除菌等自动控制，目的是为宾客营造一个舒适、温馨的住宿环境和优质的体验环境。

客房智能化控制系统：酒店客房智能化控制系统在行业内通常也称为酒店客房控制系统、酒店客房管理系统、酒店客房控制器等，系统主要用于房间的照明、音响、电视控制、服务请求、免打扰设置等。例如，当宾客进入客房，室内灯悄然开启，音乐如流水般缓缓播出，智能房卡上显示室内的二氧化碳含量，判断屋里的空气清新程度等。

智能通信系统：该系统用于客人对外通信、酒店内部通信交换。良好的通信网络使客人可以进行语言、图像、数据等多媒体信息传递，可开网络会议、视频电话、上网等，使宾客处在一个开放的、便捷的信息社会，即使旅行在外，也和在家一样，有宾至如归的感觉。

酒店视频音频系统：和传统的酒店视频音频系统不同的是，该系统将具有综合信息系统的特点，可以处理各种需求，如录像、回放、编辑和数字处理等。该系统除了有传统的卫星、有线节目外，更为宾客提供即时新闻和娱乐互动节目。

智能商务系统：该系统可以和酒店管理信息系统对接，宾客可以对酒店进行各种信息处理，如订房、订餐、消费查询、公众信息查询、邮件管理等。

酒店交通系统（电梯）：该系统是综合电梯控制技术和其他系统技术，对酒店交通进行控制，使宾客在酒店移动更加安全和便捷、宾客进入客房区域更加私密和通畅。酒店交通系统会和酒店的门禁系统、管理信息系统交换信息，处理好对宾客的服务。

设备能源管理系统：该系统既要保障宾客的舒适度，又要做到智能节能，使酒店的综合能耗得到很好的控制，使酒店既满足宾客的需求和体验，又能做到低碳高效。

智能会议系统：这个系统的特点就是提供宾客会议声光像智能服务，系统运用现代化的声光像技术，及时传递、存储会议资讯资料等现代一流的服务。

总之，智慧酒店正在实践中，酒店企业会有许多新的思路和想法，技术厂商会不断推出新的智慧产品、系统和各种运用模式，政府部门会对新技术的应用加以扶植和推广，其目的就是推进旅游行业的发展，为游客得到更好的服务和体验不断努力。

责任编辑：谯　洁
责任印制：冯冬青
封面设计：正美设计公司

图书在版编目（CIP）数据

酒店管理信息系统教程：Opera 系统应用 / 陈为新，黄崎，杨荫稚主编. --2 版. --北京：中国旅游出版社，2016.2（2021.8重印）
国家示范性院校重点建设专业酒店管理专业系列教材
ISBN 978-7-5032-5546-5

Ⅰ.①酒…　Ⅱ.①陈…②黄…③杨…　Ⅲ.①饭店-商业管理-管理信息系统-高等学校-教材　Ⅳ.①F719.2-39

中国版本图书馆 CIP 数据核字（2016）第 024914 号

书　　名：	酒店管理信息系统教程——Opera 系统应用（第二版）
作　　者：	陈为新　黄　崎　杨荫稚
出版发行：	中国旅游出版社
	（北京静安东里6号　邮编：100028）
	http://www.cttp.net.cn　E-mail:cttp@mct.gov.cn
	营销中心电话：010-57377108，010-57377109
	读者服务部电话：010-57377151
排　　版：	北京旅教文化传播有限公司
经　　销：	全国各地新华书店
印　　刷：	三河市灵山芝兰印刷有限公司
版　　次：	2016年2月第2版　2021年8月第11次印刷
开　　本：	787 毫米×1092 毫米　1/16
印　　张：	20.5
字　　数：	348 千
定　　价：	43.00 元
ISBN	978-7-5032-5546-5

版权所有　翻印必究
如发现质量问题，请直接与营销中心联系调换